suhrkamp taschenbuch
wissenschaft 2404

Gerichte nehmen mit ihren Urteilen großen Einfluss auf Verfassungsentwicklungen. Wie aber können diese Urteile Verfassungen erweitern, verdichten oder verändern? Und was heißt es überhaupt, rechtlich zu urteilen? Um verfassende Urteile über ihre Rechtsförmigkeit zu erklären, rekonstruiert Sabine Müller-Mall in ihrem scharfsinnigen Buch Verfahren juridischen Urteilens. Sie entwirft nicht nur eine grundlegende Perspektive auf den Zusammenhang von Recht und Konstitutionalisierung, sondern auch eine Theorie des Rechts, die das Urteilen zum Ausgangspunkt nimmt.

Sabine Müller-Mall ist Professorin für Rechts- und Verfassungstheorie an der Technischen Universität Dresden.

Sabine Müller-Mall

Verfassende Urteile

Eine Theorie des Rechts

Suhrkamp

Klimaneutral
Druckprodukt
ClimatePartner.com/14438-2110-1001

Erste Auflage 2023
suhrkamp taschenbuch wissenschaft 2404
Originalausgabe

Druck und Bindung: C. H. Beck, Nördlingen
Umschlag nach Entwürfen
von Willy Fleckhaus und Rolf Staudt
Printed in Germany
ISBN 978-3-518-30004-6

www.suhrkamp.de

Inhalt

Vorwort

Die vorliegende Untersuchung widmet sich der Frage, wie verfassende Wirkungen rechtlicher Urteile erklärt werden können. Sie geht von der Beobachtung aus, dass viele der aktuell konstatierten Konstitutionalisierungsprozesse in Europa, in der transnationalen Sphäre oder im Völkerrecht von gerichtlichen (rechtlichen) Urteilen vorangetrieben werden. Vorgänge des Verfassens auf dem Boden des Konstituierten, so lassen sich Konstitutionalisierungsprozesse auch beschreiben, stehen also in einem Zusammenhang mit rechtlichen Urteilen. Das Problem, solche verfassenden Urteile zu beschreiben, zeigt sich damit sogleich als ein Problem, rechtliche Urteile überhaupt näher zu beschreiben: denn, so die hier angenommene Voraussetzung, die Form dieser Urteile als rechtliche ist von Relevanz für ihre verfassende Qualität. Damit rückt also die Frage, wie rechtliche Urteile genauer zu rekonstruieren sind, in den Mittelpunkt der Betrachtung. Was heißt es, rechtsförmig zu urteilen, und wie lässt sich annehmen, dass rechtsförmige Urteile eine verfassende Dimension haben können?

Allerdings zwingt nicht nur diese verfassungstheoretische Überlegung dazu, sich näher mit Vorgängen rechtlicher Urteilsbildung zu beschäftigen, sondern auch eine merkwürdige Lücke in der Rechtstheorie: Zwar bestimmt rechtliches Urteilen nahezu jedes Rechtsgebiet und bildet in den meisten Rechtssystemen eine prominente Handlungsform. Und doch blendet die Rechtstheorie das Urteilen als Form des Rechts geradezu systematisch aus oder setzt es, was letztlich dasselbe bedeutet, ohne weiteres voraus – rechtstheoretische Untersuchungen oder Beschreibungen des Urteilens sind außerordentlich selten und werden noch seltener rezipiert,[1] von einigen Höhepunkten im ersten Viertel des 20. Jahrhunderts einmal abgesehen.[2] Obwohl also Urteile eine der zentralen Handlungsformen des Rechts darstellen, sind sie als Urteile, als Form, für das Recht kaum untersucht.

Ich gehe davon aus (und darin liegt ein Motiv, den vorliegenden

1 Ein Beispiel: Jürgen Rödig, *Die Theorie des gerichtlichen Erkenntnisverfahrens*, Berlin 1973.

2 Wiederum ein Beispiel: Carl Schmitt, *Gesetz und Urteil*, München 1912.

Versuch zu unternehmen), dass diese Form des Rechts, das rechtliche Urteilen, einiges über das Recht und auch über die Verfassung lehren kann, es also produktiv sein dürfte, sich dieser Form deutlicher und entschiedener zu nähern, als es Rechts- und Verfassungstheorie bislang versucht haben: Wenn wir Urteile nicht nur als Ergebnisse von Auslegungsprozessen oder als Entscheidungen zwischen zwei Alternativen, sondern Urteilen als Verfahren betrachten, welches das Allgemeine des Rechts mit dem Besonderen einer normativ wie faktisch konstruierten Situation zusammenzubringen vermag, dann dürfte ein Blick aufs Recht zu gewinnen sein, der weder bloß funktionalistisch noch bloß interpretationsgeleitet und weder bloß dezisionistisch noch bloß institutionell orientiert ist. Möglicherweise erlaubt es dieser Blick, die spezifische Professionalität von Richtenden, das »Mindset der Jurist:innen«,[3] gerade dann, wenn das Recht auf dem Spiel steht, zu erkunden. Im Urteil erweist sich das Recht, oder anders gesagt: Im Urteil wird das Allgemeine der Rechtsregel vom Besonderen der Situation gleichzeitig unterschieden und dieser Unterschied überbrückt. In dieser Gleichzeitigkeit liegt nicht nur die spezifische Kompetenz des Juristischen verborgen, sondern auch der grundlegende Anspruch des Rechts. Das Urteilen in den Blick zu nehmen, bedeutet also, am Grund des Rechts zu forschen.

Nicht zuletzt dürfte das Urteilen schließlich erlauben, eine Perspektive auf den Zusammenhang von Recht und Konstitutionalisierung zu gewinnen, die aus den verfassungstheoretisch etablierten Pfaden ebenso wie aus der in gewissen Hinsichten etwas festgefahrenen Rechtstheorie auszubrechen vermag. Der vorliegende Versuch schreibt sich damit einerseits über den Gegenstand konstitutionalisierender Urteile in die aktuelle Debatte um die Verfassung in einer nicht mehr ausschließlich nationalstaatlich verfassten Welt ein und andererseits in die rechtstheoretische Grundlagendiskussion um die Frage »Wie kommt Recht in die Welt hinein?«. Darüber hinaus liefert er mit der spezifischen Perspektive juridischen Urteilens einen Beitrag zur gegenwärtig Fahrt aufnehmenden interdisziplinären Diskussion um das Urteilen *als solches*.

Der Blick aufs Urteilen verspricht zumindest eine neu akzentu-

3 Martti Koskenniemi, »Constitutionalism as Mindset. Reflections on Kantian Themes About International Law and Globalization«, in: *Theoretical Inquiries in Law* 8 (2007), S. 9-36, hier S. 12 (Übers. S.MM.).

ierte Perspektive auf Recht und Verfassung – hinzu kommt, dass mit philosophischen Untersuchungen zum Urteilen in Ästhetik und Politik eine ganze Tradition von Überlegungen und Erkenntnissen darüber besteht, was es heißt, Allgemeines und Besonderes zusammenzudenken. Solche Untersuchungen können hier durchaus produktiv herangezogen werden. Man muss weder ein »Zeitalter des Urteilens« (Klinger) postulieren noch bereits eine »Revolution des Urteilens« (Menke) ausrufen, um anzunehmen, dass es rechtsphilosophisch fruchtbar sein dürfte, die Frage nach dem Urteilen zu stellen.

Auch wenn der Blick aufs Urteilen vieles verspricht, kann die vorliegend eingenommene Perspektive doch nicht alles einlösen. So viel sei einschränkend vorbemerkt: Sie ist wesentlich entlang des deutsch(sprachig)en Rechtsdenkens entwickelt – in der literarischen Rezeption zwar keineswegs auf die deutschsprachige Literatur beschränkt, aber in der Frage nach dem Vorbild an jenen Urteilsprozessen orientiert, wie sie in der deutschsprachigen Rechtstradition zu finden sind. Dies sollte gleich zu Beginn offengelegt werden, obwohl die zum Vorbild genommenen Urteilsprozesse nicht als derart spezifisch gedacht werden können, dass die Überlegungen nicht auch in allgemeiner Weise für ähnliche Rechtsbegriffe und -systeme gelten können. Daneben rekonstruiert die vorliegende Studie rechtliches Urteilen nicht als verfahrensspezifisch – sie geht also davon aus, dass bei allen Möglichkeiten der Differenzierung diverse rechtliche Verfahren, sofern sie auf Urteile hinauslaufen, etwas teilen, das unter dem Begriff des Urteilens zu fassen und zu finden ist.

Abschließend ist noch anzumerken, dass einige wenige Abschnitte der Untersuchung in wesentlichen Gedanken oder im Wortlaut bereits anderweitig publiziert sind – dies ist allerdings jeweils exakt gekennzeichnet.

I. Konstitutionalisierung durch Urteile

Erweiterungen, Vertiefungen und Verdichtungen der verfassten Welt geschehen selten revolutionär,[1] manchmal im Wege der Änderung oder Reform von Verfassungsgesetzen und ziemlich häufig durch rechtsförmige Urteile.[2] Während allerdings Momente der Verfassunggebung und Verfahren der Verfassungsänderung in der rechts- und politikphilosophischen Literatur sowie rechtswissenschaftlich gut beschrieben sind, bleibt die verfassende Qualität von rechtsförmigen Urteilen in den entsprechenden Diskursen weitgehend ohne Berücksichtigung. Stattdessen wird die Rolle von Gerichten als Akteuren in Konstitutionalisierungsprozessen einhellig angenommen, eingehend untersucht und diskutiert.[3] In diesem (institutionellen) Zusammenhang werden auch regelmäßig Beobachtungen von Konstitutionalisierungsprozessen an rechtlichen

1 Zum Zusammenhang von Verfassunggebung und Revolution in historischer Hinsicht vgl. nur Dieter Grimm, *Die Zukunft der Verfassung II. Auswirkungen von Europäisierung und Globalisierung*, Berlin 2012, S. 11-64. Dass der Zusammenhang von Revolution und Verfassunggebung durchaus nicht nur ideologisch, sondern auch temporal vielschichtig und verstrickt sein kann, zeigt nach wie vor Willi Paul Adams, *The First American Constitutions. Republican Ideology and the Making of the State Constitutions in the Revolutionary Era*, Lanham 2001. Dass umgekehrt insbesondere im postsouveränen Zeitalter die Dichotomie von Revolution und Reform kaum aufrechtzuerhalten ist, zeigt vor allem Arato, vgl. etwa Andrew Arato, »Beyond the Alternative Reform or Revolution. Postsovereign Constitution-Making and Latin America«, in: *Wake Forest Law Review* 50 (2015), S. 891-920.

2 Bryde etwa konstatiert insbesondere für Deutschland eine hohe Zahl entsprechender Urteile, die zu einer Konstitutionalisierung führen, vgl. Brun-Otto Bryde, »Soziologie der Konstitutionalisierung«, in: Matthias Mahlmann (Hg.), *Gesellschaft und Gerechtigkeit*, Baden-Baden 2011, S. 267-273, insb. S. 267 f.

3 Vgl. zu einer Analyse der These von »Gerichten als Generatoren der Konstitutionalisierung« nur Thomas Kleinlein, *Konstitutionalisierung im Völkerrecht. Konstruktion und Elemente einer idealistischen Völkerrechtslehre*, Berlin, Heidelberg 2012, S. 33 f. m. w. N.; insbesondere der Europäische Gerichtshof wird als Modell für diese These beschrieben, vgl. ebd., S. 34. Vgl. für entsprechende Analysen zur europäischen Konstitutionalisierung durch den Europäischen Gerichtshof nur Eric Stein, »Lawyers, Judges, and the Making of a Transnational Constitution«, in: *American Journal of International Law* 75 (1981), S. 1-27; J. H. H. Weiler, »The Transformation of Europe«, in: *The Yale Law Journal* 100 (1991), S. 2403-2483.

Urteilen gemacht und beschrieben. Gerichte, so wird es vielfach gefasst, treiben solche Prozesse des Verfassens nicht allein, aber wesentlich an, sie haben unter anderem als »aktivistische Institutionen«, als *activist courts*, bereits eine gefestigte Kontur im Rahmen mancher konstitutionalistischer Modelle gewonnen.[4]

Die vorliegende Untersuchung schlägt hier einen anderen Weg ein, um Ausdifferenzierungen und die Expansion von Verfassung durch rechtsförmige Urteile zu erläutern: Sie knüpft nicht an den urteilenden Institutionen, sondern am *Verfahren des Urteilens* an. Dem liegt die Annahme zugrunde, dass die Verbindung von Konstitutionalisierungsprozessen und rechtsförmigen Urteilen weder einen zufälligen noch einen belanglosen Zusammenhang beschreibt. Vielmehr, dies wird weiter zu erläutern sein, bildet sich darin ein in beiden Richtungen eng verstricktes Verhältnis von Verfassung und Recht ab. Es wird gerade dann nicht nur beobachtbar, sondern auch theoretisch wirksam, wenn wir Recht vom Urteilen ausgehend denken. Insofern führt die Ausgangsfrage danach, wie die verfassende Eigenschaft (mancher) rechtsförmiger Urteile zu erklären ist, schließlich zu einem Entwurf einer Theorie des Rechts, die Verfahren des Urteilens (und nicht etwa Rechtsnormen oder Rechtsregeln) in den Mittelpunkt rückt. Während die Studie also einen recht weiten Bogen spannen wird, konzentriert sich das vorliegende erste Kapitel zunächst auf ihren vergleichsweise schmalen Ausgangspunkt: die Beobachtung, dass Erweiterungen, Vertiefungen und Verdichtungen von Verfassung nicht nur manchmal, sondern regelmäßig im Wege rechtsförmiger Urteile entstehen. Solche Urteile nenne ich im Folgenden *verfassende* Urteile.

1. Untersuchungsgegenstand: verfassende Urteile

Die Möglichkeit, dass rechtliche Urteile Verfassungsprozesse auslösen und verändern, wird implizit von zahllosen Studien vorausgesetzt – von sämtlichen Ansätzen nämlich, die annehmen, dass Gerichtsurteile konstitutionalisieren können. Jede Beschreibung etwa des Europäischen Gerichtshofs als Akteur, der die Konstitutionali-

4 Vgl. etwa Vicki Jackson, *Constitutional Engagement in a Transnational Era*, Oxford, New York 2013.

sierung der Europäischen Union vorantreibt,[5] jede Untersuchung, die eine Konstitutionalisierung der Welthandelsorganisation durch deren Spruchkörper beobachtet,[6] jede These einer Konstitutionalisierung des Völkerrechts, die sich (auch) auf gerichtliche Entscheidungen bezieht,[7] setzt – zunächst einmal auf ganz allgemeine Weise verstanden – voraus, dass es möglich ist, durch, in oder mithilfe von Urteilen zu *verfassen*. Gleiches gilt auch, und dies ist weniger trivial, als es auf den ersten Blick erscheinen mag, für die These, dass Urteile von Verfassungsgerichten konstitutionalisieren, indem sie beispielsweise eine Ausstrahlung von Verfassungsnormen auf einfaches Recht normativ bestimmen.

Exemplarisch kann hier nach wie vor auf das Lüth-Urteil[8] des Bundesverfassungsgerichts verwiesen werden: Darin stellt das Gericht unter anderem fest, dass das Grundgesetz eine »objektive Wertordnung« errichte, die wiederum »selbstverständlich auch das Bürgerliche Recht« beeinflusse[9] – denn diese »objektive Wertordnung« entfalte ein ganzes Wertsystem, »Gesetzgebung, Verwaltung und Rechtsprechung empfangen von ihm Richtlinien und Impulse«.[10] Eine Verdichtung und Vertiefung der Verfassung geschieht hier also letztlich dadurch, dass der Modus des einfachen Rechts verändert wird: Es soll nicht nur als ein Allgemeines in Bezug auf ein Konkretes in einem jeweiligen Rechtsfall, für ein jeweiliges Rechtsurteil dienen, sondern es soll dabei eine ihm übergeordnete Allgemeinheit, eine objektive Wertordnung, *vermitteln*. »Der Rechtsgehalt der Grundrechte als objektiver Normen entfaltet sich im Privatrecht durch das Medium der dieses Rechtsgebiet unmittelbar beherrschenden Vorschriften«,[11] so fasst die Urteilsbegründung eine grundsätzliche verfassungstheoretische Entscheidung zusammen. Im Lüth-Urteil konstitutionalisiert das Gericht also nicht nur, indem es den Grundrechten eine objektivrechtliche Dimension zu-

5 Z. B. Stein, »Lawyers, Judges, and the Making of a Transnational Constitution«; Weiler, »The Transformation of Europe«.

6 Deborah Z. Cass, *The Constitutionalization of the World Trade Organization. Legitimacy, Democracy, and Community in the International Trading System*, Oxford 2005.

7 Vgl. m. w. N. Kleinlein, *Konstitutionalisierung im Völkerrecht*, S. 33 f.

8 BVerfGE 7, 198-230.

9 BVerfGE 7, 198-230 (Rn. 25).

10 BVerfGE 7, 198-230 (Rn. 25).

11 BVerfGE 7, 198-230 (Rn. 26).

spricht und damit den Rahmen des »bisher« Verfassten erweitert, sondern auch, indem es das Grundrechtssystem in ein normatives Hierarchieverhältnis, in ein Vorrangverhältnis zum einfachen Recht setzt. Dieses zeigt sich in der neuen Funktion der Normen des Privatrechts als »Medium« des objektiven Gehalts der Grundrechte.

Diese (gängige) Lesart des Urteils setzt nun, darum geht es mir hier, voraus, dass ein solches Urteil genau das überhaupt leisten kann: tiefgreifende verfassende Wirkungen erzeugen. Schließlich ist zwar unmittelbar einsichtig, dass ein gerichtliches, ein rechtsförmiges Urteil Aussagen über Gehalte und auch etwa den normativen Rang treffen kann, wenn es beispielsweise das Allgemeine bestimmt, um dieses dann mit einem spezifischen Problem, einem Sachverhalt, einem Besonderen im Urteil zu verknüpfen. Solche Aussagen allein können allerdings noch nicht das Verfassungsgefüge verändern oder erweitern, wenn Verfassung mehr oder ein anderes bedeutet als: Recht. Denn sie sind zunächst einmal – auch wenn sie von Verfassungsgerichten getroffen werden – auf einen Fall bezogen, sie können »nur den verfassungsrechtlichen Rahmen [bestimmen]«,[12] nicht aber diesen Rahmen erweitern, ausbauen oder verkleinern. Diese Kompetenz fällt auf der Ebene der Verfassung eigentlich allein dem *pouvoir constituant* zu. Damit deutet sich an, dass die Frage nach der Möglichkeit verfassender Wirkungen von rechtsförmigen Urteilen, die Frage nach Funktionsweise und Wirkmechanismen von verfassenden Urteilen verzwickter sein dürfte, als angesichts der vielfältigen Zuschreibungen konstitutionalisierender Wirkungen aus einer institutionellen Perspektive heraus anzunehmen ist. Unter welchen Umständen und Bedingungen lässt sich eine konstitutionalisierende Wirkung von Urteilen beobachten? Oder anders formuliert: Was heißt Konstitutionalisierung durch Urteile? Offenbar lassen sich verfassende Wirkungen nicht notwendig von normativen, institutionellen oder tatsächlichen Qualitäten ableiten – denn ein verfassendes Urteil muss nicht unbedingt auf Verfassungsnormen zurückgreifen, ein Gericht, das verfassende Urteile fällt, muss nicht notwendig ein Verfassungsgericht sein, und ein zu beurteilender Fall muss nicht einer bestimmten Materie zuzuordnen sein, um eine konstitutionalisierende Wirkung anzuneh-

12 Selbstbeschreibung seiner Aufgaben durch das Bundesverfassungsgericht auf seiner Website, ⟨http://www.bundesverfassungsgericht.de/DE/Das-Gericht/Aufgaben/aufgaben_node.html⟩, letzter Zugriff 15. 12. 2022.

men oder auszuschließen. Aber auch der Begriff der Konstitutionalisierung beziehungsweise der konstitutionalisierenden Wirkung ist in diesem Zusammenhang nicht ganz unproblematisch, eben weil er ebenso häufig wie divers verwendet wird.[13] Konstitutionalisierung beschreibt sowohl die »Herausbildung von Verfassungsrecht in einer Rechtsordnung« als auch die »Ausbreitung des Konstitutionalismus als intellektuelle Strömung«,[14] die Ausbildung von Verfassungselementen im internationalen Recht[15] oder die »allmähliche [...] institutionelle [...] Verdichtung«[16] von Strukturen wie etwa im Rahmen der Europäisierung. Konstitutionalisierung wird entsprechend innerhalb nationalstaatlicher Rechtsordnungen genauso beobachtet wie im Völkerrecht und in der Europäischen Union,[17] in Teilordnungen des internationalen Rechts (zum Beispiel der Welthandelsorganisation)[18] und in Bezug auf Zivilverfassungen.[19] Ich verwende dagegen einen vom Begriff der Verfassunggebung beziehungsweise der Konstituierung zu unterscheidenden Begriff der Konstitutionalisierung. Wenn Konstituierung allein auf das gründende Moment einer umfänglichen Verfassunggebung bezogen ist, also auf die Einrichtung einer wie auch immer gearteten

13 Vgl. nur und immer noch Rainer Wahl, »Konstitutionalisierung. Leitbegriff oder Allerweltsbegriff?«, in: Carl-Eugen Eberle u. a. (Hg.), *Der Wandel des Staates vor den Herausforderungen der Gegenwart. Festschrift für Winfried Brohm zum 70. Geburtstag,* München 2002, S. 191-207. Siehe aus jüngerer Zeit auch m. w. N. Kleinlein, *Konstitutionalisierung im Völkerrecht,* S. 1 f.

14 Anne Peters, »Rechtsordnungen und Konstitutionalisierung. Zur Neubestimmung der Verhältnisse«, in: *Zeitschrift für öffentliches Recht* 65 (2010), S. 3-63, hier S. 10.

15 Vgl. etwa Isabelle Ley, »Kant *versus* Locke. Europarechtlicher und völkerrechtlicher Konstitutionalismus im Vergleich«, in: *Zeitschrift für ausländisches öffentliches Recht und Völkerrecht* 69 (2009), S. 317-345, insb. S. 332-340. Vgl. auch Erika De Wet, »The International Constitutional Order«, in: *International and Comparative Law Quarterly* 55 (2006), S. 51-76.

16 Stefan Oeter, »Europäische Integration als Konstitutionalisierungsprozess«, in: *Zeitschrift für ausländisches öffentliches Recht und Völkerrecht* 59 (1999), S. 901-917, hier S. 901.

17 Zum Vergleich der beiden Konstitutionalisierungsdiagnosen bzw. -thesen vgl. insbesondere Ley, »Kant *versus* Locke«.

18 Vgl. Cass, *The Constitutionalization of the World Trade Organization.*

19 Gunther Teubner, »Globale Zivilverfassungen. Alternativen zur staatszentrierten Verfassungstheorie«, in: *Zeitschrift für ausländisches öffentliches Recht und Völkerrecht* 63 (2003), S. 1-28; Andreas Fischer-Lescano, Gunther Teubner, *Regime-Kollisionen. Zur Fragmentierung des globalen Rechts,* Frankfurt/M. 2006, S. 53-56.

neuen Verfassungsordnung ohne wesentliche legitimatorische oder materielle Anknüpfungen und Bezugnahmen auf eine vorgängige Konstitution, dann beschreibt Konstitutionalisierung Prozesse, die gründende Momente in diesem Sinne beinhalten können, aber zumindest mittelbar an einer bestehenden Konstitution anknüpfen oder von ihr ausgehen. Dieses Verständnis von Konstitutionalisierung identifiziere ich im Folgenden mit dem Begriff des Verfassens. *Zu verfassen* in diesem Sinne bedeutet zunächst einmal nur, dass zu einer bereits verfassten Struktur etwas gefügt wird, das seinerseits dann als verfasst, als Erweiterung oder Verdichtung oder Vertiefung dieser verfassten Struktur gedacht werden kann. Insofern gilt auch hier, dass das »Konzept der Konstitutionalisierung [...] vom Begriff der Verfassung nicht vollständig zu trennen [ist], [...] von diesem aber deutlich unterschieden werden sollte«.[20] Im Unterschied zu Möllers wird der Begriff der Konstitutionalisierung hier allerdings nicht als »Komplementärbegriff zur Figur der verfassunggebenden Gewalt«[21] verstanden, wobei Letztere der verfassungsbegrifflichen Tradition der Herrschaftsbegründung zuzuordnen wäre und Ersterer jener der Herrschaftsbegrenzung.[22] Stattdessen werden Konstituierung und Konstitutionalisierung als zwei Ebenen des Verfassens gedeutet, die jeweils herrschaftsbegründende und herrschaftsbegrenzende Aspekte in unterschiedlicher Anordnung aufweisen können. Konstitutionalisierung setzt zwar regelmäßig (nicht immer)[23] – anders als Konstituierung – einen bereits konstituierten Rahmen voraus, kann aber gleichwohl expandierend in einem herrschaftsbegründenden Sinne und nicht allein als eine bestehende Herrschaft begrenzend wirken. Schließlich lassen sich Vorgänge der Konstitutionalisierung durch Urteile nicht vollumfänglich als herr-

20 Christoph Möllers, »Verfassunggebende Gewalt – Verfassung – Konstitutionalisierung«, in: Armin von Bogdandy, Jürgen Bast (Hg.), *Europäisches Verfassungsrecht. Theoretische und dogmatische Grundzüge*, Berlin, Heidelberg 2009, S. 227-277, hier S. 265.

21 Ebd., S. 266.

22 Vgl. ebd., S. 250-255 und S. 265 f.

23 Auch inkrementelle Herausbildungen von Verfassungsebenen lassen sich möglicherweise als Konstitutionalisierung fassen, ohne jedenfalls unmittelbar an einen Verfassungsrahmen anzuknüpfen. Regelmäßig nehmen solche Prozesse dann aber mittelbar auf bestehende (andere) Verfassungsordnungen Bezug. Siehe dazu unten Kapitel *Verfassung und Verfassen*, Sektion *Verfassung*, Untersektion *Entgrenzungsmomente*.

schaftsbegrenzende Momente beschreiben, wie es beispielsweise für die Entdeckung oder Entwicklung eines neuen Grundrechts im System des Grundgesetzes[24] naheliegt oder in Bezug auf inkrementelle Prozesse der Verrechtlichung.[25] Denn auch die Verdichtung oder Erweiterung eines bereits verfassten Gemeinwesens fügt dem Radius der Ausübung politischer Herrschaft Momente hinzu, die zuvor nicht (legitim) von ihr erfasst waren. Gerade einige Urteile, die zur Beschreibung des prominenten Beispiels europäischer Konstitutionalisierung herangezogen werden, lassen sich entsprechend durchaus auch als herrschaftsbegründend deuten: Wenn der EuGH beispielsweise in den Entscheidungen Van-Gend-en-Loos[26] und Costa/E.N.E.L.[27] zunächst die unmittelbare Anwendbarkeit europäischen Rechts und anschließend einen Anwendungsvorrang dieses Rechts vor mitgliedstaatlichem Recht etabliert, dann kann darin zwar einerseits eine Begrenzung mitgliedstaatlicher »Herrschaft« gesehen werden, vorwiegend aber entsteht dadurch eine neue Grundlage politischer Herrschaft für die europäischen Rechtssetzungsinstitutionen. Verfassende Urteile sind zusammenfassend also solche Urteile, die Erweiterungen, Vertiefungen oder Verdichtungen bereits (jedenfalls ansatzweise) verfasster Strukturen hervorrufen, ohne dass diese Veränderungen als solche schon qualifiziert (etwa als herrschaftsbegründend oder als herrschaftsbegrenzend) wären. Wie diese Urteile das tun, welche Arten von konkreten Normsetzungen sie vornehmen, welche Typen von Fallkonstellationen sie betreffen, welchen Spruchkörpern sie entstammen, alle diese Fragen wären dann unter dem Oberbegriff verfassender Urteile zu stellen – obwohl die vorliegende Untersuchung sich darauf beschränkt, diese Urteile als Form näher zu betrachten. So ist, diese Einschränkung erläuternd, noch ein zweiter Aspekt verfassender Urteile einer Vorbemerkung zu unterziehen. Auch wenn solche Urteile ganz unterschiedlichen Kontexten, Anlässen und Institutionen entstammen, eines ist ihnen allen gemein – und dabei mag es sich um eine möglicherweise zunächst trivial erscheinende, schließ-

24 Vgl. nur das »Grundrecht auf Vertraulichkeit und Integrität informationstechnischer Systeme«, BVerfGE 120, 274-350 [Online-Durchsuchung].

25 Vgl. Möllers, »Verfassunggebende Gewalt – Verfassung – Konstitutionalisierung«, S. 266.

26 EuGH Slg. 1963, 1 – Van Gend en Loos.

27 EuGH Slg. 1964, 1251 – Costa/E.N.E.L.

lich allerdings, das wird sich noch zeigen, anspruchsvolle gemeinsame Eigenschaft jener Urteile handeln, denen konstitutionalisierende Wirkungen zugeschrieben werden können: Es geht stets um rechtliche, genauer gesagt, rechtsförmige Urteile. In diesem Zusammenhang liegt keine Beiläufigkeit. Vielmehr gehe ich davon aus, und die vorliegende Untersuchung wird diese Annahme weiter erläutern, dass die Form dieser Gerichtsentscheidungen, die Begebenheit, dass es sich um rechtsförmige Urteile handelt, konstitutiv für deren konstitutionalisierende Leistungen, Wirkungen und Möglichkeiten ist. Dies bedeutet im Umkehrschluss, dass, um etwas über verfassende Urteile zu erfahren, ihre Rechtsförmigkeit erschlossen werden muss. Anders gesagt: Genauer zu bestimmen, was es heißt, verfassend zu urteilen, setzt voraus, zu beschreiben, was es heißt, rechtsförmig zu urteilen. Damit rückt aus Anlass einer vergleichsweise schmalen Beobachtung (der Beobachtung verfassender Urteile) ein wiederum grundlegendes Problem des Rechts ins Zentrum der Untersuchung: Was heißt es, rechtsförmig zu urteilen? Recht ist immer aufs Urteilen angewiesen, seine Theorie bleibt von dieser Angewiesenheit allerdings seltsam unberührt und konzentriert sich regelmäßig auf Rechtsnormen oder Regeln, um sich einen Begriff vom Recht zu machen.[28] Eine Antwort auf die Frage, was es heißt, rechtsförmig zu urteilen, wirkt deswegen notwendig auf den Begriff des Rechts zurück und bringt entsprechend Elemente einer Theorie des Rechts mit sich. Das vorliegende Unternehmen besteht insofern wesentlich darin, über eine Rekonstruktion rechtsförmigen Urteilens zu versuchen, Hinweise auf eine genauere Konturierung verfassender Urteile zu erhalten, jedenfalls aber mit einer Rekonstruktion rechtsförmigen Urteilens einen allgemeinen begrifflichen Rahmen zu erhalten, innerhalb dessen dann auch verfassende Urteile beschreibbar sein müssen. Inwiefern rechtsförmige Urteile gerade geeignet oder nicht geeignet sind, zu verfassen, oder wie erkennbar wird, warum manche Urteile verfassende Wirkungen haben und andere nicht, diese Fragen sind rechts- und verfassungstheoretisch bislang nicht geklärt und bilden, zusammenfassend, den Anlass und Ausgangspunkt für das hier zu unternehmende Unterfangen – nämlich der Frage nachzugehen, wie rechtsförmige Urteile als verfassend verstanden und entfaltet werden können.

28 Siehe dazu unten Kapitel *Juridizität rechtsförmiger Urteile.*

Verfassende Urteile bilden also nicht nur eine zentrale Form, in der Recht sich überhaupt zeigt, sondern tragen für viele prominente Entwicklungen der rechtlich verfassten Welt Mitverantwortung: Geradezu typische Beispiele wären die Europäisierung[29] und die Globalisierung des Konstitutionalismus[30] auf der einen Seite, aber auf der anderen Seite auch diverse Formen von Konstitutionalisierung, die als »gesellschaftlicher« oder als »transformativer« Konstitutionalismus jeweils bestimmte Weisen bezeichnen, in denen sich Verfassung in bislang nicht verfasste Welten einschreibt[31] oder – im Falle des »transformativen« Konstitutionalismus – sozialen Wandel vorantreibt.[32] Rechts- und politikwissenschaftliche Untersuchungen widmen sich diesen Beispielen typischerweise entweder entlang rechtlicher Gehalte, Bestimmungen und Differenzierungen der Urteile, also entlang inhaltlicher Befunde. Oder sie untersuchen entsprechende Konstellationen institutionenorientiert, das heißt, Gerichte oder Spruchkörper werden als Agenten betrachtet, die die entsprechenden Entwicklungen vorantreiben.[33] Etwas weniger prominent finden sich gelegentlich auch Untersuchungen dieser Gegenstände, die an richterlichen Haltungen an-

29 Vgl. dazu z. B. Karen J. Alter, »The European Court's Political Power across Time and Space«, in: *Revista Romana de Drept European* (2010), S. 98-120.

30 Z. B. durch die Rezeption jeweils »fremden« Verfassungsrechts in gerichtlichen Urteilen, vgl. dazu Jeremy Waldron, »Foreign Law and the Modern Ius Gentium«, in: *The Harvard Law Review* 119 (2005), S. 129-147; ders., *»Partly Laws Common to All Mankind«. Foreign Law in American Courts*, New Haven 2012; Mark Tushnet, »The Inevitable Globalization of Constitutional Law«, in: *Virginia Journal of International Law* 49 (2009), S. 985-1006.

31 Siehe die Nachweise oben Fn. 19.

32 Vgl. dazu nur Karl E. Klare, »Legal Culture and Transformative Constitutionalism«, in: *South African Journal on Human Rights* 14 (1998), S. 146-188; Michaela Hailbronner, »Transformative Constitutionalism. Not Only in the Global South«, in: *American Journal of Comparative Law* 65 (2017), S. 527-566.

33 Ein anschauliches Beispiel bietet die vielzitierte Formulierung: »Versteckt im märchenhaften Herzogtum Luxemburg und bis vor kurzem mit wohlwollender Vernachlässigung durch die Machthaber und die Massenmedien gesegnet, hat der Gerichtshof der Europäischen Gemeinschaften einen konstitutionellen Rahmen für eine föderale Struktur in Europa geschaffen.« Stein, »Lawyers, Judges, and the Making of a Transnational Constitution«, S. 1 (Übers. S.MM.).

knüpfen.[34] Ein weiterer Strang vorwiegend politikwissenschaftlicher Analysen bezieht zur Untersuchung jener Transformationen durch gerichtliches Handeln insbesondere die jeweiligen politisch-historischen Kontexte von Entscheidungen ein.[35] Eines allerdings bleibt zumeist außerhalb des Blickfeldes: jene Rolle, die rechtliche Urteile für diese Entwicklungen als Form des gerichtlichen Handelns spielen. Dies ist aus rechtstheoretischer Perspektive einigermaßen überraschend, handelt es sich bei rechtsförmigen Urteilen doch nicht um eine beliebig auswechselbare, sondern um eine ausgesprochen ausdifferenzierte, professionell durchformte und durch umfassende rechtskulturelle Traditionen herausgebildete Handlungsform, die nicht nur über Legitimationsaspekte zu beschreiben ist, sondern gleichzeitig, als Form, ganz eigene Mechanismen entwickelt, um etwa normative und faktische Ebenen zusammenzudenken.[36] Es ist also zunächst einmal davon auszugehen, dass diese anspruchsvolle Form Einfluss auf die ihr zugeschriebenen verfassenden Wirkungen ausübt, und umgekehrt, dass mögliche Einsichten und Erkenntnisse über verfassende Urteile ganz wesentlich an dieser Urteilsform anknüpfen müssen.

Die vorliegende Untersuchung schlägt hier entsprechend einen anderen Weg ein als die vorhandene Literatur und nimmt sich vor, diese Lücke zu füllen: Ausgehend von der Annahme, dass die Form der justiziellen Welterzeugung, das Urteil, nicht ohne Einfluss auf ihre Inhalte, Funktionen und Leistungen ist, rückt sie das Urteil beziehungsweise (der Zusammenhang wird noch zu sehen sein)[37] das Urteilen in den Mittelpunkt der Betrachtung. Wie können Urteile überhaupt als Form geeignet sein, Prozesse der Konstitutionalisierung oder der europäischen Integration oder des sozialen Wandels voranzutreiben? Und welche Leistung erbringen Verfahren der Urteilsbildung, die sie in besonderer Weise geeignet erscheinen lassen, um die rechtlich verfasste Welt zu erweitern? Was heißt es also, so lautet dann die zugrundeliegende Frage, von rechtsförmigen Urtei-

34 Vgl. nur Jeffrey A. Segal, Harold J. Spaeth, *The Supreme Court and the Attitudinal Model Revisited*, Cambridge, New York 1998.

35 Vgl. Alter, »The European Court's Political Power across Time and Space«.

36 Siehe dazu unten ausführlich Kapitel *Theoretische Rekonstruktion juridischen Urteilens*.

37 Siehe dazu unten Kapitel *Theoretische Rekonstruktion juridischen Urteilens*, Sektion *Vorbemerkungen*.

len zu sprechen und nicht etwa von (politischen) Entscheidungen oder »bloßen Dezisionen«? Annäherungen an solche Fragen dürften, davon gehe ich im Folgenden aus, einen Beitrag zur Erklärung von Phänomenen, die sich (in einem weiten Sinne) als Erweiterungen der verfassten Welt durch Gerichte beschreiben lassen, leisten. Dieser Beitrag soll nicht in Konkurrenz zu institutionenanalytischen oder rechtlichen Analysen justizieller Welterzeugung stehen, sondern vielmehr in einem Ergänzungsverhältnis: Während der institutionelle Blick funktional oder interessenorientiert, jedenfalls aber politisch zentriert analysieren kann und der rechtliche Blick systemorientiert oder teleologisch, immer aber von der Sphäre des Politischen abgrenzend erschließt, beschreibt die Form des Urteils gerade eine spezifische Vermittlungsleistung, die es näher zu untersuchen gilt.

Verfassungstheoretisch wiederum muss sich diese Vermittlungsleistung im Fall verfassender Urteile in das Vokabular legitimatorischer Strukturen oder Akte übersetzen lassen, denn die Frage nach Legitimation beziehungsweise nach der »Instanz oder tragenden Kraft, welche der Verfassung ihre (demokratische) Legitimation und Legitimität verleiht«,[38] ist die grundsätzliche Frage von Verfassungstheorie überhaupt. Ich gehe entsprechend davon aus, dass die welterzeugenden Momente rechtsförmiger Urteile gerade jenes ausgreifende Momentum, das der Begriff der Konstitutionalisierung beschreibt, erfassen und für es Legitimationspotentiale aufrufen und herstellen können. Solche Urteile untersuche ich im Folgenden als *verfassende* Urteile. Dieser Zusammenhang lässt sich insbesondere ex negativo erläutern, wenn wir uns ansehen, wie die etablierte Betrachtung konstitutionalisierender Urteile ihn gerade *nicht* beschreiben kann. Beispielsweise werden typischerweise solche Urteile des Europäischen Gerichtshofs als Belege für die Konstitutionalisierung der Verträge beziehungsweise der Europäischen Union herangezogen, die das Verhältnis der Union zu ihren Mitgliedstaaten verändern: Weiler etwa beschreibt die Konstitutionalisierung in der Gründungsphase[39] über eine »Reihe von grundle-

38 Ernst-Wolfgang Böckenförde, »Die verfassunggebende Gewalt des Volkes. Ein Grenzbegriff des Verfassungsrechts«, in: Ulrich K. Preuß (Hg.), *Zum Begriff der Verfassung*, Frankfurt/M. 1994, S. 58-80, hier S. 59.

39 Zur Phaseneinteilung vgl. Weiler, »The Transformation of Europe«, S. 2405-2410.

genden Entscheidungen«[40] des Europäischen Gerichtshofs, die vier »Leitlinien« etablierten, welche wiederum »das Verhältnis zwischen Gemeinschaftsrecht und dem Recht der Mitgliedsstaaten festgelegt und dieses Verhältnis von analogen Rechtsverhältnissen in föderalen Verfassungsstaaten ununterscheidbar gemacht haben«.[41] Die Form dieser Entscheidungen als gerichtliche Urteile spielt für ihre Einordnung als konstitutionalisierend auch im Falle der »Transformation Europas«[42] kaum eine Rolle. Dies wäre jedenfalls dann nicht weiter verwunderlich, wenn dies bei den übrigen Formen des Verfassens ähnlich behandelt würde: wenn also die Verfassunggebung etwa allein über materielle Gehalte und nicht jedenfalls auch über prozedurale Erwägungen, Fragen der Autorität eines Verfassunggebers beispielsweise, erschlossen würde. Und außerdem wäre diese Einordnung gerade dann folgerichtig, wenn – andererseits – dem Begriff der Konstitutionalisierung, dem Begriff des Verfassens ein solcher Begriff von Verfassung unmittelbar zugrunde läge, der wiederum allein über materielle Kriterien zu erschließen wäre. Beide Aspekte lassen sich allerdings nicht oder jedenfalls nicht ohne weiteres und keineswegs angesichts der hier angenommenen Voraussetzungen bestätigen. Vielmehr dürfte es so verkürzend wie verlustreich sein, Konstitutionalisierung über einen Begriff der Verfassung zu beschreiben, der ohne jede formbildende Komponente auskommt. Mit anderen Worten: Der Begriff der Konstitutionalisierung wäre ohne weiteren Beschreibungs- und auch Erklärungswert, wenn er allein darauf verweisen könnte, dass ein rechtlicher oder politischer Akt Bezugnahmen auf typischerweise in Verfassungsgesetzen geregelte Materien oder mit dem modernen Konstitutionalismus verbundene normative Prinzipien enthielte. Jedes Verständnis von Konstitutionalisierung, das vorwiegend die Seite der Regulierung von Herrschaft unter bestimmten normativen Vorgaben fasst,[43] verliert die herrschaftsformierenden Aspekte von Verfasstheit

40 Ebd., S. 2413. (Übers. S.MM.)

41 Ebd. (Übers. S.MM.)

42 So der Titel von Weilers maßgeblicher Untersuchung, vgl. Weiler, »The Transformation of Europe«.

43 Überwiegende Begriffsdefinitionen operieren in ähnlicher Weise, insofern fasst Loughlin den Gebrauch treffend zusammen: »Konstitutionalisierung ist der Ausdruck für den Versuch, die Ausübung aller Arten von öffentlicher Macht, unabhängig vom Medium ihrer Ausübung, der Disziplin konstitutioneller Verfahren

aus dem Blick, die sich auch in der dynamischen und möglicherweise fortgesetzten Herstellung dieser Verfasstheit, der Konstitutionalisierung, abbilden müssen.[44] Erweiterungen, Vertiefungen und Verdichtungen der verfassten Welt, also Vorgänge der Konstitutionalisierung, müssen, so lautet umgekehrt die positive Version dieser Annahme, immer einen Bezug zum *pouvoir constituant* herstellen. Diese Bezugnahme erlaubt überhaupt erst, die Formierung von Herrschaft und die Ausübung öffentlicher Gewalt in einer Weise zu denken, welche sie mit der Anforderung einer Legitimation[45] konfrontiert und somit den Begriff der Verfassung nicht entleert. Zu konstitutionalisieren bedeutet also in diesem Sinne nicht allein, sämtliche Akte der Ausübung öffentlicher Gewalt konstitutionellen Normen zu unterwerfen, sondern auch, diese Unterwerfung selbst (und damit gleichzeitig die Formierung jener öffentlichen Gewalt) an jene zurückzubinden, die als Gesamtheit das kollektive Subjekt demokratischer Legitimation bilden.[46] Damit bleibt der Begriff der

und Normen zu unterwerfen.« Martin Loughlin, »What is Constitutionalisation?«, in: Petra Dobner, Martin Loughlin (Hg.), *The Twilight of Constitutionalism?*, Oxford 2010, S. 47-69, hier S. 47 (Übers. S.MM.).

44 So greift die differenzierte Beschreibung einer »innerstaatlichen Konstitutionalisierung« im Anschluss an die sogenannte *rights revolution* etwa bei Loughlin also in jener Hinsicht zu kurz: Wenn sie nämlich Konstitutionalisierung als einen Prozess, den Anspruch einer einmal gegebenen Verfassung lediglich zu »verwirklichen«, beschreibt, der mit der Konstituierung nur beginnt, und daran anschließend allmählich und inkrementell die Verfassungsnormen in höherrangige Rechtsnormen umwandelt, diesen Prozess legitimatorisch aber mit einer einmaligen Konstituierung für abgeschlossen hält und deswegen die Legitimationsfrage etwa für jene Extensionseffekte, die insbesondere für Rechte zu beobachten sind, nicht noch einmal stellt; vgl. Loughlin, »What is Constitutionalisation?«, S. 62 f. (Übers. S.MM.): »[...] die Verabschiedung einer schriftlichen Verfassung bildete nur eine erste Stufe in einem allgemeineren Prozess der Verwirklichung des Anspruchs der Verfassung, höherrangiges Recht zu sein. Das hat Konstitutionalisierung auf der innerstaatlichen Ebene bedeutet, und sie wird durch politische und kulturelle Veränderungen realisiert, die von einer aktivistischen Judikative vorangetrieben werden, die die Verantwortung für die Durchsetzung der Bestimmungen des Verfassungstextes übernimmt.«

45 Siehe dazu eingehend unten Kapitel *Verfassung und Verfassen*, Sektion *Verfassung*, Untersektion *Drei Aspekte von Verfassung: Legitimation, Vorrang, Rechtsförmigkeit*.

46 Hier und in der Anforderung, auch Prozesse der Konstitutionalisierung an eine legitimierende Gewalt rückzubinden, durchaus ähnlich, schlagen Ahlhaus und Patberg (allerdings bezogen auf das Völkerrecht und dessen Konstitutionalisierung) vor, den Begriff einer »konstitutionalisierenden Gewalt« einzuführen, vgl.

Konstitutionalisierung, das gilt es im Blick zu behalten, unterschieden von jenem der Konstituierung – der (revolutionären) Verfassunggebung ohne weitere Vorgängigkeit in legitimatorischer Hinsicht –, denn es handelt sich um eine konstitutionelle Expansion auf dem Boden eines *pouvoir constitué* oder (für die Europäische Union und auch für international-rechtliche Konstitutionalisierungsmomente) eines proto-*pouvoir constitué*.[47] Den verfassenden Momenten näher zu kommen bedeutet also, sie als Überschreitungsbewegungen zu verstehen, deren Überschreitungsmoment seinerseits Legitimationsbedarf auslöst – verfassende Urteile mögen Handlungen konstituierter Gewalten sein, sie bedürfen wegen ihres expansiven Momentums allerdings trotzdem (und gerade deswegen) der jeweiligen und jeweils neuen Rückbindung an einen *pouvoir constituant*. Das heißt, um zum Beispiel verfassender Urteile des Europäischen Gerichtshofs zurückzukommen, in verfassungstheoretischer Hinsicht bliebe vor diesem Hintergrund die Beobachtung als solche noch ohne größere Folgen, dass diese Urteile in der einen oder anderen auch umfassenden Weise das Verhältnis von Gemeinschaftsrecht und dem Recht der Mitgliedstaaten betreffen. Entscheidend wäre für das grundlegende verfassungstheoretische Problem – die Frage nach dem *pouvoir constituant* beziehungsweise nach der Legitimation[48] – dann, wie sich dieses »Betreffen« genauer konturieren lässt. Wenn die Beschreibung der Konstitutionalisierung der Europäischen Union durch den Europäischen Gerichtshof zutreffend ist – und sehr viel spricht dafür –, dann wäre nun in Anlehnung an Weilers berühmte Formulierung zu fragen, wie die Urteile denn das Verhältnis von Gemeinschaftsrecht und dem Recht der Mitgliedstaaten genau festlegen beziehungsweise in ein zu föderalen Verfassungsstaaten analoges Verhältnis umwandeln können.[49] Wie also können rechtsförmige Urteile, auf diese Frage läuft es nun hinaus, überhaupt gleichzeitig etwas (zum Beispiel ein

Svenja Ahlhaus, Markus Patberg, »Von der verfassunggebenden zur konstitutionalisierenden Gewalt. Die demokratische Legitimität völkerrechtlicher Konstitutionalisierung«, in: Bardo Fassbender, Angelika Siehr (Hg.), *Suprastaatliche Konstitutionalisierung*, Baden-Baden 2012, S. 23-58, insb. S. 25 und S. 37-45.

47 Siehe dazu oben Sektion *Untersuchungsgegenstand: verfassende Urteile*.

48 Zum Zusammenhang vgl. Böckenförde, »Die verfassunggebende Gewalt des Volkes«, S. 59.

49 Vgl. Weiler, »The Transformation of Europe«, S. 2413.

Rechtsverhältnis) konstitutionellen Normen unterwerfen und dabei diese Unterwerfung auf ein Legitimationssubjekt rückbeziehen? Und wie vermögen rechtliche Urteile dies in einer Weise, die uns davon sprechen lässt, dass diese Urteile konstitutionalisieren, oder anders gesagt: verfassen?

3. Problemstellungen

Alle diese Einschreibungsweisen in die verfasste Welt, die ich verfassend nenne, eint, dass sie nicht nur, aber doch ganz wesentlich von gerichtlichen Entscheidungen bestimmt und getragen werden, was allerdings letztlich nur deswegen bemerkenswert ist, weil es eine Abweichung von dem markiert, was man den »Normalmodus« von verfassten Rechtssystemen konstitutionalisierten Typs nennen könnte. Jener »Normalmodus« ließe sich zum einen auf eine funktionale wie legitimatorische Differenzierung von verfassunggebender Gewalt und verfasster Gewalt zurückführen[50] und zum anderen über rechtsstaatliche Prinzipien fassen, die die Rechtsförmigkeit von gerichtlichen Entscheidungen sichern sollen: die Gesetzesbindung der Gerichte etwa oder die Unabhängigkeit der Richter:innen. Die hier in den Blick genommenen Einschreibungsweisen von Verfassung in verfasste Welten unterscheiden sich nun von diesem »Normalmodus« gerade darin, dass ihnen das genannte ausgreifende[51] Element zu eigen ist – sie weiten den »Rahmen« der Verfassung aus, indem sie diese von der nationalen Sphäre lösen (Europäisie-

50 Vgl. z. B. Böckenförde, »Die verfassunggebende Gewalt des Volkes«, S. 61: »[Die verfassunggebende Gewalt] kann […] freilich nicht innerhalb oder auf der Grundlage der Verfassung bestehen, etwa als von der Verfassung geschaffenes ›Organ‹, sie muss der Verfassung und den von ihr normierten und begrenzten pouvoirs constitués vorausliegen. Gerade diese Vor- und Überordnung gegenüber den pouvoirs constitués macht die Eigenart der verfassunggebenden Gewalt aus.«

51 Der Begriff der Expansion taucht im Zusammenhang mit Prozessen der Konstitutionalisierung und gerade auch mit Gerichtsentscheidungen, die den Rahmen von Verfassung erweitern, gehäuft auf, vgl. z. B. Hailbronner, »Transformative Constitutionalism«, etwa S. 548; C. Neal Tate, Torbjorn Vallinder, *The Global Expansion of Judicial Power*, New York u. a. 1997; Rogerio B. Arantes, »Constitutionalism, the Expansion of Justice and the Judicialization of Politics in Brazil«, in: Rachel Sieder u. a. (Hg.), *The Judicialization of Politics in Latin America*, New York 2005, S. 231-262.

rung und Globalisierung), von legitimatorischen Rückkopplungen wie der Bindung an ein verfasstes Legitimationssubjekt befreien (gesellschaftlicher Konstitutionalismus) oder indem sie die Ebene der Verfassung nicht allein als Instrument politischer Ordnungsbildung begreifen, sondern vielmehr als eines, um sozialen Wandel durchzusetzen (transformativer Konstitutionalismus). Zwar ist die Folie dieser Beschreibung, der »Normalmodus« verfasster Rechtssysteme, derart umfassend rechts- und verfassungstheoretisch kritisiert worden, dass es weder notwendig noch möglich ist, diese Kritiken hier noch einmal aufzurufen. Aber gleichzeitig wird genau dieser als Konzept letztlich zu verwerfende »Normalmodus« immer wieder herangezogen, um jene in Bezug auf Verfassung expansiven Momente juristischer Entscheidungen zu kritisieren. Am prominentesten dürfte darunter die Strategie sein, für solche Entscheidungen Legitimationsdefizite zu beklagen[52] oder umgekehrt legitimatorische Ansprüche zu erheben,[53] immer daran anknüpfend, dass Gerichte letztlich die Aufgabe haben, »zu sagen, was das Recht ist«.[54] Sofern man nicht die gesamte Kritik an jenem »Normalmodus« pauschal zurückweisen kann, liegt in einer solchen argumentativen Strategie ein Widerspruch, denn der »Normalmodus« wird gleichzeitig zurückgewiesen und in Anspruch genommen, um die Legitimationsprobleme nachweisen zu können. Dieser Widerspruch kann auch nicht dadurch aufgelöst werden, dass man hier eine Ebenenunterscheidung zwischen normativer und deskriptiver Ebene einzieht, denn sowohl die zu beschreibenden expansiven Momente als auch der »Normalmodus als Argument« sind normativ strukturiert, so dass jedenfalls von einem normativen Widerspruch ausgegangen werden kann. Bei dieser widersprüchlichen Konstellation handelt es sich um keinen formalistischen Nebenschauplatz, sondern um ein triftiges Problem der wissenschaftlichen und

52 Vgl. beispielsweise Armin von Bogdandy, Ingo Venzke, *In wessen Namen? Internationale Gerichte in Zeiten globalen Regierens*, Berlin 2014, S. 13 f.: »Die Frage nach den Legitimationsressourcen internationaler Gerichte ist nicht rein akademisch, sondern reagiert auf öffentliche Diskurse. [...] Akzeptanzprobleme haben auch Urteile des EGMR [...].«

53 Zur Debatte um *judicial legitimacy* vgl. etwa George Letsas, »The ECHR as a Living Instrument. Its Meaning and Legitimacy«, in: Andreas Follesdal u. a. (Hg.), *Constituting Europe. The European Court of Human Rights in a National, European and Global Context,* Cambridge 2013, S. 106-141.

54 Marbury v. Madison, 5 U.S. (1 Cranch), 137 (137), (1803).

außerwissenschaftlichen Beurteilung und Behandlung expansiver gerichtlicher Entscheidungen: Eine grundsätzlich falsch (im Sinne von: widersprüchlich) angelegte Kritik dieser Entscheidungen muss notwendig ins Leere laufen. Nebenbei bemerkt: Genau aus diesem Grunde lassen sich gleichzeitig eine Konjunktur in konstitutioneller Hinsicht expansiver gerichtlicher Entscheidungen und eine Konjunktur des Einklagens von Legitimationsdefiziten beobachten, ohne dass die eine die andere in irgendeiner Hinsicht beeinflussen würde.[55] Das Problem, die Expansion der Konstitutionalisierung über den »Normalmodus« zu erklären, reicht aber noch weiter als ein normativer Widerspruch, oder anders gesagt: Es beginnt nicht erst mit einer Strategie, expansive gerichtliche Entscheidungen zu kritisieren, sondern schon mit der fragwürdigen Annahme, dass gerichtliche Entscheidungen überhaupt anders als expansiv ausfallen können, so dass eben nur für Letztere besonderer Legitimationsbedarf aufgrund dieser Abweichung entsteht. Es ist nämlich durchaus anzunehmen, dass *jedes* rechtsförmige Urteil in einer gewissen Weise expansiv ist – dies indizieren rechtstheoretische Formulierungen rechtsförmiger Urteile als konkrete Norm*setzung*[56] genauso wie im »konstitutionellen Mindset im Einsatz« (Koskenniemi) die stetige Konstitutionalisierung durch »gerichtliche Entscheidung zwischen Regeln und Regelsystemen«,[57] obwohl die Regeln gerade die Anwendung bestimmen sollen: »[A]uch wenn die rechtlichen Materialien ausgehen, wird die juristische Argumentation weiter funktionieren. Es ist immer möglich, einen Fall zu entscheiden, wie unlösbar, neu oder komplex er auch erscheinen mag.«[58]

Meine im Folgenden weiter zu untersuchende Vermutung lautet also: Es führt nicht nur ins Leere, expansive gerichtliche Urteile als solche, als expansiv, zu kritisieren, sondern es ist gar nicht ohne weiteres möglich, expansive gerichtliche Urteile von nicht-expansiven gerichtlichen Urteilen zu unterscheiden, weil jene Form der

55 Z. B. in Bezug auf Menschenrechte den Band Andreas Follesdal u. a. (Hg.), *The Legitimacy of International Human Rights Regimes. Legal, Political and Philosophical Perspectives*, Cambridge 2013.

56 Vgl. Hans Kelsen, *Reine Rechtslehre*, Wien ²1960, S. 242 f.

57 Martti Koskenniemi, »Constitutionalism as Mindset. Reflections on Kantian Themes About International Law and Globalization«, in: *Theoretical Inquiries in Law* 8 (2007), S. 9-36, hier S. 21 (Übers. S.MM.).

58 Ebd., S. 22 (Übers. S.MM.).

Expansion rechtsförmigen Urteilen gerade typischerweise zu eigen ist.[59] Danach sind – so die vorläufig unterlegte Annahme – jene gerichtlichen Entscheidungen, die Europäisierung oder globale Konstitutionalisierung vorantreiben oder den transformativen Konstitutionalismus tragen, zwar möglicherweise besonders schillernde Versionen rechtlicher Urteile, aber nicht fundamental von anderen, weniger schillernden Urteilen in jener Hinsicht zu unterscheiden, dass Erstere expansiv und Letztere lediglich Applikationen von bereits etablierten normativen Strukturen wären. Mit diesen Überlegungen verbindet sich nun gerade eine weitere, die die Ausrichtung der vorliegenden Untersuchung wesentlich bestimmt: Wenn nämlich jedes rechtsförmige Urteil in einem weiten Sinne als expandierend gedacht werden muss, weil es normsetzend in rechtlich nicht bereits erschlossene Gebiete auf gleichwohl rechtsförmige Weise eindringt und den Raum des Rechts dadurch erweitert, und wenn wir gleichzeitig Konstitutionalisierung als eine Expansionsbewegung im Besonderen verstehen müssen, dann muss eine allgemeine Rekonstruktion rechtsförmigen Urteilens Erkenntnisgewinne für die Grundlegung einer Theorie verfassender Urteile erlauben. Nebenbei dürfte ein derartiges Vorgehen dann auch dem Problem der Kritisierbarkeit expansiver Gerichtsentscheidungen begegnen: Indem eine Rekonstruktion rechtsförmigen Urteilens offenlegen könnte, was (zumindest im Ansatz) rechtliche Entscheidungen als Urteile ausmacht und was sie von rechtlichen Entscheidungen anderer Form unterscheidet, dürfte sie auch eine Kritik konstitutionalisierender Urteile entlang ihrer expansiven Wirkungen mit Kriterien versorgen. In jedem Fall führt die Frage, wie Urteile im beschriebenen Sinne expandieren können, aufgrund der Rechtsförmigkeit verfassender Urteile, wie gerade angezeigt, zunächst zurück auf ein rechtstheoretisches Problem. – Dieses lässt sich präzise fassen: Was heißt es, rechtsförmig zu urteilen? Die rechtstheoretische Entwicklung dieses Problems als eines der Konstitutionalisierung durch Urteile ist einigermaßen anspruchsvoll. Weil sie allerdings an Grundprobleme der Rechtstheorie heranreicht und damit die Relevanz der hier angelegten Perspektive noch einmal in anderer Wei-

59 Im Kapitel *Theoretische Rekonstruktion juridischen Urteilens* werde ich in Bezug auf diese These eine Unterscheidung einführen, nach der es zwei Arten von rechtsförmigen Urteilen gibt – subsumierende und juridische Urteile, von denen nur Letztere als expansiv einzuordnen sind.

se verdeutlicht, möchte ich den Gang dieser Problementwicklung jedenfalls in aller Kürze darlegen, um von dort aus dasselbe Problem noch einmal verfassungstheoretisch zu entfalten. Diese Entfaltung wird ebenso grundlegend, aber durchaus unterschiedlich in der Argumentationsrichtung angelegt sein und vermag damit eine doppelte Perspektive auf Recht und Verfassung erst zu entwickeln.

Eine Erklärung der Beobachtung, dass rechtliche Urteile verfassen können, muss also rechtstheoretisch in das Problem übersetzt werden, wie rechtliche Urteile überhaupt als expandierend begriffen werden können. Es handelt sich dabei, das sei zunächst bemerkt, durchaus um eine spezifische Fragestellung. Das heißt, sie kann nicht dadurch beantwortet werden, dass eine Lösung für eine allgemeine Form des Urteils überhaupt gefunden wird, die dann für eine besondere unter anderen, eben die Rechtsform, zu konkretisieren wäre. Weil Urteile nicht als allgemeine Form, sondern nur als logische oder ästhetische, als politische oder rechtliche gedacht werden können, handelt es sich beim Problem expandierender rechtlicher Urteile um eines, das allein aus der besonderen Perspektive des rechtlichen Urteils beantwortet werden muss. Für Recht bildet nun schon die Idee der Expansion als Bewegung, die mit der Urteilsform einhergeht, ein internes Problem: und zwar, weil es aus der Perspektive des Rechts anspruchsvoll ist, Urteile anders als abschließend zu denken. Dies wiederum hängt mit dem Modell der Rechtsanwendung zusammen, das jedenfalls die meisten Rechtssysteme prägt. Nach jener Vorstellung bedeutet Rechtsanwendung, dass wie auch immer in die Welt gekommene Rechtsnormen im Wege des Urteilens auf konkrete Tatsachenkonstellationen angewendet werden, ohne dass diese Anwendung Rückwirkungen auf die jeweiligen Rechtsnormen selbst hätte. Die Anwendung einer Rechtsnorm wäre danach immer als dieselbe affirmierend zu verstehen, ein rechtliches Urteil könnte allein feststellen, dass diese Rechtsnorm auf eine bestimmte Tatsachenkonstellation anwendbar ist und angewendet wird. Die Frage wäre dann, wie das zu beschreibende expansive Moment des Urteilens mit dieser Anwendungsvorstellung verbunden werden könnte. Oder die Sache verhält sich ganz anders (auf diese Annahme wird es im Folgenden hinauslaufen): jenes Modell der Rechtsanwendung eignet sich schlicht nicht zur Beschreibung der rechtlichen Urteilssituation. Es muss nämlich, dies sei hier nur angedeutet, selbst zu einem Widerspruch führen, wenn es zur Erläuterung (rechtsförmiger) verfassender Urteile herangezogen wird. Schließlich müsste es, ausgehend von der Anwendungsvorstellung, erklären können, wie mit der bloßen Anwendung einer Rechtsnorm auf eine Tatsachenkonstellation gleichzeitig ein konstitutioneller Überschuss erzeugt werden kann, der diese konkrete Rechtsanwendung einerseits auf einen *pouvoir constituant* rückbezieht und sie andererseits sich selbst überschreiten lässt, weil sie in diesem konstitutionellen Überschuss ein materielles Gebiet des jeweiligen Rechtsraumes[60] konstitutionell neu erschließt.

Verfassende Urteile könnten also, wenn man zu ihrer Erklärung und Beschreibung auf ein Modell der Rechtsanwendung zurückgreift, nur an einem wesentlich erweiterten Begriff der Anwendung anknüpfen. Dieser Begriff müsste seine eigene Überschreitung aufnehmen können. Zwar ist es denkbar, Anwendung nicht als »bloße« Anwendung, sondern als immer auch neu »erzeugende« Anwendung zu denken, die insofern expandierende rechtliche Urteile beschreiben kann; das Modell der Rechtsanwendung, nach dem Anwendung als schließende Heranziehung einer Rechtsnorm verstanden wird, ohne dass dieser Vorgang dieselbe in irgendeiner Hinsicht verändern würde, ein solches Modell der Rechtsanwendung wäre mit jenem erweiterten Begriff der Rechtsanwendung nicht kompatibel. Insofern ist es rechtstheoretisch ergiebiger und eleganter, weil es dieses brüchigen Umwegs nicht bedarf, rechtliches Urteilen nicht auf ein Modell der Rechtsanwendung zu stützen, sondern auf ein Modell der Rechtserzeugung. Als Prototyp kann hier Kelsens Fassung eines solchen Modells dienen: danach sind rechtliche Urteile Akte der Rechtserzeugung im Sinne konkreter Normsetzung.[61] Für meine hier anzulegende Perspektive bevorzuge ich allerdings ein performatives Modell der Rechtserzeugung, das insbesondere den Zusammenhang von Rück- und Selbstbezüglichkeit des erzeugenden Aktes betont, der einen bestehenden (etablierten) rechtsnormativen Zusammenhang mit einer neuen Konstellation verknüpft, also gleichzeitig vorgängig und selbstbezüglich zu denken ist.[62]

60 Zum Begriff des Raumes in diesem Zusammenhang vgl. Sabine Müller-Mall, *Legal Spaces. Towards a Topological Thinking of Law*, Berlin, Heidelberg 2013.

61 Vgl. Kelsen, *Reine Rechtslehre*, S. 242-261.

62 Vgl. Sabine Müller-Mall, *Performative Rechtserzeugung. Eine theoretische Annäherung*, Weilerswist 2012.

Dieses Modell ist gerade kein dezisionistisches. Vielmehr verhandelt es jedes expansive Moment von Rechtserzeugung als unmittelbar mit vorgängiger Rechtsnormativität verknüpft. Der Blick aufs rechtliche Urteilen und insbesondere seine expansive Funktion fokussiert in Anknüpfung an ein Modell performativer Rechtserzeugung dann, so meine Überlegung im Hinblick auf die hier zu betrachtende Frage nach verfassenden Urteilen, eine Mikroperspektive auf performative Rechtserzeugungsakte: Genau diese Frage der Verknüpfung von (allgemeiner) Rechtsnorm und (besonderer) Tatsachenkonstellation muss, um die expansive Dimension des Urteilens zu erklären, im Spannungsverhältnis von Vorgängigkeit und Selbstbezüglichkeit dieser Verknüpfung entfaltet werden. Die anschließende und vorliegend zentrale Frage wäre dann, wie solche Rechtserzeugung in und durch Urteile(n) vollzogen wird.

Inwiefern also können wir Urteile als Vorgänge der Rechtserzeugung beschreiben und erläutern? So lautet die rechtstheoretische Formulierung des vorliegend zu behandelnden Problems, dessen Lösung einen entscheidenden Fortschritt hin zu der Frage nach dem Verfassen durch Urteile verspricht. Mit diesem Problem hängen zwei weitere (Teil-)Fragen unmittelbar zusammen. Einerseits wäre die Frage anzuschließen, unter welchen Bedingungen solche Urteile gelingen oder misslingen können, und andererseits, damit wiederum eng verbunden, stellt sich die Frage, ob wir korrekte erzeugende (expandierende) Urteile von inkorrekten unterscheiden können. Beide Teilaspekte betreffen letztlich die Möglichkeit, die Unterscheidung von Recht und Unrecht über die Form des Urteils fassen zu können. Diese Möglichkeit wiederum bildet die Voraussetzung dafür, dass es in einem weiteren Schritt denkbar wird, entsprechende Urteile als Urteile zu kritisieren und nicht allein aufgrund einzelner Gehalte. Deswegen gilt es, beide Teilfragen für das vorliegende Unternehmen im Blick zu behalten.

Das rechtstheoretische Problem des Urteilens (was heißt rechtsförmig – und gelingend – urteilen?) findet seine verfassungstheoretische Entsprechung wiederum im Problem, durch das jeweilige Urteil Legitimation herzustellen. Das expansive Moment rechtlicher, verfassender Urteile bedarf der Legitimation, wobei dieser Anforderung angesichts der rechtstheoretischen Annahmen nur in spezifischer Weise entsprochen werden kann: Insbesondere kann das rechtsförmige Urteil nicht schon aus dem Allgemeinen, der

Rechtsnorm, die im Urteil mit einer Tatsachenkonstellation oder einem normativen Problem, einem Besonderen verknüpft wird, Legitimation gewinnen. Denn Legitimation aus dem im Urteil aufgerufenen Allgemeinen, aus einer bloß angewendeten Rechtsnorm abzuleiten wäre nur denkbar, wenn dieses Urteil gerade keine expansive Dimension enthielte und wenn es einem simplen Modell der Rechtsanwendung folgte. Nur unter diesen beiden Umständen würde die Legitimation der herangezogenen Rechtsnorm auch für das Urteil eine unmittelbare Wirkung entfalten. Beides wird hier nicht angenommen. Deswegen muss, so die nun abzuleitende These, ein verfassendes Urteil Legitimation aus dem Urteilsakt selbst oder, noch weiter gefasst, aus dem Verfahren des Urteilens gewinnen. Bei dieser Überlegung handelt es sich um keine erstaunliche Neubetrachtung, sondern vielmehr um eine Grundlage etablierter Ansätze beispielsweise zur demokratischen Legitimation justizieller Gewalt.[63] Sie ist allerdings, nebenbei bemerkt, abzugrenzen von jenem Strang rechtswissenschaftlicher Forschung, der intensiv die Frage der demokratischen Legitimation des *judicial review*, also der gerichtlichen Überprüfung von Legislativakten, untersucht.[64] Vorliegend geht es nicht spezifisch um das Verhältnis der Gewalten zueinander, sondern um eine bestimmte Handlungsform, das rechtsförmige Urteil, das lediglich typischerweise, aber nicht notwendig[65] von Institutionen der Judikative gefällt wird. Gleichwohl sind die Legitimationsstrategien in Bezug auf gerichtliche (rechtliche) Urteile relevant, weil sie in jedem Fall zu dieser Handlungsform zu zählen sind. Dass solche gerichtlichen Urteile ihre demokratische Legitimation nicht aus den jeweils aufgerufenen Rechtsnormen gewinnen können, habe ich bereits angezeigt. Das heißt, ein Begriff substantieller Legitimation allein kann nicht genügen, um zu erklären, wie verfassende Urteile Legitimation herstellen oder

63 Z. B. Axel Tschentscher, *Demokratische Legitimation der dritten Gewalt*, Tübingen 2006, der drei Stränge der Legitimation justizieller Gewalt unterscheidet: personell-organisatorische, sachlich-inhaltliche und funktionell-institutionelle Legitimation, etwa S. 52-62.

64 Vgl. beispielsweise nur Jeremy Waldron, »The Core of the Case against Judicial Review«, in: *The Yale Law Journal* 115 (2006), S. 1346-1406; Mark Tushnet, »Abolishing Judicial Review«, in: *Constitutional Commentary* 27 (2010), S. 581-589; David S. Law, »A Theory of Judicial Power and Judicial Review«, in: *Georgetown Law Journal* 97 (2008), S. 723-802.

65 Siehe dazu unten Kapitel *Verfassende Urteile als juridische Urteile*.

vermitteln können. Aber auch prozedurale Legitimationsvorstellungen, die Legitimation an der Formierung und Einhaltung bestimmter Verfahren(sregeln) erkennen wollen,[66] können in Bezug auf diese expansiven Urteile nicht weiterführen, weil sie, und hier rückt langsam das tiefer liegende verfassungstheoretische Problem ins Blickfeld, nur im Rahmen des *pouvoir constitué* gedacht werden können, also gerade nicht in der Lage sind, den *pouvoir constituant* mit aufzurufen, wie es Urteile, die als Urteile verfassen, nach der hier vorgenommenen Begriffsbildung leisten müssen.[67]

Wenn Urteile eine Form des Verfassens sind, dann kann keine konstituierte Institution und keine konstitutionelle Norm allein für ein Urteil Legitimation stiften oder vermitteln, sondern das Urteil muss seine Legitimation im Vorgang des Urteilens und als Urteil selbst vermitteln. Denn, so der Ausgangspunkt der vorliegenden Untersuchung, wenn es sich bei verfassenden Urteilen nicht allein um Affirmationen bestehender Konstitution handelt, sondern auch um konstitutionalisierende, also die verfasste Welt erweiternde Vorgänge, dann können sie ihre Legitimation nicht vermittelt, sondern nur durch einen unmittelbaren Aufruf eines (wie auch immer gefassten) *pouvoir constituant* gewinnen. Zu verfassen bedeutet schließlich gerade, aus dem konstituierten Raum herauszutreten – und diese Überschreitung kann nicht selbst durch bereits konstituierte Legitimationswege kanalisiert werden, sonst wäre es kein Austritt, kein Verfassen.

4. Ausblick auf den Gang der Untersuchung

Wenn die Ausgangsbeobachtung der vorliegenden Untersuchung also richtig ist, wenn es also rechtliche Urteile gibt, die als Urteile konstitutionalisieren können, dann stellt sich rechtstheoretisch zunächst das grundlegende Problem, was es heißt, rechtlich zu urteilen. Und verfassungstheoretisch muss gleichzeitig erklärt werden, wie aus rechtlichen Urteilen beziehungsweise aus Vorgängen rechtlichen Urteilens Legitimation zu gewinnen oder zu vermitteln ist.

66 Vgl. dazu etwa die Auseinandersetzung zwischen Rawls und Habermas, Philosophische Gesellschaft Bad Homburg, Wilfried Hinsch (Hg.), *Zur Idee des politischen Liberalismus. John Rawls in der Diskussion*, Frankfurt/M. 1997.

67 Siehe dazu oben Sektion *Ausgangspunkte und Ausrichtungen*.

Ich gehe davon aus, dass beide Probleme miteinander verknüpft sind: Und zwar so, dass eine rechtstheoretische Rekonstruktion dessen, was es heißt, rechtsförmig zu urteilen, Einsichten für die verfassungstheoretische Suche nach der Legitimationsvermittlung durch Urteile verspricht. Entsprechend will ich im Folgenden die Frage nach den verfassenden Urteilen über Annäherungen an diese beiden Probleme untersuchen. Ausgehend von der Vermutung, dass eine Rekonstruktion rechtlichen Urteilens möglicherweise Blicke auf potentielle Anknüpfungen von Legitimation bietet und es umgekehrt schwierig sein dürfte, ohne eine Rekonstruktion rechtlichen Urteilens dessen Legitimation zu untersuchen, werde ich also zunächst und vor allem versuchen, eine Rekonstruktion rechtlichen Urteilens zu unternehmen. Von dort aus wird dann spezifischer auf verfassende Urteile und deren Legitimation zu blicken sein. Um die Perspektive nicht unnötig und von vornherein zu verengen, gilt es, rechtliches Urteilen auf eine allgemeine Weise zu rekonstruieren (Kapitel IV) und eine möglicherweise zu gewinnende Rekonstruktion erst in einem zweiten Schritt auf den Aspekt des Verfassens zu verengen (Kapitel V). Um die Blickachse der Untersuchung noch präziser zu fassen, werde ich allerdings zunächst präliminär zwei begrifflichen Zusammenhängen nachgehen, bevor ich dann die eigentliche Rekonstruktion rechtlichen Urteilens vornehme. Dabei handelt es sich zum einen (den Begriff der Konstitutionalisierung genauer erschließend) um den begrifflichen Zusammenhang von Verfassung und Verfassen (Kapitel II) und zum anderen um das Problem der Juridizität rechtlicher Urteile (Kapitel III), also die Frage, welche Eigenschaften rechtliche Urteile eigentlich zu einer spezifischen Form erheben.

II. Verfassung und Verfassen

Wenn *zu verfassen* also bedeutet, den Raum des bereits Konstituierten zu überschreiten, und wenn verfassende Urteile einen (durchaus zentralen) Modus dieser Überschreitung beschreiben können, dann setzt die weitere Untersuchung dieser Variante des Verfassens auch voraus, jedenfalls Konturen des zugrunde gelegten Begriffs der Verfassung zu zeichnen. Denn Verfassung kann dann nicht (allein) als statische Idee der Rahmung oder Fundierung einer im Wesentlichen unveränderlichen Ordnung gedacht werden, oder anders gesagt: der Begriff der Verfassung muss dynamische Momente aufnehmen können. Spuren solcher dynamischen Momente in gegenwärtigen Verfassungsentwicklungen gilt es nun zu verfolgen, um davon ausgehend begriffliche Aspekte von Verfassung herauszuschälen, die gleichermaßen an begriffsgeschichtliche Gehalte anknüpfen[1] und das Verhältnis von Verfassung und Verfassen aufschließen können. Dazu werde ich mit den folgenden Überlegungen zunächst exemplarisch einige zentrale Verfassungsentwicklungen der Gegenwart aufgreifen und aufzeigen, inwiefern sie die Statik des modernen Verfassungsbegriffs (beziehungsweise der modernen Verfassungsbegriffe)[2] herausfordern, um davon ausgehend Konturen eines Begriffs von Verfassung freizulegen, die ich im weiteren Verlauf dann der Untersuchung zugrunde legen kann (Sektion *Verfassung*).

Das Vorhaben dieses Kapitels liegt allerdings in einem doppelten Ansatz: einerseits zu erläutern, wie der Begriff der Verfassung so gedacht werden kann, dass er ermöglicht, gegenwärtig zu beobachtende Entwicklungen von Verfassung produktiv zu erfassen, und

1 Verfassung ist immer auch ein geschichtlicher Begriff. Vgl. dazu nur Reinhart Koselleck, »Begriffsgeschichtliche Probleme der Verfassungsgeschichtsschreibung«, in: *Der Staat*, Beiheft 6 (1983), *Gegenstand und Begriffe der Verfassungsgeschichtsschreibung. Tagung der Vereinigung für Verfassungsgeschichte in Hofgeismar am 30./31. März 1981*, S. 7-21.

2 Vgl. zur Vielfalt der Verfassungsbegriffe nur Christoph Möllers, »Verfassunggebende Gewalt – Verfassung – Konstitutionalisierung«, in: Armin von Bogdandy, Jürgen Bast (Hg.), *Europäisches Verfassungsrecht. Theoretische und dogmatische Grundzüge*, Berlin, Heidelberg 2009, S. 227-277. Möllers unterscheidet drei Bedeutungsebenen von Verfassung, aus der »Unterscheidung dieser Ebenen [folge] allerdings nicht zwingend ihre Trennung«, ebd., S. 228.

andererseits den Zusammenhang von Verfassung und Verfassen zu exponieren. Im Vordergrund steht dabei nicht etwa grundlegende Begriffsarbeit und auch keine anschauungslose Begriffsentwicklung. Es geht mir vielmehr darum, Beobachtungen dynamischer Veränderungen des Einsatzes von Verfassung begrifflich zu spiegeln und zu erläutern. Der Horizont dieser Erläuterungen wird ein Verständnis von Verfassung sein, so viel sei vorweggenommen, das sich über drei Kriterien aufschließt: Verfassung beansprucht und etabliert einen normativen Vorrang gegenüber jeder Form von politischer Herrschaftsausübung, um politische Herrschaft gleichzeitig zu begründen und zu begrenzen; dies geschieht rechtsförmig; schließlich bedarf diese Weise der Formation politischer Herrschaft der Legitimation, die wiederum durch Verfassung herstellbar und abbildbar ist. Bei diesem zu erläuternden Begriff der Verfassung handelt es sich um eine spezifische Konturierung, deren Plausibilität sich im Folgenden erweisen und deren Zusammenhang mit Vorgängen des Verfassens sich entsprechend zeigen muss (Sektion *Verfassung und Verfassen*).

1. Verfassung

a. Ausdifferenzierung und Expansion

Während die Ursprünge des modernen Konstitutionalismus, die revolutionären Verfassunggebungen um 1800, bis in die Gegenwart hinein wirkmächtige Verfassungsbegriffe prägen, bleiben jüngere Entwicklungen empirischer wie theoretischer Art merkwürdig wirkungslos, wenn es darum geht, ein Verständnis von Verfassung abzubilden. Spätestens mit dem (vorläufigen) Ende des Ost-West-Konflikts, in einigen Hinsichten bereits mit dem Ende des Zweiten Weltkriegs und ansatzweise schon im Frühkonstitutionalismus des 19. Jahrhunderts zeigen sich für Verfassungen jedenfalls zwei dynamische Momente: ihre *Ausdifferenzierung* und ihre *Expansion.* Beide Bewegungen betreffen sowohl den empirischen (politischen und rechtlichen) Einsatz von Verfassungen als auch wesentliche Elemente des Verfassungsbegriffs. Einerseits vervielfältigen sich normative Funktionen, die Verfassungen einnehmen können: Sie gründen etwa (nach wie vor) politische Gemeinwesen, sie formieren die Ausübung politischer Herrschaft rechtlich, sie vermitteln gesellschaftliche Transformation oder sie geben einem Gemeinwesen (nach innen oder außen) ein bestimmtes – nämlich verfasstes – Antlitz. Legale, politische oder nominale Funktionen von Verfassung können sich gleichzeitig und ebenbürtig zeigen oder auch mit eindeutigen Schwerpunkten versehen – zum Beispiel als vorwiegend legale (etwa: das Grundgesetz) oder als nahezu nominal funktionierende Verfassung (etwa: Nordkoreas Verfassung), die kaum eine politische oder rechtliche Funktion im Sinne der normativen Formierung einer Ordnung erkennen lässt. Andererseits sind Verfassungsverständnisse der Gegenwart nicht (wie um 1800) allein um westliche Modelle zentriert, nicht allein auf Staaten bezogen und sie behandeln Gemeinwesen auf einer Skala, die von spezifischen Gesellschaftsbereichen bis zur planetaren Dimension reicht. Es gibt in der Gegenwart also deutlich mehr[3] Verfassungen, die sich auf vielfältige Formen von Gemeinwesen beziehen und ganz unterschiedliche normative Funktionen haben können – im Vergleich zu den revolutionären Ursprüngen des modernen Konstitutionalismus um 1800. Gleichzeitig nehmen auch einzelne Verfassungen Entwicklungen in der Zeit: Das Grundgesetz des Jahres 1949 weist trotz wesentlicher textlicher Ähnlichkeit große Divergenzen zum Grundgesetz des Jahres 2023 auf – eine Verfassung verändert sich in siebzig Jahren verfassungsgerichtlicher Bearbeitung. Verfassungen differenzieren sich also aus und expandieren gleichzeitig. Wenn der Begriff der Verfassung für so diverse Formierungen von Gemeinwesen und deren Entwicklungen aussagekräftig bleiben soll, kann er sich weder allein von seinen modernen Ursprüngen her bestimmen lassen (er ließe sich kaum noch an der Gegenwart von Verfassungen abgleichen), noch kann er selbst derart ausdifferenziert werden (er würde zu kleinteilig) oder als Begriff eine analoge Expansion erfahren (er würde gehaltlos). Er kann nicht allein deskriptiv oder allein normativ verstanden werden, wie es noch viele Entfaltungen des Verfassungsbegriffs nahelegen, die den Begriff von den revolutionären Verfassunggebungen in der frühen westlichen Moderne um 1800 ausgehend denken.[4] Denn normative Funktionen einer

3 Siehe etwa die Erhebungen des *Comparative Constitutions Project*: ⟨https://comparativeconstitutionsproject.org/chronology/⟩, letzter Zugriff 15. 12. 2022.

4 Üblicherweise wird um 1800 ein begrifflicher Übergang konstatiert: Während der Begriff der Verfassung zuvor deskriptiv gebraucht wurde – zur Beschreibung des

Verfassung, die in ganz unterschiedlichen Anordnungen und gradueller Ausprägung zu beobachten sind, lassen sich nicht allein aus verfassten Normen ablesen, sondern beziehen empirische Feststellungen mit ein. Der Begriff der Verfassung behandelt zunächst einmal, ganz allgemein bestimmt, Konstellationen von Politik und Recht – das gilt seit dem Beginn der Moderne wohl für alle Verfassungen. Diese Konstellationen können beispielsweise genauer entlang von Verhältnisbildungen erfasst werden: Normativität und Wirklichkeit, Stabilisierung und Transformation, Begründung und Begrenzung von Herrschaft, Verrechtlichung und Politisierung beschreiben etwa solche Verhältnisse. Verfassung kann vor diesem Hintergrund sicherlich jeweils dafür ein Begriff sein – bezogen auf bestimmte normative Funktionen, Einsätze oder Perspektiven. Soll er aber darüber hinausgehend bestimmende Leistungen erbringen, muss er die dynamischen Momente von Verfassungen, ihre Differenzierungs- und Expansionsbewegungen aufnehmen: Verfassung beschreibt dann gleichermaßen einen Zustand und seine Herstellung, wie es der substantivierte Name des Begriffs bereits illustriert. Auf dem Weg dahin, zentrale Aspekte eines solchen Verfassungsbegriffs herauszukristallisieren, will ich nun entlang eines wirkmächtigen begrifflichen Versuchs in der Verfassungstheorie der Gegenwart erläutern, wie schwierig es ist, solche dynamischen Momente auf den Begriff zu bringen: es geht mir um den Begriff eines globalen Konstitutionalismus. Dieser Begriff reagiert auf Verfassungsentwicklungen, die gegenwärtig am prominentesten den expandierenden und sich dabei gleichzeitig ausdifferenzierenden Einsatz von Verfassungen zeigen: um Konstitutionalisierung in der transnationalen Konstellation. Unter denkbar vielen möglichen Beispielen, an denen sich dynamische Momente des Verfassungsbegriffs entwickeln, illustrieren und erläutern lassen, wähle ich für mein Vorhaben in diesem Kapitel das Ausgreifen der Verfassung in Konstellationen, die sich nicht (allein) auf den Bezugsrahmen des Nationalstaats festlegen lassen. Gerade hier zeigt sich nämlich besonders deutlich, welche Aspekte eines Begriffs von Verfassung

Zustandes eines politischen Gemeinwesens etwa –, verabschiedete das Zeitalter der Verfassungsrevolutionen um 1800 diesen Gebrauch, um ihn durch ein normatives Verständnis zu ersetzen. Danach wird mit Verfassung der normative Anspruch verbunden, ein Gemeinwesen (in die Zukunft hinein) zu formieren; häufig wird die Verfassung selbst zur rechtlichen Norm.

sowohl dynamische Bewegungen mit erfassen können als auch ohne im modernen Konstitutionalismus etablierte Bezugspunkte (Nationalstaat oder Territorium etwa) aussagekräftig bleiben. In der transnationalen Konstellation zeigt sich also erst, was vom Begriff der Verfassung übrig bleibt, wenn er von seinen materiellen Gehalten und aus seinem nicht mehr ganz passgenauen Bezugsrahmen gelöst wird.

b. Globaler Konstitutionalismus

In der jüngeren Vergangenheit, spätestens in den neunziger Jahren des vergangenen Jahrhunderts, begann der Begriff der Verfassung in Sphären aufzutauchen, die mit dem Konzept des Nationalstaats nur mittelbar verbunden sind: Internationale Organisationen wie die WTO etwa wurden als *verfasst* betrachtet,[5] die Gründungsdokumente der Europäischen Union[6] beziehungsweise Urteile des EuGH[7] als »Verfassung«[8] gelesen und Konstitutionalisierungsmomente im Völkerrecht[9] beobachtet.[10] Die Debatte um mögliche Verfassungsaspekte, die sich jenseits des Staates herausbilden oder zeigen, hat sich innerhalb vergleichsweise kurzer Zeit enorm intensiviert[11] – und spielt sich wesentlich entlang von Begriffen wie

5 Deborah Z. Cass, *The Constitutionalization of the World Trade Organization. Legitimacy, Democracy, and Community in the International Trading System*, Oxford 2005.

6 Anne Peters, *Elemente einer Theorie der Verfassung Europas*, Berlin 2001; Gráinne de Búrca, J.H.H. Weiler (Hg.), *The Worlds of European Constitutionalism*, Cambridge 2011.

7 Vgl. nur J.H.H. Weiler, »The Transformation of Europe«, in: *The Yale Law Journal* 100 (1991), S. 2403-2483.

8 Vgl. Peters, *Elemente einer Theorie der Verfassung Europas.*

9 Vgl. etwa Jan Klabbers u. a., *The Constitutionalization of International Law*, Oxford 2009; Anne Peters, »Rechtsordnungen und Konstitutionalisierung. Zur Neubestimmung der Verhältnisse«, in: *Zeitschrift für öffentliches Recht* 65 (2010), S. 3-63; Thomas Kleinlein, *Konstitutionalisierung im Völkerrecht. Konstruktion und Elemente einer idealistischen Völkerrechtslehre*, Berlin, Heidelberg 2012.

10 Zum Verhältnis des europäischen und des völkerrechtlichen Konstitutionalismusdiskurses vgl. Isabelle Ley, »Kant *versus* Locke. Europarechtlicher und völkerrechtlicher Konstitutionalismus im Vergleich«, in: *Zeitschrift für ausländisches öffentliches Recht und Völkerrecht* 69 (2009), S. 317-345.

11 Vgl. aus der mittlerweile unübersehbaren Literatur z. B.: Bruce Ackerman, »The Rise of World Constitutionalism«, in: *Virginia Law Review* 83 (1997), S. 771-797;

Globaler Konstitutionalismus oder auch *Weltverfassung* ab. Mittlerweile zeigen sich solche Begriffe derart geläufig in (internationalen) rechtswissenschaftlichen Debatten, dass man durchaus meinen könnte, es mit einer einhelligen, kohärenten Entwicklung globaler Ordnung zu tun zu haben. Dieser Eindruck ist natürlich falsch, und eine lineare, eindimensionale Entstehung globaler Ordnung soll auch in den seltensten Fällen von den genannten Begriffen beschrieben werden. Von einer kohärenten Ordnungsbildung, die absehbar auf eine Art (demokratisch verfassten) Weltstaat hinauslaufen sollte, sind wir recht weit entfernt, das zeigen nicht nur die gegenwärtigen Kriege und Krisen (ein Beispiel sind die nahezu handlungsunfähigen Vereinten Nationen als ein prominenter Akteur des vermeintlichen globalen Konstitutionalismus), sondern auch politische Diffusionsprozesse, wie sie beispielsweise die Europäische Union gerade durchläuft.

Gleichwohl stellen Begriffspaare wie *Globalität* und *Verfassung* in den verfassungstheoretischen Debatten der Gegenwart einen Zusammenhang her, der zum einen durchaus bemerkenswerte Anknüpfungspunkte in den empirischen Rechtsräumen dieser Welt hat, der aber zum anderen als begrifflicher Zusammenhang in verfassungs- und rechtstheoretischer Hinsicht zunächst einmal erstaunlich und teilweise auch recht problematisch ist: Das Globale, die Welt, wird mit dem Begriff der Verfassung, dem Konstitutionellen,[12] verbunden. Erstaunlich erscheint die Verknüpfung, weil sie mit dem Verfassungsbegriff die Beschreibung einer normativen Verdichtung (der Verfassung) auf einen Begriff bezieht, der sich gerade dadurch auszeichnet, dass er auf Strukturierungen und Verdichtungen, Konkretisierungen und Ordnungsaspekte verzichtet:

Petra Dobner, Martin Loughlin (Hg.), *The Twilight of Constitutionalism?*, Oxford 2010; Christine E. J. Schwöbel, »Situating the Debate on Global Constitutionalism«, in: *International Journal of Constitutional Law* 8 (2010), S. 611-635; de Búrca/Weiler (Hg.), *The Worlds of European Constitutionalism*; Jean L. Cohen, *Globalization and Sovereignty. Rethinking Legality, Legitimacy and Constitutionalism*, Cambridge 2012; Kleinlein, *Konstitutionalisierung im Völkerrecht*; Hauke Brunkhorst, »Constituent Power and Constitutionalization in Europe«, in: *International Journal of Constitutional Law* 14 (2016), S. 680-696.

12 Gleichwohl in verschiedenen Versionen, der Verfassung, dem Konstitutionalismus und der Konstitutionalisierung – vgl. dazu Antje Wiener u. a., »Global Constitutionalism. Human Rights, Democracy and the Rule of Law«, in: *Global Constitutionalism* 1 (2012), S. 1-15, hier S. 4-6.

das Globale als Begriff, der nicht auf eine Rahmung, nicht auf eine Umgebung, nicht auf eine Ordnung bezogen ist. Kann Verfassung überhaupt global sein? Oder muss nicht umgekehrt jede verfasste Entität von der Globalität zu unterscheiden sein, weil sie sich gerade von der Strukturlosigkeit des Globalen absetzt? Anders gefragt: Braucht Verfassung immer ein *Außen* – muss also zumindest die Möglichkeit bestehen, dass nicht oder anders verfasste Herrschaftskonstellationen in der Welt denkbar sind, damit überhaupt von einer Verfassung gesprochen werden kann? Die Notwendigkeit dieser Rückfrage leuchtet vielleicht ein, wenn man sich vorstellt, wie eine globale Verfasstheit für die Welt zu denken wäre: global bedeutet ja, dass sie alle (!) einbeziehen muss. Das heißt, keine legitimatorisch relevante Subjektivität dürfte außerhalb der einen verfassten Struktur stehen. Die globale Verfassung wäre überall und immer am Werk. Dann aber wäre es relativ belanglos, von einer normativen Verdichtung oder Strukturierung auszugehen, denn die Struktur wäre selbst der einzige Bezugspunkt der Betrachtung, es gäbe keine relativen Dichten in normativer Hinsicht. Blickt man global, ist es schlicht und einfach irrelevant für die Beschreibung der Herrschaftskonstellation, ob man den Verfassungsbegriff verwendet oder nicht.

In verfassungstheoretischer Hinsicht problematisch ist die Verbindung von Globalität und Verfassung nun zum einen, weil sie mit unterschiedlichen Verständnissen des Verfassungsbegriffs völlig verschiedene Bedeutungen erhalten kann und die Debatten um einen globalen Konstitutionalismus entsprechend zerfasert und unübersichtlich sind.[13] Zum anderen, und hier treffen sich verfassungs- und rechtstheoretische Aspekte, bleiben die Verhältnisse von Politik und Recht sowie von Verfassung und Demokratie in den Debatten häufig derart unklar, dass unter dem Schein einer globalen Entwicklung begrifflich eher entdifferenziert als erhellt wird.

Könnte der globale Konstitutionalismus trotzdem eine begriffliche Plattform bieten, um den Begriff der Verfassung unter den Bedingungen ihrer Ausdifferenzierung und Expansion weiter zu strukturieren und konturieren? Der globale Konstitutionalismus

13 Vgl. dazu und für einen Überblick Schwöbel, »Situating the Debate on Global Constitutionalism«; dies., *Global Constitutionalism in International Legal Perspective*, Leiden u. a. 2011.

bezeichnet manchmal eine akademische Debatte,[14] oft ein normatives Ziel oder eine Art Ordnungsregel,[15] manchmal auch die Beobachtung »verstärkter Kooperation« in der transnationalen Sphäre.[16] Fast immer aber geht es darum, verschiedene trans- und international beobachtete Entwicklungen auf einen Begriff zu bringen, wenn von globalem Konstitutionalismus die Rede ist. Dieser Begriff ist weder der einzige, der die Welt normativer Ordnungsbildungen jenseits (und diesseits)[17] des Nationalstaats mit dem Konstitutionellen in Verbindung bringt, noch erscheint er besonders überzeugend konturiert zu sein.[18] Welche Entwicklungen aber will der globale Konstitutionalismus eigentlich auf einen Begriff bringen? Auch wenn der verfassungstheoretische Ansatz des globalen Konstitutionalismus sich als ebenso problematisch zeigt wie sein verfassungspolitischer Einsatz, hängen diese Herausbildungen mit Entwicklungen zusammen, die sich als Ausdifferenzierungen und Expansion von Verfassung in empirischer wie begrifflicher Hinsicht zeigen und insofern gegenwärtige Herausforderungen des Verfassungsbegriffs sichtbar machen können. Die Veränderungsprozesse, die in diesem Zusammenhang die Suche nach neuen Beschreibungsbegriffen provozieren, lassen sich grob zwei Typen zuordnen: juridischer Vermehrung einerseits und juridischer Verdichtung andererseits. Beiden Typen ist gemeinsam, dass sie nicht allein auf nationalstaatliche begrenzte Gebilde verweisen (obgleich sich auch innerhalb von verfassten Nationalstaaten Verrechtlichungsentwicklungen zeigen). Prozesse der Verrechtlichung und der Judizialisierung beispielsweise lassen sich zunächst als Vermehrung von

14 Vgl. dazu Kolja Möller, *Formwandel der Verfassung. Die postdemokratische Verfasstheit des Transnationalen*, Bielefeld 2015, S. 10; Christine Schwöbel, »The Appeal of the Project of Global Constitutionalism to Public International Lawyers«, in: *German Law Journal* 13 (2012), S. 1-22.

15 Vgl. dazu etwa Anne Peters, »The Merits of Global Constitutionalism«, in: *Indiana Journal of Global Legal Studies* 16 (2009), S. 397-411; zur normativen Variante des globalen Konstitutionalismus vgl. auch m. w. N. Wiener u. a., »Global Constitutionalism«, S. 7.

16 Schwöbel, »Situating the Debate on Global Constitutionalism«.

17 Auch der globale Konstitutionalismus negiert weder Nationalstaaten und ihre Verfasstheit, noch verfolgt er das normative Ziel, sie zu einem nur noch historisch zu betrachtenden Phänomen menschlicher Ordnung zu machen.

18 Kritik findet sich zum Beispiel bei Nico Krisch, *Beyond Constitutionalism. The Pluralist Structure of Postnational Law*, Oxford 2010, insb. S. 67 f.

Rechtsnormen verstehen; dass materielle (verfassungsrechtliche) Bezüge zwischen einzelnen Verfassungsordnungen zunehmen oder dass verschiedene Verfassungsordnungen zunehmend auf geteilte, vergleichbare oder im Verfassungsvergleich weiterentwickelte Prinzipien zurückgreifen (beispielsweise: *rule of law* oder Menschenrechte), solche Prozesse lassen sich wiederum als Verdichtung juridischer Bezüge verstehen. Der Verfassungsbezug stellt sich bei der Beschreibung von Verrechtlichungs- und Judizialisierungstendenzen auf den ersten Blick insofern her, als sie Kompetenz- und entsprechende Legitimationsfragen aufwerfen, die wiederum an Konzepte formalisierter Selbstbestimmung und Gleichheit anknüpfen, wie sie in liberal-demokratischen Verfassungen üblicherweise niedergelegt sind. Insofern muss aber die Frage, was unter dem Begriff des globalen Konstitutionalismus gefasste Phänomene eigentlich verfassungsrelevant werden lässt, ob also der Gebrauch des Konstitutionalismusbegriffs in diesem Zusammenhang gerechtfertigt ist, teilweise negativ beantwortet werden. Denn es ist vor allem eine *Ähnlichkeit* mit liberal-demokratischen Verfassungen, die sich hier zeigt. Entsprechend qualifiziert Schwöbel diese Art, den Verfassungsbegriff für den globalen Kontext heranzuziehen, auch als »analogische[n] Konstitutionalismus«.[19] Ein lediglich konkreter Bezug auf bestimmte Verfassungstypen bedeutet hier, dass die Frage nach der Verfassung auf diesem Weg gerade nicht zu beantworten ist. Es ist gewissermaßen eine falsche Analogie, der diese Dimension des analogischen Konstitutionalismus (die sich übrigens in fast allen Ansätzen des globalen Konstitutionalismus finden

19 Schwöbel, »Situating the Debate on Global Constitutionalism«. »Analogischer Konstitutionalismus« fungiert in Schwöbels Rekonstruktion als eine von vier Dimensionen des globalen Konstitutionalismus, die in der Debatte zu finden sind, ohne an jeder Stelle identifizierbar zu sein. Die anderen drei Dimensionen sind gesellschaftlicher, institutioneller und normativer Konstitutionalismus: »1) Der gesellschaftliche Konstitutionalismus betont das Schlüsselthema einer Begrenzung alleiniger Machtausübung durch Partizipation; 2) der institutionelle Konstitutionalismus betont die Schlüsselthemen des Regierens durch die Anordnung und Lokalisierung (d. h. die Institutionalisierung) der Macht; 3) der normative Konstitutionalismus betont ein gemeinsames Wertesystem durch den Schutz von individuellen Rechten und sozialen Idealismus; 4) der analogische Konstitutionalismus betrachtet schließlich bestimmte Verfassungssysteme als Blaupausen für die internationale Rechtsordnung und betont daher die Systematisierung des Rechts.« Ebd., S. 634 (Übers. S.MM.).

lässt)[20] nachhängt. Denn sie verweist zwar über den Begriff des Konstitutionalismus auf eine allgemeine Verfassungsdimension, bezieht sich bei näherer Betrachtung aber nur auf einzelne, konkret bestimmbare und typische Elemente liberal-demokratischer Verfassungen.[21] Die Extrapolation von einzelnen (durchaus zentralen) Gehalten liberal-demokratischer Verfassungen auf einen globalen Konstitutionalismus könnte zwar dann sinnvoll und zu rechtfertigen sein, wenn die Diskursebenen fein differenziert wären – wenn sich also beispielsweise vergleichende Untersuchungen juridischer, nationalstaatlicher Verfassungen nicht in gleicher Weise auf den Begriff stützten wie Stimmen, die eine möglichst weltweite Durchsetzung etwa des Prinzips der *rule of law* verfassungspolitisch propagieren, und wenn außerdem die Globalität dieser Aspekte eigens herausgearbeitet wäre. Eine entsprechende Differenzierung der Debatte um einen globalen Konstitutionalismus lässt sich aber trotz einzelner weiterführender Strukturierungs- und Mappingversuche[22] bislang nicht beobachten. Vielmehr unterscheiden sich politische Interventionen, die westliche liberal-demokratische Standards propagieren, teilweise kaum von deskriptiven Untersuchungen und Analysen einzelner Verfassungsmomente, die in verschiedenen Verfassungssystemen auftauchen. Die Globalität der betrachteten Verfassungsphänomene ergibt sich zwar teilweise daraus, dass konstitutionelle Momente des als weltumspannend (universal) verstandenen Völkerrechts herangezogen werden,[23] zeigt sich allerdings selten als Attribut mit besonderer Begründungsbedürftigkeit. Insofern gerät die Globalität des globalen Konstitutionalismus leicht in Gefahr, als normative Forderung mit kolonialem Potential gelesen zu werden. Dadurch gehen mit der Perspektive des Globalen verbundene Möglichkeiten der

20 So auch ebd.

21 Typischerweise: Rule of Law, Menschenrechte und Demokratie, vgl. nur Wiener u. a., »Global Constitutionalism«.

22 Wiener u. a., »Global Constitutionalism«; Schwöbel, *Global Constitutionalism in International Legal Perspective*; Daniel Halberstam, »Local, Global and Plural Constitutionalism. Europe Meets the World«, in: Gráinne de Búrca, J.H.H. Weiler (Hg.), *The Worlds of European Constitutionalism*, Cambridge 2010, S. 150-202; Anne Peters, »Global Constitutionalism«, in: *The Encyclopedia of Political Thought*, 2014, ⟨http://onlinelibrary.wiley.com/doi/10.1002/9781118474396.wbept0421/full⟩, letzter Zugriff 15.12.2022.

23 Dazu eingehend Kleinlein, *Konstitutionalisierung im Völkerrecht*.

Untersuchung möglicherweise verloren: Es könnte schließlich, da Verfassung und Territorium jedenfalls nicht mehr zwangsläufig als gekoppelte Begriffe betrachtet werden dürfen[24] und die Suche nach neuen Beschreibungsperspektiven für die Rechts- und Verfassungswelt eingeläutet ist, durchaus möglich sein, dass die Perspektive der Globalität trotz ihrer begrifflich, wie eingangs beschrieben, erst einmal problematischen Verbindung zur Verfassung schließlich doch eine Schlüsselkategorie verfassungstheoretischer Forschung hervorbringt. Im Begriff des globalen Konstitutionalismus taucht die Globalität bislang allerdings eher als hoffnungsfroher Verweis auf das Andere des nationalstaatlichen Blickes auf denn als bereits fassbar gemachte wissenschaftliche Perspektivenbildung. In der gegenwärtigen (Ver-)Fassung kann der Begriff des globalen Konstitutionalismus also (noch) nicht zur Strukturierung des Begriffs der Verfassung beitragen.

c. Verschiebung von Herrschaftskonstellationen

Gleichwohl greifen die Verbindungsbegriffe von Globalität und Verfassung etwas auf, das vielleicht mit der ebenfalls gebräuchlichen Formel »Verfassung jenseits des Staates«[25] nur unzureichend erfasst wird: Im und durch den transnationalen Raum verschieben und vervielfältigen sich Herrschaftskonstellationen. Prozesse der Vermehrung und Verdichtung, die wesentliche Anhaltspunkte für das Denken eines globalen Konstitutionalismus bilden, markieren solche Bewegungen von Herrschaftskonstellationen. Denn Rechtsschichten, die sich transnational herausbilden, Gerichte, die über ihren nationalstaatlichen Bezugsrahmen hinaus zusammenarbeiten, oder Prinzipien, die zwischen verschiedenen nationalstaatlichen Verfassungssystemen migrieren, rufen einen legitimatorischen Bedarf auf, der nur auf einer Verfassungsebene angesiedelt sein kann. Schließlich beschreibt Verfassung gerade die spezifische, nämlich rechtsförmige Bindung politischer Herr-

24 Vgl. dazu nur Ulrich K. Preuß, »Disconnecting Constitutions from Statehood. Is Global Constitutionalism a Viable Concept?«, in: Petra Dobner, Martin Loughlin (Hg.), *The Twilight of Constitutionalism?*, Oxford 2010, S. 23-46.

25 So lautete der Titel eines 2015 abgeschlossenen DFG-Graduiertenkollegs an der Humboldt-Universität zu Berlin, vgl. ⟨https://www.rewi.hu-berlin.de/de/lf/oe/grakov⟩, letzter Zugriff 15. 12. 2022.

schaft an ein Legitimationssubjekt – zunächst unabhängig von der Frage, wie dieses Legitimationssubjekt genau aussieht. Allerdings ist der Erläuterungsbedarf weitergehend als in der Frage nach der Konstitutionalisierung jenseits (genauer: *bloß* jenseits) des Staates anklingen mag – denn soweit konstitutionelle Aspekte jenseits des Staates erkennbar sind, muss auch der verfasste Nationalstaat als transnational verfasst gedacht werden, weil Recht und Politik gleichzeitig vom Nationalstaat entkoppelt sind und weiterhin mit ihm verbunden bleiben.[26] Von Verfassung zu sprechen bedeutet in der transnationalen Konstellation also immer, die Sphären diesseits und jenseits des Nationalstaats gleichermaßen zu erfassen. Denn die Verstrickungen diverser Herrschaftskonstellationen sind in einer globalisierten Welt zu vielfältig, als dass sie nur aus einem dieser Blickwinkel beschreibbar wären. Sie sind auch mehrpolig, das heißt, Herrschaft und ihre Ausübung weisen mehrere Zentren auf. Dies wiederum hat zur Folge, dass Begriffe und Vorstellungen, die versuchen, Konstellationen politischer Herrschaft und rechtlicher Autorität oder deren Legitimation über lineare Ebenen- oder auch Hierarchiemodelle zu erklären, entweder schlicht scheitern oder an Stufenmodellen[27] festhalten müssen, die nach wie vor an der westfälischen Ordnung (einer aus Nationalstaaten beziehungsweise ihren neuen Organisationsformen zusammengesetzten Welt) orientiert sind. Letzteres ist zwar für viele verfassungstheoretische Vorhaben durchaus sinnvoll; ebenso gibt es gute (politische) Gründe, normativ dafür einzutreten, eine solche Ordnung (wieder-)herzustellen. In einer Hinsicht aber sind solche Stufenmodelle wenig nützlich: um die gegenwärtige globale Dynamik der Herausbildung veränderter, vielfältiger und multipolarer Herrschaftskonstellationen unter dem Begriff der Verfassung beschreibbar zu machen.

Von Verfassung in transnationalen Prozessen rechtlicher Verdichtung und Vermehrung zu sprechen legt also zunächst den Blick darauf frei, dass diese Prozesse Ausdruck einer Ausübung politi-

26 Vgl. dazu etwa Eric C. Ip, »Globalization and the Future of the Law of the Sovereign State«, in: *International Journal of Constitutional Law* 8 (2010), S. 636-655.

27 Vgl. etwa Jürgen Habermas in seinem an Kant orientierten Entwurf »Die Krise der Europäischen Union im Lichte einer Konstitutionalisierung des Völkerrechts. Ein Essay zur Verfassung Europas«, in: *Zeitschrift für ausländisches öffentliches Recht und Völkerrecht* 72 (2012), S. 1-44; ders., *Der gespaltene Westen*, Frankfurt/M. 2004, S. 113-193.

scher Herrschaft sind, die den Rahmen verfasster Herrschaftskonstellationen überschreiten. Entsprechend haben wir es dabei mit Verschiebungen von Herrschaftskonstellationen zu tun. Der Einsatz des Verfassungsbegriffs in diesem Zusammenhang weist den legitimatorischen Bedarf dieser Verschiebungen oder ihre fehlende Rückkopplung an bestehende (bereits verfasste) Legitimationssubjekte aus. Dieser legitimatorische Bedarf wiederum kann nämlich gerade nicht über die nationalstaatliche Verfassung, die solche Phänomene regelmäßig überschreiten, eingelöst werden. Tritt man also einen Schritt zurück hinter den schillernden Begriff des globalen Konstitutionalismus, wird deutlich, dass davon beschriebene Entwicklungen durchaus die Sphäre des Verfassungsbegriffs tangieren: Die Verhältnisse von politischer Herrschaft und Recht unterliegen einer vermutlich nicht vollkommen neuen,[28] aber aktuell deutlich sichtbaren Dynamik – sowohl Politik[29] als auch Recht[30] entkoppeln sich vom Nationalstaat und sind gleichzeitig weiter mit dem Nationalstaat verbunden.[31] Vor diesem Hintergrund rückt der Begriff der Verfassung durchaus zu Recht (erneut) in den Fokus wissenschaftlicher Aufmerksamkeit. Er konzentriert sich hier allerdings weniger auf bestimmte organisatorische Gehalte oder konkrete Rechteformulierungen (dazu sind die transnationalen Prozesse der Vermehrung und Verdichtung von Recht zu divers) als vielmehr auf basale Momente von Verfasstheit, die auch bereits nationalstaatlich verfassten Herrschaftskonstellationen zugeschrieben werden. Der Begriff der Verfassung hat seinen Einsatz, wenn Herrschaftskonstellationen im Medium des Rechts (neu) formiert werden oder sich so verschieben, dass die Ausübung politischer Herrschaft ihrem ursprünglich verfassten Legitimationssubjekt gewisserma-

28 Insbesondere die das Völkerrecht im beginnenden 20. Jahrhundert vorantreibenden Diskurse dürften als Vorläufer dieser Dynamik zu bewerten sein, vgl. dazu nur Martti Koskenniemi, *The Gentle Civilizer of Nations. The Rise and Fall of International Law 1870-1960*, Cambridge 2001.

29 Vgl. etwa Petra Dobner, Martin Loughlin, »Introduction«, in: dies. (Hg.), *The Twilight of Constitutionalism?*, Oxford 2010, S. xi-xvi.

30 Vgl. z. B. Johan Horst, *Transnationale Rechtserzeugung. Elemente einer normativen Theorie der Lex Financiaria*, Tübingen 2019; Lars Viellechner, *Transnationalisierung des Rechts*, Weilerswist 2013.

31 Schließlich können wir keine Auflösung von Nationalstaaten oder nationalstaatlichen Rechtsordnungen beobachten; nationalstaatliches Recht ist weiter in der Welt, die politischen Sphären sind auch nicht abzugrenzen, sondern verschränkt.

ßen entkommt. Dieser Einsatz ist also, insofern er entsprechenden Legitimationsbedarf aufweist, immer von einem normativen Anspruch geprägt – er verlangt, die in der Form des Rechts ausgeübte politische Herrschaft auf ein Legitimationssubjekt zurückzuführen. Ein so gefasster Begriff der Verfassung formuliert allerdings nicht nur Legitimationsbedarf für die Ausübung politischer Herrschaft, sondern beschreibt gleichzeitig, indem er an der Form des Rechts anknüpft, eine Antwort auf die Frage, wie diese Ausübung geschieht beziehungsweise wie sie sich als neu formierte oder verschobene, den Rahmen des bereits Verfassten überschreitende Herrschaftskonstellation erkennen lässt: an der Einrichtung eines *normativen Vorrangs* für genau die Ergebnisse rechtlicher Verdichtung und Vermehrung, deren Legitimation sich nicht aus bestehenden Legitimationszusammenhängen ableiten lässt. Von Verfassung zu sprechen bedeutet auszuweisen, welche rechtlichen Strukturen höherrangig sind als andere. Darin liegt eine Formbedingung legaler Verfasstheit, die sich nicht zufällig bereits in der Frühphase moderner Verfassungen ausgeprägt hat.[32] Denn wenn jede Ausübung politischer Herrschaft in der Form des Rechts gleichrangig wäre, würde auch jeder einzelne Rechtsakt denselben originären Legitimationsbedarf auslösen, oder anders formuliert: jede rechtserzeugende Einheit eines Gemeinwesens wäre zur Letztentscheidung befugt – und könnte jede andere Rechtserzeugung aufheben. Auch wenn sich das Prinzip des normativen Vorrangs von Verfassung in verschiedenen Systemen ganz unterschiedlich und kontingent entwickelt hat, ist es doch für jede auf die Form des Rechts zurückgreifende Verfassung zentral. Die rechtliche Begrenzung der Ausübung politischer Herrschaft muss notwendig an ein Prinzip normativer Vorrangigkeit von Verfassung anknüpfen, um nicht ins Leere zu laufen. Der normative Vorrang ist gleichzeitig eine die Form der Herrschaftsbegrenzung prägende Technik. Er entzieht die Grenzen der Ausübung politischer Herrschaft der Sphäre der Politik, indem er sie zum Gegenstand rechtlicher Unterscheidungen macht. Verfassung in diesem Sinne heißt

32 Vgl. zur Frühgeschichte des Vorrangprinzips nur Gerald Stourzh, »Naturrechtslehre, leges fundamentales und die Anfänge des Vorrangs der Verfassung«, in: Christian Starck (Hg.), *Rangordnung der Gesetze. 7. Symposium der Kommission »Die Funktion des Gesetzes in Geschichte und Gegenwart« am 22. und 23. April 1994*, Göttingen 1995, S. 13-28. Zum Konzept des Vorrangs der Verfassung siehe nur Rainer Wahl, »Der Vorrang der Verfassung«, in: *Der Staat* 20 (1981), S. 485-516.

also, einen normativen Vorrang gegenüber politischer Herrschaftsausübung in der Form des Rechts einzurichten und dadurch eine politische Herrschaftskonstellation nicht nur zu begrenzen, sondern gleichzeitig auch zu begründen. Diese Formation einer politischen Herrschaftskonstellation bedarf allerdings der Legitimation – die wiederum von der Verfassung her- und dargestellt wird.

Es kristallisiert sich also für die folgenden Überlegungen eine Version des Verfassungsbegriffs heraus, die wesentlich formal operiert und damit an den modernen Ursprüngen des gegenwärtigen Verfassungsdenkens anknüpfen, gleichzeitig aber Verfassungsmomente in transnationalen Dynamiken rechtlicher Vermehrung und Verdichtung als Verschiebungen von Herrschaftskonstellationen in den Blick bekommen kann. Gleichwohl unterscheiden sich solche Verfassungsmomente von (bloß) nationalstaatlich bezogenen Verfassungen und ihren Bewegungen. Bevor die Konturen des für die vorliegende Untersuchung angelegten Verfassungsbegriffs genauer gezogen werden, gilt es deswegen zunächst, wesentliche Kollisionspunkte gegenwärtiger Verfassungsentwicklungen in der transnationalen Konstellation mit überkommenen Bezügen des modernen Verfassungsdenkens herauszuschälen und ihre Rückwirkungen auf den hier angelegten Verfassungsbegriff zu prüfen.

d. Entgrenzungsmomente

Das moderne Verfassungsdenken erfährt mit der Entgrenzung[33] nationalstaatlicher Verfasstheit, mit der Transnationalisierung von Verfassung eine Zäsur. Auch wenn diese Zäsur keiner zeitlich bestimmbaren Demarkationslinie entspricht, kann sie mit einem Übergang identifiziert werden, der sich unter anderem im Zusammenhang von Verfasstheit und Souveränität zeigt: Denkt man Verfasstheit nationalstaatlich, ist sie immer schon (in nicht ganz unproblematischer Verbindung) mit dem Begriff der Souveränität verwoben.[34] Die Verknüpfung findet sich allerdings genau ge-

33 Zum Begriff der Entgrenzung in diesem Zusammenhang siehe schon Jürgen Habermas, »Der europäische Nationalstaat unter dem Druck der Globalisierung«, in: *Blätter für deutsche und internationale Politik* 4 (1999), S. 425-436, hier S. 426 f.

34 Vgl. nur Cohen, *Globalization and Sovereignty* und eingehend Dieter Grimm, *Souveränität. Herkunft und Zukunft eines Schlüsselbegriffs*, Berlin 2009, insb. S. 11-15.

nommen nicht entlang des Begriffs der Verfassung beziehungsweise der Verfasstheit, sondern des Nationalstaats. Ein Nationalstaat ist schon per definitionem souverän, denn, wie Ulrich K. Preuß es formuliert, »souveräne Gewalt ist ein konstitutives Merkmal des Staates, die die in seinem Territorium enthaltene Gesellschaft durchdringt und prägt«.[35] Ohne Souveränität ist also kein Nationalstaat zu machen;[36] allerdings auch ohne klar abgrenzbares Territorium nicht: ein Territorium begrenzt und benennt den Rahmen, innerhalb dessen der Nationalstaat seine staatliche Gewalt ausübt.[37] Erst dieses Territorium macht dann die für den Nationalstaat konstitutive Souveränität mit ihm verknüpfbar. Denn sowohl die souveräne Gewalt als auch der Staat sind auf jene raumzeitliche Begrenzung angewiesen, die das Konzept der Territorialität unter Bezugnahme auf physischen Boden herstellt.

Genau diese Möglichkeit der Bezugnahme auf Territorialität ist nun allerdings sowohl für den Nationalstaat als auch für die Souveränität konzeptuell schwierig geworden.[38] Während die Souveränität bereits mit dem Konstitutionalismus und der damit verbundenen Idee des *pouvoir constituant* ihre Beziehung zur Territorialität verändert, indem Herrschaftsgewalt nun von einem Legitimationssubjekt abgeleitet wird, tritt zur nationalstaatlichen Souveränität spätestens im Zuge der rechtlichen Globalisierung im späten 20. Jahrhundert etwas hinzu: Auf einem Territorium sind nun auch andere als nationalstaatlich gesetzte Rechtsnormen am Werk – transnationale Rechtsschichten durchkreuzen[39] die Vor-

35 Preuß, »Disconnecting Constitutions from Statehood«, S. 33 (Übers. S.MM.).

36 Ähnlich auch beispielsweise Kal Raustiala, »The Evolution of Territoriality. International Relations and American Law«, in: *International Studies Review* 7 (2005), S. 515-519.

37 Zum Verhältnis von Territorium und Nationalstaat vgl. auch Saskia Sassen, *Losing Control? Sovereignty in the Age of Globalization*, New York 2006.

38 Die Historisierung ist vermutlich falsch: die konzeptuellen Schwierigkeiten bestehen immer schon. Weil sich mit zunehmender Mobilität aber unser Blickwinkel auf das Territorium verändert und wir die Container-Vorstellung von Raum nur schwer denken können, wenn er sich nach jeder Bewegung anders zeigt, werden die konzeptuellen Schwierigkeiten des Verhältnisses von Nationalstaat, Souveränität und Territorium nun sichtbar. Zum ganzen Zusammenhang vgl. Preuß, »Disconnecting Constitutions from Statehood«.

39 Vgl. dazu für einen Überblick etwa Kaarlo Tuori, »Transnational Law. On Legal Hybrids and Perspectivism«, in: Miguel Maduro u. a. (Hg.), *Transnational Law. Rethinking European Law and Legal Thinking*, Cambridge 2014, S. 11-57.

stellung ungeteilter Souveränität für den Nationalstaat.[40] Im sich über dem Territorium eröffnenden Raum üben entsprechend diverse Rechtsnormsetzer Rechtssetzungsgewalt aus.[41] Damit wandeln sich notwendig auch die Bedingungen und Hinsichten (insofern der Verlust von Souveränität sich nicht in allen Feldern gleichermaßen zeigt),[42] unter denen es möglich ist, Nationalstaaten als souverän zu denken. Die Bezugnahme, die Definition des Nationalstaats über die Bezugnahme auf sein Territorium als eine Art Rahmen der Ausübung souveräner Gewalt, ist nicht mehr eindeutig.

Der souveräne Nationalstaat in der globalisierten Welt ist also ein anderer als der souveräne Nationalstaat in der westfälischen Welt.[43] Mit der Beobachtung, dass das Verhältnis von Nationalstaat und Souveränität nicht in westfälischen Mustern zu denken ist, geht – nebenbei bemerkt – nicht zwangsläufig einher, dass der Begriff der Souveränität unbrauchbar geworden ist.[44] Denn die Idee einer als absolut zu begreifenden politischen Gewalt, die die Fähigkeiten einer Gemeinschaft verknüpft, zentralisiert und verkörpert,[45] ist ihrerseits nicht notwendig an den Nationalstaat gebunden, sondern nur an eine wie auch immer gestaltete politische Einheit. (Das Verhältnis von Nationalstaat und Souveränität lässt sich also asymmetrisch als einseitiger Bedingungszusammenhang beschreiben.)

40 Zum Ganzen vgl. nur Preuß, »Disconnecting Constitutions from Statehood«, insb. S. 35-39 ff.; vgl. auch Grimm, *Souveränität*, S. 12.

41 Die Beschreibungen der entstehenden Vielschichtigkeit des rechtsnormativen Kosmos sind so zahlreich, dass exemplarische Verweise an dieser Stelle genügen mögen: Krisch, *Beyond Constitutionalism*; Paul Schiff Berman, »Global Legal Pluralism«, in: *Southern California Law Review* 80 (2007), S. 1155-1237.

42 Vgl. dazu Wendy Brown, *Mauern. Die neue Abschottung und der Niedergang der Souveränität*, Berlin 2018.

43 Ähnlich auch Saskia Sassen, die einen Wandel im Verhältnis von Souveränität und Territorium beschreibt: »Souveränität und Territorium […] wurden rekonstituiert und teilweise in andere institutionelle Arenen jenseits des Staates und jenseits des Rahmens eines nationalisierten Territoriums verlagert. Ich argumentiere, dass Souveränität dezentralisiert und das Territorium teilweise denationalisiert wurde.« Sassen, *Losing Control?*, S. 26 (Übers. S.MM.).

44 Vgl. z. B. Cohen, *Globalization and Sovereignty*, S. 77.

45 Vgl. nur Preuß in Anlehnung an Bodins Definition der Souveränität als absoluter und permanenter Gewalt eines *Commonwealth*: »Mit anderen Worten, die Gewalt, die die Fähigkeiten des Kollektivs als solche verbindet, zentralisiert und verkörpert, ist absolut: Das ist die Bedeutung von Souveränität.« Preuß, »Disconnecting Constitutions from Statehood«, S. 33 (Übers. S.MM.).

Statt die Idee der Souveränität zu verabschieden (was möglich und in mancher Hinsicht auch plausibel ist), wäre deshalb angesichts der veränderten Konstellationen ebenso gut anzunehmen, dass der Bezugsrahmen des Souveränitätsbegriffs sich seinerseits ebenso weiter verändern kann,[46] beispielsweise für den Zusammenhang eines erneuerten »Empire«-Denkens konstitutiv wird, wie etwa Cohen es ausgearbeitet hat.[47] Diese Diskussion betrifft allerdings nicht mehr den Verfassungsbegriff. Denn angesichts entgrenzter nationalstaatlicher Verfasstheit bezieht sich der Begriff der Verfassung (vorläufig)[48] nicht ausschließlich auf eine übergreifende politische Einheit und auch nicht auf ein begrenztes und begrenzendes Territorium. Der Begriff der Verfassung löst sich damit aus seinen Grenzen. Anders als der Begriff der Souveränität bezieht sich der Verfassungsbegriff dabei nicht notwendig und immer schon auf eine politische Einheit wie beispielsweise den Nationalstaat. Während Souveränität auch in der transnationalen Konstellation einer Bezugsgröße bedarf, kann sich die Verfassung von einem Bezugsrahmen überhaupt (nicht nur von einem übergreifenden Bezugsrahmen) entkoppeln – sie stellt lediglich einen Zusammenhang zu einem Legitimationssubjekt her. Vorliegend wird nun genau dieser Ausstieg der Verfassung aus ihrem bekannten Bezugsrahmen, ihre Entgrenzung, die nicht mit Grenzenlosigkeit zu verwechseln ist, näher zu betrachten sein, bevor im Anschluss seine verfassungstheoretischen Rückwirkungen und Folgen skizziert werden können.

Inwiefern lässt sich also zunächst die Veränderung des Verhältnisses von verfasstem Nationalstaat und Souveränität als Entgrenzung der Verfassung begreifen? Meine Antwort wird darauf hinauslaufen, dass die Entgrenzung der Verfassung sich in einer doppelten Ablösungsbewegung des Begriffs zeigt: Verfassung löst sich von ter-

46 Der Begriff hat ohnehin eine wechselvolle Geschichte, während deren er sich »in staunenswerter Weise als wandlungs- und anpassungsfähig erwiesen« hat. Bardo Fassbender, »Die Souveränität des Staates als Autonomie im Rahmen der völkerrechtlichen Verfassung«, in: Heinz-Peter Mansel (Hg.), *Festschrift für Erik Jayme*, München 2004, S. 1089-1101, hier S. 1089.

47 Vgl. Jean L. Cohen, »Whose Sovereignty? Empire versus International Law«, in: *Ethics and International Affairs* 18 (2004), S. 1-24; dies., *Globalization and Sovereignty*.

48 Die Überlegung, dass der Begriff der Verfassung im Falle fester gezurrter politischer Einheiten wie »Empire« oder auch »EU« wieder Bezug auf diese Einheiten nehmen würde, erscheint plausibel.

ritorialen Bezügen und von der Bindung an bestehende, übergreifende politische Einheiten. Der Weg zu dieser Antwort, das wird sogleich zu sehen sein, knüpft an der metaphorischen Verwendung des Grenzbegriffs in diesem Zusammenhang an.[49] Es erscheint an dieser Stelle hilfreich, die Metaphorik im Ansatz offenzulegen, weil sie sich als ebenso konstitutiv für die Koppelung von Nationalstaat und Verfassung im Konstitutionalismus des 19. Jahrhundert erweist wie für die Auflösung dieser Koppelung im Zeitalter der Transnationalisierung.

Um die Metaphorik der Grenze im Zusammenhang mit dem Verfassungsbegriff zu erklären, gilt es zunächst umgekehrt gerade das Wörtliche im Begriffsverhältnis von Nationalstaat und Grenze anzuzeigen. Inwiefern also ist der Begriff der Grenze konstitutiv für den Nationalstaat? Lässt sich überhaupt, daran anschließend, wie eine gebräuchliche Formel andeutet, von einer »Entgrenzung des Nationalstaats« sprechen? Wenn der Nationalstaat, wie oben bereits gezeigt, an das Territorium gekoppelt ist, sich über sein Staatsgebiet definiert, dann könnte ein näherer Blick auf den Begriff des Territoriums in dieser Frage Anknüpfungspunkte liefern. Das Territorium definiert, indem es ein Gebiet als Staatsgebiet ausweist, nicht nur das Innen des Staates, sondern auch sein Außen. Territorien markieren (beziehungsweise produzieren) also jene Innen-Außen-Dichotomie, die erst erlaubt, Staaten als Entitäten, die von anderen Staaten abzugrenzen und abgrenzbar sind, zu begreifen. Der Begriff der Territorialität setzt entsprechend den Begriff der Extraterritorialität voraus. Es geht dabei allerdings nicht, wie das Wort andeuten mag, um die Bezugnahme auf Boden überhaupt, sondern um die Bezugnahme auf einen ganz bestimmten Boden, der sich wiederum gerade durch seine Abgrenzung von anderen Böden erst zeigt. Damit aber wird die Grenze konstitutiv für das Territorium – wenn die Dichotomie Innen-Außen Territorialität als Staatsmoment erst denkbar macht, ermöglichen Grenzen die Bestimmbarkeit des Territoriums im Konkreten. Was bedeutet es dann wiederum, eine »Entgrenzung des Nationalstaats« zu beobachten? Wäre die »Entgrenzung des Nationalstaats« nicht zwangsläufig mit seiner Auflösung gleichzusetzen, wenn der Territoriumsbezug eben-

49 Vgl. zur Produktivität der Metaphorik für das Rechtsdenken jüngst Maksymilian del Mar, *Artefacts of Legal Inquiry. The Value of Imagination in Adjudication*, Oxford 2020, S. 278-329.

so konstitutiv für den westfälischen Staat wie die Grenze für die Bestimmbarkeit des Territoriums ist? Die Vermutung ist richtig, denn ein Nationalstaat ohne territoriale Eingrenzung wäre per definitionem kein Nationalstaat – allerdings sind Befürchtungen, es könnte zu einer Auflösung des Nationalstaats kommen oder bereits gekommen sein, angesichts der empirisch auffindbaren Situation völlig unbegründet: Es gibt gegenwärtig keine Massenauflösung von Nationalstaaten, und auch die durch das Schengener Abkommen ermöglichten innereuropäischen Grenzöffnungen sind eben Öffnungen von weiter bestehenden Grenzen, keine Auflösungen.[50] Die Innen-Außen-Dichotomie kann im Falle geöffneter Grenzen ebenso aufrechterhalten werden wie die konkreten Grenzziehungen: denn eine geöffnete Grenze kann, anders als eine aufgelöste Grenze, auch wieder geschlossen werden – wie die Schließungen im Zusammenhang mit der Covid-19-Pandemie zeigen. Vielmehr könnte die Unschärfe in der Beobachtung beziehungsweise in der These der »Entgrenzung des Nationalstaats« selbst liegen. – Offenbar passt der Begriff der Entgrenzung nicht auf die zu beschreibende Situation: Wenn zur nationalstaatlichen Rechtssphäre weitere rechtsnormative Strukturen hinzutreten, gerät zwar ein (absolut zu verstehender) Souveränitätsbegriff in Schwierigkeiten und muss als »geteilt«[51] gedacht werden, um weiter widerspruchsfrei in den ursprünglichen Bezugssystemen brauchbar zu sein. Der sich über die Abgrenzung von Innen und Außen definierende Nationalstaat aber bleibt davon in seinem Bezug zum Territorium erstmal unberührt. Insofern sind seine Grenzen auch nicht verschwommen oder unscharf.[52] Worin besteht also die Verschiebung der Herrschaftskonstellationen, die dazu verleitet, von einer »Entgrenzung des Nationalstaats« zu sprechen? Und kann die Rede von der »Entgrenzung des Nationalstaats«, ihrerseits metaphorisch verstanden, auf diese Verschiebung verweisen?

50 Mau zeigt gerade, wie sich Grenzen bzw. Grenzkontrollen selbst vom Territorium ablösen, ohne sich aufzulösen – und konstatiert eine »Neuerfindung der Grenze im 21. Jahrhundert«, vgl. Steffen Mau, *Sortiermaschinen. Die Neuerfindung der Grenze im 21. Jahrhundert*, München 2021. Vgl. dazu bereits Brown, *Mauern.*

51 Vgl. dazu Habermas, »Die Krise der Europäischen Union im Lichte einer Konstitutionalisierung des Völkerrechts«, insb. S. 24.

52 Vgl. dazu differenziert Isabelle Ley, *Opposition im Völkerrecht. Ein Beitrag zur Legitimation internationaler Rechtserzeugung*, Berlin, Heidelberg 2015, S. 31-57.

Die Antwort liegt bereits offen vor uns und ist denkbar einfach: Die Verfassung des Nationalstaats ändert sich, wenn zu seiner normativen Ordnung andere normative Strukturen hinzutreten, die politische Herrschaft in- und außerhalb des Nationalstaats formieren. Aber nicht der Nationalstaat entgrenzt sich von seiner Verfassung (wie etwa im Rahmen einer Revolution oder einer neuen Verfassunggebung), sondern die Verfassung entgrenzt sich vom Nationalstaat. Der Modus dieses Entgrenzungsprozesses, dies sei vorweggenommen, ist jenes Verfassen, jene Dynamik der Konstitutionalisierung, die sich genau an dieser Stelle noch einmal von der Konstituierung, von der (revolutionären) Verfassunggebung, abgrenzen lässt. Eine Verfassung revolutionär zu geben oder zu installieren setzt voraus, eine politische Einheit (nicht notwendig, aber typischerweise, wie etwa in Frankreich, den Nationalstaat) von ihrer Verfassung zu lösen. Die inkrementelle Entgrenzung einer Verfassung vom Nationalstaat wiederum lässt sich gerade als jenes Verfassen begreifen, das von einer konstituierten Gewalt ausgeht, gleichwohl aber einen wie auch immer gearteten *pouvoir constituant* aufruft. Dieses Verfassen erschließt neue Legitimationsstrukturen für neue Ansprüche normativen Vorrangs für bestimmte Rechtsanordnungen. Das Territorium als Anknüpfungspunkt macht diesen Prozess besonders deutlich sichtbar. Die Beziehung von Nationalstaat und Territorium bleibt (unverändert) bestehen, die Verfassung muss dagegen mit dem Auftauchen nichtstaatlicher rechtsnormativer Strukturen den Bezug auf Territorien aufgeben. Sie beschreibt beziehungsweise sie verfasst Formierungen politischer Herrschaft, die nicht zwangsläufig an Territorien anknüpfen müssen. Umgekehrt zeigt sich der Begriff der Grenze dann irrelevant für die Qualität des Verfassten, weil sie gerade keiner territorial verstandenen Innen-Außen-Dichotomie bedarf, um denkbar zu sein. Insofern also lässt sich von einer Entgrenzung der Verfassung sprechen. Man könnte ergänzend anfügen: So verstanden verweist die Rede von der »Entgrenzung des Nationalstaats« metaphorisch auf diese Entgrenzung der Verfassung.

In der Ablösung der Verfassung vom Territorium liegt also die eine Seite ihrer Entgrenzung – die andere Seite betrifft einen weiteren, schon genannten, weil mit der Entgrenzung vom Territorium verbundenen, entkoppelnden Vorgang. Wenn vielfältige Rechtsschichten in einem Nationalstaat Normativität entfalten, sich überlagern oder nebeneinander wirken und der Begriff der Verfassung diese komplexe Herrschaftsformation erfassen soll, dann kann er nicht als auf eine einzige übergreifende politische Entität (wie den Nationalstaat) bezogen gedacht werden. Die kontingente (mögliche, nicht notwendige) Bezogenheit der Verfassung auf den Nationalstaat wird also durch die transnationale Zufügung von Rechtsschichten entkoppelt, und zwar nicht allein als Entgrenzung vom Nationalstaat, sondern als Lösung von der konstitutiven Bindung an *eine* übergreifende politische Einheit. Das heißt, beispielsweise auch eine europäische Verfassung, wenn wir von ihr ausgehen, kann nicht über ihre Kopplung an die summierte Fläche der Territorien ihrer Mitgliedstaaten und auch nicht über ihre Kopplung an die Europäische Union vollständig beschrieben werden, auch eine europäische Verfassung ist transnational entgrenzt, weil in ihr ebenfalls nicht-europäische Rechtsschichten wirken. Auch diese zweite Seite der Entgrenzung der Verfassung lässt sich wiederum anhand des veränderten Verhältnisses von Nationalstaat und Souveränität illustrieren. Wenn Nationalstaat und Souveränität nicht als eindeutig und vollständig wechselseitig aufeinander bezogen gedacht werden können, dann würde ein Verfassungsbegriff, der am Nationalstaat als übergreifender politischer Einheit (oder einer anderen politischen Einheit allein) anknüpfte, jene Stränge von Herrschaftsformierungen nicht einbeziehen können, die zusätzlich zur nationalstaatlichen (oder zur anderen jeweiligen) Formation wirken. Ein derartiger Verfassungsbegriff könnte also nur Aspekte, nicht aber die Bezogenheiten einzelner Herrschaftskonstellationen beschreiben und wäre insofern unterkomplex.

Die Entgrenzung der Verfassung erlaubt insofern vor allem eine Befreiung von ihrer nationalstaatlichen Vorstellung, die politische Einheit und Territorium verbindet.

Verfassung in diesem Sinne heißt also, einen normativen Vorrang gegenüber politischer Herrschaftsausübung in der Form des Rechts einzurichten und dadurch eine politische Herrschaftskonstellation nicht nur zu begrenzen, sondern gleichzeitig auch zu begründen. Diese Formation einer politischen Herrschaftskonstellation bedarf allerdings der Legitimation – die wiederum von der Verfassung her- und dargestellt wird.

e. Drei Aspekte von Verfassung: Legitimation, Vorrang, Rechtsförmigkeit

Moderne, nationalstaatliche und gegenwärtige Verfassungen in der transnationalen Konstellation teilen also wesentliche Merkmale – sie etablieren einen rechtsförmigen normativen Vorrang gegenüber politischer Ausübung von Herrschaft, die sie dadurch gleichzeitig begrenzen und begründen. Der entsprechende Legitimationsbedarf wird konstitutionell gleichzeitig aus- und eingelöst. In der Frage, wie ein rechtsförmiger normativer Vorrang genau hergestellt wird, unterscheidet sich das moderne Verfassungsdenken allerdings von Vorstellungen entgrenzter Verfassung: der Unterschied hängt an der Rolle des Bezugs zum Territorium, der für nationalstaatliche Verfassungen konstitutiv ist und sich auf die Anordnung des Vorrangs von Verfassungsnormen gegenüber anderen Normen auswirkt.

Während sich unter der territorialen und zeitlichen Definition nationalstaatlicher Verfassung jeder normative Vorrang eindeutig und binär bestimmen lässt (auf einem bestimmten Territorium ist zu einer bestimmten Zeit eine Norm höherrangig als eine andere), die normative Ordnung sich somit als Summe solcher binären Höherrangigkeitsbeziehungen denken lässt, erweist sich diese normative Anordnung für die entgrenzte Verfassung als nicht in gleicher Weise darstellbar. Denn mangels territorialer Rückbindung und angesichts ihrer Unabhängigkeit von einer politischen Einheit bedarf sie eines anderen definitorischen Bezugspunkts. Die Frage, wie, wo, unter welchen Umständen eine Norm höherrangig gegenüber einer anderen sein soll, kann schließlich nicht über örtliche Relationen oder Definitionen beantwortet werden. Offen bleiben kann sie allerdings auch nicht, weil die bloße Angabe eines normativen Vorrangs ohne Bezugspunkt und ohne Verortung wirkungslos bleibt – sie ist dann für keine Konstellation zwingend. Da ein äußerlicher Bezugsrahmen fehlt, können Konstellationen normativer Höherrangigkeit nur intern bestimmt werden. Was heißt das? Wenn ein Geltungsvorrang für verschiedene normative Ebenen auch ohne Territorialbezug sinnvoll sein sollte, anders gesagt, wenn von einer normativen Verfestigung im Sinne einer Verfassung jenseits des Nationalstaats oder eines territorialen Bezugs sinnvoll gesprochen werden kann, dann setzt dies eine Rückbindung der Vorrangregelung an interne Momente, das heißt entweder an die normative Struktur selbst oder an von ihr betroffene (einbezogene) Subjekte, voraus. Es ist natürlich kein Zufall, dass sich im Verfassungsdenken ein Begriff in zentraler Position findet, der eine Rückbindung der Verfassung in beiden möglichen Hinsichten gleichzeitig beschreibt und herstellt und dabei wiederum nicht notwendig von Rahmungen wie der Territorialität oder der Nationalstaatlichkeit abgeleitet sein muss: der Begriff der Legitimation. Der Begriff der Legitimation dient insofern als konstitutioneller Zentralbegriff, weil er in seiner bloßen Variante ohne weitere Spezifizierungen allein diesen doppelten Modus der selbstbezüglichen Rückbindung durch Beschreibung und Herstellung erfassen kann und damit zunächst nicht notwendig auf weitere Entitäten oder Zusammenhänge zurückgreifen muss. Es geht mir hier also nicht um die Frage, wie, in welchem Modus Legitimation tatsächlich hergestellt wird oder werden kann, sondern um die spezifische legitimatorische Verknüpfung von Subjekt und Objekt einer Verfassung, die sie gerade von der Situation bloßer Herrschaft unterscheiden lässt. Für die entgrenzte Verfassung, so lautet meine These, ergibt sich die Rückbindung eines Geltungsvorrangs aus der Erschließung einer Legitimationsstruktur. Der Begriff der Legitimationsstruktur beschreibt hier einen (spezifischen) Zusammenhang, der gleichzeitig erschlossen und gerechtfertigt werden kann – jenen eines normativen Vorrangs und eines Legitimationssubjekts; Legitimation ist dann in diesem Sinne als Vorgang und auch als Resultat zu verstehen, als gelingendes Aufrufen dieses Zusammenhangs von Vorrang und Legitimationssubjekt. In gewisser Weise kann man die entgrenzte Verfassung als auf den Kern von Verfassung überhaupt reduziert verstehen, denn sie verknüpft nicht nur Herrschaft und normative Hierarchie, sondern vermittelt diese Verknüpfung über den Begriff der Legitimation. So schreibt Grimm über den Begriff der Verfassung mit Blick auf die beiden großen Verfassungsrevolutionen in Amerika und in Frankreich: »Das Neue an der Verfassung war also weder der Entwurf eines Gesamtplans legitimer Herrschaft noch die hierarchische Stufung der Rechtsordnung. Beides hatte schon vorher bestanden. Neu war vielmehr die Zusammenführung dieser Entwicklungslinien.«[53] Insofern ist zu erkennen, dass die moderne nationalstaatliche Verfassung an dieser Stelle ebenfalls ohne

53 Dieter Grimm, *Die Zukunft der Verfassung II. Auswirkungen von Europäisierung und Globalisierung*, Berlin 2012, S. 25.

den Bezug auf das Territorium auskommen kann. Der definitorische Umweg über den Nationalstaat mag sich in der Moderne etabliert haben und verfassungshistorisch von Relevanz sein, konstitutiv für die hier herauskristallisierte Beschreibung von Verfassung ist er nicht, weder für einen modernen Begriff von Verfassung noch für einen auf die transnationale Konstellation bezogenen.

Was bedeutet es nun, eine Legitimationsstruktur zu erschließen? Diese Frage wird vorliegend zur entscheidenden in Bezug auf das Problem des Verfassungsbegriffs, weil in der Erschließung neuer Legitimationsstrukturen im Rahmen meiner These gleichzeitig Differenzierungskriterium und konstituierendes Momentum der Verfassung zu sehen sind. Vor allem aber dürfte sich nun vor diesem Hintergrund bereits andeuten, worauf die Überlegungen hinauslaufen. Die Beschreibung von Verfassung als einer normativen Hierarchisierung, die durch legitimatorische Erschließung konstituiert wird, verweist hier bereits auf ein dynamisches Momentum, auf das Verfassen als konstitutives Kriterium von Verfassung. Damit ist – noch einmal aus einem anderen Blickwinkel bemerkt – nicht gesagt, dass die Erschließung neuer Legitimationsstrukturen nicht auch im Rahmen nationalstaatlicher Verfassungen von Relevanz wäre. Sie geschieht allerdings für solche Verfassungen regelmäßig während der Verfassunggebung in einem immer schon revolutionären Akt, die Legitimationsstruktur ist mit der Verfassunggebung etabliert und »erschlossen«. Dies fasst die klassische Formel von Herrschaftsbegründung und -begrenzung zusammen. Mit der Verfassunggebung wird gleichermaßen Herrschaft begründet und ein Legitimationssubjekt (regelmäßig: ein Volk) als solches konstituiert. Darin, dass Herrschaftsbegründung und Konstitution eines Legitimationssubjekts korrespondieren (müssen), zeigt sich die herrschaftsbegrenzende Eigenschaft dieser Verfassung. Gleichzeitig ist damit natürlich überhaupt nicht ausgeschlossen, dass auch nationalstaatliche Verfassungen, die einmal in Kraft getreten sind, im Laufe ihrer Entwicklung weitere Legitimationsstrukturen integrieren – darauf verweist, so der Ausgangspunkt der vorliegenden Untersuchung, der Begriff der Konstitutionalisierung.

In dieser Version dürfte auch der Begriff der Legitimationsstruktur deutlicher werden: Er beschreibt zunächst jene klassische Verhältnisbildung von Herrschaft und Volk, die beide über eben diese Figur der Legitimation eine subjektive und eine objektive

Position einnehmen lässt. Entscheidend für die Konstitutionalisierung ist nun, dass politische Herrschaft zum Objekt gemacht werden kann.[54] Dies bedeutet, dass politische Herrschaft nicht nur subjektiv ausgeübt, sondern zum Objekt einer Zähmung wird, die wir Herrschaftsbegrenzung nennen. Wenn diese Verknüpfung von Herrschaftsausübung und Herrschaftsbegrenzung so ausgestaltet ist, dass, wer subjektiv herrscht, objektiv von demjenigen in seiner Herrschaft begrenzt wird, der objektiv beherrscht wird und gleichzeitig subjektiv die Herrschaft begrenzt, wenn sich also Herrschaft als ein wechselseitiges Unterwerfungsverhältnis beschreiben lässt, dann sprechen wir von Verfassung. Diesen Verfassungsbegriff mit einer Legitimationsstruktur zu identifizieren, dies ermöglicht die Idee der konstitutionellen Legitimation, wie ich sie in diesem Zusammenhang nennen möchte. Sie unterscheidet sich von anderen Legitimationsvorstellungen insofern, als sie formal mit dem Begriff der Verfassung verknüpft ist. Legitimation politischer Herrschaft durch ein Legitimationssubjekt heißt Verfassung, und Verfassung setzt genau eine solche Legitimationsstruktur voraus. Sie muss nicht zwangsläufig demokratisch sein, aber die Herrschaftsform der Demokratie setzt immer eine Verfassung voraus, weil sie die Legitimationsstruktur der Verfassung aufgreift und spezifisch auffüllt: Legitimationssubjekt und Legitimationsobjekt müssen mit dem Volk identifiziert werden, damit wir von Demokratie sprechen können.[55] Wenn die klassische moderne Vorstellung von Verfassung eine entsprechende Legitimationsstruktur voraussetzt, die, einmal durch Verfassunggebung installiert, nur abgerufen wird, erschließt Verfassung hingegen nach dem vorliegend entwickelten Verständnis immer wieder neue Legitimationsstrukturen. Das heißt, auch wenn bereits Legitimationsstrukturen installiert sind, behandelt sie Verfassung in diesem Sinne expansiv. Sie muss entsprechend ihr Legitimationssubjekt dynamisch einsetzen beziehungsweise den

54 Genau hier lässt sich der Gegensatz zur bloßen Herrschaft, verfestigt im Absolutismus, deutlich erkennen: politische Herrschaft kann dort gerade nicht zum Objekt gemacht werden, absolutistische Herrschaft ist gerade keine »Auftragsangelegenheit« (Grimm, *Die Zukunft der Verfassung II*, S. 25), als die dagegen verfasste Herrschaft zu charakterisieren ist.

55 Zum Verhältnis von Demokratie und Verfassung und der US-amerikanischen Debatte darum vgl. nur Joel Colón-Ríos, *Weak Constitutionalism. Democratic Legitimacy and the Question of Constituent Power*, London 2012.

pouvoir constituant aufrufen. Wie – um die Frage nochmal von dieser Warte aus aufzurollen – kann es dann sinnvoll sein, beide Vorstellungen mit demselben Begriff – Verfassung – zu beschreiben? In beiden Versionen beschreibt der Begriff, so lässt sich die Antwort aus den vorangegangenen Überlegungen zusammenfassen, ein Verhältnis von politischer Herrschaft, ihrer Begründung und Begrenzung, über den Begriff der Legitimation, und dieses Verhältnis zeigt sich wiederum darin, dass es Strukturen der Höherrangigkeit in seiner normativen Grundierung erschließt und diese wiederum mit Legitimationsbedarf versieht und ausweist.

2. Verfassung und Verfassen

Allerdings erweist sich nicht allein der Verfassungsbegriff als ebenso vielfältig wie brüchig, sondern, so hat es das erste Kapitel schon angedeutet, auch der Begriff der Konstitutionalisierung, der ganz unterschiedliche Prozesse der Erweiterung, Vertiefung und Verdichtung verfasster Strukturen beschreibt. Diese begriffliche Vielseitigkeit, wohl auch Unschärfe, dürfte aber wiederum ein Indiz dafür sein, dass der Begriff der Verfassung nicht ausreicht, um verfassungsrelevante Prozesse zu beschreiben. Immerhin eint etwas die unterschiedlichen begrifflichen Verwendungen des Konstitutionalisierens, des Verfassens: die jeweilige Verfassungsrelevanz nämlich, die sich hier gerade im Unterschied zur Konstituierung auf dem Weg der Verfassunggebung zeigt. Konstitutionalisierung bezieht sich stets auf eine inkrementelle Entwicklung von Verfassung, die möglicherweise in unterschiedlicher Dichte, Frequenz und Reichweite zu beobachten sein mag. Es handelt sich dabei deshalb zwar um einen ubiquitären, aber um keinen »Allerweltsbegriff«,[56] der einen ganz spezifischen Zwischenraum betrifft: eine Ebene zwischen konstituierter und konstituierender Gewalt, die allein dadurch freigelegt wird, dass offenbar nicht jeder Akt im Rahmen konstituierter Herrschaftsverhältnisse ohne einen eigenständigen Aufruf des *pouvoir constituant* auskommt. Denn genau in diese

56 Vgl. Rainer Wahl, »Konstitutionalisierung. Leitbegriff oder Allerweltsbegriff?«, in: Carl-Eugen Eberle u. a. (Hg.), *Der Wandel des Staates vor den Herausforderungen der Gegenwart. Festschrift für Winfried Brohm zum 70. Geburtstag*, München 2002, S. 191-207.

Kerbe schlägt der Begriff der Konstitutionalisierung, wenn er von bloßer Verrechtlichung abzugrenzen sein soll – im Gegensatz zu manchen Ansätzen[57] gehe ich davon aus, dass Verrechtlichung und Konstitutionalisierung zwar ähnliche Verläufe aufweisen können, im Grundsatz aber zu unterscheidende Phänomene betreffen[58] – schlicht und einfach, weil Recht und Verfassung keine vollständig miteinander identifizierbaren Begriffe sein können. Konstitutionalisierung setzt Verrechtlichung voraus, während Verrechtlichung nicht notwendig auch zu Konstitutionalisierung führen muss.[59] Konstitutionalisierung beschreibt Handlungen durch den *pouvoir constitué* oder auf dem Boden des *pouvoir constitué*, die gleichsam Legitimationsbedarf und Legitimationspotentiale hervorrufen, wie sie bei der Neu-Formierung von Herrschaft ohne einen bereits konstituierten Grund, bei »eigentlicher« Begründung von Herrschaft entstehen. Damit wird aber vom Begriff der Konstitutionalisierung auch der Begriff der Verfassung selbst berührt, insofern er eine trennscharfe Unterscheidung von *pouvoir constitué* und *pouvoir constituant* voraussetzt.

Was also hat es mit der Verfassung der Konstitutionalisierungen auf sich? Ich gehe davon aus, dies dürfte sich bereits angedeutet haben, dass eine These der »zweiten Phase«, wie sie manchmal beschrieben und vertreten wird, einen konstitutiven Aspekt von Konstitutionalisierung übersieht: Diese These beinhaltet die Annahme, dass nach erfolgter Verfassunggebung jedes verfasste System in eine Art Stabilisierungsphase eintritt, die dann wiederum durch

57 Insbesondere in Bezug auf Beobachtungen von Konstitutionalisierung im Völkerrecht fällt auf, dass Verrechtlichung und Konstitutionalisierung häufig in eins gefasst werden: »Diese Entwicklungen des Völkerrechts seit der Zeit des Völkerbundes und vor allem in den Vereinten Nationen, die durch eine Verrechtlichung von Gemeinschaftsbelangen und eine graduelle Aufnahme zuvor nur moralischer und naturrechtlicher Normen in das positive Völkerrecht gekennzeichnet ist, werden als Prozess der Konstitutionalisierung gedeutet.« Kleinlein, *Konstitutionalisierung im Völkerrecht*, S. 12.

58 »Zwischen *Verrechtlichung* und *Konstitutionalisierung* muss vielmehr unterschieden werden.« Grimm, *Die Zukunft der Verfassung II*, S. 11. Vgl. auch Wahl, »Konstitutionalisierung«, S. 201.

59 Beispielsweise sind Verrechtlichungsprozesse jedenfalls theoretisch konstruierbar, die bestehenden Rechtsnormen in einem lebensweltlichen Feld lediglich stetig weitere Rechtsnormen hinzufügen, ohne dass damit eine Koordinierungsleistung wie etwa die Einführung von normativen Rangverhältnissen einherginge.

Konstitutionalisierungsprozesse charakterisiert ist, welche selbst aber keine konstituierenden Momente enthalten.[60] Beispielsweise fällt die verfassungshistorische Gepflogenheit, die Etablierung der Ausstrahlungswirkung von Grundrechten hinein ins einfache Recht durch das Lüth-Urteil des Bundesverfassungsgerichts als einen solchen Konstitutionalisierungsvorgang einzuordnen, häufig unter diese These einer »zweiten Phase«.[61] Mein Einwand hinsichtlich der begrifflichen Einordnung knüpft hier daran an, dass die Idee der Stabilisierung einer bereits konstituierten Struktur ohne Rückgriff auf die Konstitution selbst auskommen soll, anders formuliert: ohne den *pouvoir constituant* aufzurufen. Darin liegt ein verfassungstheoretischer Widerspruch, den zu umgehen einigen Aufwand bedeutet – und in genau diesen Aufwand begibt sich die vorliegende Untersuchung. Es ist nämlich widersprüchlich, von einer Expansion (Vertiefung) einer verfassten Struktur auszugehen (im Lüth-Beispiel: von der Ausweitung der Grundrechtswirkung), ohne diese »Stabilisierung durch Erweiterung« des bereits Konstituierten selbst den legitimatorischen Anforderungen der Begründung von Verfassung zu unterwerfen.[62] Deshalb, so die vorliegend verfolgte These, muss ein theoretischer Weg gefunden werden, Konstitutionalisierung als »konstituierend auf dem Boden des Konstituierten« zu fassen, der die notwendigen Rückwirkungen auf das

60 Vgl. dazu zur »innerstaatlichen« Konstitutionalisierung etwa Wahl, »Konstitutionalisierung«, S. 192. Zu Bereichen jenseits des Nationalstaats vgl. eine ähnliche Beobachtung machend: Svenja Ahlhaus, Markus Patberg, »Von der verfassunggebenden zur konstitutionalisierenden Gewalt. Die demokratische Legitimität völkerrechtlicher Konstitutionalisierung«, in: Bardo Fassbender, Angelika Siehr (Hg.), *Suprastaatliche Konstitutionalisierung*, Baden-Baden 2012, S. 23-56, hier S. 30.

61 Vgl. zum Ganzen Gunnar Folke Schuppert, Christian Bumke, *Die Konstitutionalisierung der Rechtsordnung. Überlegungen zum Verhältnis von verfassungsrechtlicher Ausstrahlungswirkung und Eigenständigkeit des ›einfachen‹ Rechts*, Baden-Baden 2000.

62 Der Einwand, diese Ausweitung der Grundrechte durch die »Entdeckung« ihrer Drittwirkung sei keine neue Formierung, sondern lediglich eine Erkenntnis des bereits in der Verfassung angelegten, mag für die grundrechtliche Drittwirkung noch mit einigem Aufwand konstruierbar sein, ist aber schon für neu entdeckte Grundrechte und spätestens für grundsätzliche Änderungen im Verständnis des Verfassten (z. B. »Ehe für alle«) aber nicht mehr begründbar. Dann müssen so problematische Begriffe wie jener des »Verfassungswandels« ins Spiel kommen, um den verfassungstheoretischen Widerspruch aufzuheben.

bereits Konstituierte, auf die Verfassung, mitdenken kann. Dieser Weg wäre seinerseits nicht mit der verfassungsändernden Gewalt, einem *pouvoir constituant constitué*, zu verwechseln, der sich wiederum über die in einer Verfassung konstituierte Kompetenzformation aus dem ursprünglichen *pouvoir constituant* ableitet, selbst aber dem *pouvoir constitué* zuzurechnen ist:[63] Gerade so verhält es sich für die über den Begriff der Konstitutionalisierung beschriebenen Phänomene nämlich nicht – sie erweitern, verdichten und vertiefen den Rahmen des Verfassten, ohne dass dieser Rahmen dazu ausdrücklich ermächtigte. Um diesen verfassungstheoretisch anders gefassten Begriff der Konstitutionalisierung zu betonen, bezeichne ich im Folgenden Prozesse der Konstitutionalisierung als solche des Verfassens. Und in diesem Sinne zu konstitutionalisieren, zu verfassen, bedeutet dann auch: auf die Verfassung zurückzuwirken.

Insofern kehre ich nun die Perspektive noch einmal um und blicke, von den beschriebenen Verschiebungen im Begriff der Verfassung ausgehend, auf die Dynamik des Verfassens, um auf diese Weise die doppelte Richtung des Zusammenhangs von Verfassung und Verfassen zu untermauern. Denn nicht nur der Begriff der Konstitutionalisierung berührt den Begriff der Verfassung, sondern die gegenwärtige Behandlung der Begriffe lässt sich gerade auch umgekehrt lesen. Der Begriff der Verfassung verlangt in seiner gegenwärtigen Weise des Gebrauchs nach Dynamisierung. Weil also ein doppelter Zusammenhang von Verfassung und Verfassen besteht, das Verfassen einerseits auf die Verfassung zurückwirkt und andererseits die Verfassung auf das Verfassen in konstitutiver Weise angewiesen ist, ist es notwendig, dem Verfassen auf die Spur zu kommen, um gegenwärtige Blicke auf den Begriff der Verfassung zu erhalten.

Wenn Verfassung in der transnationalen Konstellation nun ohne territoriale Anknüpfungen oder solche an eine spezifisch der Verfassung vorhergehend definierte politische Einheit auskommen

63 Zwar finden sich auch Ansätze, die die Fähigkeit zur Verfassungsänderung nur dem *pouvoir constituant* zuordnen, am prominentesten wohl bei Siéyès, die Zuordnung zum *pouvoir constitué* hat sich verfassungstheoretisch wohl aber durchgesetzt und wurde gerade von Schmitt propagiert (z. B. Carl Schmitt, *Verfassungslehre*, Berlin 1928, S. 25-27). Vgl. zum Ganzen Christian Winterhoff, *Verfassung – Verfassunggebung – Verfassungsänderung. Zur Theorie der Verfassung und der Verfassungsrechtserzeugung*, Tübingen 2007.

muss und kann, dann muss sie, um Verfassung zu sein, normativen Vorrang und entsprechende Legitimationsstrukturen jeweils erst und immer wieder neu erschließen. Zur Verfassung wird dann der Prozess des Verfassens – insofern ist Verfassung deswegen über das Verfassen zu erklären.

Bevor die folgenden Kapitel sich einer konkreten Weise des Verfassens, dem rechtsförmigen Urteilen, widmen, sollen noch alternative Wege und Möglichkeiten der Konturierung des so entfalteten Verfassungsbegriffs skizziert werden, um das Umfeld der vorliegenden Überlegungen zu beschreiben. Entsprechend werde ich entlang prominenter Entwicklungsbeschreibungen von Recht und Verfassung (Transnationalisierung, Verrechtlichung, Judizialisierung) nach deren verfassungstheoretischen Potentialen fragen.

Die voranstehenden Überlegungen haben bereits gezeigt, dass sich der Begriff der Verfassung vom Begriff des Nationalstaats löst; damit wird schließlich die Idee einer nationalstaatlichen Verfassung zu einem losen Ende des Begriffs, und zwar insofern, als die bloß nationalstaatliche Verfassung nicht mehr denkbar ist, sobald transnationale Verstrickungen oder auch die europäische Integration (in Bezug auf die Verfassungen der Mitgliedstaaten) Einfluss auf nationalstaatliche Verfasstheit nehmen. Allerdings bedeutet dieser Zusammenhang umgekehrt auch nicht, dass dadurch die nationalstaatliche Verfassung obsolet würde. Entscheidend ist stattdessen die Einsicht, die sich aus den Überlegungen zur Entgrenzung von Verfassung ergibt: Auch ein Verfassungsbegriff, der sich auf einen Nationalstaat bezieht, muss seine Entgrenzung mitführen. Denn sowenig wir trans- und supranationale Einflüsse aus der Untersuchung von Nationalstaatlichkeit einfach heraussubtrahieren können, so wenig lässt sich Verfassung ausschließlich nationalstaatlich denken. Die aus dieser Einsicht resultierende (neue) Verfassungsfrage wäre, wie Verfassung sich unter diesen Umständen zeigt – in politischen Herrschaftsverhältnissen, in Dokumenten oder in legitimatorisch relevanten Prozessen. Während es nicht Gegenstand der vorliegenden Untersuchung sein kann, diese Verfassungsfrage umfassend zu beantworten, so lässt sich doch eine Beobachtung einerseits mit ihr und andererseits mit der hier verfolgten These, dass Verfassung über Prozesse des Verfassens zu erklären ist, in Verbindung bringen. Diese Beobachtung ist geeignet, abschließend das Verhältnis von Verfassung und Verfassen noch einmal aus einem anderen Blickwinkel zu illustrieren. – Es handelt sich um die in vielen Versionen beschriebene Beobachtung, dass eine Reihe von prozesshaften Expansionsbewegungen nicht nur die rechtlichen Strukturen verändert, sondern gerade auch verfassungsrelevant ist. Konkret ist hier auf die beinahe inflationären Charakterisierungen dieser zunächst durchaus zu unterscheidenden Expansionsbewegungen als Transnationalisierung von Recht und Verfassung, als Verrechtlichung und als Judizialisierung zu verweisen. Hierbei handelt es sich natürlich um keine abschließende Aufzählung, sondern um die drei vielleicht prominentesten, in jedem Fall aber aufs engste mit dem hier angelegten Begriff von Verfassung verwobenen Aspekte. Während Transnationalisierung im Wesentlichen die bereits skizzierte Ablösung von Nationalstaat und Territorium als Rahmungen von Recht und Verfassung beschreibt, handelt Verrechtlichung von einer spezifisch quantitativen Vermehrung. Verrechtlichung oder Juridisierung[64] bezieht sich darauf, dass sowohl in temporaler als auch in topologischer Hinsicht immer mehr Recht in der Welt ist. Das heißt, mit fortschreitender Zeit wächst die Menge rechtlicher Normen (nicht zwangsläufig stetig, und in der transnationalen Sphäre durchaus beschleunigt) – entsprechend schrumpft die Menge jener Handlungsoptionen und Lebenssphären, die nicht rechtlich durchdrungen sind. Gleichzeitig breitet sich das Recht auch räumlich aus, das heißt nicht nur bezogen auf einzelne Rechtssetzer, zum Beispiel Nationalstaaten, sondern global gesehen wächst die Menge an Recht. Allerdings wächst nicht nur die Rechtsmasse im Sinne einer Zunahme der Zahl von Rechtsnormen und einer Ausbreitung des Rechts in die gesamte soziale Sphäre hinein.[65] Unter dem Begriff der Judizialisierung (*judicialization*) wird auch eine stetig zunehmende und sich über die Materien ausbreitende Anrufung der Gerichte beschrieben.[66] Das heißt nicht zwangsläufig, dass die Zahl rechtlicher Konflikte steigt, sondern es bezieht sich hauptsächlich auf eine häufiger werdende Auslagerung

64 Vgl. z. B. Lars Chr. Blichner, Anders Molander, »Mapping Juridification«, in: *European Law Journal* 14 (2008), S. 36-54.

65 Vgl. z. B. den Band Gunther Teubner (Hg.), *Juridification of Social Spheres. A Comparative Analysis in the Areas of Labor, Corporate, Antitrust and Social Welfare Law*, Berlin 1987.

66 Vgl. nur die umfangreiche Studie für das internationale Recht: Karen Alter, *The New Terrain of International Law. Courts, Politics, Rights*, Princeton 2014.

politischer und moralischer Konfliktaustragungen in die gerichtliche Sphäre,[67] vorwiegend die verfassungsgerichtliche – mit dieser Auslagerung geht gleichzeitig ein qualitativer Wandel der Sphäre der Politik einher; insofern lässt sich auch konkretisiert von einer »Judizialisierung der Politik« sprechen.[68] Inwiefern aber sind solche Entwicklungen überhaupt verfassungsrelevant und inwiefern können sie Auskunft über das Verhältnis der Begriffe der Verfassung und des Verfassens geben? Die Verfassungsrelevanz von Transnationalisierung, Verrechtlichung und Judizialisierung zeigt sich erst mittelbar: Ein bloßes Wachstum der Rechtsmasse etwa könnte schließlich auch ein typisches Symptom längerfristig bestehender rechtsstaatlich organisierter Demokratien sein – sie organisieren sich regelmäßig, indem sie Rechtsnormen erzeugen, seltener, indem sie Rechtsnormen außer Kraft setzen. Entsprechend muss über die Dauer gesehen die Masse der Rechtsnormen zunehmen. Allerdings, und unter diesem Blickwinkel werden Verrechtlichungstendenzen für die globale Betrachtungsperspektive relevant, nimmt die Rechtsmasse eben nicht nur innerhalb von Nationalstaaten zu, sondern insgesamt. Auch im internationalen Recht und in transnationalen Rechtsschichten ist Verrechtlichung zu konstatieren, Transnationalisierung ist selbst ein Verrechtlichungsphänomen.[69] Das heißt, Bereiche des Lebens, Bereiche transnationaler Kooperation und Bereiche der Zusammenarbeit zwischen Nationalstaaten unterliegen verstärkt rechtlichen Bindungen. Dieser Beobachtung schließen sich Fragen an, die in Politik- und Rechtswissenschaft typischerweise als Verfassungsfragen behandelt werden: Wie werden entspre-

67 Hirschl etwa definiert jenen Prozess als »den sich ständig beschleunigenden Rückgriff auf Gerichte und justizielle Mittel zur Lösung zentraler moralischer Zwickmühlen, öffentlicher Fragen und politischer Kontroversen«; Ran Hirschl, »The New Constitutionalism and the Judicialization of Pure Politics Worldwide«, in: *Fordham Law Review* 75 (2006), S. 721-754, S. 721 (Übers. S.MM.).

68 Vgl. zum Phänomen der Judizialisierung etwa Ran Hirschl, »The Judicialization of Mega-Politics and the Rise of Political Courts«, in: *Annual Review of Political Science* 11 (2008), S. 93-118; ders., »Resituating the Judicialization of Politics. Bush v. Gore as a Global Trend«, in: *Canadian Journal of Law and Jurisprudence* 15 (2002), S. 191-218; ders., »The New Constitutionalism and the Judicialization of Pure Politics Worldwide«.

69 Vgl. nur m. w. N. Matthias Goldmann, *Internationale öffentliche Gewalt. Handlungsformen internationaler Institutionen im Zeitalter der Globalisierung*, Berlin, Heidelberg 2015, S. 16, Fn. 45.

chende Rechtserzeugungsprozesse institutionalisiert und legitimiert? Entsprechen den Bindungswirkungen des vermehrt entstehenden Rechts auch die Einflussmöglichkeiten der diesem Recht Unterworfenen auf die Rechtserzeugung? Werden Anwendung und Effizienz dieses Rechts kontrolliert? Es sind also Fragen nach *checks and balances*, Fragen nach Legitimationsstrukturen in Bezug auf Verrechtlichung, die sich stellen und die die Verfassungsrelevanz der Entwicklung andeuten. Ähnlich stellt sich die Sache mit Blick auf das Phänomen der Judizialisierung dar: Auch hier wird der Verfassungsbezug der Entwicklung durch eine typische Fragestellung liberal-demokratischer Verfassungstheorie hergestellt – ist die Judikative legitimiert, die wachsende Zahl an Entscheidungen zu fällen, übernimmt sie nicht Aufgaben der Legislative und Exekutive, für die sie eigentlich keine Kompetenz hat? Gerät die Balance zwischen den gegliederten Gewalten ins Wanken? Solche Fragen stellen sich insbesondere dann in verschärfter Form, wenn es sich um *judicial review*, also die gerichtliche Kontrolle von Gesetzgebung handelt.[70] »Wer soll der Hüter der Verfassung sein?« wäre die klassische Frage zur Rolle von Verfassungsgerichten;[71] die verfassungstheoretische Problematik ausgewogener Gewaltengliederung und entsprechender Kontrollkompetenzen behält allerdings nicht nur für Judizialisierungsbeobachtungen in Nationalstaaten ihre Relevanz, sondern gewinnt auch in der inter- und transnationalen Sphäre erheblich an Bedeutung, wenn Höchst- und Verfassungsgerichte sich vernetzen, zusammenarbeiten und Urteile wechselseitig rezipieren.[72] Zusammenfassend lässt sich konstatieren, dass

70 Zur uferlosen Diskussion um die Zulässigkeit des *judicial review* vor allem in der US-amerikanischen Verfassungstheorie vgl. etwa Martin Shapiro, »The Success of Judicial Review and Democracy«, in: ders., Alec Stone Sweet (Hg.), *On Law, Politics, and Judicialization*, Oxford 2002, S. 149-183; Jeremy Waldron, »The Core of the Case against Judicial Review«, in: *The Yale Law Journal* 115 (2006), S. 1346-1406.

71 Der Ausdruck »Hüter der Verfassung« stammt aus der Debatte von Schmitt und Kelsen (Hans Kelsen, *Wer soll der Hüter der Verfassung sein?*, Tübingen 1931; Carl Schmitt, *Der Hüter der Verfassung*, Berlin 1931), wird aber mittlerweile vorwiegend im Zusammenhang mit der Frage nach der Rolle von Verfassungsgerichten herangezogen, vgl. nur Oliver Lembcke, *Hüter der Verfassung. Eine institutionentheoretische Studie zur Autorität des Bundesverfassungsgerichts*, Tübingen 2007.

72 Vgl. dazu beispielsweise Anne-Marie Slaughter, *A New World Order*, Princeton 2004; Gábor Halmai, *Perspectives on Global Constitutionalism. The Use of Foreign*

die Begriffe der Transnationalisierung, der Verrechtlichung und der Judizialisierung eine Vielzahl teilweise sehr heterogener Veränderungsprozesse erfassen, denen (vermittelte) Verfassungsrelevanz zugeschrieben werden kann: Das heißt, sie tragen dazu bei, den Begriff der Verfassung zu konturieren, und erlauben umgekehrt, die von ihnen beschriebenen Entwicklungen unter dem Begriff der Verfassung zu hinterfragen. Es sind nun verschiedene Strategien denkbar, diese Entwicklungsbeschreibungen verfassungstheoretisch zu strukturieren und zu differenzieren, um den Verfassungsbegriff entlang solcher Phänomenbeschreibungen weiter zu konturieren. Grob lassen sie sich in zwei Typen von Strategien unterscheiden: solche, die verallgemeinernd operieren, und solche, die versuchen, prozessuale Momente, die diese Entwicklungen formieren, zu beschreiben und zu erfassen. Mein im Folgenden durchzuführender Versuch, Verfassung über eine konkrete Weise des Verfassens zu erläutern, das verfassende Urteilen, zählt zum zweiten Strategietyp.

3. Zwischenstand

Verfassung in der transnationalen Konstellation, dies haben die Überlegungen dieses Kapitels ergeben, knüpft genauso wie die nationalstaatlich (oder territorial) begrenzte Verfassung an drei Kriterien an: Beide müssen einen normativen Vorrang, eine Geltungshierarchie ausweisen, darüber wird die politische Überbrückung von Herrschen und Beherrschtwerden stabilisiert und formiert. Die Formierung selbst geschieht rechtsförmig, um jedenfalls den Anspruch einer Dauerstellung vermitteln zu können. Schließlich, und darin liegt das Zentralmoment von Verfassung, ist dieses so gefasste Verhältnis legitimationsbedürftig und -fähig. Letztlich wird bei beiden Begriffen von Verfassung also ein Verhältnis politischer

and International Law, Den Haag 2014, insb. S.177-215. Zur »Migration verfassungsrechtlicher Konzepte« vgl. insb. Sujit Choudhry (Hg.), *The Migration of Constitutional Ideas*, Cambridge 2006. Zur Rezeption »fremder« Gerichtsentscheidungen durch Gerichte wiederum vgl. nur Jeremy Waldron, »Foreign Law and the Modern Ius Gentium«, in: *The Harvard Law Review* 119 (2005), S. 129-147; ders., *»Partly Laws Common to All Mankind«. Foreign Law in American Courts,* New Haven 2012.

Herrschaft, ihrer Begründung und Begrenzung über den Begriff der Legitimation beschrieben. In beiden Verfassungsbegriffen zeigt sich diese Verhältnisbildung in Strukturen der normativen Höherrangigkeit, die gleichermaßen Ordnung und Stabilisation dieser Ordnung formieren, aber auch der Legitimation bedürfen. Der spezifische Zusammenhang von normativer Höherrangigkeit und Legitimation lässt sich dabei als Legitimationsstruktur fassen, wobei der Begriff der Legitimation hier gleichzeitig den Vorgang und das Resultat, den gelingenden Aufruf dieses Zusammenhangs, beschreibt. Die begriffliche Komplexität, das wäre an dieser Stelle noch zu bemerken, liegt darin, dass die Begriffe, die jenen Zusammenhang bilden, der wiederum als Legitimationsstruktur gefasst wird, nicht kategorial von letzterem Begriff zu unterscheiden sind – dies wiederum hängt mit der genannten doppelten Bedeutung von Legitimation, einen Vorgang und sein Resultat zu beschreiben, zusammen. Eine Verfassung in diesem Sinne, die ohne äußere Rahmungen auskommen muss, die also keine Legitimationsstruktur über Vorstellungen von Nationalstaat oder Territorium oder auch Globalität auf Dauer zu stellen in der Lage ist, darin lag ja ihre Abweichung von klassischen Verfassungsbegriffen, eine so verstandene Verfassung kann also keinen normativen Vorrang und keine entsprechende Legitimationsstruktur in einer Weise voraussetzen, welche das Verhältnis von Konstituierung und Konstitutionalisierung vollständig definieren würde. Das heißt nicht, dass sie voraussetzungslos wäre – vielmehr muss sie gerade daran anknüpfen, dass sie als Verfassung zwar bereits konstituiert ist, aber diese Konstitution nicht vollständig oder abgeschlossen ist. Eine so verstandene Verfassung muss trotz ihrer Konstituiertheit immer neue Legitimationsstrukturen erschließen, um tatsächlich zu verfassen, weil sie gerade aus diesen Akten der Erschließung Legitimation erfährt. Wenn Verfassung, das sei klarstellend noch einmal bemerkt, keine Konstituierung voraussetzen könnte, müsste jeder verfassende Akt entweder eine vollständige Verfassunggebung darstellen oder vollkommen singulär sein. Wie im ersten Kapitel ausgeführt, sind stattdessen Phänomene der Konstitutionalisierung nicht nur bekannt, sondern auch sehr prominent, die hier eine Zwischenstellung einnehmen: die von einem *pouvoir constitué* ausgehen oder ihn voraussetzen und gleichzeitig neue Legitimationsstrukturen erschließen, die wiederum, um Legitimation herstellen zu können, den *pouvoir consti-*

tuant einbeziehen und aufrufen müssen. Sie sind in jenem Sinne expansiv, dass sie bestehende Verfasstheit legitimatorisch erweitern. Verfassung in diesem Sinne ist also mangels anderer Rahmungen auf derartige Vorgänge der Konstitutionalisierung, des Verfassens, angewiesen und entsprechend über das Verfassen zu beschreiben.

Im Folgenden gilt es nun, einer spezifischen Form (neben anderen) des Verfassens nachzugehen, die, so viel hat das erste Kapitel bereits ergeben, besonders häufig herangezogen wird, um Konstitutionalisierungsprozesse zu beschreiben: verfassende Urteile. Weil verfassenden Urteilen gemein ist, dass sie rechtsförmig geschehen, und weiterhin davon auszugehen ist, dass diese Rechtsförmigkeit Einfluss auf die Möglichkeiten und Grenzen des Verfassens durch Urteile ausübt, werde ich zunächst und hauptsächlich die Form dieses Urteilens in den Blick nehmen und zu rekonstruieren versuchen, um aus den gefundenen Ergebnissen dann wiederum Rückschlüsse auf verfassende Urteile zu gewinnen.

III. Juridizität rechtsförmiger Urteile

Um dem Gegenstand der vorliegenden Untersuchung, verfassenden Urteilen, näher zu kommen, gilt es in einem weiteren vorbereitenden Schritt, die Rechtsförmigkeit dieser Urteile in den Blick zu nehmen. Zwar widmet sich erst das folgende Kapitel der eigentlichen Rekonstruktion des rechsförmigen Urteilens. Eine Voraussetzung für diese Rekonstruktion ist allerdings wiederum, herauszuarbeiten, worin das Spezifische dieser Urteile liegt, um näher bestimmen zu können, was überhaupt zu rekonstruieren ist. Ich möchte diese Frage als Problem der Juridizität fassen: welche Eigenschaften, welche Aspekte erheben rechtliche Urteile zu jener spezifischen Form, der schließlich verfassende Qualität zugeschrieben werden kann? Worin liegt die Juridizität rechtsförmiger Urteile?[1] Ich werde diese Frage untersuchen, indem ich eine bestimmte These zum Verhältnis von Recht und Urteil verfolge: dass nämlich Recht auf Urteile angewiesen ist, diese Angewiesenheit auf das Urteilen, auf Urteile, aber systematisch ausblendet.

1. Die Angewiesenheit des Rechts auf das Urteil

Recht ist auf Urteile angewiesen – von dieser These ausgehend werde ich es also im Folgenden unternehmen, die spezifische Juridizität rechtlicher Urteile offenzulegen, um damit den Weg für eine theoretische Rekonstruktion juridischer Urteilsbildung zu ebnen. Der Begriff des Juridischen wird dabei – das sei an dieser Stelle schon angedeutet – den Begriff des Urteils auf eine Weise mit dem Begriff des Rechts verknüpfen, die erst erlaubt, rechtliche Urteile als eine bestimmte Urteilsform eigener Art zu beschreiben, und gleichzeitig auf einen allgemeinen Urteilsbegriff verweist.

1 Vgl. zu einer (umgekehrt verlaufenden) Beobachtung einer Juridizität der Politik entlang der Form der Rechte nur Tim Wihl, *Aufhebungsrechte. Form, Zeitlichkeit und Gleichheit der Grund- und Menschenrechte*, Weilerswist 2019, S. 259-262.

a. Das Verhältnis von Recht und Urteil

Wie verhalten sich der Begriff des Rechts und der Begriff des Urteils zueinander? Inwiefern könnte eine Antwort auf diese ganz und gar nicht triviale Fragestellung zur Voraussetzung und damit zur begrifflichen Rahmung einer Theorie rechtlichen Urteilens in Form einer Rekonstruktion werden? Meine Strategie, mich der theoretischen Rekonstruktion rechtlichen Urteilens auf abstrakte, auf begriffliche Weise zu nähern, ist natürlich keineswegs die einzig mögliche und auch nicht notwendig. Ich wähle diese Strategie vielmehr, weil sie mir ihrem Gegenstand gegenüber angemessen erscheint: Recht und Urteil, beide nähern sich ihrerseits ihren Gegenständen (dem Leben und dem Fall) nämlich ebenfalls auf abstrakte, auf begriffliche Weise. Dass beide Herangehensweisen in meinen Augen zusammen*passen*, das wiederum ist kein Zufall, sondern hängt mit einer strukturellen Ähnlichkeit zusammen, die an den Begriffen von Recht und Urteil anknüpft (und die ich an einer fortgeschrittenen Stelle meiner Überlegungen unter dem Begriff des Passens nochmal in anderer Weise aufgreifen werde).[2] Das Problem, sich einen Begriff des Rechts zu machen, gleicht nämlich dem Problem, sich einen Begriff des Urteils zu machen, in einer für beide Probleme wesentlichen Hinsicht: Mit beiden Begriffen soll etwas als abgeschlossen beschrieben werden, das niemals abgeschlossen sein kann. Es handelt sich dabei nicht allein um ein Problem der Begriffe, das die Gegenstandsebene (das Recht und das Urteil) unberührt ließe, sondern das Problem des Rechtsbegriffs ist ebenso ein Problem des Rechts, wie das Problem des Urteilsbegriffs ein Problem des Urteils ist. Der Grund dafür liegt zunächst darin, dass Recht ebenso wie jedes Urteil begrifflich strukturiert ist. Die erste Ähnlichkeit (jene der Probleme, sich jeweils Begriffe des Rechts beziehungsweise des Urteils zu machen) führt insofern zu einer zweiten Ähnlichkeit (jene des Verhältnisses von Recht zu Rechtsbegriff wie von Urteil zu Urteilsbegriff), als die erste Ähnlichkeit nicht nur im Recht oder im Urteil gründet, sondern auch im Begriff. Zur Erläuterung lege ich die Kantische Definition zugrunde, nach der ein Begriff (im Unterschied zur Anschauung) »eine allge-

2 Siehe dazu unten Kapitel *Theoretische Rekonstruktion juridischen Urteilens*, Sektion *Zusammensehen*.

meine Vorstellung oder eine Vorstellung dessen [ist], was mehreren Objekten gemein ist«.[3] Der Begriff fasst diese Vorstellung beschreibend. Was bedeutet es dann zunächst, sich einen Begriff des Rechts zu machen oder einen Begriff des Rechts zu haben? Nun, einen Begriff des Rechts zu haben hieße demnach, eine allgemeine Vorstellung davon zu haben, was dem Recht, was verschiedenen Erscheinungsformen des Rechts gemein ist, was Recht zum Recht macht. Gleiches gilt für das Urteil. Das Problem daran ist für das Recht, so habe ich es oben bezeichnet, dass das Objekt des Rechtsbegriffs in dieser Weise als etwas Abgeschlossenes (»Recht ist …«) beschrieben werden müsste, obwohl es immer schon unabgeschlossen ist. Anders aufgerollt: Vom Recht zu sprechen heißt, von Rechtsnormen zu sprechen.[4] Rechtsnormen zeichnet allerdings aus, dass sie sowohl in formaler als auch in materieller Hinsicht offen sind: Ihre Zeitlichkeit, ihre Räumlichkeit, ihre Rezipierbarkeit und ihre Iterierbarkeit sind ebenso wenig durch die Rechtsnorm selbst bestimmbar wie ihre inhaltliche Reichweite, wie die Frage also, welche Fälle die Rechtsnorm genau und wie regelt und welche nicht oder nur teilweise.[5] Insofern muss die These der *open texture of law*[6] noch viel umfassender verstanden werden als allein auf die sprachliche Bedeutung eines Rechtsnormtextes bezogen.[7] Weil Recht nor-

3 Immanuel Kant, *Logik*, in: *Kants gesammelte Schriften*, Bd. 9, hg. v. d. Kgl. Preußischen Akademie der Wissenschaften, Berlin 1968, S. 91 (§ 1).

4 Zum Verhältnis von Recht und Rechtsnormativität vgl. etwa Christoph Möllers, *Die Möglichkeit der Normen. Über eine Praxis jenseits von Moralität und Kausalität*, Berlin 2015, insb. S. 78-85; Sabine Müller-Mall, *Performative Rechtserzeugung. Eine theoretische Annäherung*, Weilerswist 2012, insb. S. 15 f. und S. 225-264; Sylvie Delacroix, *Legal Norms and Normativity. An Essay in Genealogy*, London 2006; Maksymilian Del Mar, »Legal Norms and Normativity«, in: *Oxford Journal of Legal Studies* 27 (2007), S. 355-372.

5 Vgl. dazu ausführlicher Sabine Müller-Mall, »Fall und Urteil. Zum Gegenstand des Urteilens im Juridischen«, in: Frédéric Döhl u. a. (Hg.), *Konturen des Kunstwerks. Zur Frage von Relevanz und Kontingenz*, Paderborn 2013, S. 249-262, hier S. 257 f.

6 Vgl. dazu H. L. A. Hart, *The Concept of Law*, Oxford 1997 (dt. *Der Begriff des Rechts. Mit dem Postskriptum von 1994 und einem Nachwort von Christoph Möllers*, Berlin 2011), S. 128-136, insb. S. 135.

7 Auch für Hart, der die These der *open texture of law* in die Rechtstheorie eingebracht hat, ist dieselbe sowohl auf das sprachliche Problem als auch auf das rechtsnormative Problem, dass Rechtsregeln eben auch und gerade unbekannte Fälle, die erst in der Zukunft auftreten, regeln sollen, zurückzuführen, vgl. ebd.,

mativ ist, seine Normativität aber nur als unabgeschlossen gedacht werden kann, geht jeder Versuch, das Recht aus sich selbst heraus begrifflich abzuschließen, fehl.[8] Denn seine Normativität ist nicht bloß eine Eigenschaft des Rechts, Recht ist Normativität.[9] Sich einen Begriff des Rechts zu machen ist deshalb nach diesem Verständnis unmöglich, weil die Bestimmung dessen, was Recht ist und was nicht Recht ist, unmöglich ist. Aber, muss man hier einwenden, ist es nicht gerade das, was »das« Recht permanent tut – zu bestimmen, was recht und was unrecht ist? Wie kann es dann richtig sein, zu sagen, es sei unmöglich, zu bestimmen, was Recht ist und was nicht Recht ist? Ist Recht dann unmöglich? Die Antwort auf diese Frage führt über das Urteil. Denn im Urteil bestimmt Recht, was recht und was unrecht ist. Gesetze und andere Rechtsnormen sind in einer Weise allgemein, dass sie einer Praxis bedürfen – der Praxis nämlich, einen Bezug herzustellen zwischen der Rechtsnorm und einem Besonderen, einem Fall.[10] Diesen Bezug herzustellen wiederum, das heißt festzustellen, dass ein Besonderes als enthalten unter einer allgemeinen Rechtsnorm gedacht werden kann (zu sagen: etwas ist recht oder unrecht), dieses heißt: Urteilen. Wenn Recht auf diese Praxis, auf das Urteilen angewiesen ist, um zu bestimmen, was recht und unrecht ist, dann bedeutet das umgekehrt: Es kann nicht auf allgemeine Weise bestimmt werden, was

S. 128. Vgl. zu den theorieinternen Problemen der *open-texture*-These bei Hart allerdings Müller-Mall, *Performative Rechtserzeugung*, S. 237-240.

8 Die Systemtheorie fasst dieses Problem in die Paradoxienthese, vgl. nur Niklas Luhmann, *Das Recht der Gesellschaft*, Frankfurt/M. 1993, S. 308-310; ders., »Die Paradoxie des Entscheidens«, in: *Verwaltungsarchiv* 84 (1993), S. 287-310.

9 Nicht jede Normativität ist Recht (vgl. dazu wiederum Möllers, *Die Möglichkeit der Normen*, S. 9-12), aber Recht ist allein normativ.

10 Eine nähere Beschreibung dieser Allgemeinheit von Rechtsnormen, die nicht in sich selbst verbleiben kann, führt über den Begriff der Normativität. Normativität nämlich ist nicht ohne Bezug zu Momenten der Verwirklichung denkbar. Deswegen ist Normativität eine Eigenschaftsbeschreibung, die über bloßes Sollen hinausgeht. Auch die bloße Möglichkeit der Verwirklichung (Möllers) genügt nicht, um Normativität zu erfassen; erst wenn die Möglichkeit ihrerseits normativen Einfluss auf unser Denken, Handeln oder Fühlen nimmt, wird die Normativität relevant – und damit: normativ (vgl. auch Möllers, *Die Möglichkeit der Normen*, S. 447: »Normen sind keine realitätsdefiziente Form, sondern eine eigentümliche Kulturleistung, in der Vorstellungskraft und Abstraktionsfähigkeit mit der Realität zusammenkommen müssen«). Entsprechend genügt der Begriff der Allgemeinheit nicht, um Rechtsnormativität zu beschreiben.

Recht und was nicht Recht ist, denn das Urteilen ist ja keine allgemeine Weise – es ist kein Begriff, sondern ein Verfahren, das für jedes Konkrete neu vorgenommen werden muss und auch für dasselbe Konkrete beliebig oft durchgeführt werden kann. Urteile sind nämlich insofern unabgeschlossen,[11] als jedes Ende eines Vorgangs der Urteilsbildung als Urteil nur definiert, aber nicht notwendig ist. Damit meine ich: wir müssen im Vorgang der Urteilsbildung entscheiden, ein Urteil zu bilden, und diese Entscheidung ist ihrerseits nur überhaupt, nicht aber in ihrer Jeweiligkeit notwendig.[12] Weder »das« Recht noch ein Urteil haben also ein Ende oder eine »fertige«[13] Ausführung. Denn Recht gibt es nur von Fall zu Fall, in gewisser Weise ist es ohne Dauer, auch wenn damit nicht – dies wird gelegentlich missverstanden – gesagt ist, dass es ohne Geschichte und ohne Zukunft ist. Und Urteile wiederum sind strukturell unabgeschlossen, sie unterscheiden, ohne zu schließen, obwohl sie häufig als Sinnbild für einen kognitiven Abschluss verwendet werden. Dies bedeutet nicht, dass Urteile nicht gefällt und dann als Urteile weiterverarbeitet werden können, sondern dass Urteile kontingente (mögliche, nicht notwendige) Prädikatierungen eines Gegenstands bilden – die jederzeit und von jedermann erneut beurteilt werden können. Urteile sind nämlich immer selbst beurteilbar. Denn das Ergebnis eines Urteilsverfahrens, das Urteil, ist selbst wiederum ein Besonderes. Wir können also weder Urteile noch Recht als abgeschlossen betrachten – und darin liegt ein Problem, weil wir genau das unternehmen, wenn wir vom einen oder vom anderen sprechen. Sowohl Recht als auch Urteile sollen Abschlüsse herstellen. Gesetze und Rechtsverordnungen sollen politische Problemstellungen lösen, indem sie Regelungen festlegen, Urteile sollen Bewertungen liefern oder Konflikte entscheiden, indem sie die eine

11 »Unabgeschlossen« ist hier weder technisch gemeint noch mit dem »unendlichen Urteil« zu verwechseln, sondern verweist auf das genannte Moment.

12 Siehe dazu unten Kapitel *Theoretische Rekonstruktion juridischen Urteilens*, Sektion *Deuten*.

13 Obwohl die »fertige Ausführung« eines Urteils rechtstechnisch durch die »Ausfertigung« durchaus herzustellen ist. Vgl. dazu § 317 Abs. 2 ZPO: »Ausfertigungen werden nur auf Antrag und nur in Papierform erteilt. Solange das Urteil nicht verkündet und nicht unterschrieben ist, dürfen von ihm Ausfertigungen, Auszüge und Abschriften nicht erteilt werden. Die von einer Partei beantragte Ausfertigung eines Urteils erfolgt ohne Tatbestand und Entscheidungsgründe; dies gilt nicht, wenn die Partei eine vollständige Ausfertigung beantragt.«

oder die andere Seite festschreiben – beide Formen sollen über eine Sache eindeutig Auskunft geben und haben damit eine normative Funktion. »Etwas ist so« oder »etwas ist so«, aber weder Recht noch Urteil dürfen alternativ formulieren »etwas ist so oder so«. Sie sollen vielmehr entweder die Kriterien angeben, nach denen sich sagen ließe »etwas ist so« (Recht), oder aufgrund von diesen Kriterien für ein Besonderes bestimmen »etwas ist so« (Urteil). Sich einen Begriff des Rechts beziehungsweise des Urteils zu machen, hieße dann, eine allgemeine Vorstellung davon zu erhalten, was diese Kriterien auszeichnet und wie sich diese Kriterien in konkrete Falllösungen übersetzen lassen. Wäre beides möglich, bräuchte es kein Urteil im Recht, sondern nur die einmalige Feststellung des Rechts und des Urteils. Solange diese Möglichkeit nicht in Sicht ist, müssen Recht und Urteil weiterhin gemeinsam das Verhältnis von Allgemeinem und Besonderem bestimmen, indem sie die Spannung zwischen beiden aushalten (Recht) und gleichzeitig überbrücken (Urteil).[14] Genau darin, in dieser Konstellation, liegt das Urteilsproblem überhaupt: wie unterscheiden, ohne das Unterschiedene in der Unterscheidung auch zu trennen? Recht und Urteil gehen eine symbiotische Beziehung ein, um dieses Problem zu lösen: Während die Rechtsnorm verallgemeinert und dadurch das Allgemeine dem Besonderen enthebt, führt das Urteil wieder zusammen. Weil die Rechtsnorm nur dadurch normativ wirkt, dass sie vom Urteil als Allgemeines aufgegriffen wird, ist sie auch auf das Urteil angewiesen. Das Urteil wiederum muss auf ein Allgemeines verweisen – und kann dazu die Rechtsnorm verwenden. Wie wird aus dieser symbiotischen Beziehung von Recht und Urteil, die erlaubt, Allgemeines und Besonderes zu unterscheiden, ohne zu trennen, nun ein rechtsförmiges Urteil? Inwiefern sind rechtliche Urteile spezifisch?

b. Juridizität rechtlichen Urteilens

Meine Überlegungen im folgenden Abschnitt werden nun darauf hinauslaufen, anzuzeigen, dass das ständige Vorhaben, genau diesen Graben zwischen Allgemeinem und Besonderem zu überbrücken

14 Diese Spannung wird häufig auch als Aporie gedeutet, vgl. dazu Jacques Derrida, »Force de loi: Le ›fondement mystique de l'autorité‹«, in: *Cardozo Law Review* 11 (1990) (dt. *Gesetzeskraft. Der »mystische Grund der Autorität«*, Frankfurt/M. 1991), S. 920-1046, insb. S. 960-973.

und gleichzeitig aufrechtzuerhalten, den Begriff des Juridischen konturiert. Die spezifische Form rechtlicher Urteile zeigt sich in meinen Überlegungen entsprechend als *juridische*. Deswegen werde ich die zu untersuchenden rechtsförmigen Urteile im Folgenden als juridische Urteile fassen und damit den Blickwinkel etwas verengen, denn – so wird sich erst im Verlauf der Rekonstruktion zeigen – es gibt durchaus Rechtsurteile, die ohne diese Form des Juridischen, ohne Juridizität auskommen, ohne dass dies eine widersprüchliche Fassung wäre.[15] Rechtliche Urteile verbinden zwei strukturelle Ähnlichkeiten miteinander. Sowohl Recht als auch Urteile zielen darauf ab, etwas als abgeschlossen zu beschreiben, das nicht abgeschlossen sein kann – und diese Problematik wirkt sich jeweils auf das Verhältnis von Recht zu Rechtsbegriff und von Urteil zu Urteilsbegriff aus.[16] Anders gewendet: Die zu überbrückende Spannung von Allgemeinem und Besonderem, die Recht wie Urteil auszeichnet, wird in rechtlichen Urteilen gedoppelt beziehungsweise verstärkt. Entsprechend zeigt sich das (allgemeine) Urteilsproblem hier besonders deutlich. Ich folge, an diese Überlegung anknüpfend, dann der Vermutung, dass aufgrund der besonders deutlichen Sichtbarkeit des Überbrückungsproblems im Falle rechtlichen Urteilens eine entsprechende Lösung des Problems für die Konstellation rechtsförmiger Urteile auch Lösungen für das allgemeine Problem des Urteilens einschließt. Die Vermutung fasse ich in die These, dass jedes Urteilen juridisch strukturiert ist. Ich spreche insofern von der Juridizität des Urteilens. Die Frage stellt sich dann auf ganz grundsätzliche Weise: Wie ist im speziellen Fall rechtlicher Urteile dieses gleichzeitige Aushalten und Überbrücken der Spannung von Allgemeinem und Besonderem theoretisch zu rekonstruieren?

c. Die Ausblendung der Angewiesenheit aufs Urteil

Dieser Frage werde ich mich nun in einem ersten Schritt gewissermaßen ex negativo nähern: indem ich Strategien des Rechts und der Rechtswissenschaft skizziere, die Angewiesenheit des Rechts auf das Urteil auszublenden. Diese Strategien sind von so langer

15 Siehe dazu unten Kapitel *Theoretische Rekonstruktion juridischen Urteilens.*
16 Siehe dazu oben Untersektion *Das Verhältnis von Recht und Urteil.*

Tradition wie großer Wirkmächtigkeit, dass es wissenschaftsintern immer schon riskant war oder jedenfalls als riskant empfunden wurde, sie zu kritisieren oder offenzulegen.[17] Sie haben einen verfassungstheoretischen Ursprung, der weniger in der Frage nach der *rule of law* zu suchen ist als im Problem demokratischer Legitimation. Dass, dies nebenbei bemerkt, die konstitutionalistische Organisation aufeinander bezogener Gewalten eine Judikative vorsieht, die Legislative und Exekutive kontrolliert, kann nicht als Einwand gegen die These, dass Recht seine Angewiesenheit auf das Urteil ausblendet, durchgehen. Denn Kontrolle in diesem Sinne muss als nachträgliche Überprüfung verstanden werden, nicht als ein gleichgeordneter *contre-rôle*, der mit den anderen Gewalten um Übermacht ringt. Judikative Kontrolle ist in gewisser Weise die parasitäre unter den Gewalten, weil sie nur und erst ins Spiel kommt, wenn Legislative oder Exekutive in Konflikte geraten; die Judikative kann ihre Rechtsprechungsgewalt eben nicht originär ausüben. Es ist also nicht möglich, zu sagen: Wenn es eine Judikative gibt, dann blendet Recht seine Angewiesenheit auf das Urteil nicht aus – denn die bloße Existenz (auch die Funktionalität) der Judikative kann im konstitutionalistischen Modell vollkommen ohne diese Angewiesenheit gedacht werden. Recht kann in diesem Modell nämlich sehr wohl auf Urteile zurückgreifen, ohne gleichzeitig anzunehmen, in seiner »spezifischen Existenz«[18] auf dieselben angewiesen zu sein. Drastischer zeigt sich die Lage für das Problem demokratischer Legitimation, das Problem also, jegliches exekutive oder legislative Handeln verlustlos auf das Volk als Legitimationssubjekt zurückzuführen. Denn hier würde die Angewiesenheit des Rechts auf Urteile dazu führen, dass judikatives Handeln in die Legitimationsketten einbricht und sie dadurch unterbricht.[19] Die Volkssouveränität wäre dann insofern schon begrifflich ausgeschlossen, als sie nur

17 Hermann Kantorowicz etwa veröffentlichte sein entsprechendes Pamphlet »Der Kampf um die Rechtswissenschaft« deswegen ursprünglich unter dem Pseudonym *Gnaeus Flavius*. Hermann Kantorowicz, *Der Kampf um die Rechtswissenschaft*, Baden-Baden 2002 [1906].

18 Vgl. Hans Kelsen, *Reine Rechtslehre,* Wien ^{2}1960, S. 9: »Mit dem Worte ›Geltung‹ bezeichnen wir die spezifische Existenz einer Norm.«

19 Vgl. dazu, die entsprechenden Momente bei Carl Schmitt und Niklas Luhmann produktiv gegenüberstellend, Andreas Fischer-Lescano, Ralph Christensen, »Auctoritatis Interpositio. Die Dekonstruktion des Dezisionismus durch die Systemtheorie«, in: *Der Staat* 44 (2005), S. 213-241 (insb. noch einmal S. 240 f.).

durch eine subjektive Souveränität von einzelnen Richtenden durch deren rechtserzeugende Urteile hindurch ermöglicht würde.[20] Deswegen etabliert und verteidigt das konstitutionalistische Modell die Idee der Judikative als bloße Kontrollgewalt, die, um eben gerade nicht eigenständig zu wirken, selbst »neutral«, »unabhängig« oder »objektiv«[21] sein muss.

Das größte Problem dieses Zusammenhangs ist nicht allein, dass jede einzelne dieser Anforderungen an die Judikative kritisierbar und vermutlich unerfüllbar ist, sondern dass diese Anforderungen das konstitutionalistische Modell nur dann tragen, wenn sie vollkommen verwirklicht sind – »ein bisschen Abhängigkeit« zerstört die Unabhängigkeit, »ein bisschen Parteilichkeit« macht die Neutralität unmöglich und »ein bisschen Subjektivität« verhindert die Objektivität. Ein kleiner Einbruch zerstört, etwas drastisch formuliert, die Möglichkeit von allem. Zu behaupten, das Recht wäre auf das Urteil angewiesen, würde, dies sollen diese Überlegungen verdeutlichen, das gesamte konstitutionalistische Modell angreifen, weil die demokratische Legitimationsverbindung vom Volk zur Rechtsanwendung wie das Balance- und das Kontrollsystem von Judikative und Legislative aus dem Gleichgewicht gerieten (Gewaltengliederung) beziehungsweise unterbrochen würden (Legitimationskette). Nur so ist zu erklären, mit welcher Vehemenz das Recht (und die Verfassungstheorie,[22] auch die Demokratietheorie[23]) seine Angewiesenheit auf das Urteil und damit seine eigene Juridizität

20 Vgl. die ähnliche Fassung bei Hassemer – »durch [die Richter] hindurch«, Winfried Hassemer, »Juristische Methodenlehre und richterliche Pragmatik«, in: *Rechtstheorie* 39 (2008), S. 1-22, hier S. 5.

21 Zum Problem der Objektivität siehe unten Sektion *Der Verlust der Juridizität*, Untersektion *Subjektiv und Objektiv*.

22 Zwar wählen die Verfassungstheorie rechtswissenschaftlicher und diejenige politikwissenschaftlicher Provenienz hier unterschiedliche Strategien, aber beide lassen sich als solche zur Ausblendung der Angewiesenheit des Rechts auf das Urteil qualifizieren. Wenn beispielsweise die politikwissenschaftliche Verfassungstheorie sich überwiegend daran abarbeitet, dass Gerichte politisch, also, etwas vereinfacht gesagt, nicht neutral urteilen, dann setzt diese Beobachtung gleichzeitig voraus, dass die Möglichkeit eines unabhängigen, neutralen gerichtlichen Urteilens nicht nur denkbar, sondern auch gefordert ist, vgl. dazu etwa Andre Brodocz, *Die Macht der Judikative*, Wiesbaden 2009; Hans Vorländer, *Die Deutungsmacht der Verfassungsgerichtsbarkeit*, Wiesbaden 2006.

23 Vgl. etwa erneut Ingeborg Maus, *Justiz als gesellschaftliches Über-Ich. Zur Position der Rechtsprechung in der Demokratie*, Berlin 2018.

ausblendet. Es gibt zahlreiche Versionen, in denen sich die Ausblendung zeigt. Sie greifen nicht alle an ähnlichen Punkten an, sie tauchen an durchaus unterschiedlichen Stellen der Diskussionen ums Recht auf, sie haben verschieden weit reichende Folgen. Ihnen allen ist aber gemein, dass sie sich als ein bestimmter Umgang mit Antagonismen, manchmal auch als Herstellung von (möglicherweise falschen) Dichotomien zeigen: ein Umgang nämlich, der unterscheidet und durch die Unterscheidung separiert – also gerade nicht, wie ich es für Recht und Urteil schon skizziert und im Folgenden noch beschreiben werde, aushält und überbrückt.

Im folgenden Abschnitt diskutiere ich eine ganze Reihe dieser begrifflichen Gegenüberstellungen. Die Skizze dürfte sich, und das ist gerade kein Zufall, sondern hängt mit der beschriebenen Angewiesenheit des Rechts auf das Urteil zusammen, wie eine Aufstellung relevanter Aspekte zur Beantwortung der Frage nach den Begriffen von Recht und Urteil lesen. Meine weiter unten folgende[24] theoretische Rekonstruktion juridischer Urteilsbildung steht damit insofern im Zusammenhang, als sie nicht auf neue Begriffe und Gegenüberstellungen, sondern auf die nun skizzierten zurückgreift, aber deren Komposition theoretisch grundsätzlich anders aufbereiten, als es Recht und Rechtswissenschaft üblicherweise implizit und explizit unternehmen. Dies hat wiederum Rückwirkungen auf die Möglichkeit, das konstitutionalistische Modell zu denken, worauf ich dann im letzten Teil eingehen werde.[25]

2. Der Verlust der Juridizität

a. Herstellung und Darstellung

Eine vielfach herangezogene und gleichwohl nicht unumstrittene Dichotomie handelt von der Herstellung und Darstellung rechtsförmiger Urteile. Wie sich Herstellung und Darstellung juristischer Urteile zueinander verhalten beziehungsweise voneinander unterscheiden, darüber setzt sich die rechtswissenschaftliche Theorie in den Luhmannschen Begriffen seit dessen früher, noch als Oberre-

24 Siehe dazu unten Kapitel *Theoretische Rekonstruktion juridischen Urteilens.*

25 Siehe dazu unten Kapitel *Verfassende Urteile als juridische Urteile.*

gierungsrat verfasster Schrift *Recht und Automation in der öffentlichen Verwaltung* aus dem Jahre 1966 auseinander.[26] »Der Schluß von einem Tatbestand auf eine Rechtsfolge ist für den Juristen die Endgestalt, in der er sein Arbeitsergebnis präsentiert, nicht aber ein Abbild oder Modell seiner faktischen Entscheidungstätigkeit«[27] – in einer Fußnote verweist er hier in Anlehnung an Schindler darauf, dass die »Logik ein Element der Gedankenanordnung, nicht der Gedankenerzeugung« sei.[28] – »Die logische Form hat eine Darstellungsfunktion.«[29] Entsprechend kommt Luhmann dann zu seiner wirkmächtigen Einschätzung, dass die juristische Entscheidung zwar »durch bestimmte Darstellungserfordernisse, nicht aber im Prozeß ihrer Herstellung gesteuert« wird.[30] Ähnliche Unterscheidungsbegriffe finden sich aber auch schon viel früher, etwa in der Rechtswissenschaft bei Isay,[31] der allerdings die Unterscheidung von Herstellung und Darstellung mit der Gegenüberstellung von Irrationalität und Rationalität koppelt, was Luhmann wiederum, der eigenen Nähe zu Isay an dieser Stelle bewusst, zurecht kritisiert.[32] Denn die Beobachtung, dass die Herstellung einer juristischen Entscheidung nicht dem (»rationalen«) logischen Schluss folgt, bedeutet umgekehrt gerade nicht, auch dies wird nämlich oft kurzgeschlossen, dass die Entscheidung entweder aus dem Nichts komme oder irrational entstehe. Die häufig als Grundlage der Luhmannschen Unterscheidung von Herstellung und Darstellung herangezogene[33] wissenschaftstheoretische Dichotomie von *context of discovery* und *context of justification*, deren Beschreibung wesentlich

26 Niklas Luhmann, *Recht und Automation in der öffentlichen Verwaltung. Eine verwaltungswissenschaftliche Untersuchung*, Berlin 1997 [1966].

27 Ebd., S. 51.

28 Ebd., S. 51, Fn. 3.

29 Ebd., S. 51.

30 Ebd.

31 Vgl. etwa Hermann Isay, *Rechtsnorm und Entscheidung*, München 1929, S. 177: »Die Begründung ist also eine Fiktion. Der Richter offenbart nicht die wirklichen Entstehungsgründe der Entscheidung, sondern schreibt, als ob sie einfach aus der Norm abgeleitet sei. In Wirklichkeit ist das Verhältnis das umgekehrte [...].«

32 Vgl. Luhmann, *Recht und Automation in der öffentlichen Verwaltung*, S. 51, Fn. 3.

33 So etwa von Ekkehard Hofmann, *Abwägung im Recht. Chancen und Grenzen numerischer Verfahren im Öffentlichen Recht*, Tübingen 2007, S. 108; oder Philipp Reimer, *Verfahrenstheorie. Ein Versuch zur Kartierung der Beschreibungsangebote für rechtliche Verfahrensordnungen*, Tübingen 2015, S. 110, Fn. 100.

auf Reichenbach zurückgeht,[34] betrifft dagegen ein vollkommen anderes Problemfeld,[35] nämlich das von wissenschaftlichen Entdeckungen und gerade nicht das von juristischen Entscheidungen als Urteilen. Diese Engführung möchte ich vorliegend außen vorlassen, weil offensichtlich erscheint, wie unpassend die Analogie ist: Rechtliche Urteile sind gerade nicht mit wissenschaftlichen Entdeckungen zu vergleichen, denn sie laufen darauf hinaus, Norm und Sachverhalt, Allgemeines und Besonderes zusammenzudenken, während wissenschaftliche Suchen darauf abzielen, von einem Besonderen (zum Beispiel einer Beobachtung) ausgehend, ein Allgemeines zu finden. Die Dichotomisierung von Herstellung und Darstellung soll vorliegend deswegen allein als rechtswissenschaftliche Strategie betrachtet werden. Herstellung und Darstellung von rechtlichen Urteilen zu unterscheiden erweitert zunächst den Blick aufs Urteil und erweist sich dadurch in einer Hinsicht auch als emanzipatorische Strategie. Denn beide Vorgänge zu unterscheiden bedeutet vor allem ja, zu behaupten, die durch den Namen »Urteil« indizierte Vermutung zu konterkarieren, dass der Gang des Urteilstextes den Prozess der Herstellung des Urteils, die Urteilsbildung, verlustfrei abzubilden vermag.[36] Dass es für diese Form der Kritik durch Differenzierung nach wie vor Bedarf gibt, mögen die zahlreichen Schriften zur Juristischen Methodenlehre sowie zur Juristischen Logik und unzählige Einführungsstunden juristischer Studienfächer belegen, die allen Relativierungen und Kritiken zum Trotz weiterhin den sogenannten Subsumtionsschluss als die »Juristische Methode«, als Mechanismus juristischen Entscheidens oder als Vorgehen bei der Bildung des rechtlichen Urteils beschreiben.[37]

34 Vgl. Hans Reichenbach, *Experience and Prediction. An Analysis of the Foundations and the Structure of Knowledge*, Chicago 1938.

35 Ähnlich skeptisch hinsichtlich einer Vergleichbarkeit des wissenschaftstheoretischen Problems des Entdeckungszusammenhangs mit der juridischen Entscheidungsfindung Klaus F. Röhl, »Grundlagen der Methodenlehre II. Rechtspraxis, Auslegungsmethoden, Kontext des Rechts«, in: *Enzyklopädie Rechtsphilosophie*, 2013, ⟨http://enzyklopaedie-rechtsphilosophie.net/inhaltsverzeichnis/19-beitraege/77-methodenlehre2⟩, Fn. 5, letzter Zugriff 15.12.2022.

36 Vgl. noch einmal die entsprechende Einführung der Unterscheidung bei Luhmann: Der Schluss vom Tatbestand auf die Rechtsfolge ist für Luhmann gerade *nicht* »ein Abbild oder Modell [der] faktischen Entscheidungstätigkeit«, Luhmann, *Recht und Automation in der öffentlichen Verwaltung*, S. 51.

37 Einen guten Überblick über die zwar veraltete, aber nach wie vor geläufige und

Solche verkürzten Beschreibungen lassen sich zweifellos durch eine Unterscheidung von Herstellung und Darstellung differenzieren. Denn beide Seiten des Urteils zu trennen bedeutet einerseits, dass die Bildung des Urteils und seine Darstellung als Urteil auf ihre Entsprechung hin erst befragt werden können, und andererseits, allgemeiner gefasst, dass ein Verhältnis beider Seiten des Urteils noch zu bestimmen ist. Auf diese Weise ermöglicht die Unterscheidung also erst, Urteile als solche zu kritisieren – und genau deshalb kann sie zu einer emanzipatorischen Strategie werden: Wenn Urteilsbildung und Urteilsbegründung (Urteilstext) nur holistisch gefasst werden können und zusammenfallen, dann prallt jede juristische Kritik an einzelnen Begründungsschritten am Urteil ab, weil einzelne Begründungsschritte nicht für sich genommen betrachtet werden können. Das Urteil vor der Unterscheidung von Herstellung und Darstellung bleibt ein uneinsehbarer Akt judikativer Gewalt. Zu Ende gedacht, dient der Urteilstext dann allenfalls dazu, dogmatische Figuren zu etablieren oder rationale Ergebnisse zu dokumentieren. Insofern verwundert auch überhaupt nicht, dass sich eine Pflicht zur schriftlichen Urteilsbegründung erst im späten 18. beziehungsweise im frühen 19. Jahrhundert durchsetzt[38] und keineswegs von einer hier und heute teilweise angenommenen Selbstverständlichkeit getragen wird. Unterscheiden wir Herstellung und Darstellung von Urteilen, die Veröffentlichung der Darstellung in Form eines Urteilstextes vorausgesetzt, ändert sich der Blick aufs Urteil fundamental: die Gründe werden kritisierbar, ohne dass dadurch die Autorität des Gerichts oder der Vorgang der Urteilsbildung hinterfragt oder angegriffen werden müsste. Genau von dieser Weise der Kritik macht die Rechtswissenschaft seit Beginn des zwanzigsten Jahrhunderts derart exzessiv Gebrauch, dass sie heute auf Seiten der Praxis des Rechts nicht die Urteile und nicht die Urteilsbildung als ihren Gegenstand begreifen dürfte, sondern die Urteilsbegründungen. Dies zeigt sich in besonderer Weise für die Sphäre internationalen Rechts, für die in den Begründungen der Urteile internationaler Gerichte nicht nur dogmatische

laufende Debatte liefert Carsten Bäcker, »Der Syllogismus als Grundstruktur des juristischen Begründens?«, in: *Rechtstheorie* 40 (2009), S. 404-424.

38 Vgl. hierzu nur Clara Günzle, *Eine andere Geschichte der Begründungspflicht. Sichtweisen des frühen 19. Jahrhunderts*, Tübingen 2021.

Strukturen internationalen Rechts erkannt werden, sondern aus diesen sogar eine »internationale öffentliche Gewalt« abgeleitet wird.[39] Aus der Darstellung von Urteilen soll also, die Urteilsbildung gewissermaßen überspringend, die spezifische Ausübung judikativer Gewalt herzuleiten sein. Der Vorgang der Urteilsbildung fällt damit nicht nur aus der Beobachtung (weil er im Verborgenen geschieht), sondern auch aus dem Begründungszusammenhang für das Recht überhaupt heraus. Denn wenn einzelne Argumente, Anknüpfungspunkte und Herleitungen aus Urteilsbegründungen herausgefiltert werden und ihr – bloßes – In-der-diskursiven-Welt-Sein dazu führt, auf eine öffentliche Autorität zu schließen, dann muss zwangsläufig vorausgesetzt werden, dass der Vorgang der Urteilsbildung für diese Schlussfolge irrelevant ist. Die emanzipatorische Funktion der Unterscheidung von Herstellung und Darstellung eines Urteils zeigt hier ihre Kehrseite. Sie emanzipiert sich – indem die Urteilsbildung aus dem Blick gerät – auch vom Fall als Ausgangs- und Anknüpfungspunkt des Urteils. Das Besondere des Falles hat plötzlich keinen Ort mehr im Urteil und in seiner Rezeption. Anders formuliert, das Urteil wird nicht zum Kulminationspunkt von Allgemeinem und Besonderem, zum Ort des Zusammendenkens von Sachverhalt und Norm, sondern: zum deduktiv aufgestellten Begründungszusammenhang, der aus der argumentativen unvermittelt in eine legitimatorische Logik springen kann. Dieser Sprung ist aus einem Grund problematisch, der anzuzeigen vermag, inwiefern sich das ursprünglich emanzipatorische Moment der Unterscheidung von Herstellung und Darstellung des juridischen Urteils in sein Gegenteil verkehrt – Urteilsbegründungen werden (als bloße Darstellungen) nicht als Begründungen eines Urteils, sondern schon in ihrer bloß rechtsdogmatisch angeknüpften Argumentation kritisierbar.[40] Auch die Ausübung judikativer Gewalt kann allein

39 Vgl. z. B. Armin von Bogdandy, Ingo Venzke, *In wessen Namen? Internationale Gerichte in Zeiten globalen Regierens*, Berlin 2014, S. 142-150. Auch wenn die Autoren durchaus zwischen Herstellung und Darstellung unterscheiden, knüpft die eigentliche Erschließung der Legitimation (S. 215-284) schließlich doch nicht an Prozesse der Urteilsbildung, sondern an »die Entscheidung«, ihre »Gründe und Grenzen« an (S. 254-267). Zum Begriff der internationalen öffentlichen Gewalt vgl. auch Matthias Goldmann, *Internationale öffentliche Gewalt. Handlungsformen internationaler Institutionen im Zeitalter der Globalisierung*, Heidelberg 2015.

40 Als Beispiel mag das Format der Urteilsanmerkung dienen, wie es die Rechtswis-

von jenem Ergebnis, aus dem sie bereits abgeleitet wird, her kritisiert werden. Hier einzuwenden, der Vorgang der Urteilsbildung bliebe ohnehin im Dunkeln, ändert daran nichts, denn seine fehlende Beobachtbarkeit hindert nicht, ihn als Vorgang theoretisch vorauszusetzen. Die Unterscheidung von Herstellung und Darstellung juridischer Urteile, so also mein Argument, führt tatsächlich zu einer rechtswissenschaftlichen Konzentration auf die Darstellung,[41] die ihrerseits eine Kritik des Urteils als Endpunkt eines Urteilsvorgangs, der Urteilsbildung, unmöglich macht. Rechtswissenschaftliche Praxis verkehrt den ursprünglich emanzipatorischen Anspruch der Isayschen und Luhmannschen Unterscheidung in sein Gegenteil. Nicht die Bildung des Urteils wird auf ihre Entsprechung mit seiner Darstellung befragt, der judikative Gewaltakt wird nicht durch eine rational überprüfbare Begründung ergänzt, sondern – er wird ersetzt. Die Urteilsbegründung überblendet in der rechtswissenschaftlichen Wahrnehmung das Urteil und seine Bildung. Auf diese Weise gewinnt die Rechtswissenschaft eine Autonomie und eine Notwendigkeit, die im konstitutionalistischen Modell allein den (durch Rechtsnormen mediatisierten) verfassungsmäßigen Gewalten zukommen dürfte. Jene Expertise, die für die differenzierte Analyse einer juristisch formalisierten Urteilsbegründung vorauszusetzen ist, verlangt das juridische Urteil eigentlich nicht. Es verfügt in seiner binär codierten Prädikatierung recht/unrecht beziehungsweise gerecht/ungerecht[42] über eine für alle, auch für eine Öffentlichkeit nachvollziehbare Struktur. Je nach Repertoire (Rechtsgefühl, politische Überzeugung, moralische Haltung, juristische Argumentationsexpertise) kann ein juridisches Urteil nachvollzogen, kritisiert oder (in zweiter Ordnung) be-urteilt werden. Dafür allerdings muss es einen Ort im verfassten Gefüge haben. Indem sich Rechtspraxis und Rechtswissenschaft auf

senschaft in ihren Fachzeitschriften entwickelt hat: Aktuelle Urteile werden über ihre schriftlichen Urteilsbegründungen, die Urteilstexte, vorgestellt: typischerweise folgt einer kurzen Zusammenfassung eine Darstellung der Gründe, die dann wiederum kritisch kommentiert wird.

41 Vgl. zu Potentialen einer Konzentration auf die Darstellung und ihre Folgen in philosophischer Perspektive, allerdings mit relevanten Seitenblicken auf den juristischen Diskurs, Eva Schürmann, *Vorstellen und Darstellen. Szenen einer medienanthropologischen Theorie des Geistes*, Paderborn 2018.

42 Siehe dazu unten Kapitel *Theoretische Rekonstruktion juridischen Urteilens*.

die Darstellung des Urteils konzentrieren und das Urteil selbst außen vorlassen, wird ihm dieser Ort genommen.

b. Sachverhalt und Norm

In seiner Selbstbeschreibung unterscheidet Recht typischerweise Sachverhalt und Rechtsnorm. Die Rechtsnorm fungiert dabei als eine Art Maßstab,[43] der an einen zu beurteilenden Sachverhalt lediglich angelegt werden muss.[44] Im Grunde bedarf es für eine juridische Beurteilung dann gar keiner Urteilsbildung mehr, weil das Ergebnis, die *Rechtsfolge*, am Maßstab einfach abgelesen werden kann. Die Frage, wie sich einzelne Elemente eines Sachverhalts auf der Skala des Maßstabs (in der allgemeinen Formulierung der Rechtsnorm) abbilden, wird zum bloßen Problem der Interpretation. Was wäre im Unterschied zu dieser Darstellung, die die Rechtserkenntnis als einen Ablesevorgang beschreibt, ein Vorgang des Urteilens? Und inwiefern blendet die Unterscheidung von Sachverhalt und Norm, so lautet ja meine These, die Angewiesenheit des Rechts auf das Urteilen aus? Die These hat genau genommen zwei Seiten, deren eine vom Begriff des Urteilens ausgeht, deren andere von den Begriffen des Sachverhalts und der Rechtsnorm. Zunächst zum Urteilen. Setzen wir voraus, zu urteilen bedeutet, etwas »Besonderes als enthalten unter einem Allgemeinen zu denken«.[45] Im

43 Nicht zu verwechseln mit dem verfassungsrechtlich entwickelten Begriff des Maßstabs, vgl. dazu nur Oliver Lepsius, »Die maßstabsetzende Gewalt«, in: Matthias Jestaedt u. a. (Hg.), *Das entgrenzte Gericht. Eine kritische Bilanz nach 60 Jahren Bundesverfassungsgericht*, Berlin 2011, S. 159-279; Peter Lerche, »Stil und Methode der verfassungsgerichtlichen Entscheidungspraxis«, in: Peter Badura, Horst Dreier (Hg.), *Festschrift 50 Jahre Bundesverfassungsgericht*, Bd. 1, Tübingen 2001, S. 333-361.

44 Vgl. nur die musterbildende Formulierung von Voßkuhle (in Bezug auf verfassungsgerichtliche Urteilsbildung): »Alle Eigentümlichkeiten und Schwierigkeiten der Verfassungsinterpretation dürfen deshalb nicht darüber hinwegtäuschen, dass die Sicherung der Verfassung durch ein Gericht konstruktiv nur im Wege der Überprüfung eines bestimmten Sachverhalts am Kontrollmaßstab der jeweils einschlägigen Normen des Grundgesetzes erfolgen kann.« Andreas Voßkuhle, »Art. 93«, in: Herrmann v. Mangold u. a. (Hg.), *Kommentar zum Grundgesetz*, München 2018, Rn. 24.

45 Vgl. nur die Einleitung zur *Kritik der Urteilskraft*: »Urteilskraft überhaupt ist das Vermögen, das Besondere als enthalten unter dem Allgemeinen zu denken.«

Bild des Ablesevorgangs müsste sich dieses Verfahren in ein bloßes »Messen« übersetzen lassen – der Sachverhalt wäre das Besondere, die Rechtsnorm das Allgemeine. Das eine als enthalten unter dem anderen zu denken müsste mit der Beschreibung gleichzusetzen sein, der Sachverhalt werde mithilfe der Rechtsnorm (als Maßstab) vermessen oder der Rechtsnorm an-gemessen. Eine solche Übersetzung, so werde ich nun argumentieren, kann nicht gelingen. Messen bedeutet nämlich, eine Relation in einer skalierten Größe auszudrücken. Beispielsweise die Länge einer Schnur von ihrem Anfang bis zu ihrem Ende in Zentimetern anzugeben; oder die Dauer von Sonnenaufgang bis Sonnenuntergang in Minuten zu fassen; oder den Luftdruck, also die Konzentration diverser Moleküle in einem bestimmten Volumen, in Bar anzugeben. Wenn ein Sachverhalt rechtsnormativ vermessen werden könnte, dann ließe sich sein rechtliches »Ausmaß« skalieren: mehr oder weniger recht oder unrecht, mehr oder weniger gerecht oder ungerecht. Vielleicht könnte man geneigt sein, an dieser Stelle zur Verteidigung dieser schiefen Vorstellung einzuwenden, dass die Skalierung des Rechts selbst binär aufgestellt und die Metapher des Messens deswegen vielleicht überschießend, aber nicht unpassend sei. Man könnte etwa im Sinne der sphärischen Skala von H. L. A. Hart, die lediglich ein Innen und ein Außen kennt und den Übergang zwischen beiden Sphären schattiert denkt,[46] argumentieren. Das Bild der Schattierung deutet schließlich gerade darauf hin, dass es sich für Hart letztlich um ein »bloßes« Erkenntnis- beziehungsweise Interpretationsproblem handelt: Der Schatten verstellt den Blick auf die Grenzlinie, die das Innen vom Außen einer Rechtsnorm trennt und mit der geeigne-

Immanuel Kant, *Kritik der Urteilskraft*, in: *Kants gesammelte Schriften*, Bd. 5, hg. v. d. Kgl. Preußischen Akademie der Wissenschaften, Berlin 1968, B XXV/XXVI (Einleitung IV). Siehe zu dieser Voraussetzung ausführlich unten Kapitel *Theoretische Rekonstruktion juridischen Urteilens*, Sektion *Reflektieren*.

46 Vgl. zum Begriff des »Halbschattens«, der »Penumbra«, die für Hart jede Rechtsregel bzw. ihren Kern umgibt (»eine Schattenzone der Ungewißheit [umgibt] notwendig alle gesetzlichen Vorschriften«) nur H. L. A. Hart, »Der Positivismus und die Trennung von Recht und Moral«, in: *Recht und Moral. Drei Aufsätze*, hg. v. Norbert Hoerster, Göttingen 1971, S. 14-57, hier S. 31 (engl. Orig. »Positivism and the Separation of Law and Morals«, in: *Harvard Law Review* 71 (1958), S. 593-629). – »Man kann diejenigen Probleme, die außerhalb des Kerns von Standardfällen oder feststehenden Bedeutungen auftreten, als ›Problem der Schattenzone‹ bezeichnen«. Ebd.

ten Methode der Textinterpretation gefunden werden kann.[47] Eine solche Argumentation ließe sich allerdings von der so erfolgreichen wie unpassenden[48] Metapher der Penumbra (die in dieser Version ursprünglich von Bertrand Russell stammt),[49] der Schattenzone, in die Irre führen: Der Schatten verdunkelt nicht, sondern verwischt eine (nie vorhandene, sondern immer schon nur gedachte) Grenzlinie.[50] Das Argument für die These liefert die bekannte (allerdings auch Hart in seinen Überlegungen leitende) Feststellung, dass keine Regel (und keine Regelformulierung) ihre eigene Anwendung regeln kann. Das heißt, keine Regel kann ein eindeutiges Kriterium für die Frage liefern, ob sie in einem bestimmten Fall anwendbar oder nicht anwendbar ist. Entsprechend können Kern und Penumbra einer Regel auch nicht vor ihrer Anwendung eindeutig definiert beziehungsweise kann die Grenze zwischen beiden nicht durch einen Schattenwurf unkenntlich, aber gleichwohl unveränderlich sein.[51] Dieses Momentum vorausgesetzter Unveränderlichkeit[52] lässt die Metapher des Messens für das Recht scheitern. Wir können uns rechtliches Urteilen nicht als einen Vorgang denken, der Sachverhalte mithilfe von Rechtsnormen als unveränderlichen

47 Vgl. noch einmal die so häufig herangezogene Stelle: »Statt dessen muß bei der Anwendung gesetzlicher Vorschriften irgend jemand für die Entscheidung, ob ein Ausdruck einen vorliegenden Fall erfaßt oder nicht, sowie für alle mit dieser Entscheidung verbundenen praktischen Konsequenzen die Verantwortung übernehmen.« Ebd., S. 30.

48 Siehe dazu ausführlich Müller-Mall, *Performative Rechtserzeugung*, S. 236-244.

49 Vgl. Bertrand Russell, »Vagueness«, in: *Australasian Journal of Philosophy and Psychology* 1 (1923), S. 84-92, hier S. 85 (Übers. S.MM.): »Tatsache ist, dass alle Wörter zweifelsfrei einem bestimmten Bereich zugeordnet werden können, jedoch fraglich werden in einem Halbschatten (*penumbra*), außerhalb dessen sie wiederum eindeutig nicht zugeordnet werden können.«

50 Kritisch zur Kern/Halbschatten-Unterscheidung und klassisch in dieser Kritik: Lon L. Fuller, »Positivism and Fidelity to Law. A Reply to Professor Hart«, in: *Harvard Law Review* 71 (1958), S. 630-672, hier S. 662f.

51 Anders formuliert liegt das Problem der Kern/Halbschatten-Unterscheidung darin, dass sie die »Regel«, keine Regel könne die Kriterien ihrer Anwendung bestimmen, auch auf die Grenzziehung zwischen Kern und Penumbra anwenden müsste, dies aber nicht kann, weil sonst die Abgrenzung von Kern und Penumbra nicht mehr möglich wäre.

52 Die Annahme der Unveränderlichkeit bildet eines der größten Probleme der Theorien positiven Rechts wie der Verfassung ab: Der normative Anspruch, sich selbst auf Dauer zu stellen, kollidiert mit der Unmöglichkeit, solche Unabänderlichkeit medial festzuhalten – insbesondere in der Sprache.

Maßstäben vermisst. Was sollte also – schließlich – auch die Messgröße, die Einheit dieser Vermessung sein?

Damit komme ich zur zweiten Seite meiner These, dass die Unterscheidung von Sachverhalt und Rechtsnorm das Urteil ausblendet – jener Seite, die von den Begriffen Sachverhalt und Rechtsnorm ausgeht. Die Unterscheidung beider Begriffe knüpft typischerweise an einer Ebenenunterscheidung an – derjenigen von Faktizität und Normativität. Ein Sachverhalt gibt an, wie die Dinge sich zugetragen haben, frei von jeder rechtlichen Bewertung. Die Rechtsnorm formuliert wiederum die rechtliche Bewertung einer tatsächlichen Konstellation als Konditional: »Wenn X geschehen ist, dann Y.« Die typische Aufgabe der Rechtspraxis wäre nach dieser Beschreibung dann, subsumtiv zu überprüfen, ob ein Sachverhalt die Voraussetzung des Konditionals erfüllt. Lässt sich ein Sachverhalt mit X identifizieren, kann die Rechtsfolge problemlos aus der Formulierung der Rechtsnorm abgelesen werden: dann Y. Auch aus dieser Perspektive lässt sich das Problem der rechtlichen Einordnung beziehungsweise Bewertung als Interpretationsproblem reformulieren: ist ein bestimmter Sachverhalt von der Formulierung »X« erfasst? – Die Frage lässt sich beantworten, indem X interpretiert und mit dem Sachverhalt verglichen wird. Es braucht dann nach dieser Beschreibung überhaupt kein Urteil, weil die Bewertung eines bestimmten Sachverhalts vollständig aus der Formulierung der Rechtsnorm beziehungsweise ihrer Interpretation ablesbar ist. Abgesehen davon, dass diese (verkürzende) Beschreibung vollkommen außer Acht lässt, dass Gerichte Sachverhalte erst konstituieren[53] müssen, bevor sie sie an Rechtsnormen »messen«, entspricht sie recht verlustfrei der typischen Darstellungsform[54] von rechtlichen Urteilen entlang eines Subsumtionsschemas. Inwiefern – so ja meine These – blendet diese Darstellung den Urteilsakt aus? Handelt es sich beim Subsumtionsschluss (unabhängig von der Frage, ob es ein Schlussverfahren im logischen Sinne ist)[55] nicht um eine, von

53 Vgl. dazu etwa ausführlich Hans-Joachim Strauch, *Methodenlehre des gerichtlichen Erkenntnisverfahrens. Prozesse richterlicher Kognition*, Freiburg, München 2017, S. 175-184, insb. S. 183.

54 Zur Unterscheidung von Herstellung und Darstellung rechtlicher Urteile siehe oben bereits Untersektion *Herstellung und Darstellung*.

55 Siehe dazu unten Kapitel *Theoretische Rekonstruktion juridischen Urteilens*, Sektion *Subsumieren*.

Kant als Gebrauch der bestimmenden Urteilskraft beschriebene,[56] Form des Urteilens? Hier ist auf einen entscheidenden Unterschied hinzuweisen – jenen zwischen einem Ablesevorgang, der das Besondere im Allgemeinen zweifellos erkennen kann, und einem Urteilsvorgang, der beides zusammendenken muss, um Besonderes und Allgemeines schließlich überhaupt unterscheiden, be-ur-teilen zu können. Die rechtstheoretische Vorstellung des Subsumtionsvorgangs setzt diese Unterscheidung gerade voraus – in den Begriffen von Sachverhalt und Rechtsnorm, die offenbar, so die Annahme, einander nicht beeinflussen können. Mit einem bestehenden Besonderen tritt ein Gericht an die Rechtsnorm heran, so, wie die Sache sich verhält, wird sie vom Recht behandelt. Die Behandlung selbst ist nicht abhängig von der behandelnden Person, sondern von der Beschaffenheit der Sache und der Reichweite der Rechtsnorm. In dieser Unabhängigkeit von der behandelnden (beurteilenden) Person begründet sich eine spezifisch rechtliche Vorstellung von Objektivität,[57] die von den unterschiedenen Begriffen Sachverhalt und Rechtsnorm garantiert wird – ohne diese trennende Unterscheidung wäre das Recht auf einen (jedenfalls auch) subjektiven Akt der Entscheidung angewiesen: das Urteil.

c. Norm und Anwendung

Die Unterscheidung von Rechtsnormen und ihrer Anwendung liegt auf einer anderen Ebene als jene von Rechtsnorm und Sachverhalt – insofern verhalten sich beide Unterscheidungen nicht spiegelbildlich zueinander, sondern wie sich im Begriff der Rechtsnorm schneidende Geraden, die über keine weiteren Schnittpunkte verfügen. Das Verhältnis von Norm und Anwendung wird rechtstheoretisch als eines von Struktur und Aktualisierung dieser Struktur, oder in anderen Worten ausgedrückt, von Schema und Gebrauch gedacht. Wesentlich an dieser Vorstellung ist die sie tragende Annahme, die Aktualisierung einer Struktur wirke nicht auf dieselbe zurück. – Die Anwendung der Rechtsnorm habe also keinen Effekt auf Reichweite, Inhalt oder Form dieser Norm. Normativität wird diesem Verständnis nach als von den von ihr betroffenen Handlungen, Personen, Wahrnehmungen un-

56 Vgl. Kant, *Kritik der Urteilskraft*, Einleitung IV.

57 Siehe dazu unten Untersektion *Subjektiv und Objektiv*.

abhängig gedacht.[58] Normativität auf diese Weise zu verstehen ist eine derart zentrale Voraussetzung positiver Rechtssysteme, dass sie selbst von theoretisch vielschichtigen und weitgehenden Ansätzen kaum in Frage gestellt beziehungsweise deren Kritik gerne in die »Dezisionismusecke« gerückt wird: Wer bestreitet oder bezweifelt, dass eine Norm wirken kann, ohne Rückwirkungen auf sich selbst zu erfahren, negiere die Bindungswirkung derselben und müsse demnach zwangsläufig dem Dezisionismus verfallen, einer Auffassung, die die Ungebundenheit der richterlichen Entscheidung nicht nur beschreibe, sondern fordere.[59] Es ist an dieser Stelle nicht notwendig, die zahlreichen zu dieser Argumentationskette führenden Missverständnisse und Kurzschlüsse im Einzelnen offenzulegen. Um sichtbar zu machen, wie die Unterscheidung von Norm und Anwendung als eine trennende das Urteilen aus dem Recht verbannt, genügt es, die konstitutive Annahme des Dezisionismusverdikts[60] zu betrachten: jene Annahme nämlich, dass Rechtsurteile aus dem Nichts kommen müssen, wenn Rechtsnormen die Richtenden nicht eindeutig und unveränderlich binden können.[61]

58 Im Ganzen handelt es sich bei dieser Darstellung um die rechtstheoretische Position des Formalismus, die aber in aller Strenge kaum vertreten wird, mit Einschränkungen insbesondere hinsichtlich der »Regelkonturenschärfe« aber durchaus – vgl. zu einem immer noch guten Ein- und Überblick und eine eingeschränkte Version (*presumptive positivism*) vertretend Frederick Schauer, »Formalism«, in: *The Yale Law Journal* 97 (1988), S. 509-548.

59 Ein Beispiel für eine solche etwas schnelle Klassifikation als »dezisionistisch« liefert etwa Thilo Kuntz, »Recht als Gegenstand der Rechtswissenschaft und Performative Rechtserzeugung. Zugleich ein Beitrag zur Möglichkeit von Dogmatik«, in: *Archiv für die civilistische Praxis* 216 (2016), S. 866-910, hier S. 878 und S. 891 f.

60 Der Ausdruck »Dezisionismus« wird mittlerweile als Verdikt gebraucht; niemand vertritt noch (anders Carl Schmitt, der ein »Element reiner Entscheidung, das nicht aus dem Inhalt einer Norm abgeleitet werden kann« und jeder Entscheidung innewohne, »›Dezisionismus‹ [sic!]« nennt, vgl. Carl Schmitt, *Der Hüter der Verfassung*, Berlin 1931, S. 45 f.) ausdrücklich den Dezisionismus oder bezeichnet sich als »Dezisionisten«, niemand beschreibt lediglich, indem er jemanden eine »Dezisionistin« nennt.

61 Das formulierte Potential (»binden können«) sollte hier nicht unbeachtet bleiben: Auch die so problematischen Begriffe der Rechtsfortbildung oder des Verfassungswandels versuchen ja, Auswege aus dem Problem der beanspruchten Unveränderlichkeit von Normen zu formulieren, ohne aber die Möglichkeit, dass Rechtsnormen bindend wirken, auszuschließen. Solche Begriffe sind fragwürdig, weil sie den Widerspruch der gleichzeitigen Annahme der Bindungswirkung und der Möglichkeit des Wandels gerade nicht verhandeln, sondern übergehen.

Diese Annahme könnte nur dann richtig sein, wenn das Urteilen als Verfahren, um das Besondere als enthalten unter dem Allgemeinen zu denken, überflüssig beziehungsweise mit dem Verfahren der Textinterpretation gleichzusetzen wäre. Denn nur in diesem Fall ist kein anderer Weg denkbar, zu einem rechtlichen Urteil zu gelangen, als durch Ableitung aus dem Gesetz, aus der Rechtsnorm, die sich jederzeit in Form eines Subsumtionsschlusses darstellen ließe. Sobald aber (wie vorliegend) angenommen wird, dass die Anwendung einer Rechtsnorm gerade eines rechtlichen Urteils bedarf, weil sich aus der Rechtsnorm selbst keine Bedingungen korrekter oder inkorrekter Anwendung ablesen lassen, muss die Annahme der bloßen Alternative, dass Rechtsurteile entweder aus Rechtsnormen abgeleitet oder *creatio ex nihilo* sind, verworfen werden.[62] Die Unterscheidung von Norm und Anwendung bringt also – hier unterscheidet sich ihr Status von der Betrachtung der vorangehenden Unterscheidungen – die Ausblendung des Urteils aus dem Recht nicht hervor, sondern setzt sie voraus. Damit ist, um zu präzisieren, nun wiederum *nicht* behauptet, Recht operiere *nicht* damit, Norm und Anwendung zu unterscheiden. Rechtliche Praxis als Urteilen zu denken bedeutet nämlich ganz wesentlich, sie als eine Praxis zu denken, die immer wieder neu Rechtsnorm und ihre Anwendung unterscheidet, und zwar: in der Form des Urteils.

d. Urteilstenor und Urteilsbegründung

Der Begriff der Form des Urteils, der Urteilsform, ist allerdings keineswegs voraussetzungslos.[63] Seine ästhetischen, semantischen und generischen Momente außer Acht lassend, findet er im Recht eine ganz eigene Formierung: Ein Urteil besteht aus Urteilstenor und Urteilsbegründung. Davor steht das Rubrum – medienkultur-

62 An dieser Stelle liegt das Missverständnis vieler Dezisionismusverdikte, die sich gegen Relativierungen des Norm-Anwendungs-Modells richten, begraben: Während beispielsweise das Modell performativer Rechtserzeugung (vgl. Müller-Mall, *Performative Rechtserzeugung*) gerade diese Alternative verwirft, also *weder* die bloße Ableitung *noch* die bloße *Creatio ex nihilo* für die Rechtsentscheidung anzunehmen erlaubt, wird ihm seltsamerweise gerade vorgehalten, die *Creatio ex nihilo* zu vertreten, vgl. etwa Kuntz, »Recht als Gegenstand der Rechtswissenschaft«, S. 878; Möllers, *Die Möglichkeit der Normen*, S. 314 f.

63 Siehe dazu ausführlich unten Kapitel *Theoretische Rekonstruktion juridischen Urteilens*, Sektion *Vorbemerkungen*, Untersektion *Urteilen und Urteil*.

technisch nicht ohne Aussagekraft, für den vorliegenden Zusammenhang aber nur am Rande relevant. Dazwischen taucht noch ein Tatbestand auf; darunter verstehen die meisten Prozessordnungen eine Erzählung der relevanten Tatsachen samt der erhobenen Ansprüche,[64] wobei die Frage der Relevanz mit »für die Subsumtion in Bezug auf die anzuwendende Rechtsnorm bedeutsam« übersetzt wird.[65] Ein Tatbestand hat aber nicht nur namentlich eine andere Funktion als Urteilstenor und Urteilsbegründung: er wird auch, so die rechtliche Darstellung, nicht durch das Urteil hergestellt. Vielmehr liegt der Tatbestand nicht förmlich, aber der Position nach außerhalb des Urteils, er wird als sein Gegenstand behandelt, deswegen findet er sich zwischen »Urteilsformel« und »Entscheidungsgründe[n]«.[66] Um zu entschlüsseln, wie die Unterscheidung von Urteilstenor und Urteilsbegründung sich in das rechtskulturelle Skript der Ausblendung des Urteils aus dem Recht einschreibt, obwohl sie den Begriff des Urteils so prominent in allen Rechtsentscheidungen beziehungsweise ihren Darstellungen mitträgt, um dieses Ausblenden also offenzulegen, braucht es vorläufig[67] keinen Bezug zum Tatbestand.

64 Vgl. beispielsweise § 313 Abs. 2 S. 1 ZPO: »Im Tatbestand sollen die erhobenen Ansprüche und die dazu vorgebrachten Angriffs- und Verteidigungsmittel unter Hervorhebung der gestellten Anträge nur ihrem wesentlichen Inhalt nach knapp dargestellt werden.«

65 Vgl. zum Problem der Relevanzfeststellung auch Strauch, *Methodenlehre des gerichtlichen Erkenntnisverfahrens*, S. 208 ff.

66 Vgl. nur § 313 Abs. 1 ZPO: »Das Urteil enthält:
1. Die Bezeichnung der Parteien, ihrer gesetzlichen Vertreter und der Prozessbevollmächtigten;
2. die Bezeichnung des Gerichts und die Namen der Richter, die bei der Entscheidung mitgewirkt haben;
3. den Tag, an dem die mündliche Verhandlung geschlossen worden ist;
4. die Urteilsformel;
5. den Tatbestand;
6. die Entscheidungsgründe.«
Dass die Frage nach dem Gegenstand des Urteils wesentlich komplizierter ist, als der Verweis auf den Tatbestand als Urteilsgegenstand nachzuzeichnen vermag, wird »Gegenstand« der Sektion *Fällen* sein, siehe dazu unten Kapitel *Theoretische Rekonstruktion juridischen Urteilens*.

67 Für die Rekonstruktion des Urteilens (siehe dazu unten Kapitel *Theoretische Rekonstruktion juridischen Urteilens*) verhält sich die Sache gleichwohl anders – hier spielt der Tatbestand, etwas unvoreingenommener dann als Sachverhalt behandelt, eine durchaus relevante Rolle.

Tenor und Begründung eines Urteils stehen (nur) scheinbar in einem Zusammenhang, der mindestens über den Begriff der Unterscheidung beschrieben werden kann. Wenn der Tenor beispielsweise sagt, »Die Beklagte wird verurteilt, an die Klägerin 2000 € zu bezahlen«, dann liefert – so der scheinbare Zusammenhang – die Begründung eine juristische Erklärung dafür, wie das Gericht rechtlich dazu kommt, die Entscheidung genau in dieser Weise und nicht anders zu fällen. Dazu wird die Subsumtion des zugrunde gelegten Sachverhaltes unter eine Rechtsnorm simuliert, wobei die Rechtsnorm die Anordnung einer Rechtsfolge enthält. Im genannten (fiktiven) Beispiel könnte die Rechtsnorm beispielsweise das Konditional beinhalten: »Wenn X, dann muss B an K 2000 € bezahlen.« Dabei handelt es sich um genau die Rechtsfolge, die auch im Tenor festgelegt wird. Die Rechtsnorm beschreibt ihren Einsatz auf eine allgemeine Weise: für den Fall, dass der Fall ist (»Wenn X, ...«), was die Rechtsnorm als Bedingung (»X«) für die Rechtsfolge festlegt. Die etwas umständliche Beschreibung (»für den Fall, dass der Fall ist...«) deutet den nur scheinbaren Zusammenhang von Tenor und Begründung bereits an – die entscheidende Frage für die Tenorierung lautet: Ist die Bedingung der Rechtsnorm der Fall, ist »X« der Fall? Auf die Formulierung »der Fall sein« kommt es hier an. Die für den Tenor entscheidende Frage, ob X, ist keine Frage nach der Wahrheit und keine Frage nach einem plausiblen Narrativ. Es ist seinerseits schon die Frage nach dem Urteil: Lässt sich beurteilen, dass X? Die Antwort hängt mit der Antwort auf eine andere Frage nicht nur konsekutiv, sondern konstitutiv zusammen. Bei dieser zweiten Frage handelt es sich um die für jedes juridische Urteil entscheidende, immer schon erste Frage, die die Urteilsbildung zentral bestimmt, aber in Urteilstenor und Urteilsbegründung niemals auftaucht, die Frage nach der richtigen Norm, nach der Rechtsnorm, die auf den Rechtsfall anzuwenden ist. Diese erste Frage nach der (für ein Urteil, für einen Fall) richtigen Rechtsnorm muss schon beantwortet sein, um die Frage »Ob X?« stellen zu können: Denn wie sollten die Bedingungen für eine Rechtsfolge bestimmbar werden, wenn die Rechtsnorm, die die Bedingungen bestimmt, nicht bekannt ist? Welche Rechtsnorm die richtige für einen Fall ist, hängt davon ab, was der Fall ist und welche Rechtsfolge in der Klage/Anklage beansprucht wird. Von einem hängt die Frage nach der richtigen Norm allerdings nicht ab – von der Richtigkeit des Subsumtionsschlusses in der Darstellung der Urteilsbegründung. Denn dort geht es nur um die Herleitung einer Rechtsfolge unter der Bedingung, »dass X«. Wenn aber für die Frage des Tenors, »ob X«, die entscheidende Vorfrage diejenige nach der richtigen Rechtsnorm ist, also die Frage, ob nach X, nach Y oder vielleicht nach Z gefragt werden muss, dann wird deutlich: Der Zusammenhang von Urteilstenor und Urteilsbegründung besteht, anders als die Bezeichnungen es suggerieren, nicht darin, dass die Begründung das Urteil, dessen Ergebnis sich im Tenor ausdrückt, erklärt, also mit Gründen rechtfertigt. Genau genommen liefert die Urteilsbegründung nicht die Gründe für das Urteil, sondern sie plausibilisiert jenen zweiten Schritt: Nach der Urteilsfindung, nach der Entscheidung, eine Norm auf eine Fallkonstellation zu beziehen, wird diese (kontingente) Bezugnahme Schritt für Schritt durchgeführt, werden Elemente der Norm (»Tatbestandsmerkmale«) mit Elementen der Sachverhaltskonstellation (dem »Tatbestand«) in eine Entsprechung gebracht. Diesen zweiten Schritt kann ein Urteil also plausibilisieren und erläutern, aber nicht begründen: Die Subsumtion kann nur durchgeführt werden, wenn zuvor eine Rechtsnorm als das Allgemeine des Urteils gefunden und gewählt wurde. Was »Urteilsbegründung« heißt, darauf gründet nicht das Urteil, sondern es handelt sich um eine Art Testverfahren, das ein zuvor gefälltes Urteil bestätigen und plausibilisieren soll. Wie verhält es sich nun mit dem Urteilstenor? Formuliert er, wie oben gesagt, tatsächlich das Ergebnis des juridischen Urteils? Wenn – wie im bereits genannten Beispiel – eine Tenorierung etwa lautet »Die Beklagte wird verurteilt, an die Klägerin 2000 € zu bezahlen«,[68] dann fehlt etwas für ein Urteil Entscheidendes: die Prädikatierung. Urteile prädikatieren Gegenstände – etwas ist schön, hässlich, gut, schlecht, richtig oder falsch. Die Prädikatierung des juridischen Urteils findet sich nicht im Tenor, sondern davor. Es heißt im Rubrum regelmäßig: »hat für Recht erkannt: …«, dann folgt der Tenor. Darin liegt keine Auslassung oder Verkürzung des Tenors, sondern eine ganz typische Anordnung in der Urteilsdarstellung, die deutlich macht, dass der Tenor nicht ›das Urteil‹ wiedergibt, sondern beschreibt, bestimmt oder zurechtlegt, was schließ-

68 Hinzu kommen noch Kosten- und Vollstreckungsentscheidung, was für den vorliegenden Zusammenhang aber jedenfalls an dieser Stelle nicht relevant ist.

lich als Recht oder Unrecht, als gerecht oder ungerecht beurteilt wird. Während der Tenor also formuliert: »Die Beklagte wird verurteilt …«, müsste das Urteil lauten: »Es ist recht/Es ist gerecht, dass die Beklagte an die Klägerin 2000 € zahlen muss.« Warum nehme ich es an dieser Stelle so genau? Handelt es sich nicht lediglich um unterschiedliche Darstellungsvarianten? Gegenstand der vorliegenden Überlegungen dieser Sektion ist ja, die Ausblendung des Urteils aus den juridischen Formen offenzulegen. Vor diesem Hintergrund lautet der Vorschlag, es nicht als bloße Kontingenz zu verstehen, dass sowohl der Urteilstenor das wichtigste Element des formierten Urteils (seine Prädikatierung) nicht enthält als auch die Urteilsbegründung das Urteil nicht begründet.

Der Tenor verkürzt das juridische Urteil auf seine Rechtsfolge, und die Begründung verkürzt den Urteilsvorgang (in der Darstellung[69]) auf eine Plausibilisierung seines Ergebnisses. Genau dadurch aber werden Urteilstenor und Urteilsbegründung zu juridisch greifbaren und damit zu Formen, die sich weiterverarbeiten lassen. Indem sie das Dunkle des Urteilens, das Finden des Urteils aus der Betrachtung, aus der Rezeption des Urteils herauskürzen, vollziehen Urteilstenor und Urteilsbegründung eine rechtliche Technisierung juridischer Urteile, die als solche rationalisierbar und überprüfbar wird. Die Urteile selbst, ihre Bildung und ihre Beurteilung[70] bleiben außen vor.

e. Verfahren und Entscheidung

Verfahren und Entscheidung tauchen in der Rechtswissenschaft als allenfalls technische Begriffe auf, die in Verlaufsformen dargestellt werden können, aber nur selten wissenschaftlich aufbereitet werden.[71] Ihre stiefmütterliche Behandlung durch die häufig um Einfluss auf gerichtliche Entscheidungen ringende[72] (jedenfalls

69 Zum Begriff der Darstellung siehe oben Untersektion *Herstellung und Darstellung*

70 Juridische Urteile lassen sich wiederum juridisch beurteilen.

71 Eine Ausnahme stellt für die anglo-amerikanische Rechtswissenschaft die an psychologischen oder ökonomischen Entscheidungstheorien orientierte Untersuchung des *judicial decision making* dar, beispielhaft sei nur genannt: Frank B. Cross, *Decision Making in the U.S. Courts of Appeals*, Palo Alto 2007.

72 Das Zitat in der Urteilsbegründung gilt nach wie vor als Adelung rechtswissenschaftlicher Publikationstätigkeit.

deutsche) Rechtswissenschaft ist auf den ersten Blick erstaunlich; schließlich werden in der Rechtspraxis gute Verfahrenskenntnisse etwa als unabdingbares Handwerkszeug für Jurist:innen betrachtet, und zudem führt vermutlich ein guter strategischer Einsatz prozessrechtlicher Möglichkeiten ebenso häufig zur angestrebten Entscheidung wie beispielsweise dogmatische Argumente. Während die Held:innen amerikanischer Anwaltsserien gerade wegen ihrer verfahrenstechnischen Finten bewundert werden, behandeln juristische Ausbildung und Rechtswissenschaft das Studium und die Erforschung derselben beinahe noch herablassender als die Grundlagen des Faches: Sie werden in »Zusatzfragen« und »Praxishandbüchern« sowie in wenigen Prozessordnungskommentaren verhandelt. Auch im Rechtsreferendariat, der eigentlichen Praxisausbildung, wird vor allem die Relationstechnik eingeübt, nur am Rande aber der strategische Umgang mit prozessrechtlichen Möglichkeiten im Verfahren oder das Problem, zwischen verschiedenen Alternativen (richtig) zu entscheiden.[73] Warum ist das so? Oder grundsätzlicher gefragt, warum kann die Entwicklung und das Studium der juristischen Dogmatik abgekoppelt von ihrem *In-die-Welt-Kommen* in Prozessen und Verfahren behandelt werden?

Eine Antwort auf diese selten gestellte Frage hängt mit der Unterscheidung von Verfahren und Entscheidung zusammen, auf die sich Recht und Rechtswissenschaft stillschweigend geeinigt haben. Die der Unterscheidung zugrundeliegende Annahme besteht grob umrissen darin, dass das gerichtliche Verfahren die Entscheidungsalternativen entfaltet oder, anders beschrieben, so weitgehend offenlegt und herausarbeitet, dass das Gericht, wenn es sich »zur Entscheidung zurückzieht«, lediglich zwischen möglichen Alternativen entscheiden, also die richtige »wählen«[74] muss. In diese Aufspaltung des Prozesses in Verfahren und Entscheidungsfindung ist nun juristisch eine weitere trennende Unterscheidung eingezogen: jene von Normativität und Faktizität oder – von Recht und Tatsachen. Im

73 So werden typischerweise entscheidungstheoretisch lösbare Entscheidungsprobleme gefasst. Ob die Entscheidungstheorie allerdings überhaupt ein geeigneter Ansatz ist, um juridische Entscheidungsprobleme zu lösen, ist eine weitere Frage, die hier zwar nicht behandelt werden kann, aber als offene zu markieren wäre.

74 Nicht selten wird diese Entscheidung deswegen als (rational) »choice« beschrieben – was man als Bezeichnung durchaus in mehreren Hinsichten in Frage stellen kann.

der Entscheidung vorgelagerten Verfahren werden die Tatsachen ermittelt und festgestellt, Beweise erhoben, konkretisiert, was den Sachverhalt bildet. Zwar werden im Verfahren auch Rechtsfragen angesprochen und aufgeworfen, aber nicht unmittelbar »erhoben« – es wäre ja immerhin, um den Kontrast deutlich zu machen, nicht völlig ausgeschlossen, auch Rechtsfragen im Verfahren durch die Anhörung juristischer Expert:innen etwa oder an der Gesetzgebung Beteiligten zu klären oder jedenfalls die Auslegung einzelner Rechtsnormen mit den Parteien ausführlich zu diskutieren. Genau das geschieht aber kaum, denn die (verbindliche) Rechtsauslegung verbleibt auf Seiten des Gerichts. Die Voraussetzung für diese Unterscheidung, für diese separierende Differenzierung, ist, dass sich normative und faktische Ebene trennen lassen. Denn nur dann können Tatsachenfindung und Rechtsfindung als zwei aufeinander folgende Schritte beziehungsweise Ebenen gedacht werden. Nur wenn sich faktische und rechtliche Grundlage des Falles getrennt betrachten lassen, kann sinnvoll zwischen Verfahren und Entscheidung unterschieden werden. Andernfalls wäre jede Sachfrage auch eine Rechtsfrage und damit jeder Verfahrensfortschritt auch ein Entscheidungsfortschritt. Ein Verfahren müsste schließlich genau dann beendet sein, wenn die (einzig richtige)[75] Entscheidung so weit vorbereitet ist, dass sie selbst evident erscheint und nicht mehr gefunden, sondern lediglich getroffen werden muss. Das Verfahren simulierte dann nicht nur, sondern wäre die Urteilsbildung selbst. Unterscheidet man allerdings normative und faktische Ebene sowie juristische Entscheidung und gerichtliches Verfahren, dann lässt sich, diese Überlegung gelangt gewissermaßen von hinten an die Unterscheidung heran, auch über juristische Entscheidungen sprechen, ohne etwas über die faktische Seite der zugrunde liegenden Rechtsfälle zu sagen. Etwas drastischer formuliert: Es lässt sich dann die Herausbildung einer juristischen Dogmatik denken, die

75 Vgl. dazu nur Ronald Dworkin, »Hard Cases«, in: *Harvard Law Review* 88 (1975), S. 1057-1109; ders., *Law's Empire*, Cambridge (Mass.) 1986. Vgl. zum Ganzen Stephen Guest, »Dworkin's ›One-Right-Answer‹ Thesis«, in: *Problema. Anuario de Filosofía y Teoría del Derecho* 10 (2016), S. 3-21; Joshua R. Geller, »Truth, Objectivity, and Dworkin's Right Answer Thesis«, in: *U.C.L. Jurisprudence Review* (1999), S. 83-100; Tobias Herbst, »Die These der einzig richtigen Entscheidung. Überlegungen zu ihrer Überzeugungskraft insbesondere in den Theorien von Ronald Dworkin und Jürgen Habermas«, in: *JuristenZeitung* 67 (2012), S. 891-900.

auf einheitliche Systembildung abzielt,[76] ohne vom Konkreten der Sachverhalte ausgehen zu müssen. Diese einheitliche Dogmatik könnte es bei annähernd vollständiger Ausprägung dann erlauben, für jede denkbare konkrete Rechtsfrage (für jeden Rechtsfall) die Lösung lediglich abzulesen, wenn es gelingt, die Frage an der richtigen Stelle im System einzuordnen. Hier kommt die Metapher des Messens wieder ins Spiel, um die juristische Entscheidung zu beschreiben. Diese juristische Entscheidung kann allerdings auf einen Vorgang verzichten: den Vorgang juridischer Urteilsbildung. Denn die systeminterne Zuordnung einer Fallfrage in die juristische Dogmatik bedarf gar nicht des Umstands, etwas Besonderes als enthalten unter dem Allgemeinen zu denken. Sie bedarf lediglich eines alle faktischen Grundlagen anordnenden Verfahrens und dann der juristischen Expertise, um die Zuordnung ins Rechtssystem an der dogmatisch richtigen Stelle zu erkennen, um daran anknüpfend ein Ergebnis zu veranlassen – zu entscheiden. So verstanden ist die juristische Entscheidung gerade keine, die eine unüberbrückbare Spannung zwischen Allgemeinem und Besonderem aushält oder überbrückt, sondern eine, die trennt. Das Allgemeine, verkörpert durch die juristische Dogmatik, bleibt selbst vollkommen unberührt vom – vorgelagerten – Verfahren und auch von der Entscheidung selbst. Letztere müssen wir uns als Ablesevorgang, als Ableitung im nichtlogischen Sinne denken, aber nicht: als Urteil.

f. Subjektiv und objektiv

Subjektivität stellt für Recht und erst recht für rechtliche Entscheidungen ein grundsätzliches Problem dar. Denn sie beanspruchen, gerade keine Ergebnisse subjektiver Einschätzungen der Richtenden zu sein, sondern unabhängig vom Ansehen der Person, von affektiven Voreinstellungen oder empathischen Eindrücken gefällt zu werden. Recht erhebt den Anspruch, so wäre umgekehrt zu formulieren, objektiv zu sein. Das Subjektive wird um der Objekti-

76 Vgl. zur Rolle der Dogmatik für Recht und Rechtswissenschaft aus jüngerer Zeit den Band Gregor Kirchhof u. a. (Hg.), *Was weiß Dogmatik?*, Tübingen 2012. Vgl. für die Rolle der Systembildung insb. Eberhard Schmidt-Aßmann, *Das allgemeine Verwaltungsrecht als Ordnungsidee. Grundlagen und Aufgaben der verwaltungsrechtlichen Systembildung*, Berlin ²2004.

vität willen sogar ausdrücklich aus rechtlichen Anordnungen wie aus rechtlichen Begründungen verbannt.[77] Der Verweis aufs Gefühl, aufs Rechtsgefühl etwa (nicht das einzig mögliche Indiz für Subjektivität, aber ein mögliches), zu Beginn des zwanzigsten Jahrhunderts noch ein durchaus relevantes Kriterium für das Prüfungsprogramm einer juristischen Urteilsbegründung,[78] gilt als Ausweis einer subjektiven Entscheidungsfindung und wäre heute in positiven Rechtssystemen undenkbar.[79] Solche Verweise gelten als radioaktiv,[80] hätten in den USA beispielsweise vor wenigen Jahren beinahe die Wahl von Richterin Sotomayor an den Supreme Court zu Fall gebracht, weil sie die beanspruchte Objektivität der Richtenden und des Rechts unterminieren (würden).[81] Was ist mit Objektivität, mit rechtlicher Objektivität in diesem Sinne gemeint? Und kann eine juristische Entscheidung, die von einer einzelnen Person gefällt wird, einem Einzelrichter etwa, überhaupt objektiv sein?

77 Letztlich ist der zugrunde gelegte Begriff der Objektivität ein vergleichsweise reduzierter, der vor allem auf Unparteilichkeit, Neutralität oder, allgemeiner gesagt, die Freiheit von jeglichem *bias* abzielt; vgl. zu einem solchen Begriff etwa Gordon Belot, »Objectivity and Bias«, in: *Mind* 126 (2017), S. 655-695.

78 Vgl. nur exemplarisch den »Bismarck-Fall« um Totenbilder Bismarcks, dem das Reichsgericht folgenden Obersatz anmaß: »Es ist mit dem natürlichen Rechtsgefühl unvereinbar, daß jemand das unangefochten behalte, was er durch eine widerrechtliche Handlung erlangt und dem durch dieselbe in seinen Rechten Verletzten entzogen hat.« RGZ 45, 170, 173.

79 Ähnlich Terry A. Maroney, »The Persistent Cultural Script of Judicial Dispassion«, in: *California Law Review* 99 (2011), S. 629-681. Zur inzwischen wieder eine Konjunktur erfahrenden Debatte um das Verhältnis von rechtlichen Urteilen und Gefühl vgl. etwa Terry A. Maroney, »A Field Evolves. Introduction to the Special Section on Law and Emotion«, in: *Emotion Review* 8 (2016), S. 1-5; ders., »Angry Judges«, in: *Vanderbilt Law Review* 65 (2012), S. 1205-1286; Kathryn Abrams, Hila Keren, »Who's Afraid of Law and the Emotions?«, in: *Minnesota Law Review* 94 (2010), S. 1997-2074; Sabine Müller-Mall, »Entfaltungen des Rechts im Gefühl«, in: Sigrid G. Köhler u. a. (Hg.), *Recht fühlen*, Paderborn 2017, S. 159-175. Zu einer historischen Konjunktur um die Wende zum 20. Jahrhundert herum vgl. Sandra Schnädelbach, *Entscheidende Gefühle. Rechtsgefühl und juristische Emotionalität in der deutschsprachigen Jurisprudenz 1870-1933*, Göttingen 2020.

80 Ausdruck bei Peter Baker, »In Court Nominees, Is Obama Looking for Empathy by Another Name?«, in: *New York Times* 26 (2010), zit. nach Maroney, »The Persistent Cultural Script of Judicial Dispassion«, S. 630.

81 Vgl. dazu ausführlich Müller-Mall, »Entfaltungen des Rechts im Gefühl«, S. 165 ff.

Kann Objektivität normativ beansprucht werden? – Anders gesagt: Kann ich mich (sinnvoll) entschließen, objektiv zu entscheiden? Und inwiefern setzt diese Objektivität eine Unterscheidung vom Subjektiven voraus? Im Recht und in der rechtswissenschaftlichen Literatur finden sich unzählige Beschreibungen dieses normativen Anspruchs auf Objektivität des Rechts wie rechtlicher Entscheidungen.[82] Beispielsweise sollen Richtende unabhängig sein, Entscheidungen neutral und unabhängig vom Ansehen der Person gefällt werden.[83] Rechtliche Objektivität rückt damit in die Nähe von Unparteilichkeit[84] – Richtende sollen weder spezifischen Interessen der Parteien dienen noch eigene Interessen, die nicht spezifisch auf die Herstellung von Gerechtigkeit/Recht ausgerichtet sind, verfolgen.[85] Ein derartiges Verständnis von Objektivität[86] bezieht sich bei genauerer Betrachtung weniger auf das Recht im Sinne von Rechtsnormen oder juristischer Dogmatik[87] als auf den Vorgang juristischer Entscheidungsfindung und, etwas grob beschrieben, auf die Haltung der richtenden Person. Dem steht allerdings ein Verfahrensrecht gegenüber, das an zentralen (entscheidungserheblichen)

82 Einen guten Überblick über die Positionen bieten etwa Michael S. Moore, *Objectivity in Ethics and Law*, Dartmouth 2004; Jan-R. Sieckmann, *Recht und Objektivität*, Bamberg 2005; Vito Breda, Lidia Rodak, *Diverse Narratives of Legal Objectivity. An Interdisciplinary Perspective*, Frankfurt/M., Berlin u. a. 2016; Heidi Li Feldman, »Objectivity in Legal Judgment«, in: *Michigan Law Review* 92 (1994), S. 1187-1255.

83 Zur richterlichen Unabhängigkeit vgl. Stephanie Holzwarth, *Die Unabhängigkeit des Richters. Richterliche Entscheidungsfindung in den Blick genommen*, Tübingen 2009; Dieter Simon, *Die Unabhängigkeit des Richters*, Darmstadt 1975.

84 Vgl. für ein klassisches und doch aktuelles Verständnis richterlicher Unparteilichkeit und deren rechtlicher Fassung im Strafrecht Karolina Kierzkowski, *Die Unparteilichkeit des Richters im Strafverfahren unter Berücksichtigung von Art. 6 Abs. 1 S. 1 EMRK*, Berlin 2016.

85 Unten werde ich für diesen Anspruch den Begriff der Interesselosigkeit aufgreifen, um diese Art von normativen Ansprüchen zu beschreiben, siehe unten Kapitel *Theoretische Rekonstruktion juridischen Urteilens*, Sektion *Reflektieren*.

86 Zu einer Näherung an das Verhältnis von Objektivität und Urteil in der Ästhetik, die hier als bereichernde Folie aufgefasst werden kann, vgl. nur Daniel Martin Feige, »Ästhetische Objektivität«, in: *Deutsche Zeitschrift für Philosophie* 63 (2015), S. 1048-1071, der auf anspruchsvolle Weise versucht, einen Anspruch ästhetischer Objektivität einzulösen.

87 Rechtsnormativ findet sich dieser Anspruch rechtlicher Objektivität eher vermittelt, aber sehr stark repräsentiert wieder: im Gleichheitsgebot etwa, im Antidiskriminierungsrecht, aber beispielsweise auch in der Gerichtsweggarantie.

Stellen gerade auf die subjektive Wahrnehmung der Richtenden setzt: Es gilt das Prinzip freier Beweiswürdigung,[88] entscheidendes Kriterium für die gerichtliche Verwendung von Zeug:innenaussagen bleibt die »Glaubhaftigkeit«.[89] Beide lassen sich allerdings nur aus der Perspektive der jeweiligen Richtenden, also subjektiv, beurteilen. Diese Subjektivität der gerichtlichen Tatsachenerhebung bleibt unhintergehbar, weil die Wahrnehmung des Besonderen (des Sachverhalts) eben nicht auf eine allgemeine Weise denkbar ist. Das Verfahrensrecht erhält hier den Anspruch des Rechts, objektiv zu entscheiden, gleichwohl aufrecht, indem es Ermittlung und Tatsachenfeststellung unterscheidet. Jedes faktische Element des Falles wird zwar mittels subjektiver Vorgänge erhoben; einmal erhoben, können Tatsachen dann »festgestellt« werden. Ihre Feststellung wiederum transponiert sie in die Sphäre des Objektiven. »Fest-stellen« bedeutet gleichermaßen »objektivieren«. Festgestellte Tatsachen sind ebenso allgemein zugänglich wie unveränderlich. Sie können nicht mehr als Ausdruck subjektiver Wahrnehmung gesehen werden, sondern sind objektiv – als Tatsachen – in der Welt. Es findet eine ganz ähnliche Wandlung statt, wie sie Kelsen für die (bloß) normative Ebene beschreibt – durch den subjektiven Willensakt wird mittels der »juristischen Wandlung«[90] ein objektiver. Insofern ist das Recht nicht nur auf die begriffliche Unterscheidung von Objektivität und Subjektivität angewiesen, sondern auch auf ihre trennende Unterscheidung. Der Besonderes und Allgemeines überbrückende Vorgang lässt sich als Objektivierung verstehen, die ihrerseits nur vollzogen werden kann, wenn sich das Subjektive der faktischen Ebene vom Objektiven der Rechtsebene ablösen lässt. Auf diese Weise wird die rechtliche Entscheidung als eine Art Seitenwechsel verstanden, der auch aus funktionaler Perspektive anschaulich wird. Wenn die juristische Form gewählt wird, wenn sie dazu dient, soziale Konflikte beziehungsweise, allgemeiner gefasst, Konflikte auf der realen (faktischen?)[91] Ebene zu lösen, indem sie in

88 Zu den Problemen der Umsetzung dieses Prinzips aber Till Mengler, *Die lückenhafte Beweiswürdigung im tatgerichtlichen Urteil. Eine Untersuchung zum System der Beweiswürdigungsfehler*, Baden-Baden 2017.

89 Ein Beispiel aus jüngerer Zeit liefert wiederum BGH 2 StR 322/15, 2. Leitsatz.

90 Der quasitheologische Begriff taucht natürlich bei Kelsen nicht auf.

91 Der Begriff des Faktischen erfährt in jüngerer Zeit ja eine gewisse populäre Anreicherung, die hier nicht mitbetrachtet werden soll.

eine andere Kodierung transformiert werden, dann ändert sich auch die Form dieser Konflikte. Aus Konflikten zwischen Subjekten mit widerstreitenden Perspektiven und Interessen wird ein »objektives« Problem, das sich in der Frage »Was ist recht/Recht im Falle X: A oder B?« spiegelt. Die Objektivierung des Rechts lässt sich deshalb am besten als ein Vorgang der *Entsubjektivierung* beschreiben.

Inwiefern nun ist die rechtliche Unterscheidung von Objektivität und Subjektivität in der hier beschriebenen Weise eine, die das Urteilen aus der rechtlichen Entscheidung, die Angewiesenheit des Rechts auf das Urteil, ausblendet? Der kritische Punkt findet sich im Moment der »juristischen Wandlung«, der Transposition des Subjektiven ins Objektive. Dieser Übergang ist ein Abbruch, er gewinnt seine Plausibilität, seine »Reinheit«[92] dadurch, dass auf der neuen (normativen oder objektiven) Ebene nichts in der Form der vorherigen Ebene (der faktischen, der subjektiven) übrig bleibt, kein subjektives Körnchen mehr in ihr enthalten ist. Der fundamentale Widerspruch dieser Vorstellung liegt nicht allein darin, dass normativ und objektiv ebenso falsche Freunde bilden wie subjektiv und faktisch, sondern vor allem in der Art und Weise, wie das Subjektive und das Objektive hier in Verbindung stehen: einerseits überhaupt nicht, weil die objektive Ebene die subjektive vollständig ablöst, andererseits handelt es sich um ein Ableitungsverhältnis, das sich erst in der für die juristische Entscheidung stets anzuschließenden Rückführung der objektiven Ebene in die subjektive zeigt. Auf der objektiven Ebene des Rechts wird entschieden, wie der (subjektive) Konflikt zu lösen ist. Die Lösung selbst aber bedarf, damit sie in die soziale Welt (zurück-)gelangen kann, wieder einer Übersetzung. Diese wird typischerweise als Ableitung, als Deduktion beschrieben und stellt schließlich die Verbindung von allgemeiner, objektiver Rechtsnorm und konkreter, subjektiver Fragestellung her. Die Antwort auf die Frage werde aus der Rechtsnorm abgeleitet, so die Vorstellung. Die sich der Objektivierung des Konflikts anschließende Re-Subjektivierung erfolgt selbst nicht in einer subjektiven Form, sondern im Wege objektiver Ableitung. Hier steckt das Widersprüchliche – der juridische Übergang Objektivität/Subjektivität wird in die eine Richtung als vollständige

92 Kelsen wird hier nicht deswegen herangezogen, weil die *Reine Rechtslehre* das theoretische Gegenüber des hier zu entwickelnden Ansatzes wäre, sondern weil sie am elaboriertesten jenen Übergang beschreiben kann.

Ablösung ohne verbleibende Anknüpfungspunkte gedacht, in die andere Richtung als Deduktion, also als logische Notwendigkeit. Die rechtliche Entscheidung wird hier zum wundersamen Prozess, der größtmögliche Distanz zweier Ebenen (vollständige Berührungslosigkeit) und größtmögliche Nähe (deduktiver Zusammenhang, logische Notwendigkeit) gleichzeitig für dieselben beiden Ebenen beanspruchen kann. Die Begriffe der Objektivität und der Subjektivität führen in dieser Perspektive dazu, dass jeweils nur die eine Seite betrachtet wird – entweder die Transposition des Subjektiven ins Objektive oder umgekehrt die Ableitung des Subjektiven aus dem Objektiven. Die juristische Entscheidung besteht dann lediglich im zweiten Vorgang und erhält durch ihre deduktive Form gleichzeitig die in jener Vorstellung größtmögliche Qualifikation als objektiv – die rational gefasste Zwangsläufigkeit, die logische Notwendigkeit. Ein Urteil, das Allgemeines und Besonderes zusammendenken muss, beschreibt letztlich ziemlich genau das Gegenteil: nicht den Durchlauf vom Besonderen zum Allgemeinen (objektivierende Richtung) und den Rücklauf vom Allgemeinen zum Besonderen (re-subjektivierende Richtung, die selbst objektiv verläuft), sondern einen fundamental anderen Vorgang. – Das Zusammendenken von Allgemeinem und Besonderem lässt sich weder trennend (subjektiv vs. objektiv) noch ableitend (subjektiv aus objektiv) verstehen. Es setzt vielmehr eine Weise voraus, auch die Aspekte des Subjektiven und des Objektiven zu verknüpfen – Kant führt dafür den Begriff subjektiver Allgemeingültigkeit ein, der im folgenden Verlauf der vorliegenden Überlegungen noch wichtig wird.[93] An dieser Stelle genügt es nun festzuhalten, dass es die rechtliche Unterscheidung von Objektivität und Subjektivität in ihrer trennenden Weise gerade unmöglich macht, Allgemeines und Besonderes zusammenzudenken, es nach dem hier entwickelten Verständnis also unmöglich macht, die juristische Entscheidung als juridisches Urteil zu denken.[94]

93 Siehe zum Ganzen und m. w. N. unten Kapitel *Theoretische Rekonstruktion juridischen Urteilens*, Sektion *Reflektieren*, Untersektion *Reflektierender Modus Juridischen Urteilens*, Abschnitt *Zur subjektiven Allgemeingültigkeit des juridischen Urteils.*

94 Gleichzeitig sei angemerkt, dass die juristische – trennende – Unterscheidung von Objektivität und Subjektivität nicht auf der Höhe der ungleich differenzierteren begrifflichen Zusammenhänge in jener Form etwa liegt, wie sie die gegen-

3. Überbrückungen

Die Strategien des Rechts, seine Angewiesenheit auf das Urteil auszublenden, zeigen sich also ebenso vielfältig wie etabliert. Sie bilden (und ornamentieren nicht allein) regelrecht den Kern rechtlicher Praxis in westlichen Verfassungssystemen. Nur deshalb kann Recht Techniken entwickeln, die es in seiner Institutionalisierung als »Objektivierungsmaschine« erscheinen lassen. Es geht mir vorliegend nicht darum anzuzeigen, dass diese Entwicklung in irgendeiner Weise unzulänglich wäre, und auch nicht darum, sie einer kritischen Analyse zu unterziehen. Die vorliegenden Überlegungen laufen vielmehr darauf hinaus, eine Tiefendimension des Rechts, die eng und notwendig mit dem so kunstvoll ausgeblendeten Urteilen verknüpft ist, offenzulegen. Dieser Untergrund, so die verfolgte These, bildet das spezifisch rechtliche, das juridische Moment des Rechts, den Grund des Rechts. Er wird hinter den Techniken, den Institutionen, den lesbaren Produkten und den sichtbaren Fabriken des Rechts leicht übersehen. Ich nenne ihn *Juridizität* (des Rechts). Die Juridizität des Rechts kennzeichnet insbesondere die Form des Urteilens – rechtliche Urteile zeigen sich als juridische Urteile. Deswegen wird eine Rekonstruktion juridischen Urteilens nicht allein aufschlussreich in Bezug auf die Konturierung verfassender Urteile als rechtsförmige Urteile sein, sondern, damit verbunden, letztlich auch für eine Re-konstruktion der Juridizität von Recht und des Urteils, denn: *wir können Recht nur über das Urteilen verstehen.* In seiner gleichzeitigen Angewiesenheit und Überlegenheit in der Ausblendung dieser Angewiesenheit auf das Urteil bildet Recht nun einen idealen Gegenstand, um das Urteilen in seiner Tragweite und Problematik zu verstehen. *Wir können umgekehrt nämlich auch das Urteilen nur vollständig über das Recht verstehen.* Beide Thesen sind über den Begriff des Juridischen miteinander verknüpft. Unter dem Begriff des Juridischen möchte ich jene Weise fassen, das Allgemeine und das Besondere gleichzeitig zu verbinden, zu überbrücken und ihre Unterschiedenheit aufrechtzuerhalten. Weil sowohl das Recht als auch das Urteilen auf diese überbrückende Unterschei-

wärtige Philosophie diskutiert. Vgl. zur Debatte um die Objektivität der Wissenschaft beispielsweise nur Felix Mühlhölzer, »Die Debatte um die Objektivität der Wissenschaft«, in: *Deutsche Zeitschrift für Philosophie* 49 (2001), S. 151-166.

dung hinauslaufen, sind beide durch das Juridische verbunden. Eine Rekonstruktion juridischen Urteilens müsste nun diese Juridizität, die gleichermaßen das Recht und das Urteil auszeichnet, begrifflich einhegen und greifbar machen können und gleichsam Rückschlüsse auf die Frage erlauben, was es heißt, verfassend (juridisch) zu urteilen.

IV. Theoretische Rekonstruktion juridischen Urteilens

> Kein Wunder, dass die Ästhetik, die ›Kohärenz‹, zum Mittelpunkt der modernen liberal-konstitutionellen Theorien des Urteilens geworden ist.[1]

1. Vorbemerkungen

a. Urteilen und Urteil

Wir denken das Urteilen gewöhnlich in der Form einer Zweiteilung. Der Vorgang des Urteilens unterscheidet sich als immer bloß innerliches Verfahren von seinem Ergebnis, dem Urteil, das sich nach außen richten kann, aber nicht muss. Wir urteilen individuell und wenden uns dann (möglicherweise) mit dem fertigen Ergebnis nach außen. Innen und außen, individuell und gemeinschaftlich – ganz untechnisch verstanden – korrespondieren hier nicht nur als Dichotomien miteinander, sondern auch in ihrer trennenden Zuordnung zum Vorgang der Urteilsbildung einerseits und zum Urteil als Ergebnis dieses Vorgangs andererseits. Für das Außen, für eine wie auch immer strukturierte Öffentlichkeit, wird lediglich das (fertige) Urteil, der Urteilsspruch als Ergebnis relevant.

Die vorliegenden Überlegungen, das sei in dieser Vorbemerkung schon angedeutet, laufen nun auf eine ganz andere Weise hinaus, den Zusammenhang von Urteil und Urteilen zu verstehen. Sie knüpft, grob skizziert, an der Überlegung an, dass wir Urteile als Urteile gerade vom Vorgang der Urteilsbildung her fassen können und nicht in Abgrenzung dazu, wie es die beschriebene Schematisierung Urteilen/Urteil gewöhnlich vorsieht. Nachdem ich im vorhergehenden Kapitel angezeigt habe, inwiefern wir Recht nur über das Urteilen verstehen können, wird es vorliegend also (zunächst und einführend) darum gehen zu rekonstruieren, inwiefern wir auch Urteile nur über das Urteilen verstehen können. Der spezifi-

1 Martti Koskenniemi, »Constitutionalism as Mindset. Reflections on Kantian Themes About International Law and Globalization«, in: *Theoretical Inquiries in Law* 8 (2007), S. 9-36, hier S. 32 (Übers. S.MM.).

sche Zusammenhang von Recht und Urteil, wie ihn die vorliegende Untersuchung entfaltet, verläuft, dies wird nun deutlicher, entlang der Begriffe des Urteilens und des Juridischen. Juridisches Urteilen, so die ein Zwischenergebnis bildende These meiner Überlegungen, lässt sich als eine spezifische Form des Urteilens begreifen, die sowohl die Rolle von Urteilen im und für Recht (juridische Urteile) als auch das Rechtliche an Urteilen (Juridizität der Urteile) erhellen kann. Um zu dieser Perspektive zu gelangen, gilt es vor allem, juridisches Urteilen theoretisch zu rekonstruieren. Das heißt von jenen Anknüpfungspunkten dieses Urteilens, die offenliegen, auszugehen, den Vorgang daran anschließend begrifflich zu rekonstruieren, um endlich dann auf diese Weise eine Beschreibung juridischen Urteilens zu erhalten, die die These des juridischen Urteilens als spezifischer Form des Urteilens plausibel und fruchtbar werden lassen kann. Schließlich, so ist diese Rekonstruktion vorliegend eingebettet und darauf läuft sie hinaus, muss sie ermöglichen, über das juridische Urteilen wiederum eine gewinnbringende Perspektive auf das verfassende Urteilen herzustellen. Dies wiederum wird Gegenstand des folgenden Kapitels sein.[2]

Den Begriff juridischen Urteilens werde ich im Folgenden nun (bereits) verwenden, um den durch diesen Begriff erst zu konturierenden Gegenstand zu benennen. Die Vorwegnahme soll nur namentlich sein, nicht aber die Begriffsbildung selbst betreffen. Sie erscheint mir deswegen unproblematisch, weil sie nicht auf bereits bestehende Begriffe verweist, sondern auf die angekündigte Neubildung hinausläuft. Allerdings, so wird sich im Laufe der Untersuchung noch zeigen, werden wir letztlich juridische Urteile von weiteren Typen rechtlichen Urteilens unterscheiden müssen. Nicht alle rechtlichen Urteile sind also notwendig juridische Urteile. Die Juridizität rechtlicher Urteile, auch das wird zu sehen sein, liegt gerade darin, dass sie zu spezifisch juridischen Urteilen werden können. Während die Juridizität rechtlicher Urteile insofern eine Potentialität beschreibt, verweist der Begriff juridischen Urteilens auf eine spezifische Weise der Urteilsbildung, die diese Potentialität verwirklicht.[3]

2 Siehe dazu unten Kapitel *Verfassende Urteile als juridische Urteile*.

3 Siehe dazu insbesondere unten Sektion *Subsumieren*.

b. Anknüpfungen einer theoretischen Rekonstruktion

Um juridisches Urteilen theoretisch zu rekonstruieren, gilt es zunächst, mögliche Anknüpfungspunkte einer derartigen Rekonstruktion zu suchen und auf ihre Tragfähigkeit hin zu überprüfen. Recht naheliegend dürfte in diesem Zusammenhang sein, davon auszugehen, wie wir gewöhnlich auf Vorgänge rechtlicher Urteilsbildung blicken, um daraus entweder erste Konturen oder auch Abgrenzungen juridischer Urteilsbildung zu gewinnen. Die gerade beschriebene Schematisierung des (innerlichen) Urteilens und des (äußerlichen) Urteils ist auch im Recht nicht fremd. In sie können wir zunächst ganz plausibel Vorgänge juridischen Urteilens eintragen: Nach einem zwar öffentlichen[4] Gerichtsverfahren, teilweise mit mündlicher Verhandlung, zieht sich das Gericht zur Urteilsfindung, zum Urteilen, zurück in seine Kammer, mit dem fertigen Urteil tritt es schließlich zu dessen Verkündung wieder hervor. Zwar ist nicht ganz deutlich, wie die Urteilsbildung im Falle von mehreren Richtenden zu denken ist: etwa als Summe einzelner (individueller) Urteile der einzelnen Richter:innen oder als kollektives Urteil des Gerichts, das diskursiv gefunden wird? Einige Studien aus jüngerer Zeit beschäftigen sich mit diesen Fragen nach der Entscheidungsfindung von juristischen Kollegialorganen.[5] Dabei geht es allerdings regelmäßig vorwiegend um das Problem, unterschiedliche Auffassungen zum Ausgleich zu bringen, weniger um das in der Zielrichtung davon zu unterscheidende Problem, aus verschiedenen (individuellen) Urteilsbildungen einen Urteilsspruch zu formen. Letztlich ist diese Frage für die Rekonstruktion juridischen Urteilens aber nachrangig, wenn auch nicht unerheblich, sondern in einem zweiten (hier nicht zu unternehmenden) Schritt zu erörtern, weil Gerichte im Recht tatsächlich immer als *ein* Spruchkörper auftreten. Dieser eine Spruchkörper zieht sich zurück, urteilt,

4 Zu jüngeren Diskussionen um den Grundsatz der Öffentlichkeit im Strafverfahren vgl. insb. Karsten Altenhain, *Öffentlichkeit im Strafverfahren – Transparenz und Schutz der Verfahrensbeteiligten. Gutachten C zum 71. Deutschen Juristentag*, München 2016; Frank Saliger, »Öffentlichkeit im Strafverfahren«, in: *JuristenZeitung* 71 (2016), S. 824-828.

5 Vgl. z. B. Hanjo Hamann, *Evidenzbasierte Jurisprudenz. Methoden empirischer Forschung und ihr Erkenntniswert für das Recht am Beispiel des Gesellschaftsrechts*, Tübingen 2014, insb. S. 199-314.

tritt wieder aus der Kammer heraus und verkündet sein Urteil. Die zwischenzeitlich entstehende Diversifizierung der Stimmen und Verstandesprozesse wird insofern weder hör- noch sichtbar.[6]

Die vorliegende Untersuchungsfrage lautet zunächst, wie wir uns das Urteilen vorstellen können, und erst in einem zweiten Schritt, dessen Richtung im Rahmen der vorliegenden Untersuchung nur anzudeuten ist, kann dann die Frage in den Blick gelangen, wie sich unterschiedliche Arten von Spruchkörpern in ihrem Urteilen unterscheiden müssen oder können.[7] Im Fortgang meiner theoretischen Rekonstruktion juridischer Urteilsbildung wird insbesondere zu sehen sein, dass die Zweiteilung in (individuelles) Urteilen und (äußerbares) Urteil nicht nur an Trennschärfe verliert, sondern auch vervielfältigt wird, je näher man dem Urteilen in der Betrachtung kommt. Wie kann man sich nun diesem Gegenstand, dem juridischen Urteilen, das gleichzeitig durch multiple normative Ansprüche und Regulierungen konturiert wird, diverse gerichtliche Praktiken und institutionelle Eigenheiten aufweist, die selten offen liegen, und sich als innerlicher Vorgang der Beobachtung entzieht, wie kann man sich diesem Gegenstand juridischen Urteilens ergiebig und sinnvoll nähern? Das Verfahren theoretischer Rekonstruktion, wie ich es verstehe und entwickle, zielt darauf ab, die verstreuten Anhaltspunkte, von denen aus sich eine Perspektive auf den zu untersuchenden Gegenstand ergeben könnte, zu einer solchen zusammenzusetzen. Dabei sind Extrapolationen notwendig –

6 Eine Ausnahme bilden Sondervoten oder Obiter Dicta etwa höchstgerichtlicher Urteile – die durchaus jene Diversifizierung der Urteilsbildungen lesbar machen können. Vgl. dazu rechtsvergleichend Gertrude Lübbe-Wolff, *Beratungskulturen. Wie Verfassungsgerichte arbeiten, und wovon es abhängt, ob sie integrieren oder polarisieren*, 2022, ⟨https://www.kas.de/documents/252038/16166715/Beratungskulturen.+Wie+Verfassungsgerichte+arbeiten%2C+und+wovon+es+abh%C3%A4ngt%2C+ob+sie+integrieren+oder+polarisieren.pdf/a68323e0-dd86-6b7b-202e-bd4130edb511?version=1.1&t=1662635382950⟩, letzter Zugriff 10.2.2023, S. 61-64, S. 144 f. und insb. S. 515-531. Zum Obiter Dictum vgl. Wilfried Schlüter, *Das Obiter dictum. Die Grenzen höchstrichterlicher Entscheidungsbegründung, dargestellt an Beispielen aus der Rechtsprechung des Bundesarbeitsgerichts*, München 1973.

7 Dabei sollte schon hinsichtlich der Anknüpfungspunkte deutlich unterschieden werden zwischen den Handlungen, die gerichtliche Spruchkörper vollziehen (z. B. das Urteil verkünden), und Handlungen, von denen wir nicht wissen, ob das Kollegialorgan sie als Spruchkörper vollzieht oder in einer wie auch immer gestalteten anderen Formation – z. B. der Urteilsfindung in der Kammer.

die gefundenen Koordinaten sind in ein Ganzes hineinzudenken, das als solches nur im Wege dieses Rekonstruierens entsteht. Die Zusammenfügungen selbst, Extrapolationen, induktiven Schlüsse oder die Behauptung eines Musters, werde ich anhand von Begriffen vornehmen. Denn wenn Urteile und juridische Urteile selbst begrifflich strukturiert sind,[8] erscheinen theoretische Rekonstruktion und Begriffsbildung als geeigneter Weg, um diese Urteile näher beschreiben zu können. Dies muss und soll keineswegs empirische Untersuchungen ausschließen;[9] aber da solche Herangehensweisen aufgrund der begrifflichen Struktur juridischen Urteilens ihrerseits an Begriffen anknüpfen und auf Begriffe hinauslaufen müssen, scheint es naheliegend, eine grundlegend angelegte Untersuchung juridischen Urteilens in einem ersten Schritt begrifflich vorzunehmen.

Die theoretische Rekonstruktion erfordert nun zunächst, wie bereits angedeutet, Anknüpfungspunkte für eine Perspektivbildung zu finden. Hier, das werde ich gleich skizzieren, ist das Problem, mögliche Anknüpfungspunkte zu finden, wesentlich einfacher zu lösen, als die richtigen auszuwählen. Die richtige Auswahl stellt schließlich selbst ein Urteil dar (wenngleich kein juridisches) und muss insofern eine geeignete von anderen, ungeeigneten Auswahlentscheidungen unterscheiden. Beispielsweise könnte eine Rekonstruktion von räumlichen Anordnungen juridischer Urteilsprozesse ausgehend erfolgen und Gerichtsgebäude[10] in den Blick nehmen oder Protokoll, Diktat, Verhör und technische Aufzeichnung[11] als mediale Wahrnehmungsoperatoren untersuchen; sie könnte aber auch die Akustik im Verfahren in den Mittelpunkt rücken[12] oder

8 Siehe dazu oben Kapitel *Juridizität rechtsförmiger Urteile*.

9 Bestehende empirische Untersuchungen etwa aus den Sozialwissenschaften oder der Rechtsgeschichte bieten hier – im Gegenteil – wichtige Vergleichsfolien. Vgl. z. B. Peter Stegmaier, *Wissen, was Recht ist. Richterliche Rechtspraxis aus wissenssoziologisch-ethnografischer Sicht*, Wiesbaden 2009.

10 Vgl. dazu etwa Werner Gephart, *Recht als Kultur. Zur kultursoziologischen Analyse des Rechts*, Frankfurt/M. 2006, S. 237-253; Peter Robson, Johnny Rodger, *The Spaces of Justice. The Architecture of the Scottish Court*, London 2017.

11 Vgl. zu allen vier Aspekten Cornelia Vismann, »Action Writing. Zur Mündlichkeit im Recht«, in: *Das Recht und seine Mittel. Ausgewählte Schriften*, hg. v. Markus Krajewski, Fabian Steinhauer, Frankfurt/M. 2012, S. 394-416.

12 James E. K. Parker, *Acoustic Jurisprudence. Listening to the Trial of Simon Bikindi*, Oxford 2015.

mit den Mitteln der Kunst das Urteilen auf eine »forensische Architektur«[13] zurückführen. Natürlich sind auch die Akten[14] als Gegenstände und Archive des Verfahrens bildende Dinge, von denen ausgehend wir ins Innere des Urteilens blicken könnten. Psychologische[15] oder institutionenanalytische[16] Zugänge liefern Prismen, um das juridische Urteilen fassbar zu machen. Meine Auswahlentscheidung konzentriert sich allerdings auf andere Aspekte und ergibt sich allein entlang einer Frage: Was tun Richter:innen, wenn sie juridisch urteilen? Der einfache Grund für diese Orientierung und Anknüpfung meiner theoretischen Rekonstruktion juridischen Urteilens ergibt sich aus dem Ziel, es als Vorgang (man könnte auch sagen: als Prozess) zu beschreiben – dann nämlich, wenn man das Tun der Urteilenden in den Blick nimmt, werden alle anderen genannten möglichen Blickwinkel zu zwar relevanten, aber für die nähere Beschreibung der Tätigkeit konturierenden, fassenden, gleichwohl nicht gründenden Momenten. Aus dieser am Tun der Urteilenden gebildeten Perspektive fallen zwei sie rahmende und begrenzende Aspekte heraus, die ich zwar nicht weitergehend in meine Rekonstruktion aufnehmen werde, deren eigentümliche Funktion für die Rekonstruktion aber angedeutet sein soll: Es handelt sich bei diesen rahmenden Aspekten um die Konstellation des Urteilens einerseits und das Urteil als Urteil andererseits. Beide dienen der Abgrenzung in einer Frage – wann ist ein Handeln rechtliches Urteilen und wann nicht?[17] – und beide scheitern in der Abgrenzung dieser Frage: Auch wenn sich zunächst spezifische Konstellationen rechtlichen Urteilens ausmachen lassen, wird zu

13 Vgl. dazu nur das Projekt »Forensic Architecture« ⟨www.forensic-architecture.org⟩, letzter Zugriff 15.12.2022; Eyal Weizman, *Forensische Architektur. Notizen von Feldern und Foren*, Ostfildern 2012, S. 22-42.

14 Cornelia Vismann, *Akten. Medientechnik und Recht*, Frankfurt/M. 2000.

15 Vgl. Gotthold Bohne, *Zur Psychologie der richterlichen Überzeugungsbildung*, Darmstadt 1948; David E. Klein, Gregory Mitchell (Hg.), *The Psychology of Judicial Decision Making*, Oxford, New York u. a. 2010; Jon Hanson (Hg.), *Ideology, Psychology, and Law*, Oxford, New York u. a. 2012; Tony Cole (Hg.), *The Roles of Psychology in International Arbitration*, Alphen aan den Rijn 2017.

16 Vgl. nur Martin Shapiro, *Courts. A Comparative and Political Analysis*, Chicago, London 1981.

17 Diese Frage ist zu unterscheiden von der Frage nach dem Juridischen und von der Frage nach dem Urteilen, die beide in einem weiteren Sinne gestellt werden können.

sehen sein, dass juridisches Urteilen unabhängig von diesen Konstellationen vollzichbar ist. Und auch wenn das Urteil zunächst vom Urteilen begrifflich trennbar ist, wird im Verlauf der Rekonstruktion deutlich werden, dass für juridisches Urteilen Urteil und Urteilen nicht zu entkoppeln sind – dass wir also nicht vom Urteil sprechen können, ohne auch vom Urteilen zu sprechen, und umgekehrt. Es ist kein Widerspruch zu diesen im Vorgriff angedeuteten Verhältnissen, Konstellation und Urteil für die Rekonstruktion von den Handlungsaspekten des Urteilens zu trennen, weil es sich dabei um keine kategoriale, sondern nur um eine den Blick vorläufig differenzierende Unterscheidung handelt.

c. Anordnungen der Rekonstruktion

Die folgende Rekonstruktion juridischen Urteilens könnte nun verschiedene Entwicklungswege nehmen: Sie könnte vom Beginn der Urteilsbildung ausgehen und bis zu ihrem Ende Schritt für Schritt vordringen. Sie könnte umgekehrt vom Ergebnis, dem Urteil aus, den Weg zu demselben zurückverfolgen. Beide Entwicklungsrichtungen machen allerdings bereits eine starke Voraussetzung: jene nämlich, dass juridisch zu urteilen bedeutet, eine als Abfolge beschreibbare Reihe von Schritten zu vollziehen, die einen bestimmbaren Anfangs- und Endpunkt besitzt. So verhält es sich, das wird erst im Laufe der Rekonstruktion zu sehen sein, allerdings nicht. Zwar könnten etwa Klageerhebung oder Urteilsverkündung durchaus als Anfangs- und Endpunkte juridischer Urteilsbildung definiert werden. Dies führt allerdings nicht weiter an die vorzunehmende Rekonstruktion heran, weil (und hier ist ein Ergebnis der Untersuchung vorwegzunehmen) dazwischen gerade keine Schrittfolge, kein Algorithmus liegt, der notwendig vom Anfangs- zum Endpunkt des Verfahrens (zu urteilen, nicht des gerichtlichen Verfahrens) führen würde. Dann aber, wenn Anfangs- und Endpunkt des Urteilens die Perspektive auf dasselbe gar nicht ausrichten können, weil ihre Bestimmung nichts über die Vorgänge dazwischen aussagt, dann ist ihre genauere Bestimmung für eine theoretische Rekonstruktion juridischen Urteilens auch nicht notwendig. Damit ist natürlich nicht gesagt, dass etwa der Inhalt eines Klageantrags oder ein Urteilstenor in keinem Zusammenhang mit der Urteilsbildung stehen. Vielmehr ist damit allein gesagt, dass die Frage, in welchem Zusammenhang sie zueinander stehen und wie von einem zum anderen zu gelangen sein könnte, gerade nicht durch die temporale Anordnung zu klären ist.

Woran denken wir denn überhaupt, wenn wir ans rechtliche Urteilen denken? Typischerweise denken wir an gerichtliche Situationen, wenn von rechtsförmigen Urteilen die Rede ist. Es muss nicht unbedingt eine klassische mündliche Verhandlung in den Sinn kommen, aber doch beinahe notwendig eine Richterin oder ein Richter, vielleicht auch eine ganze Richter:innenbank, alle in Roben, die stehend, ernsthaft und gut vernehmbar Urteile verkünden.[18] Dabei muss es sich nicht zwangsläufig um professionelle Richter:innen handeln, auch Schöff:innen und etwa für den amerikanischen Prozess Laienjurys bilden typische Vorstellungen von Richtenden.[19] Allerdings – das dürfte nicht sonderlich überraschen – haben solche die Urteilsverkündung darstellenden Bilder wenig mit dem Verfahren des Urteilens selbst zu tun. Schließlich zeigen sie lediglich die Verkündung fertiger Urteile, nachdem Vorgänge der Urteilsbildung, des Urteilens bereits abgeschlossen sind. Und doch ist es kein Zufall und kein falscher Eindruck, dass gerade diese Bilder sich äußernder Richter:innen nicht nur fertige Urteile in unserer Vorstellung verkörpern, sondern auch das Urteilen als denselben vorausgehender Vorgang. Denn sie füllen emblematisch eine Leerstelle unserer – der öffentlichen – Beobachtung des Urteilens: Zur Urteilsbildung ziehen sich Gerichte zurück in nicht einsehbare Kammern, es gibt keine Protokolle dieses Vorgangs, als

18 Vgl. allgemein zu Richter:innenbildern etwa Heike Jung, *Richterbilder. Ein interkultureller Vergleich*, Baden-Baden, Basel u.a. 2006. Zu einer differenzierten richtersoziologischen Untersuchung der Frage nach den Selbstbildern von Richter:innen vgl. Thorsten Berndt, *Richterbilder. Dimensionen richterlicher Selbsttypisierungen*, Wiesbaden 2010.

19 Eine allgemeinere Untersuchung der Figuren von Schöff:innen und Geschworenen findet sich bei Hansernst Grabert, Gerhard Zoebe, *Schöffen und Geschworene. Ein Leitfaden für den Strafprozeß*, Karlsruhe 1970. Die vergleichende Frage nach Urteilsbildungen von Schöffen und Berufsrichter:innen behandelt etwa René Börner, »Die Ungleichheit von Schöffen und Berufsrichtern – Schöffen als Garanten der Unmittelbarkeit«, in: *Zeitschrift für die gesamte Strafrechtswissenschaft* 122 (2010), S. 157-198. Eine der wenigen empirischen Untersuchungen dazu liefern Andreas Glöckner, Marie Landsberg, »Der Schöffe entscheidet. Eine empirische Studie zum Entscheidungsverhalten von Schöffen«, in: *Richter ohne Robe* 23 (2011), S. 44-47.

einzige Repräsentation des juridischen Urteilens wird das fertige Urteil (beziehungsweise seine Verkündung) sichtbar, auf welches das gerichtliche Verfahren und nicht nur das Urteilen gerichtet ist.[20] Bemerkenswert ist an dieser Ausrichtung des Verfahrens auf das Urteil oder auf die Erkenntnis des Urteils,[21] dass sie den Vorgang des Urteilens wiederum nicht einbezieht. Der *Vorgang* des gerichtlichen Verfahrens, der Processus, bezeichnet lediglich das »Verfahren bei der gerichtlichen Geltendmachung und Durchsetzung von Rechten«[22] – entsprechend differenziert die Literatur dieses Verfahren nicht nach Modi oder jedenfalls Aspekten der Urteilsbildung, sondern nach den Gegenständen und Formen der Urteilssprüche: So lassen sich Leistungsurteile,[23] Feststellungsurteile[24] und Gestaltungsurteile,[25] die jeweils verschiedene Auswirkungen auf das streitrelevante Rechtsverhältnis haben, unterscheiden, ohne dass dadurch in einem ersten Zugriff bereits etwas über die Urteilsbildung ausgesagt wäre. Urteilsvorgänge sind nicht nur, aber insbesondere im Recht dunkle Vorgänge, die nicht auf Einsehbarkeit zielen, sondern auf Nachvollziehbarkeit. Nachvollziehbar soll allerdings, auch hier ist eine Einschränkung vorzunehmen, nicht der Vorgang der Urteilsbildung sein, sondern das Urteil als Urteil. Entsprechend dokumentiert der Text eines rechtlichen Urteils (der Urteilstext) auch nicht die Urteilsbildung des Gerichts, sondert liefert Gründe für das Urteil (Urteilsbegründung, Urteilsgründe). Die Darstellung dieser Gründe entspricht dem sogenannten Urteilsstil, einer Anord-

20 Das sogenannte Urteils- oder Erkenntnisverfahren, so gilt es beispielsweise für den deutschen Zivilprozess, »hat die Entscheidung, das Urteil zum Ziel«; Leo Rosenberg u. a., *Zivilprozessrecht*, München [17]2010, § 1 Rn. 17.

21 Die Bezeichnungen jedenfalls, Erkenntnis- und Urteilsverfahren, werden in der zivilprozessrechtlichen Literatur synonym verwendet.

22 Rosenberg u. a., *Zivilprozessrecht,* § 1 Rn. 1.

23 Leistungsurteile »verwandel[n] den Anspruch zu einem erzwingbaren Leistungsanspruch«, Wolfgang Krüger, Thomas Rauscher (Hg.), *Münchener Kommentar zur Zivilprozessordnung,* Bd. 1, München 2013, Einleitung, Rn. 19.

24 Feststellungsurteile sind auf »Feststellung des Bestehens oder Nichtbestehens eines Rechtsverhältnisses« gerichtet, so lautet die entsprechende gesetzliche Formulierung in § 256 Abs. 1 ZPO. Vgl. dazu Friedrich Stein u. a. (Hg.), *Kommentar zur Zivilprozessordnung,* Bd. 4, Tübingen 2008, § 253, Rn. 86.

25 Gestaltungsurteile dagegen führen »zur unmittelbaren richterlichen Gestaltung des [streitgegenständlichen] Rechtsverhältnisses«, Krüger/Rauscher (Hg.), *Münchener Kommentar zur Zivilprozessordnung,* Einleitung, Rn. 19.

nung im Inneren des Textes, die vom Ergebnis ausgehend in einer Kaskade von allgemeinen Aspekten zum Besonderen den Nachweis führt, dass das Urteil zwingend und eindeutig aus einer Rechtsnorm abgeleitet wird.[26] Es wird noch zu sehen sein, dass es sich dabei nicht nur um eine Simulation der Urteilsbildung, sondern auch um eine insofern *fiktive* Simulation der Urteilsbildung handelt, als sie den elementaren, reflektierenden Vorgang[27] nicht darstellt und das Urteilen allein auf die sich an den Reflexionsvorgang anschließende, letztlich aber nach demselben immer schon unproblematische Subsumtion reduziert.[28] Gleichwohl, auch das wird noch zu sehen sein, begründet diese nachträgliche Simulation eines fiktiven Verfahrens der Urteilsbildung normative Rückwirkungen für das »eigentliche« Urteilen, die gewissermaßen aus der Zukunft in den Vorgang juridischer Urteilsbildung eingreifen.[29] Wie aber kann man sich diesem dunklen Vorgang rechtlicher Urteilsbildung nun nähern? Im Folgenden werde ich den Vorgang juridischen Urteilens anhand von relevanten Aspekten rekonstruieren, ohne dass damit eine Reihenfolge oder Rangfolge ihrer Bedeutung für Verfahren des Urteilens im Recht vorgegeben wäre. Urteilsvorgänge, auch das wird noch zu sehen sein, können genauso gut mit dem Ergebnis beginnen wie mit einer Gerichtsverhandlung. Wer ein rechtliches Urteil fällt, kann also mit der Frage nach den Tatsachen beginnen oder mit der Frage nach den relevanten Rechtsnormen oder auch mit einem bestimmten Ergebnis, einer spezifischen Anordnung von Rechtsnormen und Tatsachen, die dann wiederum im Vorgang der Urteilsbildung zu überprüfen oder zu rechtfertigen wäre. Was (schon begrifflich) allein festzuhalten ist: dass zu urteilen bedeuten muss, über etwas zu urteilen – anders gesagt, dass Urteile einen Gegenstand haben. Und Urteile behandeln ihr Objekt, indem sie ihm ein Prädikat zuschreiben; für rechtliche Urteile wäre das Prädikat: recht (oder unrecht). Im Wesentlichen muss eine Rekonstruktion

26 Siehe dazu oben bereits zum Verhältnis von Herstellung und Darstellung Kapitel *Juridizität rechtsförmiger Urteile*, Sektion *Der Verlust der Juridizität*, Untersektion *Herstellung und Darstellung*.

27 Zum rechtlichen Urteilen als reflektierendem Urteilen siehe unten Sektion *Reflektieren*.

28 Siehe dazu unten ausführlich Sektion *Subsumieren*.

29 Hinsichtlich Form und Rolle des Urteilstextes, auch das kann hier nur am Rande bemerkt werden, gibt es natürlich erhebliche rechtskulturelle Differenzen.

rechtsförmigen Urteilens also die Frage angehen, wie im Urteilen ein Gegenstand mit einem Prädikat, recht oder unrecht, zu versehen ist. Und genau das will ich nun in sechs Abschnitten entlang von sechs wesentlichen Aspekten rechtlichen Urteilens unternehmen: *Fällen*, *Finden*, *Deuten*, *Reflektieren*, *Subsumieren* und *Zusammensehen* sind Verfahren, ohne die Vorgänge rechtlichen Urteilens wiederum nicht auskommen. Es könnten durchaus noch weitere Verfahren bestimmt werden, die möglicherweise eine zentrale Rolle für das Urteilen spielen – etwa (normativ) zu fühlen oder auch zu entscheiden. Es wird sich im Laufe der Rekonstruktion zeigen, dass keiner der beschriebenen Aspekte trennscharf von allen anderen zu unterscheiden wäre, und so verhält es sich auch für die gerade genannten, hier nicht ausdrücklich untersuchten. Sie tauchen ebenfalls im Laufe meiner Überlegungen auf, ohne dass sie vorliegend zu einem abschnittbildenden Gegenstand erhoben würden. Die Beschränkung auf jene als wesentlich bezeichneten Aspekte des Urteilens hängt hier allein damit zusammen, dass ich ohnehin angelegte Überschneidungen der Aspekte möglichst begrenzen möchte, um einen vielleicht nicht vollständigen, aber nachvollzieh- und greifbaren Blick aufs Urteilen zu erhalten.

2. Fällen

a. Der Fall ist nicht der Fall

Während die Frage, was der Fall ist, (nicht nur) im Recht an vielen Stellen auftaucht und insbesondere in gerichtlichen Verfahren typischerweise explizit unter dem Begriff der Tatsachenfeststellung oder der Sachverhaltserforschung behandelt wird, rückt die grundlegende Frage nach dem Begriff des Falles selten ins Blickfeld:[30] Was ist ein Fall? Genauer: Was ist ein Rechtsfall? Worüber sprechen wir, wenn wir über Rechtsfälle sprechen? Fälle, diese Be-

30 Natürlich bestehen Ausnahmen: Joachim Hruschka, *Die Konstitution des Rechtsfalles. Studien zum Verhältnis von Tatsachenfeststellung und Rechtsanwendung*, Berlin 1965; Birgit Feldner, Nikolaus Forgó (Hg.), *Norm und Entscheidung. Prolegomena zu einer Theorie des Falls*, Wien, New York 2000; Bertram Lomfeld (Hg.), *Die Fälle der Gesellschaft. Eine neue Praxis soziologischer Jurisprudenz*, Tübingen 2017.

merkung wird kaum zu bestreiten sein, bilden und formieren die Praxis des Rechts. Sie richten die Rechtspraxis dadurch aus, dass sie auftauchen.[31] Denn, so viel ist anzunehmen, ohne Fälle gibt es keine Praxis. Das heißt umgekehrt wiederum: Nur wo Fälle sind, lässt sich Rechtspraxis beobachten oder kann Recht sich zeigen und erweisen. Fälle sind mindestens Anlässe für rechtliche Urteile. Ihre Rolle im und für das Recht wäre allerdings unzureichend beschrieben, wenn man diese Anlässe allein als auslösende, aber nicht als formierende Aspekte rechtlicher Urteile ansehen würde. Denn Fälle sind, noch weiter gehend, jene Orte, an denen nicht nur die Welt,[32] sondern auch das Recht auf dem Spiel steht, wie sogleich zu sehen sein wird. Die Frage, was der Fall ist, verstanden als eine Frage nach den Tatsachen, die ein Urteil veranlassen oder begründen, behandelt demnach nicht das ganze Ausmaß des Begriffs vom Fall. Wenn im Fall das Recht auf dem Spiel steht und das Recht sich im Urteil zeigt, dann müssen Fall und Urteil nicht nur das Recht aus ihrer Relation heraus erkennen lassen, sondern auch begrifflich derart miteinander verbunden sein, dass es sinnvoll ist, gleichermaßen davon zu sprechen, Urteile zu fällen und über Fälle zu urteilen. In dieser Überlegung steckt nun weiterhin die sogleich zu erschließende Annahme, dass die Erkenntnis eines Falles auch die Erkenntnis des Rechts sein muss.[33] Der Fall ist also relevant[34] für das Urteil und auch für das Recht. Insofern bildet er den Ausgangspunkt (und nicht den bloßen Anlass) meiner in diesem Kapitel zu unternehmenden Untersuchungen zum Urteilen. Man könnte angesichts dieser Voraussetzungen geneigt sein anzu-

31 Eine interessante Analogie, die das Auftauchen des Falls, das »Auftreten« des Falls als Fall illustriert, findet hier Klinger, der Heideggers und Wittgensteins *Auffallen* in einer Ähnlichkeit zum juristischen Fall sieht: »Wann aber hat man es mit einem Fall zu tun? […] Als das, was sich stellt, indem es an-, auf- oder vorfällt, kann der Fall darin bestehen, dass ein Problem auftaucht, eine Störung, etwas nicht erwartungsgemäß geschieht; er kann durch ein Stutzen, ein Stolpern, einen Bruch im reibungslosen Ablauf markiert sein – und hierin gleicht dasjenige, was sowohl Heidegger als auch Wittgenstein das ›Auffallen‹ nennen, dem juristischen Fall […].« Florian Klinger, *Urteilen*, Zürich, Berlin 2011, S. 140 f.

32 Vgl. ebd., S. 137.

33 Hier deutet sich eine Rekursivität im begrifflichen Verhältnis an, die sich im Verhältnis von Fall und Urteil fortsetzen wird, siehe dazu unten Untersektion *Wie verfahren Gerichte mit Fällen?*.

34 Zum Begriff der Relevanz vgl. hier auch Klinger, *Urteilen*, S. 375-558.

nehmen, dass der Rechtsfall ein zentraler Gegenstand rechtswissenschaftlicher Forschung, jedenfalls der Grundlagenforschung, wäre. Fälle aber, ihre Konstruktion oder ihre Anlage, finden sich kaum als Gegenstände der entsprechenden Disziplinen wieder.[35] Zwar wird gerade die juristische Ausbildungsliteratur von *casebooks* und Übungsfällen (»Der praktische Fall«[36]) beherrscht, die Frage, was einen Rechtsfall zum Rechtsfall macht oder von anderen Vorkommnissen im Recht, zum Beispiel von einem Sachverhalt oder einem Klageantrag, unterscheidet, diese Frage findet hier allerdings kaum Beachtung. Schließlich zielt die juristische Ausbildung darauf, die Lösung von Rechtsfällen einzuüben, nicht das Auffinden oder Erkennen von Rechtsfällen als Fälle. Fälle finden nicht als spezifische Situationen des Rechts Beachtung, sondern in ihrer Beurteilung, sie werden regelmäßig, wenn überhaupt, allein durch die Brille des Urteils rezipiert. Mehr noch, viele Kommentierungen und Anmerkungen von gerichtlichen Urteilen kommen – jedenfalls in der deutschen Rechtswissenschaft[37] – ohne genauere Bestimmung des beurteilten Falles aus. Die Urteilsdarstellung weist sowohl hinsichtlich des Klagebegehrens als auch hinsichtlich der Tatsachen, auf die ein Urteil jeweils Bezug nimmt, lediglich die relevanten, also schließlich verwendeten Bestände aus. Die rechtswissenschaftliche Aufarbeitung dieser Urteile wiederum verzichtet dann ganz regelmäßig sogar auf die Darstellung oder gar Untersuchung der schon als relevant markierten Setzungen des Urteils. Natürlich handelt es sich dabei nicht zwangsläufig um eine kontingente Nachlässig-

35 Vgl. aber für die Jurist:innenausbildung etwa Paul W. Kahn, *Making the Case. The Art of the Judicial Opinion,* New Haven, London 2016, S. 135-172 (jener Teil, der vom Fall als Tatsachenkonstellation handelt, dem »case« im Englischen, wäre allgemein und im vorliegenden Sinne ansonsten eher als »Entscheidung« zu übersetzen); für die Rechtstheorie nach wie vor Hruschka, *Die Konstitution des Rechtsfalles*; und für die Rechtssoziologie jedenfalls in Beispielen Lomfeld (Hg.), *Die Fälle der Gesellschaft.*

36 Vgl. nur die gleichnamige Kategorie in der Ausbildungszeitschrift »Juristische Schulung«.

37 Für ein klassisches Präjudizienrecht, das ja ganz wesentlich die Vergleichbarkeit der Fallkonstellationen überprüfbar halten muss, stellt sich die Rolle des Falles (jedenfalls auf den ersten Blick) etwas anders dar – vgl. zur Rolle der »Leitentscheidung« jedenfalls für das Europarecht nun aber Nele Yang, *Die Leitentscheidung. Zur Grundlegung eines Begriffs und seiner Erforschung im Unionsrecht anhand des EuGH-Urteils Kadi*, Berlin, Heidelberg 2018.

keit in der Betrachtung. Dass Recht und Rechtswissenschaft letztlich immer schon von einer möglichen Beurteilung ausgehend auf Konstellationen und Fragestellungen blicken, dies hängt zweifellos mit der Ausrichtung der Analysen und Kommentierungen auf eine einheitliche, systematische Aufbereitung, auf eine Dogmatik des Rechts zusammen. Dogmatik zielt zwar darauf, ein lückenloses System zu beschreiben, aber es ist ein System der rechtsnormativen Beurteilungsmöglichkeiten, keines der Fälle. Natürlich könnte man hier unmittelbar einwenden, dass Beurteilungsmöglichkeiten nicht nur in Abhängigkeit von Rechtsnormen, sondern stets auch in Abhängigkeit von Fallkonstellationen gedacht sein müssen. Schließlich verbindet die Dogmatik den allgemeinen normativen Zugriff von Rechtsnormen mit der konkreten Anforderung, die sich aus tatsächlichen Anordnungen ergibt. Entscheidend ist in dieser Verknüpfung allerdings der Begriff der Fallkonstellation, der sich typischerweise auf ein identifizierbares Rechtsproblem bezieht, also die Frage, ob unter den Bedingungen A, B und C die Rechtsnorm X anwendbar ist. Das Problem des Falles, die Frage nach dem Fall selbst, taucht aber nicht auf, denn ihre Antwort ist schon bekannt, wenn von einer Fallkonstellation die Rede ist. Die Fallkonstellation setzt den Fall voraus, nicht umgekehrt; während die Fallkonstellation so oder so beurteilt werden kann, weist ein Fall nicht nur diverse Möglichkeiten der Beurteilung auf, sondern auch diverse Möglichkeiten der Fallkonstellation. Daher lässt sich von Fallkonstellationen auch nicht zwangsläufig auf Fälle schließen.

Eine zentrale These der vorliegenden Studie, die ich in den kommenden Abschnitten weiter entfalten werde, lautet nun von hier ausblickend, dass die Konzentration der Rechtswissenschaft und der Rechtspraxis auf Fallkonstellationen und Urteile etwas zurücklässt, das einen beachtenswerten Verlust darstellt: den Fall, der noch nicht der Fall ist, sondern ein Möglichkeitsraum.[38] Dieser Möglichkeitsraum bildet, so die fortgesetzte These, das Gegenüber des Urteils, seinen Gegenstand. Das heißt, die Frage, wie ein Fall sein Derfallsein findet oder wie aus einem Fall eine Fallkonstellation wird, muss ein Problem des Urteilens sein – und zwar ein Problem, das wir aus dem Blick verlieren, wenn wir Urteile (allein)

38 Vgl. zum Begriff der Möglichkeit, allerdings in Bezug auf Normen, Christoph Möllers, *Die Möglichkeit der Normen. Über eine Praxis jenseits von Moralität und Kausalität*, Berlin 2015, insb. S. 142-155.

als »konkrete« beziehungsweise »individuelle Normen«,[39] als Urteile untersuchen und das Urteilen außen vor lassen. Weil diese These aber gerade nicht zum Kernbestand gängiger rechtswissenschaftlicher Überlegungen zu Fall und Urteil zählt, ist es zunächst nicht weiter verwunderlich, dass eine Durchsicht der Literatur zur Frage, was eigentlich ein Fall ist, selbst für Titel, die Rechtsfälle in der Absicht zum Thema machen, deren wichtige Rolle für das Recht[40] aus einer konstatierten Vernachlässigung zu befreien,[41] weitgehend ergebnislos verläuft. Sogar Dworkin, der das Problem schwieriger Rechtsfälle (im Unterschied zu einfachen)[42] zum Gegenstand eines wichtigen Textes (»Hard Cases«) gemacht hat, hält den Begriff des Falles nicht für weiter erklärungsbedürftig. Er belässt es bei einer von einfachen Fällen abgrenzenden Definition schwieriger Fälle: »Wenn der vorliegende Fall jedoch ein schwieriger Fall ist, wenn also keine feststehende Regel eine Entscheidung in die eine oder andere Richtung diktiert, dann könnte es scheinen, dass eine angemessene Entscheidung entweder durch Gründe der Zielsetzung

39 Vgl. etwa Kelsen: »[Die] Anwendung einer generellen Norm auf einen konkreten Fall [besteht] in der Erzeugung einer individuellen Norm, in der Individualisierung (oder Konkretisierung) der generellen Norm.« Hans Kelsen, *Reine Rechtslehre*, Wien ²1960, S. 236.

40 Zum Beispiel der wichtige Band *Norm und Entscheidung. Prolegomena zu einer Theorie des Falls* von Feldner und Forgó, dessen Vorwort ein mit Blick auf den Begriff des Falles weitgehendes Zitat vorangestellt ist: »Erst im Fall kann man festlegen, was *dieser* Fall ›ist‹; und für ihn dann diese Rechtsnorm schaffen (›in keinem Fall wie diesem ...‹). Vor ihm kann es diese Rechtsnorm nicht ›geben‹.« Friedrich Müller, »Sätze«, in: *Sprache und Literatur*, zit. nach Birgit Feldner, Nikolaus Forgó, »Vorwort«, in: dies. (Hg.), *Norm und Entscheidung*, S. V-X, hier S. V. Trotz dieses Auftakts behandeln die im Band versammelten Texte den Begriff des Falles dann vielmehr als bloße Beschreibung des Gegenstands rechtlicher Entscheidung, so z. B. Lorenz Schulz, »Regel und Fall. Über ein Modell kohärenter Verknüpfung«, in: Birgit Feldner, Nikolaus Forgó (Hg.), *Norm und Entscheidung. Prolegomena zu einer Theorie des Falls*, Wien, New York 2000, S. 153-188, hier S. 153 f. Allein Seibert verwendet einen komplexeren Begriff des Falles: »Der Fall ist ein Produkt des Urteils. [...] [Er] formuliert ein Rechtszeichen, und er tut das anders als die Norm in verschlüsselter Weise.« Thomas-Michael Seibert, »Grundlagen der Urteilsanalyse. Fall, Regel und Topos«, in: Birgit Feldner, Nikolaus Forgó (Hg.), *Norm und Entscheidung. Prolegomena zu einer Theorie des Falls*, Wien, New York 2000, S. 127-152, hier S. 128 f.

41 Vgl. Lomfeld (Hg.), *Die Fälle der Gesellschaft*.

42 Ronald Dworkin, »Hard Cases«, in: *Harvard Law Review* 88 (1975), S. 1057-1109.

oder durch Prinzipiengründe geschaffen werden könnte.«[43] Wenn also keine Rechtsregel eine Entscheidung vorschreibt, diktiert, dann hat ein Gericht es mit einem schwierigen Fall zu tun – umgekehrt, lässt die Rechtsregel in einem Fall eine Entscheidung unproblematisch zu, dann handelt es sich nach dieser Definition um einen einfachen Fall. Ich werde weiter unten noch ausführlicher auf diese Unterscheidung eingehen, denn sie gibt durchaus mittelbar auch Aufschluss darüber, wie man rechtswissenschaftlich mit Fällen umgeht.[44] Unmittelbar allerdings liefert Dworkin keine weiteren Hinweise darauf, wie etwas, eine Sache, zu einem Rechtsfall werden kann. In den normativen Selbstbeschreibungen von Rechtssystemen taucht der Begriff des Falles ebenfalls kaum auf – mit einer Ausnahme: Verbote von Einzelfallgesetzen haben nicht nur Fälle zum Gegenstand, sondern regulieren die Regulierung von einer bestimmten Sorte Fälle – den Einzelfällen. Der Begriff ist illustrer, als es zunächst den Anschein haben mag. Denn schon ohne den Rechtsbezug wäre nicht unbedingt offensichtlich, dass Fälle denkbar sind, die keine einzelnen, keine Einzelfälle sind. Schließlich beschreibt der Begriff des Falles doch typischerweise etwas Konkretes: eine konkrete Reihe von Umständen, ein bestimmtes Zusammenfallen von Dingen, eine bestimmte Anordnung von Parametern. Diesem Konkreten im Begriff des Falles werde ich mich unten über den Begriff der Jeweiligkeit[45] nähern, der seinerseits erlaubt anzuzeigen, dass die Bestimmbarkeit des Einzelfalles eine andere Konkretion meint als das Konkrete des Falles. Dieser Unterschied gleicht jenem zwischen Fall und Fallkonstellation. Es ist, das zeigt sich entlang der Überlegungen zur Jeweiligkeit des Falles, gar nicht so ohne weiteres zu bestimmen, ob Einzelfälle überhaupt Rechtsfälle sein können, der eine Begriff Unter- oder Oberbegriff des anderen ist, oder ob es sich letztlich um zwei Arten des Gebrauchs von »Fällen« handelt, die nichts miteinander zu tun haben.

Um dem »Fällen eines Urteils« auf die Spur zu kommen, um die Rolle des Falles für das Urteilen und für das Urteil untersuchen zu können, muss also zunächst der Begriff des Falles, genauer: des Rechtsfalles, rekonstruiert werden. Diese Rekonstruktion werde ich

43 Ebd., S. 1060 (Übers. S.MM., angelehnt an Ronald Dworkin, *Bürgerrechte ernstgenommen*, Frankfurt/M. 1984, S. 148).

44 Siehe dazu unten Untersektion *Problematische und unproblematische Fälle*.

45 Eingehend zum Begriff: Klinger, *Urteilen*, S. 121-198.

im Folgenden mithilfe von Thesen zum Begriff des Falles, die mir als Ausgangspunkte gedanklicher Streifzüge dienen, unternehmen.

Worüber geurteilt wird, das bezeichnet der Fall. Wenn das Prozessrecht allerdings anordnet, dass Gerichte über Klagen oder Anklagen in Urteilen (beziehungsweise im Urteilen) entscheiden,[46] dann ist daraus keineswegs zu schließen, dass der Fall, der Gegenstand des Urteils also, die Klage ist. Denn hier zeigt sich wiederum, dass die Begriffe auch an den Perspektiven hängen und nicht nur umgekehrt Perspektiven sich aus Begriffen ergeben: Prozessrechtlich ist an den genannten Stellen relevant, dass die Klage (kurz für: der Klageantrag) Gegenstand der Entscheidung ist. Schon der Wortlaut legt aber nahe, dass das Gericht eine Entscheidung trifft, die wiederum in Urteilen enthalten ist oder, das wäre die andere mögliche Lesart, die in der Form des Urteils ergeht: »Ist der Rechtsstreit zur Endentscheidung reif, so hat das Gericht sie durch Endurteil zu erlassen.«[47] Was bedeutet das für die Frage nach dem Gegenstand des Urteils? Beide möglichen Auslegungen verweisen darauf, dass das Urteil mehr und ein anderes ist als die (bloße) Entscheidung. Entweder bezeichnet »Urteil« einen Oberbegriff, unter den Entscheidungen und auch andere Modi des Zuordnens fallen, oder »Urteil« ist ein Formbegriff[48] – Entscheidungen ergehen in Form von Urteilen, aber auch andere Modi des Zuordnens könnten die Form des Urteils gebrauchen. Letztlich braucht es für die vorliegenden Überlegungen keine, ja, Entscheidung für die eine oder andere Version, weil beide denselben Rückschluss nahelegen: dass der Gegenstand der Entscheidung enger zu fassen ist als der Gegenstand des Urteils. Möglicherweise, auch das steckt in dieser Formulierung, setzt ein Urteil sogar mehrere Entscheidungen voraus. Zusammenfassend widerspricht die normative Fassung der Tätigkeit der Gerichte in der Zivilprozessordnung und der Verwaltungsgerichtsordnung als »in Urteilen über Klagen entscheiden« nicht der These, dass Urteile Fälle zum Gegenstand haben. Sie lässt allerdings auch keine weiteren Aussagen darüber zu, wie der Begriff des Falles näher zu konturieren ist.

Zum Gericht allerdings, hier ist die prozessrechtliche Beschreibung sehr präzise, kommen keine Fälle, sondern Klagen. Das be-

46 Vgl. §§ 253 Abs. 1, 300 ZPO, § 107 VwGP, § 264 Abs. 1 StPO.

47 § 300 Abs. 1 ZPO

48 Zum Verhältnis von Urteil und Form vgl. auch Klinger, *Urteilen*, S. 121-198.

griffliche Verhältnis von Klagen und Fällen wäre gerade zu klären. Ein entscheidender Gesichtspunkt für diese Klärung findet sich in der Rolle des Klageantrags, der Klage selbst. Denn obwohl der Klageantrag angibt, was die Position der Klagenden beansprucht, indiziert er lediglich, ohne festzulegen, worüber letztlich geurteilt wird. Der Klageantrag hat also eine auslösende Funktion für das Urteil und auch eine richtunggebende; der Antrag findet wiederum seine Antwort im Urteilstenor: Enthält der Klageantrag die Forderung nach einer Verurteilung zu einer Schadensersatzzahlung, gibt der Tenor an, ob zu dieser Schadensersatzzahlung verurteilt wird oder nicht. Er bildet dagegen nicht zwangsläufig auch den vollständigen Vorgang des Urteilens, der der Tenorierung vorausgegangen ist, ab. Jedenfalls aber ist ein Urteilstenor – etwa: »Der Beklagte wird verurteilt, 1200 € an den Kläger zu bezahlen« – nicht mit dem jeweiligen Urteil identisch. Das Urteil enthält schon der Form nach noch eine weitere Aussage, jene nämlich, die diesen Tenor mit einem Prädikat versieht: es ist recht (gerecht),[49] dass der Beklagte 1200 € an den Kläger zahlen muss. Diese Verknüpfung mag für die dogmatische Analyse oder auch für die Vollstreckung vernachlässigbar sein – für das Urteil als (juridisches) Urteil ist sie konstitutiv. Denn ohne diese Prädikatierung bliebe der normative Status der Aussage »B muss an K zahlen« unbestimmt. Anders formuliert – ohne die Prädikatierung bleibt unklar, welches Problem die Aussage im Urteilstenor löst oder lösen soll. (Juridisch) prädikatiert dagegen gewinnt die Aussage etwas hinzu, das über die bloße »Information« der Verurteilung zur Zahlung hinausgeht. Das Urteil sagt sehr viel mehr, dass es in der zur Beurteilung gebrachten Sache *Recht* sei, wenn der Beklagte verurteilt wird, soundso viel an den Kläger zu zahlen. Die Prädikatierung des Urteils ist nun wiederum auch für die Darstellung des Urteils nicht entbehrlich – in jedem Rubrum taucht ein Bezug zu ihr auf: »... hat für Recht erkannt« ist regelmäßig die entscheidende Formel. Es ist kein Zufall, dass diese Formulierung in sämtlichen Urteilstexten enthalten ist – auf die Urteilsverkündung, auf die Inszenierungen des Gerichts wird

49 Zum Begriff der Gerechtigkeit bzw. zum Prädikat »gerecht« siehe unten Sektion *Finden*, Sektion *Deuten*, Untersektion *Zum Verhältnis von Urteilen und Interpretation*, Sektion *Reflektieren*, Untersektion *Reflektierender Modus Juridischen Urteilens* und Sektion *Zusammensehen*, Untersektion *Ausrichtung des Urteilens auf ein Passen.*

in der alltäglichen Welt der Amtsgerichte regelmäßig verzichtet, wenn niemand danach verlangt. Der Bezug aufs Recht, der über die konkrete Tenorierung, über die konkrete Auslegung der rezipierten Rechtsnormen hinausweist, dieser Bezug ist offenbar konstitutiv für ein (juridisches) Urteil. Der Verweis auf das, was Recht ist, beziehungsweise auf das, was für Recht erkannt worden ist, dieser Verweis verknüpft das Konkrete der Klage und des Tenors mit jenem Allgemeinen, das Recht von »Anleitungen für Einzelfalllösungen« unterscheidet. Gerichte, die Judikative als Gewalt, erhalten ihre Legitimität gerade dadurch, dass sie jene Wandlung zu vollziehen vermögen, die für das Recht konstitutiv ist: vom Besonderen zum Allgemeinen zum Besonderen. Zwei streiten sich, und indem sie ein Gericht zur Beurteilung des Gegenstands ihres Zwistes anrufen, bitten sie darum, die Ebene zu wechseln, das Problem in eine allgemeine Frage zu wenden, deren (allgemeine) Beantwortung dann wieder zurückübersetzt werden kann in eine konkrete Auflösung des Streites. Wenn das Gericht in seinem Urteilstenor lediglich die konkrete Auflösung des Streites benennt, dann verweist die Formel »... hat für Recht erkannt« darauf, dass die Benennung nur das Ergebnis eines Verfahrens, eines Urteilens ist, das ebendiese Wandlung vollzogen hat. Die rechtliche Wandlung, die ein konkretes Begehr, einen konkreten Konflikt in eine allgemeine Frage des Rechts und wieder zurück in eine konkrete Antwort transformieren kann, setzt nun nicht allein das vom Allgemeinen zum Besonderen hin bestimmende Urteil voraus, sondern auch jene dem Urteil vorhergehende Verallgemeinerung des »Problems«: den Fall. Der Fall lässt sich also erst von einer Klage, von einem formulierten Klageantrag aus finden, aber, das ist die entscheidende Einsicht aus diesen Überlegungen, er muss überhaupt gefunden werden, und zwar von einer Klage ausgehend. Das heißt, der Fall kann nicht vor der Klage bestimmt werden, seine Bestimmung wiederum ist bereits Teil des Verfahrens, das ich gerade etwas untechnisch als »rechtliche Wandlung« bezeichnet habe und das genau genommen schlicht: Urteilen heißt.

Nun stellt sich natürlich unmittelbar die Frage, wie von der Klage zum Fall zu kommen ist. Anders gesagt, wenn die Klage zum Gericht kommt, wie kommt das Gericht dann zum Fall? Ähnlich wie das Urteil muss der Fall, verstanden als »verallgemeinertes Ausgangsproblem«, als Gegenstand des Urteils, zwar einerseits dem

Klageantrag korrespondieren und in Beziehung zur allgemeinen normativen Ordnung stehen, aber andererseits muss er auch jene tatsächliche Konstellation, die Voraussetzung des Urteils werden kann, die Tatsachen- beziehungsweise die Sachverhaltsebene, einbeziehen. Genau in dieser Spannungslage befindet sich eines der Hauptprobleme des Urteilens – die Frage, was der Fall ist. Diese Frage ist eben nicht darüber zu beantworten, dass tatsächliche Bedingungen einer die Klage begründenden Begebenheit recherchiert werden, sondern deren Beantwortung muss das (verallgemeinerte) Rechtsproblem bereits berücksichtigen – hier deutet sich eine verzwickte, es wird sich noch zeigen: rekursive Anordnung von Fall und Urteil an.[50]

Die Problematik lässt sich an einem kleinen Beispiel illustrieren. Unter der Überschrift »Schwieriger Rechtsfall« druckte der *Appenzeller Kalender* 1849 folgenden kleinen Dialog:

Bauer. Hr. Ammann! Ich will's sagen wie's war. Ich und mein Esel, wir sind auf die Börsbacher Mühle hinaufgegangen, und da der Hr. Studiosus ist den Weg heruntergekommen. Der Esel war so gescheidt und suchte sich den Fußpfad aus, und der Hr. Studiosus auch. Da wollt halt keiner dem Andern ausweichen, und der Esel erwischte mit seinem Sack Frucht den Hrn. Studiosus und warf ihn den Rain hinunter. Darüber wurde er böse und ich hab zu ihm gesagt: ›Ich kann nichts dazu. Ich hab aber all mein Lebtag gehört, daß der Gescheidtste nachgiebt und aus dem Wege geht; der Esel hat nicht studiert.‹ Weiter hab ich nichts gesagt.

Studiosus. Ja, Hr. Ammann, er hat aber gesagt: ›D e r Esel hat nicht studiert‹, und hat das Wort d e r betont und auf seinen Esel gedeutet. Daraus folgt, daß er stillschweigend von einem studirten Esel gesprochen hat, und der studirte Esel kann doch in aller Welt niemand Anders sein, als ich.

Ammann. Das ist ein schwieriger Fall. Ich werde nächste Woche an Ort und Stelle Augenschein nehmen. Der Esel muß dabei sein. So, jetzt könnt Ihr gehen.[51]

Zunächst lässt sich erkennen, dass gar nicht unmittelbar aus der Schilderung hervorgeht, wer mit welcher Frage an den Richter (ich unterstelle, dass Ammann ein Richter ist) herantritt. Geht es um

50 Siehe zur Rekursivität von Fall und Urteil unten Untersektion *Wie verfahren Gerichte mit Fällen?*.

51 Anonym, »Ein schwieriger Rechtsfall«, in: *Appenzeller Kalender* 128 (1849), ⟨https://www.e-periodica.ch/digbib/view?pid=apk-002:1849:128::156#87⟩, letzter Zugriff 15. 12. 2022.

Körperverletzung, weil der Studiosus »den Rain hinunterfiel«, oder um Nötigung? Geht es um Beleidigung? Worauf könnte ein Urteil überhaupt zielen, was könnte es bestimmen, die Schuld des einen oder die Schuld des anderen? Unabhängig vom »Klageantrag« wird allerdings deutlich, dass in dieser Erzählung eine Unstimmigkeit vorliegt, dass etwas »knirscht«. Die Berichte der beiden stimmen nicht vollständig überein, aber die Differenz wäre nicht vollständig mit der Aussage beschrieben, dass verschiedene Ansichten über der Sache zugrundeliegende Tatsachen vorliegen. Nur deswegen ist ja die Ankündigung des Ammanns, einen Ortstermin vorzunehmen, um »Augenschein zu nehmen«, komischer Natur, weil offensichtlich ist, dass die Erkenntnis der Tatsachen allein das Problem nicht lösen wird. – Dies bedeutet wiederum nicht, dass die Tatsachen völlig irrelevant für das Problem wären. Ob beispielsweise überhaupt genug Raum am Wegesrand gewesen ist, so dass tatsächlich die Option für beide bestand, zur Seite zu gehen, ob es für den Esel des Bauern deutlich schwieriger gewesen wäre oder etwa für den Studiosus, diese Fragen sind durchaus von Relevanz für das Problem. Worin liegt aber das eigentliche Problem, der Fall, der sich hier als schwieriger[52] zeigt oder jedenfalls so benannt ist? Diese Frage ist aufgrund der jeweiligen Äußerungen allein nicht zu beantworten. Das Problem könnte in der Frage liegen, wer von den Beteiligten verpflichtet gewesen wäre, zur Seite zu gehen – hier stellte sich allerdings zusätzlich die schwierige Frage, ob ein Esel verpflichtet werden kann beziehungsweise, umgekehrt, inwieweit der Eselsführer angesichts der sprichwörtlichen Entscheidungsautonomie von Eseln in der Frage des Fortkommens überhaupt Einfluss hätte nehmen können und wiederum umgekehrt, wie viel Wissen der Studiosus über die geistigen Fähigkeiten eines Esels haben muss usf. Das Problem, das den »schwierigen Fall« zum Fall macht, könnte andererseits aber auch in der Frage liegen, ob der Studiosus hier beleidigt worden ist (oder gegebenenfalls der Esel), indem der Bauer ihn konkludent als Esel bezeichnet hat. Diese Anordnung wiederum würde die Fragen einschließen, ob die Bezeichnung eines Menschen überhaupt eine Beleidigung darstellen kann, weiterhin ob die mit einer Äußerung verbundene Intention oder die Rezeption der Äußerung konstitutiv für eine Beleidigung sind –

52 Zur Unterscheidung einfacher und schwieriger Fälle siehe sogleich unten Untersektion *Problematische und unproblematische Fälle.*

ob es also darauf ankommt, ob der Bauer jenes »der« absichtlich so betonte, dass der Studiosus sich angesprochen fühlen musste, oder ob der Studiosus es in seiner Rage lediglich so aufgefasst hat und ob das jeweils relevant für das Vorliegen einer Beleidigung ist. Alle diese Alternativen machen deutlich, dass ein Problem, das wir als Fall bezeichnen können, offenbar weder allein durch eine tatsächliche Konstellation noch allein durch eine normative Problemstellung konstituiert wird, sondern typischerweise durch eine Verknüpfung tatsächlicher und normativer Fragestellungen, die abhängig miteinander verbunden sind. Die Frage nach einer Pflicht etwa des Esels oder des Studiosus, zur Seite zu gehen, kann nicht allein normativ beantwortet werden, sondern bedarf einer Rekonstruktion der tatsächlichen, räumlich und/oder kognitiv bestehenden Möglichkeit, zur Seite zu gehen. Nur wenn Letztere bestünde, könnte Erstere überhaupt diskutiert werden.[53] Andersherum bestimmt wiederum der (jeweilige) normative Ausgangspunkt, welche Tatsachenaspekte relevant für den Fall sein können. Wenn der Frage nachzugehen wäre, ob es sich um eine Beleidigung handelte, wären dies regelmäßig andere als für das Problem eines »Verkehrsunfalls« und entsprechende Haftungsfragen. Worauf es mir ankommt: Diese Anordnung abhängig miteinander verbundener normativ-tatsächlicher Fragestellungen bildet den Fall, den Gegenstand des Urteils, und sie wird erst durch das Urteil bestimmt. Denn genau diese Frage, welche der möglichen normativ-tatsächlichen Anordnungen hier nun in Rede steht, diese Frage bedarf zu ihrer Beantwortung eines Urteils als der Bestimmung der einen im Unterschied zur anderen.[54] Zu urteilen bedeutet, die möglichen Anordnungen auseinanderzusetzen und diejenige zu bestimmen, die mit der angezeigten Prädikatierung (im Falle des Rechts: recht oder unrecht) korrespondiert. Zu urteilen bedeutet deshalb nicht, eine »einzig richtige Entscheidung« zu treffen – obwohl sich eine der umfassendsten und lange

53 Hier soll natürlich nicht die schwierige und gleichermaßen interessante Diskussion um das Verhältnis von Sollen und Können aufgerufen, sondern allenfalls gestreift werden: Denn dass Sollen in einem basalen Verständnis ein Können jedenfalls voraussetzen *sollte*, scheint offensichtlich – ob die Möglichkeit deswegen Element des Normativitätsbegriffs (so etwa Möllers, *Die Möglichkeit der Normen*, insb. S. 139-143) oder lediglich eine seiner Voraussetzungen sein muss, kann hier offenbleiben.

54 Zum Urteil als Unterscheidung vgl. ausführlich Klinger, *Urteilen*, S. 146-198.

währenden Diskussionen der Rechtsphilosophie um genau diese Frage rankt[55] –, sondern es bedeutet, den möglichen Anordnungen in ihrem Geflecht aus tatsächlichen Bedingungen und normativen Problemstellungen eine Bestimmung zu geben. Das heißt, es kann zu einer Erzählung, zu einer Klage wie der im Eselsbeispiel mehrere Fälle und mehrere Urteile geben. Dabei ist es nicht das Jeweilige des Falles, das durch das Urteil bestimmt wird, sondern die relevante Anordnung des Falles; nicht die Bestimmung, ob etwas der Fall ist, sondern welches Derfallsein (unter mehreren möglichen) relevant für ein Urteil ist. Die Jeweiligkeit des Falles ist damit allerdings gleichwohl notwendige Voraussetzung des Urteils. Denn dass die relevante (jeweilige) Anordnung aus mehreren möglichen durch das Urteil bestimmt wird, schließt wiederum nicht ein, dass kein richtiges Urteil im Unterschied zum falschen zu bestimmen wäre, sondern lediglich, dass Urteile sich nur in Bezug auf jeweilige Fälle fällen lassen: In dieser Bestimmung können sie richtig oder falsch sein – das Maß für diese Einschätzung wiederum kann sich nicht in der konkreten Anordnung von Fall und Urteil finden (denn diese ist eben jeweilig), sondern liegt in der relevanten Prädikatierung: gerecht im Falle des Rechts. Ein Urteil kann also nicht in Bezug auf einen bestimmten Fall falsch sein, denn es bestimmt den Fall ja selbst, es kann aber in Bezug auf seine Prädikatierung »falsch« sein – ein solches »falsches« Rechtsurteil heißt dann »ungerecht«.

Nun lässt sich vorläufig zusammenfassen: Urteile haben Fälle zum Gegenstand. Was der Fall ist, entscheidet sich im Urteil.

Was bedeutet es nun, von hier aus gesehen, zu sagen, »im Fall steht das Recht auf dem Spiel« und »im Urteil zeigt sich das Recht«? Die beiden Aussagen deuten an, was ich gleich noch deutlicher ausführen will: Zwar korrespondieren Fall und Urteil miteinander – ein Fall, so wird sich zeigen, lässt sich als rekursive Formulierung des Urteils darstellen und umgekehrt[56] –, zwar stehen Fall und Urteil in einem reflexiven Verhältnis zueinander, aber trotz dieser Angewiesenheit richten die Begriffe des Falles und des Urteils den Blick aufs Recht auf jeweils unterschiedliche Weise aus. Während das Urteil in seiner Bestimmung, in seiner ur-teilenden Unterscheidung trennt, aber darin eine Schließung darstellt, verweist der

55 Siehe zu entsprechenden Nachweisen oben Kapitel *Juridizität rechtsförmiger Urteile*, Fn. 75.

56 Siehe dazu sogleich unten Untersektion *Wie verfahren Gerichte mit Fällen?*.

Fall in seiner Kontingenz[57] stets auf eine Öffnung – auch wenn das Urteil eine konkrete Anordnung des Falles bestimmt, so bleibt diese konkrete Anordnung von Tatsachen und normativer Fragestellung kontingent. Der Fall beinhaltet die Möglichkeit, dass er auch anders liegen könnte, wohingegen das Urteil als Urteil über einen Fall immer bestimmt ist. In der Bestimmung des Urteils zeigt sich das (bestimmte) Recht also, während der Fall in seiner Kontingenz dieses Recht aufs Spiel setzt, indem er als Fall eine Voraussetzung immer schon mit sich führt: Die Sache könnte auch anders liegen. Tatsächlich beschreibt also der Fall jene Möglichkeit, der sich das Recht gerade verschließen muss, um sich bestimmt zeigen zu können.

b. Wie verfahren Gerichte mit Fällen?[58]

Wenn nun die Rechtsurteile von Gerichten, die das Recht gerade in dieser Bestimmtheit zeigen sollen und müssen, nicht nur Urteile, sondern auch Fälle im Urteilen bestimmen müssen, gleichzeitig der Begriff des Falles, wie gesagt, in der Sprache der Urteile kaum einmal auftaucht, dann könnte die Art und Weise, wie Gerichte Fälle begrifflich fassen und einkreisen, möglicherweise Aufschluss über die Art und Weise geben, wie Gerichte beim Urteilen Fälle bestimmen.

Gerichte entscheiden in Urteilen über Klagen oder Anklagen (Strafrecht), so formuliert es das Prozessrecht. Wird außerhalb des Prozessrechts über das gesprochen, was Gerichte beurteilen, ist regelmäßig von Fällen die Rede, durchaus auch in der Rechtswissenschaft – mit dem Begriff *case law* wird etwa ein auf bestimmte Art und Weise hergestelltes Recht,[59] das sich entlang von Fällen

57 Vgl. dazu Sabine Müller-Mall, »Fall und Urteil. Zum Gegenstand des Urteilens im Juridischen«, in: Frédéric Döhl u. a. (Hg.), *Konturen des Kunstwerks. Zur Frage von Relevanz und Kontingenz*, Paderborn 2013, S. 249-262, hier S. 260.

58 Wesentliche Teile der folgenden Abschnitte bis zum Ende der Sektion *Fällen* überschneiden sich wörtlich oder gedanklich mit einem bereits gedruckten Text: Müller-Mall, »Fall und Urteil«.

59 Im Wesentlichen handelt es sich dabei um Richterrecht – das u. a. die Grundlage von *common law*-Systemen bildet. Mit dem Begriff der »Leitentscheidung« als Symbol wird inzwischen ein ähnlicher Prozess unter anderen Vorzeichen (»Kanonisierung«) zumindest für das Europarecht beschrieben, vgl. Yang, *Die Leitentscheidung*.

entwickelt, beschrieben. Allerdings zeigt ein Blick auf die Terminologie der Urteilenden etwas vielleicht Überraschendes: Der Begriff des Falles taucht überhaupt nicht auf. Offenbar kommen Rechtsanwendende mit den Begriffen des »Klageantrags«, des »Sachverhaltes« und der »Rechtsnorm« beziehungsweise des »Beurteilungsmaßstabs« aus. Erst die Perspektive des Urteils, die Frage, worüber geurteilt wird und welcher Maßstab dafür der richtige ist, rücken den Fall in den Mittelpunkt der Betrachtung.[60] Ich will nun versuchen, den Rechtsfall noch einmal, gewissermaßen in einem zweiten Durchlauf, aus den genannten, von Urteilenden gebrauchten Begriffen zu entwickeln. Wichtig ist dabei zunächst noch einmal, ins Gedächtnis zu rufen, dass ein Rechtsfall, das vom Gericht zu Beurteilende, regelmäßig sowohl das Recht als auch die Tatsachen betrifft.[61] Denn eine bloße Tatsachenkonstellation ohne rechtliche Fragestellung lässt sich auch nicht rechtlich beurteilen. Für die Tatsachenkonstellation wiederum halten die Normen des Verfahrensrechts den Begriff des Sachverhaltes bereit. In den Vorschriften zum Verwaltungsprozess, der Verwaltungsgerichtsordnung, findet sich etwa die Formulierung »Das Gericht erforscht den Sachverhalt von Amts wegen«,[62] dabei ist es an »das Vorbringen und an die Beweisanträge der Beteiligten nicht gebunden«.[63] Damit ist, so wird es in der Literatur beschrieben, die »Realität« gemeint, »d. h. de[r] für die gerichtliche Entscheidung bedeutsame[] Ausschnitt aus ihr«.[64] Zwei Probleme lassen sich an dieser Formulierung schon ablesen: Das Gericht muss die »Realität« ermitteln,[65] bevor es den Sachverhalt seinem Urteil zugrunde legen kann; und außerdem muss

60 Ähnlich Hruschka, *Die Konstitution des Rechtsfalles*, S. 5.

61 Ähnlich auch Seibert, der dem Fall (der Fallgeschichte) normativen Charakter zumisst, »obwohl [er] gleichzeitig aus beschreibenden Seinsaussagen besteht«; Seibert, »Grundlagen der Urteilsanalyse«, S. 129.

62 § 86 Abs. 1 VwGO.

63 Ebd.

64 Michael Dawin, »§ 86«, in: Friedrich Schoch u. a. (Hg.), *Verwaltungsgerichtsordnung. Kommentar*, München 2011, Rn 20.

65 Im Zivilprozess geht das Gericht bei der Ermittlung des Sachverhaltes grundsätzlich vom Vorbringen der Parteien aus, die (rechtlich begründet durch die Verhandlungsmaxime) jeweils Sachverhaltserzählungen in das Verfahren einbringen, deren Relevanz und Beweisbarkeit das Gericht dann wiederum ermittelt; vgl. Hanns Prütting, »§ 284«, in: Krüger/Rauscher (Hg.), *Münchener Kommentar zur Zivilprozessordnung*, Rn. 10 f.

es den für das Urteil relevanten Ausschnitt aus dieser »Realität« bestimmen. Das heißt, es muss, wenn es den relevanten Sachverhalt bestimmt, bereits wissen, worauf es für das Urteil ankommt, anders ausgedrückt, es muss den Beurteilungsmaßstab, die normative Grundlage kennen, bevor es den Sachverhalt bestimmt. Die richtige Norm lässt sich umgekehrt natürlich nicht ohne Kenntnis des Sachverhaltes finden. Es deutet sich hier bereits eine Reflexivität von Sachverhalt und Beurteilungsmaßstab an. Man kann sich die Herstellung eines Urteils also nicht in einer eindimensionalen Denkrichtung erklären, nach der etwa drei Schritte nacheinander zu absolvieren wären: erstens die Feststellung der zu beurteilenden Tatsachen, zweitens die Ermittlung der relevanten rechtlichen Beurteilungsmaßstäbe und drittens ein Vorgang, das eigentliche Urteilen, der beides zueinander ins Verhältnis bringt. Vielmehr hängen die Bestimmung des Sachverhalts und des Beurteilungsmaßstabs voneinander ab.[66] Wenn das Urteilen nun dennoch jener Vorgang ist, der diese Abhängigkeit herstellt und auflöst, der Sachverhalt und Beurteilungsmaßstab in ein Verhältnis bringt, gleichzeitig beide nicht unabhängig voneinander zu bestimmen sind, dann deutet sich aus dieser Perspektive an, dass auch Urteil und Fall in einer ähnlichen Beziehung zueinander stehen müssen wie Sachverhalt und normativer Maßstab. Denn es kann dann nicht möglich sein, den Fall als reine Tatsachenkonstellation unabhängig von ihrer Beurteilung zu denken. Mit dieser These der Reflexivität von Fall und Urteil wäre allerdings noch wenig gewonnen hinsichtlich der Frage nach dem Fall, denn damit allein lassen sich keine allgemeinen Angaben darüber machen, wie Gerichte bestimmen, welche Elemente von Sachverhalten für Urteile relevant werden, und damit jene Fälle aus dem ihnen gelieferten und ermittelten Material herausarbeiten, die sie schließlich beurteilen. Vielleicht lassen sich allerdings genauere Konturen des Rechtsfalles gewinnen, wenn man den Blick noch einmal auf die Tatsachenseite des Falles richtet. Schließlich muss es ja tatsächliche Elemente geben, die einen Fall konstituieren. Und auch wenn diese ohne sichere Kenntnis des im Urteil angewendeten Beurteilungsmaßstabs, also vor dem Urteil, nicht endgültig bestimmbar sind, gibt es in Verfahren und Urteilsbegründung doch Anhaltspunkte für den Sachverhalt, der dem Urteil zugrunde liegt. Genau

66 Ähnlich bei Hruschka, *Die Konstitution des Rechtsfalles*, S. 9.

genommen tauchen während eines Gerichtsverfahrens wenigstens zwei Sachverhalte auf, die jedenfalls ex post eindeutig bestimmbar sind: Einerseits jener Sachverhalt, den der Kläger zur Begründung seiner Klage angibt, und andererseits der sogenannte Tatbestand im Urteilstext, der eine »gedrängte« Darstellung des Sach- und Streitstands am Schluss und auf Grundlage der mündlichen Verhandlung gibt.[67] Es bleibt nun zu untersuchen, ob diese beiden Sachverhaltsdarstellungen Rückschlüsse auf den Rechtsfall erlauben. Der Tatbestand, wie er sich im Urteilstext findet, ergibt sich allein vom Ergebnis einer Urteilsbildung aus gedacht: Die Urteilsbegründung muss sich widerspruchsfrei auf ihn stützen können. Zu dieser habe ich allerdings oben bemerkt,[68] dass sie lediglich eine Darstellung des Urteils liefert, eine Spiegelung, die nicht zwangsläufig mit der tatsächlichen Urteilsbildung übereinstimmt. Denn sie ist an den Rationalitätsmaßstäben orientiert, welche die Darstellung der Gründe als Subsumtion erfordert,[69] und schon in der Form vom Ergebnis abgeleitet, nicht zum Ergebnis führend.[70] Der Tatbestand als Grundlage der Urteilsbegründung muss also nicht zwingend mit dem Sachverhalt, welcher der Urteilsbildung zugrunde liegt, übereinstimmen. Weil die Urteilsbildung selbst im Dunkeln bleibt, ist also auch der den Fall mitbildende Sachverhalt unzugänglich und nicht über den Tatbestand zu erschließen. Dieser Sachverhalt ist weder niedergelegt noch zu einem Zeitpunkt vor dem Ende der Urteilsbildung bestimmbar. Er bleibt deshalb auf der Suche nach dem Fall zunächst eine Unbekannte, eine Variable. Anders verhält es sich mit jenem Sachverhalt, auf den sich der Kläger oder die Anklage in ihrem Antrag beziehen. Dieser ist während der Urteilsbildung vollständig bekannt und verändert sich auch nicht. Aber er hilft ebenso wenig

67 Vgl. z. B. § 313 Abs. 1 Nr. 3 ZPO aF (vor 1976), vgl. dazu Hans-Joachim Musielak, »§ 313«, in: Krüger/Rauscher (Hg.), *Münchener Kommentar zur Zivilprozessordnung*, Rn. 10.

68 Siehe oben Sektion *Vorbemerkungen.*

69 Urteile sind stets als Subsumtionsschlüsse formuliert; dass diese Darstellung als Subsumtion aber nicht zwangsläufig der tatsächlichen Urteilsbildung entsprechen kann, ist in der zeitgenössischen Rechtstheorie kaum noch umstritten. Siehe zum Ganzen unten Sektion *Subsumieren.*

70 Urteilsgründe sind im sogenannten »Urteilsstil« formuliert, der zunächst das Ergebnis eines Urteils nennt und anschließend die relevanten Tatsachen unter die relevante Norm subsumiert. – Die Relevanz der zu prüfenden Norm wird dabei nicht hergeleitet, der wesentliche Teil der Urteilsfindung gerade nicht dargestellt.

weiter, will man die Tatsachenseite des Falles bestimmen. Der Klägersachverhalt ist nämlich lediglich jene Tatsachenerzählung, mit der ein Kläger sein Begehr stützt. Er muss weder zwangsläufig der Urteilsbildung zugrunde gelegt werden noch im Tatbestand am Ende aufgehen, denn ein Gericht ist nicht an die vom Kläger vorgetragenen Tatsachen gebunden;[71] es kann vielmehr weiter ermitteln und tut dies auch häufig, wenn es das für die Beurteilung des Falles als notwendig erachtet. Um den Rechtsfall genau zu bestimmen, hilft der Klägersachverhalt daher ebenfalls nicht weiter. Und doch erlaubt diese letzte Betrachtung von der Seite des Klägers her eine weitere Perspektive auf den Fall. Bislang habe ich erfolglos versucht, die Tatsachenebene eines Falles abstrakt zu bestimmen. Man kann darüber nicht mehr sagen, als dass sie vom anzuwendenden Beurteilungsmaßstab abhängt. Auch wenn man keine Konturen aus dem Klägersachverhalt ableiten kann, so liefert doch ein damit zusammenhängendes Element zumindest eine Kontur des Falles in seinem Verhältnis zum Urteil: der Klageantrag. Ein Klageantrag gibt zwar nicht unbedingt das zu lösende Rechtsproblem an, den Fall kann man daraus nicht ablesen, aber er hat eine auslösende Funktion für das Urteil und eine richtunggebende für den Fall, indem er angibt, worauf eine Klage (rechtlich) hinauswill.

Über das Urteil und den Fall lassen sich nun vor diesem Hintergrund vorsichtige Aussagen machen. – Wenn ein Urteil vom Antrag ausgelöst wird, im Vorgang der Urteilsbildung Sachverhalt und Beurteilungsmaßstab bestimmt und miteinander in ein Verhältnis gebracht werden, dann könnte man formulieren: Beim Urteilen werden Sachverhalt und Beurteilungsmaßstab unter der vom Antrag vorgegebenen Zielrichtung »aneinander entfaltet«,[72] das Urteil muss Ergebnis dieser Rekonstruktion sein. Der Fall, der das, was beurteilt wird, bezeichnet, kann sich seinerseits ebenfalls nur aus derselben Rekonstruktion ergeben. Ein Fall muss sich daher als rekursive Formulierung des Urteils darstellen und umgekehrt.[73] Hat

71 Dies ist wiederum für das Strafrecht nur eingeschränkt gültig.

72 Ausdruck bei Gaetano Carlizzi, »Historische und Theoretische Hauptfragen der ›Gegenwärtigen Juristischen Hermeneutik‹«, in: Stephan Meder u. a. (Hg.), *Juristische Hermeneutik zwischen Vergangenheit und Zukunft*, Baden-Baden 2013, S. 105-119.

73 Feldner und Forgó fassen die Rekursivität von Fall und Urteil kurz und bündig: »Recht ist, was der Fall ist.« Feldner/Forgó, »Vorwort«, S. V.

das Urteil die Form »Dieses ist gerecht«, muss der Fall die Form »Ist dieses gerecht?« haben, wobei das »dieses« Antrag, Sachverhalt und Beurteilungsmaßstab umfasst. Dieser Überlegung liegt eine Differenzierung zugrunde, jene von »ob« und »wie« des Falles: sein »ob«, sein Derfallsein, kann das Gericht nicht bestimmen.[74] Insofern, aber auch nur insofern, ist der Fall dem Urteil vorgängig. Das »wie« des Falles, die Frage, wie er genau aussieht, was dazugehört und was nicht, diese Frage wiederum lässt sich nicht vor dem Urteil beantworten. Man kann den Fall nicht vor dem Urteil bestimmen.[75] Wenn für Urteile gilt, dass sie nicht ableitbar sind und setzende Qualität haben, dann gilt das nach dem hier Beschriebenen auch für Fälle: Sie sind nicht aus einem Klageantrag ableitbar – indem das Gericht Antrag und Sachverhalt mit einem (normativen) Maßstab vermisst, werden sie erst zu Fällen. Was genau beurteilt wird, kann vor dem Urteil nicht exakt angegeben werden. Der Antrag und ein darin geschilderter Klägersachverhalt indizieren allerdings ein Urteil. Sie geben eine Formulierung davon, dass geurteilt werden muss – nicht dagegen davon, was genau und wie beurteilt werden muss. Der Antrag, der von der Klageerhebung bis zur Urteilsbegründung unverändert bleibt,[76] ist das Vorgängige des Falles; der Tatbestand das Ergebnis seiner Setzung. Dem Gericht ist also nicht ein Fall gegeben, sondern allein dieser Antrag. Alles Weitere muss es sich selbst ermitteln.[77] Die Wege dazu sind im Juridischen durch das Verfahrensrecht weitgehend vorgegeben, an den entscheidenden Stellen allerdings nicht: Es herrscht das Prinzip freier Beweiswürdigung[78] einerseits, und andererseits gibt es keine systematische Vorgabe zur Ermittlung des richtigen Beurteilungs-

74 Vgl. Klinger, *Urteilen*, S. 136.

75 Denn, so könnte man mit Seibert anfügen, »den Fall schafft erst das Urteil, er ist nicht vorher schon da«; Seibert, »Grundlagen der Urteilsanalyse«, S. 127.

76 Eine hier zu vernachlässigende Ausnahme bilden Fälle der Klageänderung (z. B. § 91 VwGO).

77 Ähnlich Klinger, der einerseits zu Recht betont, dass Gerichte keinen Prozess selbst veranlassen können, dass das »Derfallsein« des Falles gegeben sein muss, vgl. Klinger, *Urteilen*, S. 136. – Dieses Derfallsein wird im juridischen Prozess durch den Klageantrag ausgelöst. Und andererseits schreibt Klinger: »Erst im Akt der Entscheidung klärt sich, womit man es hier zu tun hat«, ebd., S. 137. Wie der Fall genau aussieht, lässt sich im Juridischen, wie gerade beschrieben, auch nicht vor dem Urteil bestimmen.

78 Vgl. etwa § 286 ZPO.

maßstabs,[79] das heißt, sowohl die Frage, welche Tatsachen relevant für den Fall sind, als auch jene danach, ob in Betracht kommende Tatsachen überhaupt Relevanz entfalten können, weil sie beweisbar sind, lassen sich nicht von vornherein festlegen beziehungsweise können nicht vor dem Urteil beantwortet werden. Nachdem bislang Gesehenen lässt sich festhalten: Ein Rechtsfall ist das Ergebnis einer Rekonstruktion, die im Vorgang der Urteilsbildung geschieht. Dabei werden Antrag, Sachverhalt und Beurteilungsmaßstab aneinander entfaltet. Auch das Urteil allerdings stellt sich als Ergebnis dieser Rekonstruktion dar. Weil die Beziehung von Fall und Urteil nun diese beschriebene Reflexivität aufweist,[80] gewinnt man aus den vorliegenden Überlegungen einerseits die Einsicht, dass Aussagen über den juridischen Fall zugleich auch Aussagen über das Urteil enthalten müssen. Andererseits scheint es mangels geeigneter Anknüpfungspunkte schwierig, eine Betrachtungsperspektive zu finden, die mehr sagen könnte, als dass der Fall eine rekursive Formulierung des Urteils und das Urteil eine rekursive Formulierung des Falles ist.

Es handelt sich bei beiden um jeweils unterschiedliche Ausschnitte der Rekonstruktion: Ein Fall lässt sich über den Antrag und den im Urteil ermittelten Sachverhalt beschreiben, ein Urteil über den ermittelten Beurteilungsmaßstab und den Sachverhalt. Für die Ermittlung des Falles wiederum ist der Beurteilungsmaßstab notwendig. An dieser Stelle ist die Symmetrie von Fall und Urteil gebrochen. Der Antrag hat eine andere Funktion für das Urteil als der Beurteilungsmaßstab für den Fall. Während der Beurteilungsmaßstab beeinflusst, wie der Sachverhalt aussehen muss, ausschließt, welche Tatsachen etwa nicht beurteilt werden, und damit inhaltlich Einfluss auf den Fall nimmt, hat der Antrag eine auslösende Funktion. Wenn sich der Urteilstenor, die Formulierung des Ergebnisses eines juridischen Urteils, auch als Antwort auf den Antrag lesen lässt, dann verdeutlicht dies wiederum die zweite Ebene des Urteils, den fiktiven Urteilstext, der für weitere rechtliche Bezugnahmen in anderen Urteilen kohärent lesbar sein soll. Ein

79 Die in Art. 20 Abs. 3 GG enthaltene weite Bindung der Rechtsprechung an Gesetz und Recht legt lediglich einen allgemeinen Rahmen, den Rahmen des Rechts, fest.

80 Vgl. dazu Klinger, *Urteilen*, S. 138: »Fall und Entscheidung sind streng korrelative Kategorien.«

rechtsförmiges Urteil hat also eine merkwürdige Doppelstruktur: Es ist Antwort auf den Antrag, Entscheidung über eine Klage und Antwort auf den Fall. Antrag und Fall sind Ausdruck zweier voneinander zu unterscheidender Ebenen – jener der Urteilsbildung, die sich gewissermaßen außerhalb des Rechtssystems vollzieht, und jener des Rechts, welches Urteile ebenso wie Beurteilungsmaßstäbe, die aus Normen oder Prinzipien gebildet werden, in sich aufnimmt. Das Urteil als Ergebnis der Urteilsbildung verbindet beide Ebenen miteinander, ebenso wie der Fall die Ebene tatsächlicher Geschehnisse mit der Ebene der Urteilsbildung verknüpft. Ein Antrag kann deswegen keine Aussagen über ein Urteil erlauben, erst in der Urteilsbegründung schließt er wieder den Kreis, der Fall wiederum taucht dort nicht auf. Dieser dagegen spielt sich auf der Ebene der Urteilsbildung ab – deswegen ist es wichtig, den Fall zu betrachten, um etwas über das Urteilen zu erfahren.

c. Problematische und unproblematische Fälle

Ein Versuch, eine produktivere Betrachtungsperspektive einzunehmen, könnte an einer begrifflichen Unterscheidung anknüpfen: jene Unterscheidung problematischer und unproblematischer Fälle, wie sie in der Rechtstheorie mit einiger Tradition verfolgt wird. Diese Unterscheidung könnte nicht nur deshalb einen interessanten Blickwinkel eröffnen, weil ihr eine unter Jurist:innen verbreitete Erfahrung zugrunde liegt – dass es Fälle gibt, die schwieriger, und solche, die leichter zu beurteilen sind –, sondern auch, weil die Rekursivität von Fall und Urteil dazu führen muss, dass Aussagen über diese Unterscheidung auch solche über das Verhältnis von Fall und Urteil ermöglichen. Rechtstheoretisch wird die Unterscheidung problematischer und unproblematischer Fälle – wie oben bereits eingeführt[81] – auf H. L. A. Hart zurückgeführt, der anhand ihrer zu illustrieren versucht, dass jede Rechtsregel einen Bedeutungskern und eine Penumbra, eine Art Halbschatten der Bedeutung, aufweise.[82] Rechtsfälle, die vom Bedeutungskern der Rechtsregel

81 Siehe oben Untersektion *Der Fall ist nicht der Fall.*

82 Vgl. H. L. A. Hart, *The Concept of Law,* Oxford 1997 (dt. *Der Begriff des Rechts. Mit dem Postskriptum von 1994 und einem Nachwort von Christoph Möllers*, Berlin 2011), S. 124-154. Siehe dazu auch oben Kapitel *Juridizität rechtsförmiger Urteile*, Sektion *Der Verlust der Juridizität.*

erfasst würden, seien unproblematisch, jene anderen, übrigens sehr viel selteneren *hard cases* seien dagegen in der Penumbra angesiedelt. In diesen diskutablen Fällen sei eine Regel ihrem Wortlaut nach weder direkt anwendbar noch offensichtlich unanwendbar.[83] Das berühmte Beispiel zur Verdeutlichung dieser Unterscheidung ist eine fiktive Rechtsregel, die Fahrzeuge in einem Park verbietet. Führe man mit einem Auto durch den Park, handelte es sich um einen unproblematischen Fall. Die Regel wäre anwendbar, es wäre verboten. Wie aber wäre es mit Fahrrädern, Rollerblades oder Spielzeugautos? Wie mit Flugzeugen?[84] In solchen Fällen wäre die Regel weder zweifellos anwendbar noch zweifellos unanwendbar, es handelte sich um problematische Fälle, man müsste die Rechtsregel weiter auslegen, um sie anwenden oder ihre Anwendung ausschließen zu können. Und so – es deutet sich in dieser kurzen Beschreibung an – wird die Unterscheidung von problematischen und unproblematischen Fällen überwiegend als Frage der Auslegung von Rechtsnormen betrachtet.

Man kann die Unterscheidung allerdings auch noch unter einem anderen Blickwinkel betrachten als Hart: nicht allein vor dem Hintergrund der Frage, wie man die richtige Norm zu einem Fall findet, sondern auch hinsichtlich der Frage, was Urteile über schwierige Fälle von Urteilen über einfache Fälle unterscheidet. Und diese Frage wiederum, von den Urteilen aus gedacht, lässt sich relativ klar beantworten: Urteile, die unproblematische Fälle zum Gegenstand haben, zeichnen sich dadurch aus, dass sie eine bestehende Rechtsregel ohne weitere Schritte anwenden. Ein Beispiel wäre: Eine geltende Rechtsregel besagt, wer ein Fahrrad klaut, wird mit einer Geldstrafe von 1000 € bestraft. Wenn jemand nun ein Fahrrad geklaut hätte, ein zuständiges Gericht ihn aufgrund dieser Regel zu einer Geldstrafe von 1000 € verurteilte, dann hätte es diese Rechtsregel schlicht und einfach angewendet. Das Gericht hätte dann einen bestehenden Beurteilungsmaßstab, die genannte Rechtsregel, verwendet, und unter diese den gegebenen Sachverhalt subsumiert, schließlich eine Rechtsfolge erhalten. Man kann dieses Urteilen, um die Kantische Unterscheidung von bestimmender

83 Vgl. H. L. A. Hart, »Positivism and the Separation of Law and Morals«, in: *Harvard Law Review* 71 (1958), S. 593-629, hier S. 607.

84 Beispiel vgl. ebd.

und reflektierender Urteilskraft[85] aufzugreifen, als Gebrauch der bestimmenden Urteilskraft beschreiben: ein allgemeiner Maßstab, die Rechtsregel, ist gegeben, damit wird das Besondere, der Sachverhalt (der ebenfalls gegeben ist), im Wege der Subsumtion verknüpft. Diese Art des Urteilens unternimmt ein Gericht immer dann, wenn ihm Sachverhalt und der entsprechende Beurteilungsmaßstab offensichtlich vor Augen liegen, und diese Fälle sind ihrer Zahl nach gar nicht selten.[86] Urteile über schwierige Fälle dagegen können nicht durch bloße Subsumtion gefunden werden. Hat etwa jemand ein Spielzeugfahrrad geklaut, muss man mit der Hartschen Unterscheidung annehmen, dass der Fall im Halbschatten, in der Penumbra der Rechtsregel angesiedelt und damit ein schwieriger Fall ist, dass man nämlich nicht ohne weiteres entscheiden kann, ob er der Regel subsumierbar ist oder nicht. Aufschlussreich erscheint daran dieses »nicht ohne weiteres«: Es bedeutet, und das kennzeichnet gerade schwierige Fälle, dass man ein weiteres Kriterium benötigt, um den Fall zu beurteilen, ein Kriterium, das angeben kann, ob ein Spielzeugfahrrad ein Fahrrad im Sinne der Regel ist oder nicht. Man braucht also einen Beurteilungsmaßstab, der sich nicht bereits aus der Regel ergibt.[87] Urteile über problematische Fälle, so möchte ich es beschreiben, sind Urteile, die ihren Beurteilungsmaßstab erst im Urteil entwickeln und setzen. Weiterhin stellt sich hier anknüpfend die Frage, ob es jeweils bestimmte Eigenschaften von Rechtsfällen gibt, die sie zu problematischen machen, oder ob diese Unterscheidung tatsächlich, wie bei Hart, nur von den normativen Maßstäben aus, den Rechtsnormen etwa, zu denken ist. Wenn Urteile über schwierige Fälle solche sind, in denen neue Beurteilungsmaßstäbe gesetzt werden, dann impliziert das weitere Aussagen über die beurteilten Fälle: Die wichtigste scheint zu sein, dass der in einem sol-

85 Vgl. Immanuel Kant, *Kritik der Urteilskraft*, in: *Kants gesammelte Schriften*, Bd. 5, hg. v. d. Kgl. Preußischen Akademie der Wissenschaften, Berlin 1968, Einleitung IV. Zum Versuch, juridisches Urteilen (gegen) Kant als reflektierendes Urteilen zu beschreiben vgl. etwa Wolfgang Wieland, »Kants Rechtsphilosophie der Urteilskraft«, in: *Zeitschrift für philosophische Forschung* 52 (1998), S. 1-22 und ausführlich unten Sektion *Reflektieren.*

86 Oskar Hartwieg, *Sachverhaltsarbeit als Steuerungsinstrument im Zivilprozeß*, hg. v. Stephan Meder, Göttingen 2010, S. 83.

87 Die Nähe zu Wittgensteins Formulierung des Regelregressproblems ist kein Zufall, vgl. Ludwig Wittgenstein, *Philosophische Untersuchungen*, Frankfurt/M. 1984 [1953], § 198.

chen Urteil vorliegende Fall zuvor noch nicht entschieden wurde. Damit ist nicht gemeint, dass er nicht bereits anderweitig rechtshängig geworden ist, und auch nicht die Banalität, dass es niemals zwei identische Fälle geben kann, sondern dass ein vergleichbarer Fall, etwa: jemand anders hat schon einmal ein Spielzeugfahrrad geklaut und darüber gibt es ein Gerichtsurteil – dass ein vergleichbarer Fall noch nicht gerichtlich beurteilt oder explizit gesetzgeberisch, etwa in einer sehr differenzierten Rechtsnorm entschieden wurde. Dass ein Fall noch nicht entschieden wurde, kann wiederum zwei Versionen beinhalten: ein vergleichbarer Sachverhalt ist bei gleicher Rechtslage noch nicht entschieden worden, oder: ein vergleichbarer Sachverhalt ist zwar bereits einmal entschieden worden, aber auf anderer als jetzt gültiger normativer Grundlage. Bei beiden Alternativen kann das Gericht nicht auf Präjudizien, das heißt auf bereits gesetzte Beurteilungsmaßstäbe zurückgreifen. Und dieses »nicht bereits entschieden worden zu sein«, nicht auf Präjudizien zurückführbar zu sein, lässt sich als Eigenschaft des schwierigen/problematischen Falles verstehen – dazu muss man allerdings noch einmal einen Blick auf die ursprüngliche Beschreibung dessen werfen, was als Fall verstanden werden kann: Ich hatte gesagt, ein Rechtsfall ist das Ergebnis der Rekonstruktion von Antrag und Sachverhalt unter der Ausrichtung an einem Beurteilungsmaßstab. Diese normative Ausrichtung ergibt sich daraus, dass im Urteil ein Sachverhalt und damit im Zusammenhang sowohl der klägerische Antrag auf eine bestimmte Beurteilung als auch der zur Beurteilung verwendete Maßstab aneinander entfaltet werden. Damit aber wird es zu einer konstitutiven Eigenschaft eines Rechtsfalles, ob er schon einmal entschieden wurde oder nicht: Gibt es bereits einen Maßstab zu seiner Beurteilung, stellt sich der Rechtsfall auf eine fundamental andere Weise dar als ohne existierenden Beurteilungsmaßstab. Denn wenn Sachverhalt und Maßstab vor jeder Urteilsbildung dem Gericht bereits offensichtlich vor Augen liegen, kann die Urteilsbildung im Wege der Subsumtion erfolgen, die sich in einem positivrechtlichen System als bloße systeminterne Zuordnung verstehen lässt.[88] Müssen aber Material und Maßstab erst aneinander entfaltet werden, ist die Urteilsbildung wesentlich aufwendiger, ihr Urteil immer Neu-Setzung. Nun hatte ich allerdings bereits gezeigt,

88 Siehe dazu unten Sektion *Subsumieren.*

dass der Beurteilungsmaßstab nicht unabhängig vom Sachverhalt gedacht werden kann und beide Variablen darstellen, die vor der vollzogenen Urteilsbildung nicht eindeutig bestimmbar sind. Dies bedeutet wiederum, dass folgende Konstellation unmöglich sein muss: es existiert ein Beurteilungsmaßstab zu einem Sachverhalt, der Sachverhalt ist aber nicht bestimmbar. Ebenso unmöglich ist die umgekehrte Konstellation (zu einem bestimmten Sachverhalt existiert noch kein Beurteilungsmaßstab) – denn Sachverhalt und Beurteilungsmaßstab hängen voneinander ab. Demnach kann es also nur zwei Idealtypen von (Extrem-)Fällen geben: Entweder Sachverhalt und Beurteilungsmaßstab sind für das Gericht offensichtlich und müssen nicht erst gefunden werden, oder beides muss erst aneinander entfaltet werden.

Das Problem dieser Version der Unterscheidung problematischer und unproblematischer Fälle liegt nun vor allem darin, dass sie erst nach dem Urteil durchführbar ist. Wenn nämlich ihr Kriterium die Frage ist, ob der Fall bereits entschieden wurde, muss die Bestimmbarkeit des Falles für die Möglichkeit der Unterscheidung vorausgesetzt werden. Und ich habe bereits herausgearbeitet, dass der Fall erst mit dem Abschluss der Urteilsbildung bestimmbar wird. Auch mit dieser Unterscheidung dreht man sich also einigermaßen im Kreis, der rekursiven Abhängigkeit von Fall und Urteil kann man nicht entgehen. Eines lässt sich anhand dieser Betrachtung allerdings doch herleiten. Die Eigenschaft eines Falles, problematisch oder unproblematisch zu sein, auch wenn sie sich erst nach dem Urteil erkennen lässt, ist eine kontingente Eigenschaft. Denn zum einen ist ein Rechtsfall, wie bereits gesehen, ebenso unableitbar und setzenden Charakters wie ein Urteil: Seine spezifische Konstellation ist weder ganz beliebig noch vollständig determiniert. Und wenn zum anderen eine konstitutive Eigenschaft dieses Rechtsfalles darin zu sehen ist, ob zu seiner Beurteilung bereits ein ohne weiteres anzuwendender Beurteilungsmaßstab existiert oder nicht, dann lässt sich jedenfalls sagen, dass diese Eigenschaft eines Falles, bereits beurteilt zu sein oder nicht, ebenfalls eine Setzung des Gerichts sein muss, die nicht ableitbar ist. Die Unterscheidung problematischer und unproblematischer Fälle lässt sich demnach, anders als bei Hart, nicht ohne die Urteilenden treffen. Und wenn die Eigenschaft des Falles, bereits oder noch nicht entschieden worden zu sein, eine unableitbare Setzung ist, dann kann sie einerseits nicht zugleich notwendig sein – selbst wenn sie sich durch die Brille des einen Gerichts so darstellt, kann es für ein anderes Gericht ganz anders aussehen. Andererseits ist es einem Gericht immer möglich, einen Fall zu konstruieren, der nicht auf einen bereits bestehenden Beurteilungsmaßstab zurückgreifen kann: Denn es gibt keinen Algorithmus, der zu einem bestimmten Beurteilungsmaßstab führt, und weil jede Rechtsnorm und jedes Präjudiz interpretationsoffen und -bedürftig sind, jede Interpretation aber Rechtserzeugung in dem Sinne sein kann, dass ein neuer Beurteilungsmaßstab geschaffen wird,[89] ist das auf dem Boden positiver Rechtsordnungen auch immer möglich. Versteht man etwas dann als kontingent, wenn es möglich und zugleich nicht notwendig ist, handelt es sich bei der Eigenschaft eines Falles, bereits oder noch nicht entschieden worden zu sein, um eine kontingente Eigenschaft.

Zusammenfassend lässt sich also sagen, dass Gerichte Rechtsfälle beurteilen, diese Fälle aber erst mit der Urteilsbildung als Fälle entstehen und daher erst nach dem Urteil bestimmbar sind. Ein Fall ist daher nur als rekursive Formulierung des Urteils darstellbar (und umgekehrt).[90] Was der Gegenstand des Urteils ist, lässt sich also vor dem Urteil weder konkret noch allgemein bestimmen. Allerdings können problematische von unproblematischen Fällen unterschieden werden, wobei beiden jeweils eine unterschiedliche Art rechtlicher Urteilsbildung entspricht.[91] Ob ein Gericht es mit einem problematischen oder unproblematischen Fall zu tun hat, lässt sich nicht objektiv bestimmen, sondern ist eine Setzung des jeweiligen Gerichts. Nicht nur die Urteilsbildung, sondern auch die Konstruktion des Falles ist damit ein subjektives Verfahren. Weil die Eigenschaft von Fällen, problematisch oder unproblematisch zu sein, damit jeweils möglich, aber nicht notwendig ist, kann sie aus einer Beobachterperspektive gesehen als kontingent bezeichnet werden.

89 Vgl. dazu Sabine Müller-Mall, »Interpretation als Rechtserzeugung«, in: Thomas Groh, Jörn Lorenz (Hg.), *Interpretatio mundi. Wie deuten die Wissenschaften ihre Welt?*, Dresden 2010, S. 235-251.

90 Siehe dazu oben Sektion *Fällen*, Untersektion *Wie verfahren Gerichte mit Fällen?*.

91 Zur Unterscheidung verschiedener Arten rechtsförmiger Urteilsbildung siehe unten Sektion *Subsumieren*, Untersektion *Kooperierende und Nicht-Kooperierende Urteile*.

3. Finden

Im voranstehenden Abschnitt ist bereits deutlich geworden, dass Gerichte nicht nur zur Urteilsfindung und zur Rechtsfindung bestellt sind, sondern, um schließlich ein Urteil fällen zu können, auch den Fall erst bestimmen müssen, der Gegenstand des jeweiligen Urteils wird. Gerichte müssen also nicht nur Urteile, sondern auch Fälle finden, wenn sie urteilen. Anders formuliert: Juridisches Urteilen kann kein diskreter Vorgang sein, der bestimmte Parameter auf eine bestimmte Weise arrangiert oder anordnet. Juridisches Urteilen betrifft vielmehr solche Anordnungen selbst, es ist kein abgeschlossener, von umgebenden Maßstäben und Anordnungen abgrenzbarer Vorgang, sondern einer, der eine ganze Welt in Bewegung setzt. Damit möchte ich gar nicht auf den ebenfalls wichtigen Umstand hinweisen, dass Rechtsurteile in aller Regel in eine Rechtsumgebung, ein Rechtssystem oder ein Rechtsregime eingebunden sind, sondern auf eine scheinbare Banalität, die allerdings für die Komplexität der Beschreibung juridischer Urteilsvorgänge nicht ganz unverantwortlich ist:[92] Vom Urteil zu sprechen bedeutet im Falle des Rechts auch, vom Fall zu sprechen, schließlich bezeichnet der Fall das, worüber ein Gericht urteilt, den Gegenstand des Urteils. Ein spezifisches Problem der Beschreibung juridischen Urteilens liegt nun entsprechend also darin, dass auch der Fall als sein Gegenstand erst durch das Gericht im Rahmen der Urteilsbildung konstruiert wird.[93] Vor Gericht ziehen Klagende zwar, um eine Sache entscheiden zu lassen; aber worin die Sache genau besteht, entscheidet das Gericht. Wenn ich etwa meinen Nachbarn auf Schadensersatz verklage, weil er meinen Gartenzaun rosa angestrichen hat, dann schreibe ich in meiner Klageschrift einerseits, dass der Nachbar meinen Zaun gestrichen hat, und zwar gegen meinen Willen und ohne meine Erlaubnis, und andererseits schreibe ich hinein, was ich vom Gericht möchte – nämlich Schadensersatz in Höhe der nun notwendigen Malerkosten, um den Schaden zu beheben – und

92 Bei diesem und einigen folgenden Absätzen (bis S. 147) dieses Abschnitts handelt es sich um überarbeitete Versionen einiger Abschnitte des bereits publizierten Textes Sabine Müller-Mall, »Zwischen Fall und Urteil. Zur Verortung des Rechtsgefühls«, in: Thomas Hilgers u.a. (Hg.), *Affekt und Urteil*, Paderborn 2015, S. 117-131.

93 Vgl. dazu Müller-Mall, »Fall und Urteil«.

aus welchem rechtlichen Grund. Man könnte nun geneigt sein, die Frage, ob ich Schadensersatz zu bekommen habe, weil mein Nachbar meinen Zaun unerlaubt gestrichen und dadurch beschädigt hat, als den Fall zu bezeichnen, den das Gericht zu entscheiden hat. Dass dies etwas vorschnell wäre, mag die folgende Version der Geschichte zeigen: Es könnte schließlich sein, dass mein Nachbar in der mündlichen Verhandlung vor Gericht behauptet, der Zaun gehöre ihm, er dürfe ihn jederzeit rosa oder himmelblau anmalen. Oder er gibt an, dass ich ihn vorher darum gebeten hätte, meinen Zaun zu streichen, die Farbe seiner Wahl überlassen hätte und nun vom Rosa überrascht und undankbar sei. Was die Sache ist, was die Tatsachen sind, die der Entscheidung des Gerichts zugrunde gelegt werden können, wird also zum einen im Verfahren erst entfaltet und schließlich – im Urteilstext – festgestellt. Dasselbe gilt allerdings auch für die zu entscheidende Rechtsfrage, wie die Version, in der ich meinen Nachbarn gebeten habe, den Zaun zu streichen, zeigen kann: Wenn sie sich als wahr (vor Gericht: bewiesen) erweist, wäre die Rechtsfrage etwas anders gelagert als in meiner ursprünglichen Version. Geht es nach meiner Klageschrift vor allem um die Frage des Schadensersatzes, fragt sich in der Version meines Nachbars vielleicht zunächst, ob er durch die Farbwahl seinen Auftragsrahmen überschritten hat. Die relevanten Voraussetzungen des Rechts für die Beantwortung der Frage, ob ich nun von meinem Nachbarn Geld bekomme, sind je nach Version unterschiedlich. Sowohl die zu entscheidende Sach- als auch die Rechtsfrage werden genau erst im Verfahren und während der Urteilsbildung formulierbar. Der Grund dafür ist so banal wie hinsichtlich der teilweise immer noch gängigen Subsumtionsbeschreibung[94] juridischen Urteilens überraschend: Der einem Urteil zugrunde liegende Sachverhalt und die anzuwendende Rechtsnorm, der normative Maßstab, hängen voneinander ab. Je nach Sachverhalt sind unterschiedliche Rechtsnormen maßgeblich, je nach normativem Maßstab kommt es bei der Urteilsbildung auf unterschiedliche Sachverhaltsmerkmale an. Den Fall, den konkreten Gegenstand eines Urteils, kann ein Gericht entsprechend erst dann bilden, wenn es auch das Urteil bilden kann: Fall und Urteil müssen rekursive Formulierungen derselben Frage sein: »Ist dieses gerecht?« (Fall) beziehungsweise »Dieses ist gerecht«

94 Siehe dazu ausführlich unten Sektion *Subsumieren*.

(Urteil).[95] »Dieses« stellt dabei jene Variable dar, die im Moment des Urteilens mit einer konkreten Beschreibung von zugrunde gelegtem Sachverhalt und angewendetem Beurteilungsmaßstab ausgefüllt werden kann, nicht jedoch (zeitlich) vor diesem Moment.

Die Beziehung von Fall und Urteil lässt sich also als rekursiv beschreiben. Sie deutet allerdings zugleich an, weshalb es sich bei der juridischen Urteilsbildung um ein komplexes Verfahren handeln muss. Rekursiven Beziehungen ist die grundsätzliche Schwierigkeit zu eigen, dass sich nicht linear von einem Element auf das andere schlussfolgern lässt. Das Subsumtionsmodell kann also nicht ausreichend sein, um den Vorgang der Urteilsbildung zu beschreiben. Schließlich müssen sowohl die Rechtsnorm, der ein Sachverhalt schließlich subsumiert wird, als auch dieser Sachverhalt vom Gericht erst gefunden werden. Dem widerspricht nicht, dass die Form juridischer Urteilstexte am Subsumtionsmodell anknüpft. Vielmehr stellt diese Beobachtung eine zusätzliche Schwierigkeit bei der Beschreibung des Urteilens dar – schließlich werden Gerichte Urteile so bilden, dass sie nachträglich in die Form des Subsumtionsschlusses einschreibbar sind.[96] Die Form der Subsumtion stellt insofern einen zusätzlichen Parameter dar, der bei der Urteilsbildung zu berücksichtigen ist – nicht das Urteil selbst. Rechtsintern leistet sie gleichwohl jene Formalisierung, die notwendig ist, um Rechtsurteile von bloßer Willkür zu unterscheiden[97] – der Form nach. Sie zwingt zur widerspruchsfreien Begründung. Allerdings bildet sie eben nicht den Vorgang der Urteilsbildung ab. Das Subsumtionsmodell vermag zu beschreiben, wie ein gegebenes Allgemeines, eine

95 »Gerecht« taucht hier deswegen als Prädikatierung auf, weil gerecht zu sein, einem Fall gerecht zu werden, als das Ziel jedes Rechtsurteils vorausgesetzt wird. Der Begriff des »Gerechtseins« verweist hier nicht zwangsläufig auf eine übergeordnete, prinzipielle Vorstellung von Gerechtigkeit, sondern erst einmal nur auf die Beziehung von Allgemeinem und Besonderem, die im juridischen Urteil auf diese – gerechte – Weise hergestellt wird. Siehe dazu auch unten Sektion *Reflektieren*, Untersektion *Reflektierender Modus Juridischen Urteilens*, und Sektion *Zusammensehen*, Untersektion *Ausrichtung des Urteilens auf ein Passen.*

96 Zur Rolle der Subsumtion für juridische Urteile siehe unten ausführlich Sektion *Subsumieren.*

97 Vgl. zum Zusammenhang von Formalisierung und Willkür(-freiheit) auch Jelena von Achenbach, Sabine Müller-Mall, »Die Wahl und das Kreuz. Formalisierung und Form des Demokratischen«, in: Albrecht Koschorke (Hg.), *Komplexität und Einfachheit. DFG-Symposion 2015*, Stuttgart 2017, S. 276-297.

Rechtsnorm, mit einer bestimmten Konstellation, einem konkreten Sachverhalt, in Verbindung gebracht werden kann. Es kann gleichzeitig aber weder erklären noch eine Anleitung zur Lösung des Problems liefern, die richtige, in einem (noch zu bestimmenden) Fall »anwendbare«[98] Rechtsnorm sowie einen jeweils zugrunde zu legenden bestimmten Sachverhalt zu finden. Das Subsumtionsmodell, der Subsumtionsschluss kann nur mit bereits Gefundenem umgehen.[99] Das Finden selbst muss der Subsumtion vorangehen und auf andere Weise beschrieben, erklärt und durchgeführt werden.

Wir haben es beim juridischen Urteilen also mit einem doppelten Problem des Findens zu tun: Sowohl Fall und Urteil als auch jeweiliger Sachverhalt und jeweiliger rechtsnormativer Maßstab müssen von den Urteilenden gefunden werden – darin liegen sowohl Voraussetzung als auch Vorgang des Urteilens. Der Begriff des Findens erweist sich für die theoretische Rekonstruktion des Urteilens allerdings als nur bedingt aufschlussreich, wenn diese rekursive Anordnung im Blick bleibt. Denn letztlich beschreibt der Begriff des Findens weder mögliche Wege des Suchens noch wie sich ein Suchvorgang zu Ende führen lässt. Was beschreibt der Begriff des Findens eigentlich? Finden heißt, was man sucht, nicht mehr suchen zu müssen, weil es greifbar ist. Es bedeutet nicht, das Ergebnis in Händen zu halten, sondern es vor Augen zu haben. Darin liegt ein (sogleich näher zu beschreibender) wichtiger Unterschied. Beispielsweise kann man einen verlorenen Ball finden, ohne ihn erreichen zu können – etwa weil er sich in den Zweigen eines hohen Baumes verfangen hat. Trotzdem sprechen wir davon, dass man ihn gefunden hat, sobald er sinnlich wahrnehmbar wird. Ich halte das Finden (trotz aller Schwierigkeiten des Begriffs)[100] für eine passende Metapher, um einen Teilvorgang des Urteilens zu beschreiben und um gleichzeitig den so voraussetzungsvollen Begriff der Erkenntnis, des Erkennens[101]

98 Zur Problematik des Begriffs der Anwendung siehe bereits oben Kapitel *Juridizität rechtsförmiger Urteile*, Sektion *Der Verlust der Juridizität*, Abschnitt *Norm und Anwendung*.

99 Vgl. dazu nur Hans Kelsen, *Allgemeine Theorie der Normen*, Wien 1979, insb. S. 183. Ausführlich zu diesem Problem siehe unten Sektion *Subsumieren*.

100 Vgl. nur Walter Grasnick, »Entschieden und entscheidend«, in: *Frankfurter Allgemeine Zeitung*, 5. August 2005.

101 Vgl. dazu aber Hans-Joachim Strauch, *Methodenlehre des gerichtlichen Erkennt-*

außen vor zu lassen.[102] Denn, so viel sei an dieser Stelle vorweggenommen, um von einer gefundenen Anordnung von Fall und Urteil, Sachverhalt und Rechtsnorm zu einem Urteil zu kommen, bedarf es eines weiteren Schrittes, einer Entscheidung zum Urteil nämlich. Auch in dieser Formulierung taucht wieder die schon eingeführte rekursive Konstellation auf: Ein Urteil setzt eine Entscheidung zu diesem Urteil voraus, die wiederum an jener bestimmten Formierung von Fall, Urteil, Sachverhalt und Rechtsnorm anknüpft. Das Urteil knüpft also insofern an sich selbst an, als es nicht zu fällen ist, ohne schon einmal innerhalb der Konstellation von Fall, Sachverhalt und Rechtsnorm gefunden zu sein. Das Urteil innerhalb dieser Konstellation zu finden ist allerdings nicht gleichbedeutend damit, es zu fällen. Dazwischen liegt etwas anderes: die Entscheidung zum Urteil, die Entscheidung, dieses Urteil zu fällen.[103] Welchen Gehalt vermag nun aber der Begriff des Findens zu vermitteln?

Indem das Finden auf das Ergebnis eines oder mehrerer Vorgänge, auf das Ergebnis einer Suche verweist, beziehungsweise genauer: auf den Akt, ein Ergebnis einer Suche als Ergebnis zu erkennen, legt es offen und nahe, dass sich dieses Ergebnis nicht aus dem Nichts ergibt, sondern seine Suche voraussetzt. Dabei handelt es sich insofern um keine Banalität, als es in der Frage, ob Recht gefunden werden kann, auf das verfassungstheoretische Verständnis von legitimer Autorität ankommt: Ein souveräner Herrscher kann Recht bloß setzen und Rechtsurteile bloß fällen, ohne dass es auf den Findungsprozess ankäme. Vorstellungen von Rechtserkenntnis und Rechtsfindung hängen immer mit einer Differenzierung von Rechtssetzung und Rechtsanwendung zusammen, die als solche zwar problematisch ist, wenn sie (verfassungstheoretisch) zur Grundlage einer Judikative gemacht wird, die aber als analytische Differenz autoritäre Herrschaftssysteme von Systemen rechtlich vermittelter Herrschaft unterscheiden lässt – diese Möglichkeit zeigt sich auch im Begriff des Findens. Finden setzt also eine Suche

nisverfahrens. Prozesse richterlicher Kognition, Freiburg, München 2017, S. 79-87, 101-104.

102 Argumente dafür, warum es »in Ordnung« ist, den Begriff des Findens für das Recht in diesem Sinne zu verwenden, finden sich im Übrigen bei Jochen Bung, »Einige Grundüberlegungen zur Methode der Rechtsfindung«, in: *Ancilla Iuris* 2009, S. 35-52.

103 Siehe dazu auch unten Sektion *Deuten*.

voraus (oder einen Zufall – der aber für durch Klagen angestrengte Urteilsprozesse nicht relevant ist, denn zufällig wird kaum Klage oder Anklage erhoben, sondern jede Klageerhebung steht in unmittelbarer Verbindung mit einem Willensakt). Die Suche nach dem Urteil als Teil des Urteilens lässt sich für die juridische Konstellation als Reflexionsprozess entfalten, das Finden wird, so werde ich die Verhältnisse unten entwickeln, in einem Subsumtionsverfahren abgeschlossen.[104] Schon hier ist im Vorgriff auf die folgenden Überlegungen zum juridischen Urteilen als Reflexionsvorgang anzumerken, dass offenbar also die bloße Konzentration des Blickes auf die Subsumtion die Suche, welche jedem juristischen Finden vorausgeht, außer Acht lässt beziehungsweise das reflektierende Urteilen übersieht. Zu finden setzt weiterhin – hier zeigt sich ein anderer Aspekt der Urteilsfindung – voraus, dass es etwas zu finden gibt. Die Möglichkeit, dass kein Urteil gefunden wird, weil kein Urteil zu finden ist, muss das Recht kategorisch ausschließen. Eine institutionelle Lösung dieses Problems (dass es sich dabei um ein Problem handelt, wird sich sogleich erkennen lassen) stellt der vielzitierte Zwang zur Entscheidung der Gerichte dar.[105] Verfassungstheoretisch wiederum entsprechen Ideen der Einheit des Rechtssystems beziehungsweise die Idee eines systematischen Rechts überhaupt[106] dieser Voraussetzung, dass für jeden Fall ein Urteil zu finden und damit (auf-)findbar sein muss; typischerweise werden solche Einheitsvorstellungen in modernen Verfassungen über das Instrument einer Rechtsweggarantie einerseits und andererseits über das Rechtsverweigerungsverbot umgesetzt. Verfassungsnormen, die anordnen, dass für jeden Rechtsfall ein Rechtsurteil möglich sein soll – die rechtstheoretische

104 Zum reflektierenden Urteilen und zur These der Kooperation von Reflexion und Subsumtion siehe unten Sektion *Reflektieren*.

105 »Gerichte müssen jede Frage beantworten, die ihnen gestellt wird.« Christoph Möllers, »Individuelle Legitimation. Wie rechtfertigen sich Gerichte?«, in: Anna Geis u. a. (Hg.), *Der Aufstieg der Legitimitätspolitik. Rechtfertigung und Kritik politisch-ökonomischer Ordnungen*, Baden-Baden 2012, S. 398-416, hier S. 400. Zum Rechtsverweigerungsverbot historisch vgl. Marie Theres Fögen, »Schrittmacher des Rechts. Anmerkungen zum Justiz- und Rechtsverweigerungsverbot«, in: Heinrich Honsell, Ernst A. Kramer (Hg.), *Privatrecht und Methode. Festschrift für Ernst A. Kramer*, Basel 2004, S. 3-20.

106 Man kann diese Ideen natürlich für typische Elemente dogmatischen Denkens halten, ihr Ursprung und ihr Einsatz betreffen aber die rechtliche Verfasstheit als solche. Deswegen sind sie vorliegend verfassungstheoretisch zu betrachten.

Konsequenz aus der verfassungsrechtlichen Konstruktion der Garantie des Zugangs zum Rechtsweg –, bilden die vielleicht einzige (wenn auch normative) Konstante des rechtsförmigen Urteilens: es kann nicht abgebrochen werden, es gibt keinen Ausweg, ein Urteil muss stets gefunden werden, ist einmal ein Prozess angestrengt.[107] So erweist sich die typischerweise prozessrechtliche Lesart der Rechtsweggarantie als Spiegelung einer noch weiter reichenden Konstruktion, die gleichermaßen rechtstheoretisch das Urteilen auf ein Urteil hin ausrichtet wie verfassungstheoretisch die Möglichkeit, ein Urteil anzustreben und zu erhalten, zur Bedingung der rechtsstaatlichen Verfasstheit macht. Gleichzeitig, um nun wieder zur Urteilsrekonstruktion zurückzukehren, erlaubt, ja zwingt diese Rahmung des Urteilens, die seine Beendigung im Urteil notwendig macht, dazu, die Urteilsfindung als einen Vorgang zu rekonstruieren, der auf Uneinsehbarkeit und Erkenntnishindernisse reagieren kann. Urteile müssen gefunden werden, auch wenn sie nicht unmittelbar aus bekannten Rechtsnormen und erwiesenen Tatsachenkonstellationen erschlossen werden können. Insofern dürfen wir vermuten, dass die juridische Urteilsbildung als Verfahren spezialisiert darauf ist, Fälle und Urteile aus dem Verborgenen herauszuschälen.[108] Das Finden verweist in einer anderen Bedeutung allerdings noch auf einen für die Rekonstruktion der Urteilsbildung wichtigen Aspekt, der rechts- wie verfassungstheoretisch kaum beschrieben ist, sich aber als relevant für dieselbe erweisen wird: Finden kann im Sinne von »dafür Halten«[109] verwendet werden und damit etwas ganz Ähnliches meinen wie etwas als etwas Sehen beziehungsweise Ansehen.[110] »Ich finde etwas schön« oder »gut« oder »gerecht« – die Beispiele zeigen unmittelbar an, dass die Verknüpfung dieser Gebrauchsweise des Findens mit dem Urteilen nicht herbeigezogen oder konstruiert erscheinen sollte, sondern ganz direkt mit dem Urteil in Verbindung steht. Denn zu sagen »Ich finde etwas schön« stellt genauso lediglich die Formulierung eines ästhetischen Urteils dar, wie der Ausdruck »Ich finde dieses gerecht« ein juridisches Urteil formuliert. Und

107 Der Ausweg des Vergleichs sei hier vernachlässigt, obwohl er jedenfalls zivilrechtlich von großer Relevanz ist.

108 Siehe dazu insbesondere unten Sektionen *Deuten* und *Reflektieren*.

109 Jacob Grimm, Wilhelm Grimm, *Deutsches Wörterbuch*, 16 Bde., Leipzig 1854, s. v. Finden, Nr. 6 c.

110 Siehe dazu unten ausführlich Sektion *Zusammensehen*.

weiterhin dürfte es kaum Widerspruch hervorrufen, die Äußerung »Ich finde dieses gerecht« bedeutungsweise mit der Äußerung »Ich sehe dieses als gerecht (an)« zu identifizieren. Diese Identifikation stellt nun wiederum keineswegs eine leere Überlegung dar, sondern ist gerade deshalb für den vorliegenden Zusammenhang von einiger Relevanz, weil sie in den Formulierungen jener, die mit dem juridischen Urteilen alltäglich beschäftigt sind, auftaucht. So weist die Untersuchung von Stegmaier[111] etwa, die besonders viele Interviews mit Richter:innen auswertet,[112] nicht nur zufällig eine ganze Reihe begrifflicher Strukturierungen auf, die an Metaphern des Findens und Sehens in diesem Sinne anknüpfen.[113]

Finden, so viel zeigen die vorstehenden Überlegungen, hat also einiges mit »Sehen als« im angezeigten Sinne zu tun, darauf will ich abschließend hinaus. Denn über die Metapher des »Sehen als« lässt sich, da sie die Wahrnehmung als auch aisthetische Fähigkeit ins Spiel bringt, eine Perspektive auf Urteilen und Urteil gewinnen, die rechtstheoretisch bislang kaum erschlossen ist,[114] aber für die Rekonstruktion des Urteilens außerordentlich produktiv sein dürfte. Auf die Rolle des »Sehen als« für das Urteilen wird zurückzukommen sein.[115]

4. Deuten

Die rechtswissenschaftliche Tradition, Urteilen als Vorgang der Rechtsanwendung zu verstehen, der wesentlich von Interpretationsverfahren bestimmt wird, reicht weit zurück. Entsprechend verbindet die Disziplinen Recht und Hermeneutik eine intensive und vielfältige Geschichte, die Hassemer nicht zu Unrecht als jene »einer wechselseitigen Belehrung, Befruchtung und Bereicherung«[116]

111 Vgl. Stegmaier, *Wissen, was Recht ist.*

112 Insgesamt werden 70 Richter:innen befragt, vgl. ebd., S. 139, Tabelle 15.

113 Vgl. nur ebd., S. 96-103 und S. 271-291.

114 Ausnahmen finden sich vor allem in den Diskussionen um das Rechtsgefühl, vgl. etwa den Begriff des »präreflexiven Gewahrwerdens« bei Robert Weimar, »Rechtsgefühl und Ordnungsbedürfnis«, in: Ernst-Joachim Lampe (Hg.), *Das sogenannte Rechtsgefühl*, Wiesbaden 1985, S. 158-173, hier S. 159.

115 Siehe dazu insbesondere unten Sektion *Zusammensehen.*

116 Winfried Hassemer, »Juristische Hermeneutik«, in: *Archiv für Rechts- und Sozialphilosophie* 72 (1986), S. 195-212, hier S. 195.

beschreibt. Im Folgenden geht es mir nun gerade nicht darum, diese Beziehungsgeschichte zu diskreditieren – das sei vorangestellt, weil Versuchen, die Rolle der Hermeneutik für das Urteilen etwas anders einzuordnen als gewöhnlich,[117] gelegentlich Derartiges angesonnen wird. Darum geht es im Folgenden nicht, die Rechtsanwendung lässt sich, sofern Recht mit Texten operiert, gar nicht anders als von hermeneutischen Verfahren bestimmt »verstehen«. Die Anführungszeichen deuten es an: Um allerdings das Urteilen genauer beschreiben zu können, kommt es darauf an, wie wir die Rolle, Funktion und die Anknüpfungspunkte dieser hermeneutischen Verfahren fassen können; »wie kann das juristische Verstehen verstanden werden?« – so könnte die hermeneutische Zeichnung jeder, auch der vorliegenden Suche nach wissenschaftlicher Erkenntnis beschrieben werden. Das heißt, meine nun folgenden Überlegungen zum *Deuten* sollen nicht nur namentlich einen anderen Weg einschlagen als viele (außerordentlich wichtige) Untersuchungen zur juristischen Hermeneutik beziehungsweise zur juristischen Interpretation, sondern vor allem in ihrer Ausrichtung. Im Zusammenhang mit dem Urteilen gilt es, nicht die Frage, wie (richtig) interpretiert wird, in den Vordergrund zu stellen, sondern zunächst die Frage nach den Verortungen der Interpretation. Unter welchen Vorzeichen und mit welchen Zielen werden welche Texte und welche Tatsachenerzählungen ausgelegt? Und wie spielt die Ausrichtung der Interpretation in dieselbe hinein?

a. Zum Verhältnis von Urteilen und Interpretation

Um das Urteilen zu rekonstruieren, ist – so kann es auf allgemeine Weise gefasst werden – zunächst erforderlich, genauer zu bestimmen, welche Gegenstände in welchem Verhältnis zueinander und zu welchem Zweck interpretiert beziehungsweise verstanden werden müssen, um ein Urteil zu ermöglichen. Erst in einem zweiten Schritt, gewissermaßen im Stadium der Feinjustierung, dürften dann verschiedene Auffassungen davon, was es etwa heißt beziehungsweise heißen soll,[118] Normtexte auszulegen, auch für die Fra-

117 Zu einem guten Überblick vgl. Stephan Meder u. a. (Hg.), *Juristische Hermeneutik zwischen Vergangenheit und Zukunft*, Baden-Baden 2013.

118 Die gesamte Diskussion um die Vorrangigkeit sogenannter subjektiver oder objektiver Auslegung ist letztlich ja eine normative Diskussion. Zu einem

ge nach dem Urteilen relevant werden. Diese spezifische Herangehensweise an das Verhältnis von Urteil und Interpretation wird von einigen Annahmen getragen, die ich versuchen möchte in aller Kürze offenzulegen: (1) Zunächst liegt ihr eine Unterscheidung zugrunde – rechtsförmiges Urteilen und juristische Interpretation sind voneinander zu unterscheidende Verfahren. Urteile greifen auf Interpretationsvorgänge zurück. Um das Urteilen zu beschreiben, gilt es gerade, die Art und Weise dieses Rückgriffs zu verstehen. Umgekehrt genügt es dann also nicht, die Interpretationsvorgänge zu verstehen, um erkennen zu können, wie juridisch geurteilt wird.[119] (2) Weiterhin greift das Verfahren juridischen Urteilens nicht allein auf Auslegungen von Rechtsnormtexten zurück, sondern gleichermaßen auf Auslegungen von Tatsachenerzählungen.[120] Wenn juridisches Urteilen gerade in einer Vermittlung von Allgemeinem und Besonderem, von Norm und Faktum besteht, dann muss eine theoretische Rekonstruktion dieses Urteilens erklären können, wie auslegende Verfahren, die sich auf diese unterschiedlichen Gegenstände beziehen, miteinander zusammenhängen. (3) Schließlich verfolgen juristische Interpretationsvorgänge Ziele,[121]

Überblick über die deutschsprachige Diskussion um das Problem juristischer Auslegung vgl. nur Karl Larenz, *Methodenlehre der Rechtswissenschaft*, Berlin u. a. [6]1991, S. 312-365. Vgl. zur Problematik in systematischer und historischer Perspektive immer noch Bernd Rüthers, *Die unbegrenzte Auslegung. Zum Wandel der Privatrechtsordnung im Nationalsozialismus*, Tübingen [7]2012.

119 Hier greifen viele rechtstheoretische Ansätze zu kurz, die entweder die Interpretation oder die Begründung als Mittelpunkt der juristischen Urteilsfindung fassen. Vgl. dazu etwa Andrei Marmor, *Interpretation and Legal Theory*, Oxford 2005, aber auch Werner Krawietz, »Haupt-und Gegenströmungen in der juristischen Methodik und ihre rechtstheoretischen Implikationen«, in: *Rechtstheorie* 42 (2011), S. 455-494. Andererseits gibt es auch wichtige Studien, die hier sehr wohl differenzieren bzw. eine Differenzierung schon voraussetzen, vgl. nur Andreas Fischer-Lescano, Ralph Christensen, »Auctoritatis Interpositio. Die Dekonstruktion des Dezisionismus durch die Systemtheorie«, in: *Der Staat* 44 (2005), S. 213-241, hier S. 216 f. Empirisch zu dieser Frage, jedenfalls für das Bundesverfassungsgericht und dessen Urteile, auch Uwe Kranenpohl, »Die Bedeutung von Interpretationsmethoden und Dogmatik in der Entscheidungspraxis des Bundesverfassungsgerichts«, in: *Der Staat* 48 (2009), S. 387-409.

120 Vgl. dazu nur Hruschka, *Die Konstitution des Rechtsfalles*, insb. S. 9-20.

121 Bewusst spreche ich davon, dass Ziele verfolgt werden und nicht Zwecke: um hier eine bloß funktionalistische Deutung der Überlegungen jedenfalls für diese Blickrichtung zu vermeiden.

die mit diesem Zusammenhang diverser Interpretationsvorgänge konstitutiv verknüpft sein müssen, wenn es sich bei der urteilenden Vermittlung von Allgemeinem und Besonderem, die auf diese Interpretationsvorgänge zurückgreift, nicht um eine bloße Koinzidenz handeln soll. Die Verknüpfung und das Voraussetzungsverhältnis von Sachverhalt und Rechtsnorm mögen diese Auflage verdeutlichen: Wenn die Konstruktion des Sachverhaltes, die Deutung der Tatsachengrundlagen, von den jeweiligen rechtsnormativen Anforderungen abhängt und umgekehrt, dann können die Deutungsvorgänge nicht gelöst von diesen Anforderungen, sondern nur sie im Blick behaltend, auf Entsprechungsverhältnisse abzielend, gedacht werden.[122] Diese Annahmen legen die nun zu untersuchenden Fragen unmittelbar nahe: In welchem Verhältnis stehen Interpretation und Urteil? In welchem Verhältnis stehen die verschiedenen Interpretationsvorgänge zueinander? Welcher Ausrichtung folgen sie? Mit diesen Fragen soll das Problem der Interpretation für die Rechtsanwendung in anderer Weise gedeutet werden als gemeinhin in der Rechtstheorie, wo es sich typischerweise als Frage der richtigen, der schöpferischen oder in irgendeiner Hinsicht begrenzten Auslegung findet. Denn in solchen Versionen der Fragestellung bleibt der Blick regelmäßig auf die rechtswissenschaftliche Perspektive beschränkt: diese Perspektive unterscheidet sich von der hier angelegten, auf das Problem des Urteilens ausgerichteten, gerade darin, dass sie die Frage der Behandlung eines Falles letztlich aus dem Blick herausnehmen und im Modell einer bloß normativ anknüpfenden Auslegungssituation bleiben kann. Kurz gesagt: Rechtswissenschaftlich ist die Frage relevant, wo die Grenzen[123]

122 Die Unterscheidung von authentischer und nichtauthentischer Interpretation, wie sie Hans Kelsen durchführt (vgl. Kelsen, *Reine Rechtslehre*, S. 351-354), weist in eine ähnliche, aber nicht identische Richtung, wenn sie die auf ein Urteil gerichtete Interpretation der Richterin von der den Sinn einer Norm suchenden Interpretation der Rechtswissenschaft, die eben selbst nicht schöpferisch sein muss, unterscheidet. Meine Überlegung geht noch einen Schritt weiter: Ausgehend von der Kelsenschen Fassung, nach der die richterliche Interpretation einer Rechtsnorm immer auf ein Urteil gerichtet ist, auf einen Willensakt, erfährt sie auch eine *Ausrichtung*.

123 Die Theorie der Wortlautgrenze bietet hier nur *ein* Beispiel der Grenzsuche, vgl. dazu nur Matthias Klatt, *Theorie der Wortlautgrenze. Semantische Normativität in der juristischen Argumentation*, Baden-Baden 2004. Für das weiter gefasste Problem der Begrenzung wiederum Rüthers, *Die unbegrenzte Auslegung*.

der richtigen[124] Auslegung einer Rechtsnorm liegen, während für die Rechtsanwendung das Problem, ob eine (welche) Rechtsnorm auf einen Fall anwendbar ist, im Vordergrund steht. Trotz Verbindungslinien dieser beiden Fragestellungen ist es wichtig, so die Grundannahme im Folgenden, beide Weisen der Auslegung (rechtswissenschaftliche und juristische) zu unterscheiden.[125] Für eine theoretische Rekonstruktion juridischen Urteilens, das dürfte nun deutlich sein, ist dann diese zweite Situation der Auslegung, die ich juristische Auslegung nenne, von Bedeutung. Meine Überlegungen dazu, so viel sei weiterhin vorweggenommen, laufen auf die These hinaus, dass drei Aspekte die juristische Auslegung in konstitutiver Weise bestimmen, die unmöglich außer Acht gelassen werden können, wenn das juridische Urteilen beschrieben werden soll:[126] die Anordnung multipler Zentren oder Gegenstände oder Ziele der Auslegung, die dynamische Weise dieser Anordnung als (gleichermaßen aktive und passive) Oszillationsbewegung sowie die Ausrichtung der Auslegungsvorgänge hin auf ein Passen, eine bestimmte Form der Kohärenzerfahrung. Mein Vorgehen wird nun nicht darin bestehen, den Begriff beziehungsweise eine Theorie der Interpretation auseinanderzusetzen, um davon ausgehend dann Aussagen über das Verhältnis von Interpretation und Urteil zu erschließen. Denn jeder Schluss in diese Richtung, von einer Theorie der Interpretation aus aufs Urteil, muss das Urteilen in Abhängigkeit von der jeweiligen Interpretationstheorie verstehen. Mein vorliegender Versuch einer theoretischen Rekonstruktion juridischen Urteilens nimmt jedoch gerade den umgekehrten Weg, so auch in der Frage nach diesem Verhältnis: Von der Konstellation des Urteilens ausgehend werden die Möglichkeiten sondiert, Interpretation als Verfahren zu denken, auf das im Urteilen zurückgegriffen wird. Wie und an welchen Orten also kommen beim Urteilen Verfahren

124 Die Frage der Richtigkeit knüpft hier wie etwa auch bei Dworkin und Alexy tatsächlich gar nicht an der Entscheidung, sondern an der Auslegung an. Vgl. dazu auch den Begriff »rechtswissenschaftlicher Interpretation« bei Kelsen, der diese als »rein erkenntnismäßige Feststellung des Sinnes von Rechtsnormen« von der rechtserzeugenden Interpretation der Rechtsorgane unterscheidet. Kelsen, *Reine Rechtslehre*, S. 352.

125 Vgl. zum Ganzen noch einmal ebd., S. 346-354.

126 Die Anordnung dieser Aspekte verläuft nicht entsprechend der Anordnung der genannten Annahmen, sondern fasst die noch folgenden Überlegungen zusammen.

der Interpretation ins Spiel? Es gilt, um eine Perspektive auf mögliche Antworten zu gewinnen, noch einmal auf die bereits beschriebene[127] Konstellation von Urteil und Fall zu blicken. Der Fall als Gegenstand des Urteils, so hatte ich es beschrieben, steht in einem rekursiven Verhältnis zu demselben. Wenn ein Rechtsfall fragt »Ist dieses gerecht?«, so bildet das Urteil eine Antwort in der Form »Dieses ist gerecht«. Beide sind insofern konkretisiert, als sie jeweils nur in Bezug auf einen bestimmten Sachverhalt und einen bestimmten normativen Maßstab sinnvoll werden. Beim Urteilen werden, so hatte ich es mit der Formulierung Carlizzis[128] beschrieben, normativer Maßstab und Sachverhalt aneinander entfaltet – Urteil (das Ergebnis) und Fall (die Frage) werden in diese Entfaltung mit einbezogen.

b. Multiple Zentren[129]

Sachverhalt und normativer Maßstab sind also einerseits zunächst zu entwickeln beziehungsweise im Urteil zu konstruieren, andererseits können sie nicht unabhängig von Urteil und Fall gedacht werden, die ihrerseits im Urteilen gebildet werden. Damit lässt sich eine erste, gleichermaßen vorläufige wie grundlegende Aussage treffen. Jene Interpretationsvorgänge, auf die beim Urteilen zurückgegriffen wird, beziehen sich auf wenigstens vier miteinander gekoppelte Gegenstände: Sachverhalt und normativer Maßstab, Fall und Urteil. Zudem werden sie in die ausrichtenden Gehalte von Klageantrag und Rechtsfolge eingespannt – beide begrenzen nicht nur in zeitlicher Hinsicht das Urteilen, sondern auch inhaltlich, sind aber ihrerseits interpretationsbedürftig. Das heißt, die Konzentration vieler juristischer Methodenlehren auf die Interpretation von Normtexten mag für die juristische Ausbildung wie für die Bildung juristischer Dogmatik hilfreich sein, für die Frage des Urteilens ist sie beinahe irreführend, weil ohne weiteres anzunehmen ist, dass

127 Siehe dazu oben Sektion *Fällen*.

128 Siehe dazu oben Fn. 72.

129 Die folgenden Abschnitte bis zum Ende der Sektion *Deuten* enthalten teilweise wortgleiche oder ideengleiche Elemente aus den bereits erschienenen Texten Müller-Mall, »Fall und Urteil«; dies., »Zwischen Fall und Urteil«; dies., »Entfaltungen des Rechts im Gefühl«, in: Sigrid G. Köhler u. a. (Hg.), *Recht fühlen*, Paderborn 2017, S. 159-175.

derartige multiple Kopplungen diverser Interpretationsvorgänge nicht in ihrer Summe, sondern nur als Relation zum Urteilen führen können. Aber auch die in der Rechtstheorie häufig beschriebene »zweipolige« Interpretation, die sich an Normen und Tatsachen abarbeitet, kann nur einen Ausschnitt der beschriebenen Relation erfassen, obwohl hier theoretisch durchaus elaborierte und wichtige Ansätze bestehen.[130] Im vorliegenden Buch will ich allerdings versuchen, eine gewissermaßen globale Perspektive auf die komplexe Relation multipler Interpretationsgegenstände zu entwerfen. Wenn also Sachverhalt und Maßstab, die der Konstruktion eines Urteils ebenso wie des zugehörigen Falles zugrunde liegen, im Rahmen der Urteilsbildung erst gefunden, erst bestimmt werden müssen, an welchen Anknüpfungspunkten lässt sich dann eine Perspektive auf diesen Vorgang entfalten? Wo beginnt die Urteilsbildung? Wo endet sie? Und wie hängt sie mit den jeweiligen Interpretationsvorgängen zusammen?

c. Oszillierende Interpretation

Eine Möglichkeit der Untersuchung besteht darin, das Verfahren der Interpretation, auf welches im Urteilsvorgang zurückgegriffen wird, über seine temporal bestimmbaren Koordinaten zu verorten, über Anfang und Ende. Insoweit lässt sich formulieren: Juridische Urteile beenden diverse Interpretationsvorgänge. Der Beginn der Urteilsbildung ist auch gleichzeitig der Beginn dieser Interpretationsleistungen des Gerichts, und umgekehrt: beginnen die Richtenden zu interpretieren, befinden sie sich auch schon in einem Vorgang der Urteilsbildung. Insofern kann eine Betrachtung, die diesen Vorgang in den Blick nimmt, auch den Vorgang der Urteilsbildung – jedenfalls ein wenig – eingrenzen. Ich will nun, von dieser Eingrenzung ausgehend, durchaus im Verfahren einkreisender Wiederholung, versuchen, das Verhältnis von Interpretation und Urteilen noch einmal aufzurollen.

Dass die Interpretation beim Urteilen mit dem Beginn der Urteilsbildung beginnt und mit dem gebildeten Urteil endet, ist eine gleichermaßen triviale wie folgenreiche Feststellung. Denn sie weist

130 Vgl. etwa immer noch die vielzitierte »Engisch-Formel« vom »Hin- und Herwandern des Blickes«. Karl Engisch, *Logische Studien zur Gesetzesanwendung*, Tübingen 1963, S. 15.

dem Verfahren der Interpretation notwendige Eigenschaften zu, die es in seiner Rolle für das Urteil näher charakterisieren. Entscheidend unter diesen Eigenschaften ist die Finalität der Interpretation, die sich nicht aus der temporalen Anordnung ergibt, aber durch sie offenbar wird. Interpretationsverfahren, auf die jede juridische Urteilsbildung zurückgreifen muss, sind ihrerseits davon geprägt, dass sie der Urteilsbildung dienen. Sie sind auf ein Urteil ausgerichtet. Das heißt, wenn Urteilende Rechtsnormtexte und Sachverhaltserzählungen auslegen, wenn sie mögliche Urteilstenorierungen mit Klageanträgen abgleichen, wenn sie Relevanzen der Tatsachenkonstellation mit Blick auf diverse Normkonstellationen anordnen, wenn sie interpretieren, dann unternehmen sie dies im Hinblick auf ein Urteil und um ein Urteil fällen zu können. Juridische Interpretation verfolgt ein Ziel, nämlich eine Deutung von Sachverhalt und Rechtsnorm, von Fall und Urteil zu erhalten, die ein Urteil ermöglicht. Insofern wird juridische Interpretation zu einem Verfahren eigener Art, das nicht zwangsläufig mit anderen Verfahren der Interpretation vergleichbar ist. In der Gebundenheit an das Urteil liegt der zentrale Unterschied zu Interpretationsverfahren, die sich auf die Suche nach dem Sinn eines Textes machen, ohne zwangsläufig auf ein (etwa ästhetisches) Urteil gerichtet sein zu müssen. Juristische Interpretation will etwas finden in den Texten, sie muss eine bestimmte Bedeutung extrahieren, die die Frage beantworten kann, ob eine bestimmte Norm auf einen Sachverhalt anwendbar ist. Dies schließt ein, dass juristische Interpretation nicht allein Rechtsnormtexte auf ihre normative Maßstäblichkeit hin interpretiert, sondern auch die im Gerichtsverfahren zu verhandelnden Tatsachen, die einen Sachverhalt bilden könnten, der wiederum dann mit einem Beurteilungsmaßstab in Verbindung gebracht werden soll. Gerichte, ich habe das bereits angedeutet, müssen allerdings nicht nur einen bestimmten Rechtsnormtext interpretieren, um ihn dann als Maßstab an den ebenfalls zu findenden Sachverhalt anzulegen, sondern sie müssen die rechtlichen Maßstäbe, die sie zur Beurteilung heranziehen, erst finden. Sie gehen also Formulierungen positiver Rechtsnormen durch, um möglicherweise anwendbare Maßstäbe zu suchen, die sie dann noch einmal genauer auf ihre Anwendbarkeit hin überprüfen.[131] Auch auf

131 Hierzu schreibt Stegmaier im Rahmen seiner empirisch gewonnenen Rekonstruktion richterlicher Tätigkeit: »Richterinnen und Richter stehen bei jedem

die Gefahr hin, mich zu wiederholen: es gilt, diese Konstellation noch einmal konkreter zu fassen: Aus den Rechtsnormen sollen Beurteilungsmaßstäbe gefunden werden, und zwar für eine konkrete Konstellation, einen Sachverhalt – dieser Sachverhalt aber, das habe ich oben versucht zu zeigen, steht nicht von vornherein fest, sondern ist vom Gericht erst zu ermitteln und dabei nicht unabhängig von dem anzuwendenden Maßstab zu bestimmen. Denn welche Tatsachen für ein Urteil relevant sind, hängt wiederum vom Beurteilungsmaßstab ab. Es verhält sich also nicht so, dass sich dem Gericht einerseits ein unmittelbar identifizierbarer Gegenstand präsentiert, der zu beurteilen ist, und andererseits eine Reihe von Rechtstexten zur Verfügung steht, von denen dann im Wege der Interpretation der richtige, anzuwendende Beurteilungsmaßstab ausfindig zu machen wäre. Vielmehr müssen – wie bereits beschrieben – Sachverhalt und Maßstab erst aneinander entfaltet werden.[132] Dieser Entfaltungsprozess wird in der Rechtstheorie im Anschluss an Engisch häufig als »Hin- und Herwandern des Blickes« zwischen Sachverhalt und Maßstab bezeichnet.[133] Ich glaube aber, dass dieser Ausdruck zu kurz greift, und will versuchen, das anschaulich zu machen. Der Blick auf den Sachverhalt lässt sich nicht als Blick auf einen klar bestimmbaren Gegenstand auffassen, der lediglich im Hinblick auf eine Rechtsnorm zu entfalten wäre. Sondern der Sachverhalt ergibt sich wiederum erst aus einer Interpretation, die zwi-

Fall aufs Neue vor der einmal mit mehr, das andere Mal mit weniger Mühe bzw. Routine zu bewältigenden Aufgabe, zunächst für sich, später für andere Akteure eine Orientierung darüber zu bekommen, in welchen rechtlichen Begriffen ein Sachverhalt greifbar gemacht und zur Beendigung eines Rechtsstreits handhabbar gemacht werden kann. Dazu gehört nicht erst die Fixierung einer Vorstellung davon, wie die rechtliche Lösung gestaltet werden kann, sondern viel früher noch das Suchen und Finden fallrelevanter Normen. Die ›Erstkontakte‹ mit speziellen Normen und ganzen Normkomplexen im ersten Draufblick (kurz: Normfindung), die hier regelmäßig beachteten alltäglichen Informationsquellen und die dafür nötigen ›Ermittlungsbemühungen‹ bilden die unabdingbare Grundlage für die weitere Arbeit an einem Fall. Die Normfindung als pragmatische Haltung lässt sich in zwei Hauptformen unterteilen: in ›Vorfinden‹ und ›Aufsuchen‹.« Stegmaier, *Wissen, was Recht ist*, S. 97 f.

132 Formulierung bei Carlizzi, siehe oben Fn. 72.

133 »[...] eine ständige Wechselwirkung, ein Hin- und Herwandern des Blickes zwischen Obersatz und Lebenssachverhalt«, Engisch, *Logische Studien zur Gesetzesanwendung*, S. 15.

schen einer Vorstellung von Tatsachen, davon, was geschehen ist, und Verständnissen eines normativen Maßstabs oszilliert. Der Maßstab seinerseits ergibt sich aus einer Interpretation, die zwischen Normtext einerseits und dem Verständnis eines Sachverhalts andererseits oszilliert. Wir haben es also bei der Urteilsbildung mit wenigstens zwei Interpretationsvorgängen zu tun, die beide als oszillierend zwischen wiederum zwei Polen beschrieben werden; allerdings hängen beide voneinander ab – die Interpretation des Sachverhalts vom Verständnis des Maßstabs und umgekehrt. Weil Oszillation eine physikalische Metapher ist, will ich das Ganze auch mit einem physikalischen Bild veranschaulichen: Wir können uns den Vorgang als die Bewegung zweier gekoppelter Pendel vorstellen, beide schwingen hin und her, sind aber miteinander verbunden, das heißt, ihre Auslenkung wird von der Bewegung des jeweils anderen Pendels beeinflusst. Die Metapher ist wie alle Metaphern in gewisser Hinsicht auch unpassend, denn zunächst oszillieren in der hier beschriebenen Konstellation nicht die Pole, sondern der Blick.[134] Oszillierend ist damit die Interpretation selbst – sie erweist sich nicht als lineares Verfahren, das unmittelbar von einem Anfangspunkt zu einem Ende, einem Ziel führt, sondern als ein mehrpoliges Verfahren, das sich nicht selbst abschließen kann. Die juridische Interpretation kann nicht nur zu mehreren möglichen Ergebnissen führen. Sie muss auch aktiv beendet werden. Die Metapher der oszillierenden Interpretation, die an multiplen Polen anknüpft, deutet damit an, dass für ihre urteilsermöglichende Beendigung keine einzelne Deutung etwa einer Rechtsnorm oder eines Tatbestandsmerkmals ausschlaggebend sein kann. Vielmehr knüpft jedes Urteil an einer bestimmten Relation der multiplen Pole, der Variablen in diesen Interpretationsvorgängen an. Während der Interpretation, auch darauf verweist die Metapher der Oszillation, geraten damit nun nicht nur der interpretierende Blick, sondern auch die wahrgenommenen Gegenstände, die zu interpretierenden Normtexte, Sachverhaltsbeschreibungen, Fallversionen und Urteilsversionen in Bewegung. Denn jedes neue Blicken, jede neue Deutung einer Norm verändert die relevante Anordnung von Sachverhaltsaspekten, eine andere Deutung eines Tatbestandsmerkmals

134 Ich danke Michael Quante für den Hinweis auf die Mehrdeutigkeit der Metapher.

etwa schließt eine bestimmte Version des Sachverhalts, bestimmte mögliche Tatbestände aus oder eröffnet gerade die Möglichkeit, zunächst nicht berücksichtigte Aspekte heranzuziehen. Anders als die Rechtswissenschaftlerin, die in ihrer Kommentierung einer Rechtsnorm versuchen kann, alle möglichen Deutungen der Norm systematisch zusammenzufassen, muss die interpretierende Richterin bei ihrer Deutung einer Rechtsnorm auch diverse Deutungen eines Sachverhaltes sowie die sich aus der Relation einer möglichen Sachverhaltsdeutung und einer möglichen Normdeutung ergebenden möglichen Versionen von Fall und Urteil im Blick behalten.[135] Deuten in diesem Sinne heißt, durch wandernde Blicke viele Variablen in Bewegung zu setzen. Wenn ich ein oszillierendes Pendel anblicke, oszilliert auch mein Blick. Die Formel vom Hin- und Herwandern des Blickes zwischen Sachverhalt und Norm greift also zu kurz, weil sie die jeweils spezifische Oszillation der Interpretation nicht erfasst: Nicht allein der Blick wandert, auch die Gegenstände der Deutung. Gerade darin liegt eine besondere Schwierigkeit des juridischen Interpretationsverfahrens, dass es weder von einem sicheren (überprüfbaren) Standpunkt aus vorgenommen werden kann noch sich auf jederzeit wiedereinholbare (wiederherstellbare) Gegenstände bezieht. Die zentrale Frage lautet dann: Wie können Urteilende im Urteilen einen Standpunkt gewinnen, der erlaubt, das Interpretationsverfahren zu beenden? Oder, anders gesagt, wie müssen die multiplen Pole, an denen Interpretationen anknüpfen, angeordnet sein, damit die oszillierende Interpretation mit dieser Anordnung in eine Art weiterzuverarbeitendes Standbild, ein »still«, überführt werden kann? Abstrakt lässt sich diese Frage unproblematisch beantworten: Die oszillierende Interpretation kann dann beendet werden, wenn aus der konkreten Anordnung der multiplen Pole ein Urteil gebildet werden kann. Aber unter welchen Bedingungen ist das der Fall? Wie kann die abstrakte Antwort konkretisiert werden? Ich will an dieser Stelle eine zweite Beobachtung anbringen, die dieses Modell einer gekoppelten Oszillationsbewegung noch einmal unter einem anderen Blickwinkel betrachtet, der wiederum eine Annäherung an das Problem dieser Konkretisierung erlauben könnte oder jedenfalls eine Richtung

135 Hier sei erneut an die schon eingeführte Kelsensche Unterscheidung von authentischer und nichtauthentischer Interpretation erinnert, die diesen Unterschied deutlich macht, siehe oben Fn. 122.

weist, die im Folgenden weiter beschritten wird.[136] Meine Beobachtung knüpft an die bereits genannte Bedingung an, dass der beschriebene Vorgang oszillierender Interpretation im Juridischen gebunden ist, dass er nicht wie beispielsweise die Kopplung harmonischer Oszillatoren in eine Schwebung übergeht, sondern auf ein Urteil gerichtet ist. Ich hatte bereits formuliert, die juristische Interpretation ende mit dem Urteil. Die Begründung oder Darstellung von rechtsförmigen Urteilen erfolgt im Wege der Subsumtion, die nur dann möglich ist, wenn der konstruierte Sachverhalt alle notwendigen Tatbestandsmerkmale des konstruierten Beurteilungsmaßstabs aufweist. Anders formuliert, wenn man zeigen kann, dass jede Voraussetzung einer Rechtsnorm durch einen bestimmten Sachverhalt erfüllt ist, kann man die Rechtsfolge erschließen und erhält sein Urteil. Bei dieser Darstellung des Urteils, ich habe das oben schon erwähnt, handelt es sich allein um die Begründung des Urteils, nicht um eine Repräsentation der Urteilsbildung – sie ist nicht identisch mit dem, was bei der Urteilsbildung geschieht. Aber sie macht deutlich, worauf die eben beschriebene Oszillationsbewegung hinausläuft, worauf dieses »Gerichtetsein« juristischer Interpretation hinweist – darauf nämlich, dass Maßstab und Sachverhalt zueinander passen müssen, dass eine Art von Entsprechung hergestellt werden muss. Denn ein Urteil wird erst als Subsumtion darstellbar, wenn die Voraussetzungen eines Maßstabs sich in die einzelnen Elemente des Sachverhalts übersetzen lassen und umgekehrt. Dann endet also eine Interpretation, dann kann ein Urteil gebildet werden: Wenn Sachverhalt und Maßstab zueinander *passen*. So könnte die Antwort vorläufig lauten.

d. Passen

Wenn jene Interpretationsverfahren, auf die rechtsförmige Urteilsvorgänge zurückgreifen, also nicht auf die Deutung eines Textes reduziert werden können, sondern diverse Deutungen in ein Verhältnis bringen müssen, dann muss die genauere Bestimmung dieses Verhältnisses besondere Aufmerksamkeit im Verlaufe einer Rekonstruktion des Urteilens erfahren. Die Verhältnisbildung ihrerseits, so hatte ich es gerade beschrieben, bleibt nicht ohne Rich-

136 Siehe dazu unten Sektion *Zusammensehen*.

tung. Die Urteilsbildung ist auf eine gewisse Entsprechung, ein Passen, gerichtet. Die Näherung an dieses Passen erfordert wiederum einen Perspektivwechsel. Denn, so wird sich noch zeigen, Passen ist ein Erfahrungsbegriff. Deswegen werde ich an anderer Stelle unten genauer auseinandersetzen, was es bedeutet, dass Sachverhalt und Norm, Fall und Urteil zueinander passen. Vorläufig, im Zusammenhang mit der hier gegenständlichen Erschließung des Deutens, soll das Passen als Ende der Ausrichtung von Interpretationsvorgängen im Rahmen der Urteilsbildung im Vordergrund stehen. Ich werde mich dieser Ausrichtung nun noch einmal von der Konstellation des gerichtlichen Verfahrens her zuwenden, schließlich hat sie darin einen gut bestimmbaren Ausgangspunkt, einen Anfangspunkt: den Klageantrag, ein Begehr derer, die das Gerichtsverfahren in Gang bringen und den Zwang zu urteilen, den Zwang, eine solche Entsprechung von Sachverhalt und Maßstab überhaupt herzustellen, für das Gericht auslösen.[137] Der Antrag kann der Rechtsfrage, die letztlich Element des Falles wird, vollständig entsprechen – er kann sich aber ebenso gut im Verfahren noch verändern, sei es durch neue Tatsachen, sei es durch Klageänderungen, sei es durch andere Rechtsverständnisse (Deutungen). Letztlich ist der Antrag also ein Ausrichtungspunkt. Von ihm ausgehend blickt das Gericht auf in Frage kommende Sachverhaltskonstitutionen und normative Maßstäbe, auf Fall und Urteil. Der Antrag richtet damit die Perspektive der Urteilenden im Interpretationsverfahren aus: Tatsachenkonstellation und Normtexte werden im Hinblick auf den Klageantrag besehen, interpretiert. Das Interpretationsverfahren gleicht wie beschrieben dann einer Oszillationsbewegung, deren Ende bestimmt beziehungsweise entschieden werden muss. Es muss an einer doppelten Entsprechung anknüpfen – wenn Sachverhalt und Maßstab in Formulierungen fassbar sind, die einander entsprechen, und dieses Ergebnis eine Rechtsfolge zulässt, die der Rechtsfrage des Falles entspricht, dann ist eine Beendigung des Interpretationsverfahrens möglich. Über diese zweite Bedingung gerät nun der Fall und mit ihm seine rekursive Version, das Urteil, mit in den Interpretationsvorgang hinein. Insofern lässt sich zusammenfassen, dass die Urteilsbildung in einem um wenigstens vier Zentren kreisenden Interpretationsverfahren und der Herstellung einer komplexen Ent-

137 Siehe dazu bereits oben Sektion *Fällen*.

sprechungsrelation besteht. Das (oszillierende) Interpretationsverfahren ist dabei auf die Herstellung dieser Entsprechungsrelation gerichtet, die Perspektive der Interpretierenden wiederum am Antrag, an dem, was mit der Klage erreicht werden soll, ausgerichtet. Der Klageantrag einerseits, der den Zwang zum Urteilen auslöst, und das Urteil als Zielpunkt andererseits spannen insofern nicht nur die Interpretationsverfahren, sondern den Vorgang der Urteilsbildung insgesamt ein, richten ihn aus. Voraussetzung seiner Beendigung ist die Herstellung dieser doppelten Entsprechung, die ich mit dem Begriff des Passens von Sachverhalt und Rechtsnorm, aber auch von Klagebegehr und Rechtsfolge zu beschreiben versuche. Für das Urteilen schließen sich weitere Fragen an: Was bedeutet es, dass Sachverhalt und Rechtsnorm zueinander passen, und in welcher Beziehung steht dieses Passen, das ich eben als Voraussetzung des Urteils bezeichnet habe, zum Urteil? Auf diese Fragen komme ich unten zurück. Für das Interpretationsverfahren aber ist nun aufgezeigt, dass es jeweils einer doppelten Abhängigkeit beziehungsweise Ausrichtung unterliegt. Seine Beendigung hängt nicht von einzelnen Deutungen ab, sondern von der Relation verschiedener Deutungen. Und sein Beginn nicht davon, dass Urteilende etwa von einem Text affiziert würden, sondern von einem Klageantrag.

5. Reflektieren

Das Deuten erweist sich für die juridische Urteilsbildung, wie gesehen, als *ausgerichtetes* Verfahren. Vorverständnisse[138] und Ziele lassen Deutungen als Ergebnisse maschinengleich angeordneter Auslegungsrädchen erscheinen, an denen lediglich gedreht werden müsste, um jene maßgeschneiderten Deutungen und Deutungsrelationen dann ausgeworfen zu bekommen. Ordnen sich meine Überlegungen also doch wieder in eine Art, wenn schon nicht Subsumtions-, dann Deutungsautomatik rechtlicher Verfahren ein?[139] Diesen Schluss lassen die vorangegangenen Überlegungen

138 Zum Begriff des Vorverständnisses in seiner Bedeutung und Funktion für die Rechtsfindung vgl. Josef Esser, *Vorverständnis und Methodenwahl in der Rechtsfindung. Rationalitätsgarantien der richterlichen Entscheidungspraxis*, Frankfurt/M. 1970, insb. S. 40 f., S. 50 f., S. 133-139.

139 Zum Begriff des Subsumtionsautomaten vgl. natürlich in historischer Hinsicht

nicht zu, wie jene Metapher, die alle relevanten Deutungssituationen des juridischen Urteilens miteinander in eine dynamische Beziehung setzt, es an*deutet*: Der Begriff der oszillierenden Interpretation markiert ein zunächst einmal ungeordnetes Verfahren, das diverse (ihrerseits durchaus strenger definierte) Deutungen von Sachverhalt und Normtext, von Anträgen und Rechtsfolgen, von Fall und Urteil in ein geordnetes (harmonisches,[140] kohärentes,[141]

Regina Ogorek, *Richterkönig oder Subsumtionsautomat? Zur Justiztheorie im 19. Jahrhundert*, Frankfurt/M. 1986. Als Beispiel für Neuauflagen der eigentlich verabschiedeten Idee, Subsumtionsautomatiken für denkbar zu halten, vgl. etwa den Versuch bei Oliver Raabe u. a. (Hg.), *Recht ex machina. Formalisierung des Rechts im Internet der Dienste*, Berlin, Heidelberg u. a. 2012.

140 Der Begriff eines harmonischen Verhältnisses spielt hier auf die verwendete Metapher der Oszillationsbewegung an – ein als harmonisch qualifizierter Oszillator beschreibt ein dynamisches, aber eben harmonisches (d. h. sinusförmiges) Schwingsystem. Es dürfte kein Zufall sein, dass der Begriff der Harmonie sogleich in Bezug auf das »freie Spiel der Erkenntniskräfte« im Kantischen Reflexionsurteil noch einmal auftaucht, siehe dazu unten Sektion *Reflektieren*, Untersektion *Reflektierender Modus Juridischen Urteilens*, Abschnitt *Oszillierende Interpretation – Freies Spiel der Erkenntniskräfte*.

141 Der Begriff der Kohärenz ist ein interessanter, aber gleichwohl vorbelasteter Kandidat auf der Suche nach Beschreibungsbegriffen für jene Entsprechungsrelation von Fall und Urteil, Sachverhalt und Norm, Klageantrag und Rechtsfolge, die schließlich ein juridisches Urteil erlaubt. Allerdings wäre jenes Verständnis von Kohärenz, das etwa Strauch zur Grundlage seiner *Methodenlehre des gerichtlichen Erkenntnisverfahrens* macht, zu statisch: es definiert sich über drei Elemente: Widerspruchsfreiheit, Umfassendheit und Stimmigkeit, vgl. Strauch, *Methodenlehre des gerichtlichen Erkenntnisverfahrens,* insb. S. 124 f. Auch und insbesondere in der Metaethik spielt der Begriff der Kohärenz eine große Rolle, und aus dieser philosophischen Tradition heraus hat er durchaus Eingang in die Rechtsphilosophie und Rechtstheorie gefunden, auch in Bezug auf juristische Entscheidungen. Vgl. aus der umfassenden Literatur etwa Kenneth J. Kress, »Legal Reasoning and Coherence Theories. Dworkin's Rights Thesis, Retroactivity, and the Linear Order of Decisions«, in: *California Law Review* 72 (1984), S. 369-402; Richard H. Jr. Fallon, »A Constructivist Coherence Theory of Constitutional Interpretation«, in: *Harvard Law Review* 100 (1987), S. 1189-1286; Klaus Günther, »Ein normativer Begriff der Kohärenz für eine Theorie der juristischen Argumentation«, in: *Rechtstheorie* 20 (1989), S. 163-190; Robert Alexy, Aleksander Peczenik, »The Concept of Coherence and Its Significance for Discursive Rationality«, in: *Ratio Juris* 3 (1990), S. 130-147; Joseph Raz, »The Relevance of Coherence«, in: *Boston University Law Review* 72 (1992), S. 273-324; Ken Kress, »Coherence and Formalism«, in: *Harvard Journal of Law & Public Policy* 16 (1993), S. 639-682; Julie Dickson, »Interpretation and Coherence in Legal Reasoning«, 29. Mai 2001, ⟨https://stanford.library.sydney.edu.au/

passendes[142]) Verhältnis bringen soll, seinerseits allerdings diese Anordnung weder vom Ergebnis her noch verfahrensmäßig anordnen kann. »Zunächst ungeordnet« bedeutet in diesem Zusammenhang nicht, dass oszillierende Interpretation ein vollkommen ordnungsloser Vorgang wäre, ohne Richtung und ohne wiederkehrende Muster, eine in einem radikalen Sinne freie Rechtsfindung;[143] die oszillierenden Interpretationsvorgänge sind vielmehr insofern »zunächst ungeordnet«, als weder Anknüpfungspunkte noch Ausrichtung der Vorgänge vorgängig eindeutig bestimmt wären. Der Begriff der oszillierenden Interpretation verweist darauf, dass wesentliche Elemente rechtsförmigen Urteilens, jenes Verfahrens also, das schließlich zum Rechtsurteil führt, nicht als Ableitungszusammenhang begriffen werden können und auch nicht, sofern es davon abzugrenzen wäre, als Subsumtionsschluss. Im Folgenden will ich herausarbeiten, dass es dagegen vielversprechend sein könnte, das Verfahren oszillierender Interpretation in die Nähe jenes »Freien Spiels der Erkenntniskräfte« zu rücken, das nach Kant den Gebrauch der reflektierenden Urteilskraft kennzeichnet. Es geht hier allerdings nicht um den Nachweis einer vollständigen Analogie, sondern um eine analogische Näherung, die zum Ziel hat, Aspekte des Urteilens ins Blickfeld zu rücken, die außer Acht bleiben, wenn juridisches Urteilen »bloß«[144] über die Darstellungs-

archives/spr2017/entries/legal-reas-interpret/〉, letzter Zugriff 15.12.2022; Amalia Amaya, »Legal Justification by Optimal Coherence«, in: *Ratio Juris* 24 (2011), S. 304-329. Weil vorliegend allerdings gerade ein Begriff der Entsprechung anzulegen ist, der *kriterienlos* im Einsatz sein kann, also Situationen wie jene des Urteilens beschreibt, die gerade nicht über Bedingungen und deren Erfüllung zu qualifizieren sind, lasse ich folgend den Begriff der Kohärenz weitgehend außen vor.

142 Zum Begriff siehe unten Sektion *Zusammensehen*.

143 Es handelt sich angesichts dieser Hypothese also bei der vorliegenden Untersuchung in dieser Hinsicht also gerade um keine Anknüpfung an die Freirechtsschule, obwohl sich hier durchaus Nähen zu Isays Überlegungen und Thesen zeigen. Zu allen Argumenten, die aufzeigen können, weshalb Ansätze, die Rechtsfindung als konstruktiven Vorgang fassen, nicht zwangsläufig auch freirechtliche, sondern durchaus methodengeleitet sind, vgl. etwa Josef Esser, »Bemerkungen zur Unentbehrlichkeit des juristischen Handwerkszeugs«, in: *JuristenZeitung* 30 (1975), S. 555-558.

144 Vgl. zum berüchtigten »bloß« in der Abgrenzung subsumierend/reflektierend (dort auf das reflektierende Urteilen bezogen!) etwa Wieland: »Man sollte sich durch dieses ›bloß‹ nicht irritieren lassen; es hat jedenfalls keine abwertende

form[145] juristischer Urteile, also den Syllogismus, erläutert wird. Durchaus aber möchte ich die These verfolgen, dass sich juridisches Urteilen – jedenfalls auch – als reflektierendes Urteilen fassen lässt und einiges dafür spricht, die sich daraus ergebende Nähe zum ästhetischen Urteilen[146] für die Rekonstruktion juridischen Urteilens produktiv zu nutzen. Zunächst gilt es entsprechend, die Unterscheidung bestimmenden und reflektierenden Urteilens mit Kant nachzuvollziehen und gleichzeitig das Verhältnis der beiden Urteilsformen näher zu bestimmen (dazu Untersektion *Bestimmendes und Reflektierendes Urteilen*). Davon ausgehend werde ich dann die in der Rechtstheorie und Juristischen Methodenlehre kaum rezipierten, gleichwohl aber prominenten Thesen, die juridisches Urteilen zumindest in die Nähe des reflektierenden Urteilens rücken, diskutieren. Daran anknüpfend wird es erhellend sein, einzelne Aspekte reflektierender Urteile in den Blick zu nehmen und ihre Entsprechungen im Verfahren juridischen Urteilens zu suchen, um auf diese Weise die Rekonstruktion juridischen Urteilens weiter auszudifferenzieren (dazu Untersektion *Reflektierender Modus Juridischen Urteilens*). Erst im Anschluss an diese Überlegungen kann dann auf ihrer Basis die Rolle des subsumierenden Urteilens für die juridische Urteilsbildung noch einmal unter anderen als den gewöhnlichen Vorzeichen in den Blick genommen werden (dazu Sektion *Subsumieren*) – denn, so wird sich zeigen, eine Rekonstruktion juridischen Urteilens muss Reflexion und Subsumtion kooperativ verbinden.

Bedeutung. Im Gegenteil: die reflektierende Urteilskraft hat die schwierigere Aufgabe zu bewältigen. Als ›bloß‹ reflektierend kann sie nur deshalb bezeichnet werden, weil die bestimmende Urteilskraft erst in Tätigkeit treten kann, wenn die reflektierende Urteilskraft bereits erfüllt hat.« Wieland, »Kants Rechtsphilosophie der Urteilskraft«, S. 7.

145 Zur Unterscheidung von Herstellung und Darstellung juridischer Urteile siehe schon oben Kapitel *Juridizität rechtsförmiger Urteile*, Sektion *Der Verlust der Juridizität*, Untersektion *Herstellung und Darstellung*.

146 Ästhetische Urteile beschreibt Kant in der *Kritik der Urteilskraft* als Beispiele reflektierenden Urteilens.

a. Bestimmendes und Reflektierendes Urteilen

i. Unterscheidung

Das grundsätzliche Problem, welches die Rechtswissenschaft lösen muss, ist immer dasselbe: Wie kann eine allgemeine Rechtsnorm mit einem besonderen Rechtsproblem verknüpft werden, wie lässt sich »das Besondere als enthalten unter dem Allgemeinen [...] denken«?[147] Systembildung beziehungsweise Dogmatik können hier jeweils nur Instrumente sein, um sich Lösungen dieser Grundsatzfrage zu nähern, nicht aber die Lösung selbst hervorbringen. Denn – so fasst Wieland Kants Ausführungen in dieser Sache (Vorrede zur *Metaphysik der Sitten*)[148] treffend zusammen – »[d]ie Mannigfaltigkeit der Einzelfälle wird von keinem System erreicht«.[149] Deswegen ist die grundsätzliche Frage der Rechtswissenschaft, wie allgemeine Rechtsnormen mit konkreten Rechtsfällen verknüpft werden können, auch nicht dogmatisch in einer Weise zu beantworten, die sie als Ableitung aus einem geschlossenen System erscheinen lässt,[150] sondern über eine Theorie juridischen Urteilens, denn die zwischen Allgemeinem und Besonderem vermittelnde Instanz »tritt bei Kant unter dem Namen Urteilskraft auf«.[151] Kant unterscheidet nun in der Einleitung zur *Kritik der Urteilskraft* zwei Arten dieser Fähigkeit:

147 Kant, *Kritik der Urteilskraft*, B XXV/XXVI (Einleitung IV.).

148 Vgl. Immanuel Kant, *Die Metaphysik der Sitten*, in: *Kants gesammelte Schriften*, Bd. 6, hg. v. d. Kgl. Preußischen Akademie der Wissenschaften, Berlin 1968, S. 205: Der Begriff des Rechts, so schreibt Kant hier, ist »ein reiner, jedoch auf die Praxis (Anwendung auf in der Erfahrung vorkommende Fälle) gestellter Begriff«, was wiederum bedinge, dass kein metaphysisches System des Rechts gefunden werden könne, »weil in Rücksicht auf jene Fälle der Anwendung nur Annäherung zum System, nicht dieses selbst erwartet werden kann« – denn: die »Vollständigkeit der Einteilung des Empirischen [...] [ist] unmöglich«.

149 Wieland, »Kants Rechtsphilosophie der Urteilskraft«, S. 4.

150 Genau an dieser Stelle haben alle Versuche, das Problem der Rechtsanwendung über Kohärenzbegriffe, über Vorstellungen von Rechtseinheit etwa, zu lösen, ein Problem: Sie müssen die Unmöglichkeit der »Vollständigkeit der Einteilung des Empirischen« (Kant, *Die Metaphysik der Sitten*, S. 205) insofern berücksichtigen, als sie nur näherungsweise, nicht aber grundsätzlich an das Problem herankommen können.

151 Wieland, »Kants Rechtsphilosophie der Urteilskraft«, S. 5.

Urteilskraft überhaupt ist das Vermögen, das Besondere als enthalten unter dem Allgemeinen zu denken. Ist das Allgemeine (die Regel, das Prinzip, das Gesetz) gegeben, so ist die Urteilskraft, welche das Besondere darunter subsumiert, (auch wenn sie als transzendentale Urteilskraft a priori die Bedingungen angibt, welchen gemäß allein unter jenem Allgemeinen subsumiert werden kann) bestimmend. Ist aber nur das Besondere gegeben, wozu sie das Allgemeine finden soll, so ist die Urteilskraft bloß reflektierend.[152]

Kant hat sich wohl nicht ganz eindeutig geäußert, welcher Weise des Gebrauchs der Urteilskraft er das rechtsförmige Urteilen zuordnet – die wenigen Stellen, die darauf Bezug nehmen, verweisen allein auf den Gebrauch der Urteilskraft überhaupt, also darauf, dass es für die Anwendung des Rechts darum gehen muss, das Besondere als enthalten unter dem Allgemeinen zu denken. Beispielhaft seien hier lediglich eine Stelle aus der *Kritik der reinen Vernunft*[153] und eine weitere aus den sogenannten *Reflexionen zur Rechtsphilosophie*[154] angeführt. Wenn »der Richter [...] unter dem Gesetze stehen [muß], damit sein Urtheil mit dem Gesetze übereinstimme [...]«,[155] dann ist weder behauptet, dass er subsumierend zum Urteil gelangt noch dass der Weg zum Urteil reflektierend absolviert werden muss. Die Frage bleibt vielmehr offen. Während die Juristische Methodenlehre und einige Stränge der Rechtstheorie[156] ganz zweifellos lediglich das Subsumieren als juristisch relevantes Verfahren einordnen, lässt sich aus rechtsphilosophischer Sicht hier durchaus anders argumentieren: dahingehend nämlich, dass entweder aus-

152 Kant, *Kritik der Urteilskraft*, B XXV/XXVI (Einleitung IV.).

153 Immanuel Kant, *Kritik der reinen Vernunft*, in: *Kants gesammelte Schriften*, Bd. 3, hg. v. d. Kgl. Preußischen Akademie der Wissenschaften, Berlin 1968, B 173: »Ein Arzt daher, ein Richter oder ein Staatskundiger kann viel schöne pathologische, juristische oder politische Regeln im Kopfe haben in dem Grade, daß er selbst darin ein gründlicher Lehrer werden kann, und wird dennoch in der Anwendung derselben leicht verstoßen, entweder, weil es ihm an natürlicher Urteilskraft (obgleich nicht am Verstande) mangelt, und er zwar das Allgemeine in abstracto einsehen, aber ob ein Fall in concreto darunter gehöre, nicht unterscheiden kann [...].«

154 Immanuel Kant, *Reflexionen zur Rechtsphilosophie*, in: *Kants gesammelte Schriften*, Bd. 19, hg. v. d. Kgl. Preußischen Akademie der Wissenschaften, Berlin 1968, S. 443-613.

155 Ebd., Nr. 7653, S. 477.

156 Siehe dazu unten Sektion *Subsumieren.*

schließlich oder aber sowohl reflektierender als auch subsumierender Gebrauch der Urteilskraft notwendig sind, um zu einem juridischen Urteil zu kommen. Inwiefern eine derartige Argumentation plausibel sein könnte, sollen nun aber zunächst Überlegungen zur typischen Konstellation richterlichen Urteilens anzeigen, bevor dann in einem zweiten Schritt mithilfe philosophischer Argumente zum Verhältnis subsumierender und reflektierender Urteilskraft angezeigt werden soll, dass die rechtswissenschaftliche Konzentration auf das Subsumtionsverfahren immer schon verkürzend sein muss. Nach überkommener, in der Rechtswissenschaft so einige Konjunkturen kennender, aber auch vielfach und insbesondere hier kritisierter Vorstellung handelt es sich bei positiven Rechtsnormen um allgemeine Normen, die im gerichtlichen Urteil auf eine besondere Fallkonstellation angewendet werden – die Anwendung erfolgt im Wege der Subsumtion, wobei als logischer Schluss ein Syllogismus angewendet wird. Häufig wird diese Vorstellung insofern eingeschränkt, als zwischen einfachen und schwierigen Fällen unterschieden wird, wie dies etwa Dworkin und auch Hart tun. Einfache Fälle sind danach (wie oben bereits dargestellt)[157] solche, die durch Subsumtion unter eine Norm oder eine durch frühere Urteile erzeugte Regel entschieden werden können. Schwierige Fälle sind dagegen mit den bekannten Normen und Auslegungsregeln nicht in den Griff zu bekommen, sie bedürfen des Rückgriffs auf eine andere Ebene. Diese Unterscheidung ist eine, die nur aus einer nachträglichen Betrachtung heraus vorgenommen werden kann, einer Betrachtung, die selbst nicht am Gegenstand des Urteilens, an einem spezifischen Sachverhalt anknüpft, sondern an der vollzogenen Urteilsbildung: Gelingt diese mithilfe von Auslegung und Subsumtion, handelt es sich um einen einfachen Fall. Gelingt die Urteilsbildung nicht auf diesem Weg, um einen schwierigen. Insofern kann diese Unterscheidung also wenig Auskunft hinsichtlich der Frage nach dem Urteilen geben. Gleichzeitig weist diese Unterscheidung zwischen einfachen und schwierigen Fällen aber darauf hin, dass juridische Urteile in der Praxis nicht von Normen ausgehen, sondern von Fällen. Es ist nämlich nicht die Norm, die dem Gericht für ein Urteil vorgegeben wird, unter die dann ein

157 Siehe oben Sektion *Fällen,* Untersektion *Problematische und unproblematische Fälle.*

Fall zu subsumieren wäre, sondern die Konstellation ist immer eine umgekehrte: Ein spezifischer Sachverhalt kommt zur gerichtlichen Beurteilung. Zu diesem Sachverhalt gilt es für das Gericht, jene Norm(en) zu finden, die zu seiner Beurteilung herangezogen werden können. Gegeben ist also immer das Besondere, im Urteil gilt es, das Allgemeine zu finden. Allerdings kommt hier noch einmal eine Beobachtung ins Spiel, die ich oben bereits ausgeführt habe: Auch der spezifische Sachverhalt wird ja im Verfahren der Urteilsbildung erst konstruiert. Die Frage wäre also, ob die gerichtliche Situation, die nicht unmittelbar den Gebrauch bestimmender Urteilskraft hervorrufen kann, weil die relevante Rechtsnorm erst noch zu finden wäre, ob die gerichtliche Situation dann unmittelbar jener des reflektierenden Urteils entsprechen kann oder ob die Lage noch komplexer ist, weil vielleicht auch Reflexion und Subsumtion noch differenzierter gedacht werden müssen. Schließlich wird das Verhältnis reflektierenden und subsumierenden Urteilens auch in den philosophischen Diskussionen keineswegs so deutlich als eines zweier gegenläufiger, aber analog angeordneter Wege (vom gegebenen Allgemeinen zum zu findenden Besonderen und umgekehrt, vom gegebenen Besonderen zum zu findenden Allgemeinen) beschrieben. Deswegen gilt es zunächst, diesem Verhältnis auf die Spur zu kommen. Mein Versuch in dieser Hinsicht besteht nicht darin, die philosophische Debatte zu diesem Problem zu kartieren, sondern von einer prominenten These, Paul Guyers These einer Kooperation subsumierenden und reflektierenden Urteilens, aus auf das juridische Urteilen zu blicken, um juridisches Urteilen dann anschließend als jedenfalls auch reflektierendes Urteilen zu beschreiben.

ii. Kooperation subsumierender und reflektierender Urteilskraft

Bevor juridisches Urteilen als reflektierendes Urteilen entfaltet werden kann, ist es also notwendig, das Verhältnis reflektierenden und das subsumierenden (bestimmenden) Urteilens zueinander näher zu betrachten. Handelt es sich um voneinander vollkommen unabhängige Vorgänge oder um solche, die einander voraussetzen?[158]

158 Eine eindeutige Voraussetzungskonstellation beschreibt etwa Wieland: »Deshalb muss die bestimmende die reflektierende Urteilskraft voraussetzen, nicht aber umgekehrt. So markiert die reflektierende Urteilskraft den eigentlichen

Bei diesen Fragen handelt es sich keineswegs um bloße Probleme der Kant-Exegese, sondern letztlich um Fragen, die rechtswissenschaftlich immer wieder, wenngleich unter wechselnden Begriffen verhandelt werden – insbesondere wäre in diesem Zusammenhang an die oben bereits behandelte Dichotomie von Herstellung und Darstellung juristischer Urteile zu erinnern, aber auch die von der Rechtshermeneutik so häufig herangezogene Engischsche Formel verweist darauf, dass die Frage, wie das Verhältnis von Allgemeinem und Besonderem gebildet werden soll, vom Allgemeinen ausgehend oder vom Besonderen ausgehend, rechtswissenschaftlich gerade keine eindeutige Antwort findet beziehungsweise keine, die eine Richtung der Verhältnisbildung gegenüber der anderen privilegiert. Umgekehrt dürften die Diskussionen der Kant-Exegese zum Verhältnis reflektierenden und subsumierenden Gebrauchs der Urteilskraft letztlich aufschlussreich sein. Denn dort steht gerade die Frage im Mittelpunkt, wie sich Reflexion, die zum Ziel hat, zu einem gegebenen Besonderen das Allgemeine zu finden, und Subsumtion, die wiederum das Besondere einem gegebenen Allgemeinen unterordnen soll, wie sich diese beiden Verfahren des Urteilens zueinander verhalten. Wenn die oszillierende Interpretation, wie schon beschrieben, an keinem sicheren Gegenstand, weder an einem vollständig bestimmten Sachverhalt noch an einer vollständig bestimmten Rechtsnorm anknüpfen kann, sondern beide erst aneinander entfalten muss, um schließlich zu einer Bestimmung des Urteils zu kommen, dann spricht diese Beschreibung dafür, juridisches Urteilen als einen Vorgang zu fassen, der auf Elemente beider (immer schon kooperierender) Gebrauchsweisen der Urteilskraft zurückgreifen muss. Denn während die Reflexion einen Blick auf das Verhältnis von Besonderem und Allgemeinem zu eröffnen vermag, der noch beweglich und justierbar ist, kann sie nicht jene Bestimmung liefern, welche die Subsumtion wiederum formal ermöglicht. Das Problem bleibt allerdings eines des Zusammenhangs. Wie also lassen sich Reflexion und Subsumtion zum einen

Kern der Aktivität dieses Vermögens. Ist die einschlägige und geeignete Gesetzesnorm erst einmal gefunden, dann, aber auch nur dann ist die nachfolgende Subsumtion in den meisten Fällen nur noch die Lösung einer trivialen Aufgabe. Nicht trivial ist es aber, zu einem Einzelfall, der einem präsentiert wird, genau die Normen zu finden, die für seine Regulierung geeignet sind.« Wieland, »Kants Rechtsphilosophie der Urteilskraft«, S. 7 f.

überhaupt und zum anderen im besonderen Fall des juridischen Urteilens zusammendenken?

Die bereits herangezogene, Subsumtion und Reflexion einführende Textstelle aus der dritten Kritik vermag das Problem schon in ihrem Wortlaut zu behandeln: die Urteilskraft kann danach entweder »bestimmend« sein oder aber »bloß reflektierend«.[159] Das Wörtchen »bloß« markiert die abweichenden Lesarten, die wiederum zu grundsätzlich verschiedenen philosophischen Positionen führen: Entweder »bloß« zeigt an, dass reflektierendes Urteilen in gewisser Weise »nackt« ist, ohne Bestimmung und dadurch vielleicht sogar »offen«. Oder »bloß« verweist auf eine elliptische Konstruktion der bestimmenden Urteilskraft, nach der die Subsumtion immer schon die Reflexion voraussetzt, während die Reflexion umgekehrt auch ohne anschließende Subsumtion, gewissermaßen aus eigenem Recht, in Gebrauch ist. Dem ersten Anschein nach läuft die Formulierung darauf hinaus, dass Subsumtion und Reflexion voneinander zu unterscheidende Verfahren sind, das Urteilen sich entweder in der einen oder eben in der anderen Weise vollzieht: Entweder ist das Allgemeine gegeben und das Besondere entsprechend zu bestimmen, oder das Besondere ist gegeben und das Allgemeine entsprechend zu suchen. Die analoge Form der Definition übergeht dabei bereits, dass die so gefassten Konstellationen ihrerseits schon im Ausgang nicht analog gedacht werden können. Während scheinbar leicht verständlich ist, dass im Falle der Reflexion zu einem gegebenen Besonderen das passende Allgemeine gefunden werden muss, zeigt sich bei näherem Hinsehen, dass die Weise der Gegebenheit hier nicht vollkommen unproblematisch zu beschreiben wäre. Auch für ästhetische Urteile, von Kant exemplarisch für reflektierende Urteile herangezogen, ist die Frage nach dem Gegenstand ja durchaus nicht trivial. Erst recht stellt sich dann aber für die Subsumtion die Frage, was dem »Finden des passenden Allgemeinen« entsprechen sollte – schließlich soll ja im Falle der Subsumtion nicht zu einem gegebenen Allgemeinen (irgendein) Besonderes, das sich unter allen möglichen (passenden) als *besonders* passend erweist, gefunden werden. Solche Fälle sind nicht vollkommen ausgeschlossen, aber vermutlich eher selten.

159 Kant, *Kritik der Urteilskraft*, B XXVI (Einleitung IV.).

Wenn das Urteil entweder gegeben ist oder ein Allgemeines finden muss, das direkt auf ein Besonderes anwendbar ist [...], dann muss möglicherweise das Urteil entweder bestimmend oder reflektierend sein, aber nicht beides.[160]

Genau genommen können solche Konstellationen lediglich vorkommen, wenn »es nur um zwei Begriffe geht«. Sobald aber mehrere Begriffe ins Spiel kommen, so Guyers wichtige Kooperationsthese, sobald »vermittelnde Begriffe entdeckt werden müssen, um das zu tun, kann ein reflektierendes Urteil erforderlich sein, um diese Begriffe zu finden und so die Aufgabe des bestimmenden Urteils zu erfüllen.«[161] Hier schließt sich dann allerdings die Frage danach an, wie Subsumtion und Reflexion in diesem Sinne kooperieren: Indem sie aufeinander folgen und einander voraussetzen oder indem beide Weisen des Gebrauchs der Urteilskraft noch feiner miteinander verwoben sind? Wielands Formulierung etwa, nach der die »Subsumtion des Falles unter [eine] Norm und seine Bestimmung durch sie [...] deshalb auch hier nur das Schlußglied eines vorrangig von der reflektierenden Urteilskraft gewirkten Handlungsstranges«[162] sei, diese Formulierung deutet an, dass temporale Folge und vielfältiges Wirken miteinander einhergehen müssen: Zwar dürfte im Juridischen die Subsumtion immer ein Ende bilden, die Urteilsbildung also mit der Subsumtion zum Ende kommen, aber das ganze Verfahren ist mit den Worten Wielands nicht vollkommen, sondern »vorrangig von der reflektierenden Urteilskraft gewirkt[ ]«.[163] Die Frage des Vorrangs wird gleichwohl – trotz Übereinstimmung in der Annahme, dass juridisches Urteilen auf beide Weisen des Gebrauchs der Urteilskraft zurückgreift – auch gerade umgekehrt beantwortet. Gabriel etwa interpretiert Kant in dieser Frage anders, wenn auch mit Blick auf das Urteilen überhaupt (und nicht speziell das juridische): »Nicht das Auffinden des Allgemeinen im Besonderen durch den Witz [hier: anderer Begriff für reflektierende Urteilskraft,[164] Anm. S.MM.], sondern erst die umgekehrte subsum-

160 Paul Guyer, »Reason and Reflective Judgment. Kant on the Significance of Systematicity«, in: *Noûs* 24 (1990), S. 17-43, hier S. 18 (Übers. S.MM.).

161 Ebd., S. 18 (Übers. S.MM.).

162 Wolfgang Wieland, *Urteil und Gefühl. Kants Theorie der Urteilskraft*, Göttingen 2001, S. 169.

163 Ebd.

164 Zum Verhältnis der Begriffe »Witz« und »Urteilskraft« bei Kant vgl. ausführ-

tive Verbindung des Allgemeinen mit dem Besonderen, welche die Urteilskraft im Urteil vollzieht, ergibt also für Kant Erkenntnis.«[165] Erkenntnis sei danach also nicht durch Reflektieren zu gewinnen, das »nach Kant gerade kein Urteilen im Sinne einer Gegenstandserkenntnis«[166] sei, sondern durch Subsumtion – entsprechend liest Gabriel auch das »bloß« ganz wörtlich,[167] anders als andere Autor:innen. Allerdings spiele die Subsumtion, der Justizsyllogismus bei der Entscheidungsfindung, im Recht keine Rolle, sondern allein für die Entscheidungsbegründung.[168] Diese These ist für den vorliegenden Zusammenhang in doppelter Hinsicht zu kritisieren. Zum einen, weil die Unterscheidung in Herstellung und Darstellung juridischer Urteile als solche schon problematisch ist, denn sie setzt als Unterscheidung voraus, dass die Darstellung keine Relevanz für die Herstellung besitzt, gerade das ist aber für juridische Urteile kaum zu begründen – die Frage, wie eine Entscheidung in der juristischen Subsumtionstechnik darstellbar, begründbar ist, wirkt notwendig auf die Herstellung des Urteils, die Urteilsbildung zurück, sie ist Teil derselben.[169] Zum anderen verliert die Engführung der Unterscheidungen von Reflexion und Subsumtion sowie von Entscheidungsfindung und Entscheidungsbegründung die spezifische Kooperation von reflektierender und subsumierender Urteilskraft notwendig aus dem Blick, weil sie von vornherein mit den trennenden Mustern von Findung und Begründung operiert.[170] Juridisches Urteilen, diese These werde ich sogleich noch weiter entfalten, lässt sich unabhängig davon, welcher Auffassung man in der Frage

lich Gottfried Gabriel, »Der ›Witz‹ der reflektierenden Urteilskraft«, in: Frithjof Rodi (Hg.), *Urteilskraft und Heuristik in den Wissenschaften. Beiträge zur Entstehung des Neuen*, Weilerswist 2003, S. 197-210.

165 Gottfried Gabriel, »Subsumierende und reflektierende Urteilskraft. Zur Vermittlung zwischen Allgemeinem und Besonderem im Justizsyllogismus«, in: ders., Rolf Gröschner (Hg.), *Subsumtion. Schlüsselbegriff der Juristischen Methodenlehre*, Tübingen 2012, S. 1-23, hier S. 6.

166 Ebd., S. 5.

167 Vgl. ebd., S. 6.

168 Vgl. ebd., S. 11.

169 Zu dieser Rückwirkung siehe unten Sektion *Subsumieren*.

170 Gabriel widerspricht dieser Engführung dann auch selbst, noch im selben Text: wenn er für das juridische Urteilen von einem »Wechselspiel zwischen subsumierender und reflektierender Urteilskraft« spricht. Gabriel, »Subsumierende und reflektierende Urteilskraft«, S. 14.

des Vorrangs folgen mag, nur im Zusammenhang des Gebrauchs reflektierender und subsumierender Urteilskraft denken und weniger allein als subsumierendes Urteilen: Die (allgemeine) Norm, das Gesetz, ist vor dem Urteil typischerweise gerade nicht gegeben. Aber ein reflektierendes Urteil, dass das Allgemeine zu einem Besonderen finden würde, ohne dieses Besondere dann auch diesem Allgemeinem zu subsumieren, es zu bestimmen, würde den Anforderungen eines juridischen Urteils nicht genügen – denn juridische Urteile müssen, dies löst der Zwang zum Urteil aus und zeigt sich in der Form von Klageanträgen, auf eine bestimmende Zuordnung eines Besonderen zu einem Allgemeinen hinauslaufen. Die verkürzende Darstellung mancher juristischer Methodenlehren liegt also, dies sollte nicht übersehen werden, gerade nicht darin, dass sie die Subsumtion als juridisches Verfahren en detail beschreiben, sondern darin, dass sie das Zusammenspiel von Subsumtion und Reflexion nicht erfassen und die Reflexion als Bedingung des Urteilens außer Acht lassen.[171] In der für das juridische Urteilen durchaus entscheidenden Frage, wie nun Subsumtion und Reflexion genau miteinander (im Guyerschen Sinne) kooperieren, weisen die philosophischen Kant-Studien allerdings kaum eine Antwort auf.[172] Diese Zurückhaltung ist durchaus nachvollziehbar, widmet sich doch die *Kritik der Urteilskraft* gerade wesentlich reflektierenden Urteilsverfahren (dem ästhetischen Urteil und dem empirischen Natur-Urteil), für die die Kooperation jeweils weniger relevant ist.[173] Angesichts dieser Lage gilt es also, sich aus der Perspektive

171 Ähnlich auch Möllers in einer Fußnote – »Das bei den Juristen verbreitete Schema der Subsumtion spielt über das Problem hinweg, weil in ihm die vergleichend-imaginierende Arbeit der Anwendung unsichtbar bleibt.« Möllers, *Die Möglichkeit der Normen*, S. 192, Fn. 132. Zur Rolle der Einbildungskraft beim Urteilen siehe allerdings unten Untersektion *Reflektierender Modus Juridischen Urteilens*, Abschnitt *Oszillierende Interpretation – Freies Spiel der Erkenntniskräfte*.

172 Typischerweise ist die philosophisch relevante Frage jene nach der Gültigkeit der Unterscheidung selbst, vgl. Frederick P. van de Pitte, »Is Kant's Distinction Between Reflective and Determinative Judgment Valid?«, in: Gerhard Funke (Hg.), *Akten des 4. Internationalen Kant-Kongresses*, Berlin, New York 1974, S. 445-451.

173 Darüber hinaus wird es teilweise als durchaus »gefährlich« eingeschätzt, subsumierendes und reflektierendes Urteilen nicht strikt zu trennen, denn: »Diese Unterscheidung zu verwischen führt jedoch direkt zu Hegel«, Robert B. Pippin,

des juridischen Urteilens diesem Zusammenspiel in einer Weise zu nähern, die eine konkretere Antwort zulässt als die etwas allgemein gehaltene Feststellung, dass es begrifflich verfehlt sei, »eine Priorität des Konkretisierenden vor dem Abstrahierenden oder eine Priorität der Subsumtion vor der Analogie zu behaupten«,[174] während sich »praktisch«[175] solche Hierarchien zwischen Anwendungsmethoden etablieren ließen. Insbesondere wird es darum gehen, ein verbreitetes Missverständnis aufzulösen: Bei Subsumtion und Reflexion handelt es sich nicht etwa um bloße Anwendungsmethoden, die »praktisch« ausgetauscht oder normativ hierarchisiert werden können, auch wenn dies vielleicht auf einer wie auch immer von der Praxis abzugrenzenden Theorieebene[176] problematisch wäre. Wenn Praxis jene »Bewirkung eines Zwecks« heißt, »welche als Befolgung gewisser im Allgemeinen vorgestellten Prinzipien des Verfahrens gedacht wird«,[177] wenn Praxis also nicht bloßes Tun (bloße »Hantierung«[178]) ist, sondern solches Tun, das im Einklang mit einem wie auch immer gedachten Allgemeinen steht, dann handelt es sich bei dem hier zu verfolgenden Problem, Allgemeines und Besonderes zusammenzudenken, um ein gleichermaßen Theorie wie Praxis betreffendes. Nur die Blickrichtung unterscheidet sich jeweils, je nachdem, ob man durch die Brille der Praxis oder jene der Theorie, vom Besonderen her oder vom Allgemeinen her blickt.[179] Mein

»The Significance of Taste. Kant, Aesthetic and Reflective Judgment«, in: *Journal of the History of Philosophy* 34 (1996), S. 549-569, hier S. 552, Fn. 6 (Übers. S.MM.).

174 Möllers, *Die Möglichkeit der Normen*, S. 193 f.

175 Ebd.

176 Eine rechtswissenschaftlich häufig anzutreffende Abgrenzung, wobei es mit Blick auf die *Kritik der Urteilskraft*, die gerade Theorie und Praxis zu verbinden sucht, überraschend ist, gerade im Feld des Urteilens eine solche distinktive Abgrenzung heranzuziehen.

177 Immanuel Kant, »Über den Gemeinspruch: Das mag in der Theorie richtig sein, taugt aber nicht für die Praxis«, in: *Kants gesammelte Schriften*, Bd. 8, hg. v. d. Kgl. Preußischen Akademie der Wissenschaften, Berlin 1968, S. 275.

178 Ebd.

179 Eine besonders klare Darstellung der Aufgabe und Möglichkeit praktischer Wissenschaft findet sich durchaus mit Blick auf die Rechtswissenschaft wiederum bei Wieland: »Praktisch ist eine wissenschaftliche Disziplin gerade dann, wenn ihr eigentliches Ziel darin besteht, den Hiatus zwischen Allgemeinem und Einzelnem für jeden Einzelfall zu überbrücken, der ihr präsentiert wird, gleichgültig, ob es zu dieser Überbrückung einer gegenständlichen Hantierung

Versuch, mich diesem Problem des Verhältnisses von Reflexion und Subsumtion zu nähern,[180] besteht im Folgenden nun darin, die in der rechtsphilosophischen Literatur durchaus prominente These, dass juridisches Urteilen als reflektierendes Urteilen aufzufassen sei, zu entfalten, um von dieser Entfaltung ausgehend dann den Weg »zurück« zur Subsumtion zu zeichnen.

iii. Juridisches Urteilen als Reflektierendes Urteilen.

Die Ausgangshypothese der folgenden Überlegungen lautet also: Juridisches Urteilen ist (jedenfalls auch) reflektierendes Urteilen im Kantischen Sinne. Es ist keine neue These,[181] aber sie zu diskutieren dürfte im vorliegenden Zusammenhang interessant sein, weil sie einerseits den juridischen Blick aufs reflektierende Urteilen erst eröffnet und andererseits ein ganz bestimmtes, durchaus auch kritisierbares Verständnis juridischen Urteilens vorschlägt. Jedenfalls aber, und darin liegt der spezifische Anlass des vorlie-

bedarf oder nicht. Auf die Regulierung des Einzelfalles kann sie niemals verzichten, – sie wäre sonst nichts als Theorie. Verzichten kann sie aber auch nicht auf das Allgemeine, da sich die Praxis nicht in einem blinden oder unreflektierten Eintauchen in die Vielfalt des Einzelnen verwirklicht, sondern darin, dass das Einzelne unter dem Blickwinkel eines Allgemeinen, beispielsweise einer Norm, betrachtet und bewertet wird.« Wieland, »Kants Rechtsphilosophie der Urteilskraft«, S. 4 f.

180 Anders als etwa Möllers andeutet, ist das Problem zwar ähnlich, aber nicht identisch mit der Frage nach dem Verhältnis von Abstrahierung und Konkretisierung (siehe oben Fn. 174). Der Grund dafür liegt in derselben Anordnung, die auch schon das Verhältnis von Subsumtion und Reflexion kompliziert hält: der Gegebenheit, dass im Juridischen jeweils beide Ebenen – jene des Allgemeinen und jene des Besonderen – »im Spiel«, also nicht in einer bestimmbaren Weise »gegeben« sind.

181 Vgl. nur Stephan Meder, *Mißverstehen und Verstehen. Savignys Grundlegung der juristischen Hermeneutik*, Tübingen 2004, S. 99-105 und S. 183-192; Dieter Nörr, »Das Verhältnis von Fall und Norm als Problem der reflektierenden Urteilskraft«, in: Manfred Fuhrmann u. a. (Hg.), *Text und Applikation. Theologie, Jurisprudenz und Literaturwissenschaft im hermeneutischen Gespräch*, München 1981, S. 395-407; Wieland, *Urteil und Gefühl*, S. 177-184; Gabriel, »Subsumierende und reflektierende Urteilskraft«; Oliver Lembcke, »Urteilskraft in der Praxis des Bundesverfassungsgerichts. Eine Erinnerung an Hannah Arendt«, in: Gottfried Gabriel, Rolf Gröschner (Hg.), *Subsumtion. Schlüsselbegriff der Juristischen Methodenlehre*, Tübingen 2012, S. 73-107; Strauch, *Methodenlehre des gerichtlichen Erkenntnisverfahrens*, S. 565 f.

genden Unternehmens, sich noch einmal näher mit der These juridisch-reflektierenden Urteilens auseinanderzusetzen, eröffnet die Erörterung des reflektierenden Urteilens den Blick auf eine Reihe relevanter Begriffe, deren Diskussion einer Rekonstruktion juridischen Urteilens Konturen verschaffen könnte, die deutlich über die Unterscheidungen von Herstellung und Darstellung oder Subsumtion und Subordination, aber auch über die so viel gebrauchte hermeneutische Formel von Engisch vom »Hin- und Herwandern des Blickes«[182] hinausweisen dürften. Obwohl schließlich nicht davon auszugehen ist, dass juridisches Urteilen »bloß« als reflektierendes rekonstruiert werden kann, wird es sich für das vorliegende Unterfangen als außerordentlich ergiebig erweisen, diese Perspektive zunächst einzunehmen und juridisches Urteilen als reflektierendes zu entfalten. Man kann die These beispielsweise in jenem bereits zitierten Aufsatz von Wieland finden, der anknüpfend an die Kantische Unterscheidung von bestimmender und reflektierender Urteilskraft juridisches Urteilen als immer auch reflektierendes betrachtet, der reflektierenden Urteilskraft sogar den im Vergleich zur subsumierenden gewichtigeren Anteil an der Bildung eines juridischen Urteils beimisst: »So markiert die reflektierende Urteilskraft den eigentlichen Kern der Aktivität dieses Vermögens.«[183] Entsprechend einer in der Kant-Rezeption relativ prominent anzutreffenden Interpretation ist ästhetisches Urteilen eine nur exemplarisch[184] betrachtete Form reflektieren-

182 Siehe oben Fn. 133.

183 Wieland, »Kants Rechtsphilosophie der Urteilskraft«, S. 8.

184 Zum Problem des Exemplarischen vgl. etwa den Band Michele Lowrie, Susanne Lüdemann (Hg.), *Exemplarity and Singularity. Thinking through Particulars in Philosophy, Literature, and Law*, London u. a. 2015. Zum Problem ästhetischer Exemplarizität, das gerade im Falle des reflektierenden Urteilens relevant wird, vgl. Rudolf A. Makkreel, »Reflection, Reflective Judgment, and Aesthetic Exemplarity«, in: Rebecca Kukla (Hg.), *Aesthetics and Cognition in Kant's Critical Philosophy*, Cambridge 2006, S. 223-244. Vgl. auch Stephan Meder, *Urteilen. Elemente von Kants reflektierender Urteilskraft in Savignys Lehre von der juristischen Entscheidungs- und Regelfindung*, Frankfurt/M. 1999, S. 167-192. Für Kant ist ein Geschmacksurteil das Beispiel einer Regel, die nicht formuliert werden kann, dieses Geschmacksurteil nennt er deswegen *in exemplarischer Weise notwendig*: Die Notwendigkeit der Beziehung des Schönen zum Wohlgefallen, die das Geschmacksurteil bilden lässt, »kann als Notwendigkeit, die in einem ästhetischen Urteile gedacht wird, nur exemplarisch genannt werden, d. i. eine Notwendigkeit der Beistimmung aller zu einem Urteil, was als Beispiel einer

den Urteilens, also nicht notwendig die einzige, und juridisches Urteilen dagegen eine weitere Form, die reflektierende Urteilskraft zu gebrauchen.[185] Damit ist zum einen die hier nicht im Vordergrund stehende (aber durchaus zu streifende) Frage des Vergleichs juridischen und ästhetischen Urteilens unter dem Oberbegriff der reflektierenden Urteilskraft eröffnet, aber auch eine vorliegend bereits eingeführte These erneuert: dass nämlich juridisches Urteilen nicht einfach nur Subsumtion sei.[186]

Ich möchte nun, vermeintlich ein Umweg, beides im Folgenden noch einmal mit Blick auf einen ganz anderen Autor, Friedrich Carl von Savigny nämlich, betrachten. Für Savigny wird die Frage nach dem juridischen Urteilen – ganz in Entsprechung zum zeitgenössischen Kontext – im Rahmen der Hermeneutik relevant. Auch wenn es für das vorliegende Unternehmen wichtig ist, zwischen Hermeneutik und Urteilsphilosophie zu unterscheiden, soll diese Unterscheidung vorübergehend wieder in den Hintergrund treten, um Savignys Überlegungen jedenfalls im Ansatz gerecht zu werden. Ich werde nun im Folgenden eine Darstellung vornehmen, die ganz

allgemeinen Regel, die man nicht angeben kann, angesehen wird.« Kant, *Kritik der Urteilskraft*, B 62/63 (§ 18).

185 Am weitesten geht hier sicherlich Arendt, die Kants Philosophie der Urteilskraft auf politisches Urteilen überträgt, vgl. Hannah Arendt, *Das Urteilen*, München 2012 [1982]. Vgl. dazu auch Seyla Benhabib, »Urteilskraft und die moralischen Grundlagen der Politik im Werk Hannah Arendts«, in: *Zeitschrift für philosophische Forschung* 41 (1987), S. 521-547; Robert J. Dostal, »Judging Human Action. Arendt's Appropriation of Kant«, in: *The Review of Metaphysics* 27 (1984), S. 725-755; David L. Marshall, »The Origin and Character of Hannah Arendt's Theory of Judgment«, in: *Political Theory* 38 (2010), S. 367-393; Andrew Norris, »Arendt, Kant, and the Politics of Common Sense«, in: *Polity* 29 (1996), S. 165-191. Kritisch zu dieser Lesart vgl. etwa Matthew C. Weidenfeld, »Visions of Judgment. Arendt, Kant, and the Misreading of Judgment«, in: *Political Research Quarterly* 66 (2013), S. 254-266.

186 Es ist letztlich eine derart etablierte These, dass sie, trotz aller immer noch anderes behauptender Methodenlehren und Vorlesungsfolien aus den Studiengängen der Rechtswissenschaft, eigentlich keiner Begründung bedarf. Dieter Nörr schreibt beispielsweise 1981, dass »mit der heute wohl einhelligen Meinung davon [auszugehen ist], daß das Subsumtionsmodell nur beschränkt tauglich ist, die juristische Tätigkeit angemessen zu beschreiben, daß es vor allem nicht fähig ist, das [...] Problem der Zuordnung von Fall und Norm richtig zu formulieren«. Nörr, »Das Verhältnis von Fall und Norm als Problem der reflektierenden Urteilskraft«, S. 399.

wesentlich dem Blick von Stephan Meder folgt, der eine umfassende, gut belegte und präzise Analyse von Savignys Hermeneutik vorgelegt hat.[187] Gleichwohl geht es vorliegend nicht darum, einen Beitrag zur Analyse von Savignys Texten zu liefern – sie sollen lediglich Ausgangspunkte liefern, um juridisches Urteilen als reflektierendes Urteilen zu betrachten.

Wie also kann man juridisches Urteilen als reflektierendes Urteilen ausbuchstabieren und wohin gelangt man damit? Ich werde im Anschluss an Meder den Blick zunächst auf zwei Textstellen aus *Vom Beruf unsrer Zeit für Gesetzgebung und Rechtswissenschaft*[188] richten – vielleicht die bekanntesten Stellen aus einem der immer noch einflussreichsten juristischen Bücher überhaupt:

> Haben sie [die Römischen Juristen] einen Rechtsfall zu beurtheilen, so gehen sie von der lebendigsten Anschauung desselben aus, und wir sehen vor unsern Augen das ganze Verhältnis Schritt vor Schritt entstehen und sich verändern. Es ist nun, als ob dieser Fall der Anfangspunkt der ganzen Wissenschaft wäre, welche von hier aus erfunden werden sollte. [...] In jedem Grundsatz sehen sie zugleich einen Fall der Anwendung, in jedem Rechtsfall zugleich die Regel, wodurch er bestimmt wird, und in der Leichtigkeit, womit sie so vom allgemeinen zum besondern und vom besondern zum allgemeinen übergehen, ist ihre Meisterschaft unverkennbar.[189]

> [...] jeder Theil unsres Rechts [hat] solche Stücke, wodurch die übrigen gegeben sind: wir können sie die leitenden Grundsätze nennen. Diese heraus zu fühlen, und von ihnen ausgehend den innern Zusammenhang und die Art der Verwandtschaft aller juristischen Begriffe und Sätze zu erkennen, gehört eben zu den schwersten Aufgaben unsrer Wissenschaft, ja es ist eigentlich dasjenige, was unsrer Arbeit den wissenschaftlichen Character giebt.[190]

Zunächst ist zu sagen, dass Savigny die Konstellation des Urteilens, die für ein reflektierendes Urteilen spricht, besonders betont: Juristen gehen »von der lebendigsten Anschauung« des Rechtsfalls aus, »als ob dieser Fall der Anfangspunkt der ganzen Wissenschaft wäre«, sie gehen also, wenn sie einen Fall bekommen, nicht von Grundsät-

187 Vgl. Meder, *Urteilen*; ders., *Mißverstehen und Verstehen*.
188 Friedrich Carl von Savigny, *Vom Beruf unsrer Zeit für Gesetzgebung und Rechtswissenschaft*, Heidelberg 1814.
189 Ebd., S. 30 f.
190 Ebd., S. 22.

zen, Prinzipien oder Normen aus, sondern vom Fall selbst – »Nicht das Gesetz, sondern nur das Besondere ist also ›gegeben‹, wozu der Urteilende die Regel finden soll.«[191] Nimmt man die Formulierung Savignys noch eine Spur genauer, könnte man anfügen: die (Römischen) Juristen gehen nicht vom Fall,[192] vom Besonderen aus, sondern von »der lebendigsten Anschauung«. Die Anschauung dient bei Savigny,[193] das sei ergänzend bemerkt, dazu, sowohl das Normative des Rechts zu erfassen als auch das Faktische.[194] Der Blickwinkel wird bei ihm, obwohl er sich umfassend mit der Interpretation von Rechtsnormen beschäftigt, der Blickwinkel aufs Juridische wird deutlich vom Fall, vom Sachverhalt aus eingenommen.[195] Wenn er aber davon spricht, dass Juristen vom »allgemeinen zum besondern« und vom »besondern zum allgemeinen« gehen, in jedem Rechtsfall zugleich die Regel und in jedem Grundsatz zugleich den Fall seiner Anwendung sehen, dann ist es nicht unbedingt entscheidbar, ob für Savigny juridisches Urteilen immer ein Zusammenspiel von reflektierender und bestimmender Urteilskraft ist, nur reflektierende zum Tragen kommt oder beide vielleicht gar nicht unterscheidbar sind nach seiner Auffassung.[196] Dieses Hin- und Hergehen zwischen Allgemeinem und Besonderem und Besonderem und Allgemeinem hat in der juristischen Methodendiskussion noch einen anderen, ähnlichen, noch berühmteren, hier schon einige Male zitierten Ausdruck erfahren: Engisch spricht, das hatte ich bereits eingeführt,[197] für den Vorgang der Rechtsanwendung von einem »Hin- und Herwandern des Blickes zwischen Rechtsfall und Norm«. Während

191 Meder, *Mißverstehen und Verstehen,* S. 100.

192 Der Begriff des Falles ist genau genommen nicht unmittelbar mit dem »Besonderen« zu identifizieren, siehe dazu ausführlich oben Sektion *Fällen.* An dieser Stelle mag allerdings dieses weniger anspruchsvolle Verständnis in Anlehnung an die Savignysche Begriffsverwendung zulässig und nicht weiter verwirrend sein.

193 Vgl. zur Anschauung bei Savigny Dieter Nörr, »Savignys Anschauung und Kants Urteilskraft«, in: Norbert Horn (Hg.), *Europäisches Rechtsdenken in Geschichte und Gegenwart. Festschrift für Helmut Coing zum 70. Geburtstag,* München 1982, S. 615–636.

194 Vgl. Meder, *Urteilen,* S. 153-166.

195 Vgl. ebd., insb. S. 141 f.

196 Den Begriff der Urteilskraft verwendet er jedenfalls, soweit ersichtlich, überhaupt nicht.

197 Siehe oben Fn. 133.

Engisch dies allerdings als logische Operation nach rationalen Maßstäben zu beschreiben versucht, spricht Savigny an mehreren Stellen von einer »freyen Geistesthätigkeit«, die dazu führen soll, ein Gesetz mit einem Fall ins Verhältnis zu bringen. Deswegen ist es auch zu kurz gegriffen, Engischs Formel mit der »Leichtigkeit«, mit der die Römischen Juristen »vom allgemeinen zum besondern und vom besondern zum allgemeinen übergehen«, zu identifizieren.[198] Die Freiheit dieser »Geistesthätigkeit« ist dabei, darum geht es mir hier, in einem doppelten Sinne (Meder)[199] zu verstehen: Einerseits als Unparteilichkeit, denn Aufgabe des Juristen ist es bei Savigny, die Öffentlichkeit im Sinne einer ideal gedachten Urteilsgemeinschaft zu repräsentieren.[200] – Andererseits darf juridisches Urteilen für Savigny nicht mit einem materiellen Interesse und auch nicht – hier teilt er Kants Trennung von Sitte und Recht – mit moralischem Interesse einhergehen.[201] Fürs Erste genügt die Feststellung, dass diese Ausbuchstabierung der »freyen Geistesthätigkeit« als Verfahren zur Urteilsgewinnung offenbar nicht nur namentlich an das Kantische »freie Spiel der Erkenntniskräfte« im ästhetischen Urteil erinnert – so geht es für Savigny darum, aus den sichtbaren, erkennbaren Normen »leitende Grundsätze« »herauszufühlen«, die »freye Geistesthätigkeit« ist insofern eine reflektierende Bewegung vom Besonderen hin zu einem allgemeinen Ganzen, das weder dem Einzelnen vorgängig ist noch in einem allgemeinen Gesetz oder Obersatz aufgeht.[202] Sie ist auch »frey«, weil sie nicht von Begriffen vorbestimmt ist, ganz ähnlich wie das »Spiel der Erkenntniskräfte« bei Kants Reflexionsbewegung frei ist.[203] Vielleicht kann man im

198 So aber Meder, *Mißverstehen und Verstehen*, S. 100, S. 193-218.

199 Meder, *Urteilen*, S. 153-166, insb. Fn. 95.

200 Vgl. ebd.

201 So ebd., S. 154.

202 »Savigny [zieht] im *Beruf* nicht einen durch Gesetzgebung festgestellten Obersatz, d. h. ein Gesetzesallgemeines, als Bezugspunkt für das Einzelne in Betracht, sondern ein allgemeines Ganzes. In dieselbe Richtung zielen seine Ausführungen im *System*, wonach der im Gesetz formulierte einzelne Ausdruck von Gedanken mit einem allgemeinen Ganzen in Zusammenhang zu bringen ist, das er mit Begriffen wie ›Rechtsinstitut‹ oder ›Rechtssystem‹ umschreibt.« Meder, *Mißverstehen und Verstehen*, S. 101.

203 Genauer zur Begriffslosigkeit des »freien Spiels der Erkenntniskräfte« bei Kant siehe Untersektion *Reflektierender Modus Juridischen Urteilens*, Abschnitt *Oszillierende Interpretation – Freies Spiel der Erkenntniskräfte.*

Anschluss an diese kurze Lektüre eine kleine Analogisierung von juridischem und ästhetischem (damit: reflektierendem) Urteil wagen, die sich in der rechtswissenschaftlichen Literatur ganz ähnlich ausgeführt findet, und zwar in einem wichtigen, wenngleich rechtsphilosophisch kaum rezipierten Text von Dieter Nörr:[204] Wenn das ästhetische Urteil eines ist, das sich auf einen einzelnen Gegenstand bezieht, das nach einem Prinzip vorgeht, welches nicht in Begriffen bestimmbar ist, das mitteilbar und insofern allgemein ist und den Anspruch mitträgt, dass jedermann dem Urteil zustimmen müsse, ohne selbst allgemeingültig zu sein.[205] Dann könnte man für das juridische Urteil sagen: Es ist auf einen Einzelfall bezogen, die Regel, nach der es ergeht, bleibt unformulierbar, es kann nicht aus Begriffen deduziert werden, und doch gibt es sich selbst den Anspruch auf Allgemeinheit.[206] Man könnte weiterhin im Anschluss an Savigny, Meder und Nörr fragen, ob die Unabhängigkeit des juridischen Urteils mit der Interesselosigkeit des Geschmacksurteils, die freie Geistestätigkeit mit dem freien Spiel der Erkenntniskräfte im ästhetischen Urteilen vergleichbar ist. Ob Geschmack mit dem, was Jurist:innen als Judiz, eine Art Rechtsgefühl beschreiben, vergleichbar ist.

Man kann sich natürlich fragen, wohin eine derartige Analogisierung führt, auch wenn sie hier nur an der Oberfläche verbleibt. Denn man kann zwar juridisches Urteilen mit und gegen Kant als reflektierendes Urteilen ausbuchstabieren und dadurch eine Perspektive gewinnen. »Die Analogie darf aber nicht überzogen werden.«[207] Denn handelt es sich beim juridischen Urteil nicht letztlich doch um etwas fundamental anderes? Immerhin entsteht es in einem formalisierten Verfahren, das sich nicht nur der Tatsachenfeststellung, sondern auch der normativen Diskussion widmet, und vor allem: es muss gefällt werden. Das Gericht soll zwar unabhängig sein, aber es ist verpflichtet zu entscheiden, selbst wenn es glaubt, keine richtige, keine gerechte Entscheidung finden zu

204 Nörr, »Das Verhältnis von Fall und Norm als Problem der reflektierenden Urteilskraft«.

205 Siehe ausführlich unten Untersektion *Reflektierender Modus Juridischen Urteilens*, Abschnitt *Zur subjektiven Allgemeingültigkeit des Geschmacksurteils.*

206 Vgl. zum Ganzen Nörr, »Das Verhältnis von Fall und Norm als Problem der reflektierenden Urteilskraft«, S. 400 f.

207 Ebd., S. 401.

können. Es wird sich in der Praxis vielleicht dabei sogar vom Zwang zur Entscheidung leiten lassen (von der Lust am Gegenstand kann dann keine Rede sein), und es wird vielleicht ein Urteil fällen, das einen möglichst schnellen, effizienten Abschluss des Verfahrens ermöglicht oder das nicht von einer höheren Instanz kassiert werden wird. Und es wird in der Rechtspraxis auch eine große Zahl von Urteilen geben, die einen Sachverhalt in rein technischer Weise einer Rechtsnorm subsumieren, ohne Bezug auf ein allgemeines Ganzes zu nehmen, wie Savigny es fordert. Die Grenzen der Analogie zum ästhetischen Urteilen liegen also ebenso auf der Hand wie die Anhaltspunkte, die für eine Vergleichbarkeit sprechen. Da es vorliegend weniger um eine vollständige Analogisierung geht (ich werde ja dahingehend argumentieren, dass juridisches Urteilen auf eine Verbindung reflektierender und subsumierender Urteilskraft zurückgreift),[208] sind die Einschränkungen zunächst nicht weiter problematisch. Stattdessen gilt es vom Savignyschen/Mederschen/Nörrschen Blickwinkel ausgehend noch einmal einzelne, für den Vergleich offenbar naheliegende Aspekte reflektierenden Urteilens genauer in den Blick zu nehmen, um dadurch die theoretische Rekonstruktion des juridischen Urteilens zu erweitern.

b. Reflektierender Modus Juridischen Urteilens

Weil alle im Folgenden noch einmal näher zu entfaltenden reflektierenden Aspekte juridischen Urteilens in der *Kritik der Urteilskraft* nun aber am Beispiel[209] des ästhetischen Urteils erläutert werden, möchte ich zuvor noch kurze, keineswegs abschließende, aber den Zusammenhang vielleicht erschließende Überlegungen zum Verhältnis ästhetischen und juridischen Urteilens anstellen. Obwohl es durchaus Anhaltspunkte gibt, die einen Vergleich ästhetischer und juridischer Urteilspraxis keineswegs unangebracht erscheinen lassen – die Parallelität der Prädikatierungen »schön« und »gerecht« etwa, die Nähe des Geschmacks zur juridischen Urteilskraft (»iudicium«)[210] oder die schwierige Bestimmung des jeweiligen Gegen-

208 Siehe dazu unten Sektion *Subsumieren.*

209 Zur Exemplarizität siehe Fn. 184.

210 Zum Begriff des Judiz vgl. etwa Rolf Gröschner, »Judiz – was ist das und wie läßt es sich erlernen?«, in: *JuristenZeitung* 42 (1987), S. 903-907; Erwin Fromm, »Judiz und Rechtsfindung«, in: *Deutsche Richterzeitung* 74 (1996), S. 484-490.

stands beider Urteile[211] –, obwohl es solche recht offensichtlichen Vergleichspunkte gibt, geht es mir im Folgenden nicht darum, beide Urteilsweisen vergleichend zu betrachten, um etwa eine genauere Vorstellung von Gleichläufen und Differenzen zu erhalten. Denn für eine Rekonstruktion juridischen Urteilens dürfte vielmehr relevant sein, an welchen Beschreibungspunkten sich Verknüpfungen juridischen und ästhetischen Urteilens ergeben, die schließlich dazu führen könnten, dass ästhetische Aspekte juridischen Urteilens und juridische Aspekte ästhetischen Urteilens erkennbar werden. Denn allein solche Arten der Verknüpfung wären schließlich geeignet, die Rekonstruktion juridischen Urteilens, die vorliegend unternommen wird, mit neuen, das heißt auf andere Weise nicht oder weniger deutlich erkennbaren Aspekten anzureichern. Was heißt also: ästhetisch urteilen? Ich werde nun natürlich keinen Ansatz ästhetischen Urteilens vorlegen, sondern: versuchen anzudeuten, inwiefern einzelne Aspekte dieses Urteilens so beschrieben werden können, dass sie erlauben, produktive Blickwinkel auf Vorgänge juridischen Urteilens zu eröffnen. Meine Überlegungen werden im Anschluss an (und bezogen auf das Juridische auch gegen) Kant darauf hinauslaufen, anzunehmen, dass das ästhetische Urteil einen Anspruch auf subjektive Allgemeingültigkeit erhebt, der sich auch für das juridische Urteilen als charakteristisch erweist. Ohne die Diskussion dieser spezifischen Form von Universalität vorwegzunehmen, lässt sich bereits an dieser Stelle bemerken, dass die Besonderheit des ästhetischen Urteils, ein einzelnes Urteil zu sein,[212] sich auch als Besonderheit des juridischen Urteils darstellen lässt. Das sich an diese Beobachtung anschließende Argument verläuft nun allerdings nicht entlang einer Identifikation ästhetischer und juridischer Urteile, sondern über die Kantische Fassung reflektierender Urteile. Ästhetische Urteile sind danach Beispiele für den Gebrauch reflektierender Urteilskraft – und juridische, sofern sie wesentliche Besonderheiten ästhetisch-reflektierender Urteile teilen, auch. Insbesondere wird zu

211 Vgl. etwa zu einem Eindruck von den Diskussionen um den Begriff des Kunstwerks nur Daniel Martin Feige, »Zur Frage der Struktur und des historischen Wandels von Kunstwerken«, in: Frédéric Döhl u. a. (Hg.), *Konturen des Kunstwerks. Zur Frage von Relevanz und Kontingenz*, Paderborn 2013, S. 95-109. Zur schwierigen Frage nach dem Rechtsfall siehe dagegen oben Sektion *Fällen*.

212 »In Ansehung der logischen Quantität sind alle Geschmacksurteile e i n z e l n e Urteile.« Kant, *Kritik der Urteilskraft*, B 24 (§ 8).

sehen sein, dass ästhetisch zu urteilen bedeutet, einen bestimmten Modus des Urteilens[213] zu gebrauchen. Diesen (ästhetischen) Modus werde ich am juridischen Urteil entfalten und dadurch eine Perspektive gewinnen, die schließlich erlaubt, juridisches Urteilen als Vermittlungsleistung rezeptiver und spontaner Aspekte zu betrachten, die auf Reflexion und Subsumtion zurückgreift. Darin liegt, um diese Vorbemerkungen abzuschließen, ein entscheidender und deswegen bemerkenswerter Unterschied zu vielen Ansätzen, die unter dem Begriff »Rechtsästhetik« versuchen, ästhetische Momente des Rechts, auch des rechtlichen Urteilens auszumachen.[214] Vorliegend verstehe ich »ästhetisches Urteilen« also nicht als Urteilen über bestimmte Klassen von Gegenständen, sondern als einen spezifischen, nun näher zu beschreibenden Modus des Urteilens, der sich auch für andere als Urteile über Kunstwerke beschreiben lässt.

Im Folgenden werde ich nun einzelne Aspekte, die Kant für seine Fassung des Geschmacksurteils entwickelt, für die hier zu entwickelnde Perspektive heranziehen. Allerdings wird es dabei weder um eine eingehende oder Ansprüche auf Vollständigkeit erhebende Lektüre der *Kritik der Urteilskraft* gehen noch darum, einen Beitrag philosophischer Erkenntnis zu den nachfolgend aufgerufenen Aspekten zu leisten. Vielmehr dienen die Überlegungen vorwiegend dazu, meine schon genannte These des ästhetischen Modus juridischen Urteilens, die vor allem in der Sektion *Zusammensehen* noch weiter zu entfalten sein wird, vorzubereiten, indem Elemente reflektierenden Urteilens mit Aspekten juridischer Urteilsbildung in Verbindung gebracht werden. Auf diese Weise, so die Strategie dieses Vorgehens, könnte ganz nebenbei die von Meder im Anschluss an Savigny und von Nörr ins Spiel gebrachte Analogie von Geschmacks- und Rechtsurteil noch einmal entlang etwas anderer Anknüpfungspunkte bereichert werden.

213 Vgl. dazu insbesondere Zerilli, die, ähnlich wie hier, ästhetisches Urteilen im Anschluss an Kant und Wittgenstein als Modus bestimmt: »Was an einem ästhetischen Urteil ›ästhetisch‹ ist, ist für Wittgenstein, wie für Kant, nicht ein Objekt, das außerhalb und vor dem Urteil selbst liegt. ›Ästhetisch‹ ist kein Objekt, sondern ein Modus des Urteilens.« Linda M. G. Zerilli, *A Democratic Theory of Judgment*, Chicago 2016, S. 81 (Übers. S.MM.).

214 Vgl. z. B. jüngst Daniel Damler, *Rechtsästhetik. Sinnliche Analogien im juristischen Denken*, Berlin 2016. Wesentlich differenzierter in der Herangehensweise dagegen Jörn Reinhardt (Hg.), Schwerpunkt »Rechtsästhetik«, in: *Rechtsphilosophie. Zeitschrift für Grundlagen des Rechts*, 2015, S. 1-83.

i. Oszillierende Interpretation – Freies Spiel der Erkenntniskräfte

Es mag schon auf den ersten Blick widersprüchlich erscheinen, wenn ich in diesem Zusammenhang »oszillierende Interpretation« und das »freie Spiel der Erkenntniskräfte« gemeinsam in der Zwischenüberschrift nenne. Handelt meine vorhergehende Entwicklung des Begriffs »oszillierende Interpretation« nicht gerade von der Ausrichtung, dem Ausgerichtet-Sein dieses Vorgangs im Juridischen? Und zeichnet sich umgekehrt das »freie Spiel der Erkenntniskräfte« bei Kant nicht gerade durch seine Freiheit aus, die in einem deutlichen Spannungsverhältnis zum Ausgerichtet-Sein der oszillierenden Interpretation stehen müsste? Die Antwort auf diese Frage – sie wird lauten: nein, die Sache verhält sich anders, als es auf den ersten Blick erscheinen mag – knüpft zunächst daran an, dass (in juristischer Manier) für den Vorgang oszillierender Interpretation »ob« und »wie« der Ausrichtung zu unterscheiden sind. Zwar sind sämtliche oszillierenden Interpretationsmomente, so hatte ich das bereits beschrieben, von Antrag, Anklage oder Begehr einerseits und vom Zwang zum Urteil andererseits eingespannt. Aber diese Art der Ausrichtung des Urteilens betrifft nicht die Weise, in der Rechtsregeln und Tatsachen miteinander ins Verhältnis gebracht werden, und auch nicht jene Entscheidung zum Urteil, die schließlich einen Vorgang oszillierender Interpretation beenden lässt. Keine Erkenntnisregel bestimmt, wie die Urteilenden vom Sachverhalt zur Norm, von der Rechtsnorm zum Sachverhalt, zu Fall und Urteil kommen. Diese Einsicht war gerade der Ausgangspunkt, um reflektierendes Urteilen in die Rekonstruktion juridischen Urteilens mit einzubeziehen. Genau in diesem Punkt, in der fehlenden Möglichkeit für die Urteilenden, sich auf eine Erkenntnisregel zu beziehen, treffen sich die oszillierende Interpretation als zentrales Verfahren im Rahmen juridischer Urteilsbildung und das »freie Spiel der Erkenntniskräfte«, also das freie Spiel von Einbildungskraft und Verstand im Geschmacksurteil: Denn die Freiheit des Spiels dieser Erkenntniskräfte liegt nicht darin, dass sie keinen Anfang und kein Ende hätten. Auch das Objekt, in dessen Ansehung ein Geschmacksurteil gefällt wird, ließe sich möglicherweise in dieser ausrichtenden (nicht bestimmenden) Weise fassen. Die Freiheit des freien Spiels liegt vielmehr darin, dass Einbildungskraft und Verstand nicht begrifflich eingeschränkt sind, weil sie keiner Erkenntnisregel unterliegen: Wesentlich für das reflektierende Urteilen war ja die Bewegung vom Besonderen zum Allgemeinen, also das Urteilen ohne die Verfügbarkeit einer allgemeinen Regel – »Die Erkenntniskräfte [...] sind hierbei in einem freien Spiele, weil kein bestimmter Begriff sie auf eine besondere Erkenntnisregel einschränkt.«[215] Die Begriffslosigkeit, die Unabhängigkeit von bestimmten Begriffen bedeutet hier nicht, dass keine Begriffe im Spiel sind – ein Einwand, der sich an dieser Stelle manchmal recht schnell gegen die Engführung der Perspektiven von Geschmacks- und Rechtsurteil erhebt –, sondern: dass der Bestimmungsgrund des Schönheitsurteils sich nicht in Begriffen findet. Auch wenn der Gegenstand des Urteils, zum Beispiel ein Gemälde, durchaus begrifflich gefasst werden kann und wird, leitet sich ein auf dieses Gemälde bezogenes Urteil, dass es schön sei, nicht aus diesem Begriff des Gemäldes ab. Nun dürfte deutlich werden – es ist denkbar, (jedenfalls auch) reflektierend juridisch zu urteilen, obwohl durchaus Begriffe Gegenstände dieses Urteils sind, weil die Beurteilung selbst, die Beurteilung als gerecht, selbst nicht zwangsläufig begrifflich bestimmt sein muss. Im Gegenteil, so werde ich im weiteren Verlauf argumentieren, geht es im juridischen Urteilen jeweils um die Vermittlung von rezeptiven und spontanen Leistungen, die als solche, als Vermittlung, gerade nicht begrifflich bestimmt ist.[216] Die Freiheit des freien Spiels der Erkenntniskräfte bedeutet also, dass kein bestimmter Begriff sie einschränkt. Dies nun lässt sich vergleichsweise unproblematisch für die oszillierende Interpretation behaupten. Was aber lässt sich für die Rekonstruktion juridischen Urteilens gewinnen, indem die Perspektive auf das Verfahren oszillierender Interpretation mit dem »freien Spiel der Erkenntniskräfte« angereichert wird?

Wenn keine Erkenntnisregel bestimmt, wie Sachverhalt und Norm, Fall und Urteil oszillierend interpretierend gerade so angeordnet werden können, dass sich ein Urteil fällen lässt, dann dürfte die entscheidende Frage für jedes zu fällende Urteil zunächst gar nicht lauten: »Wie fällt das Urteil aus?«, sondern, aus Sicht der Urteilenden: Wie kommt man vom einen zum anderen, vom Sachverhalt zur Rechtsnorm, zur Anordnung von Fall und Urteil, wie kristallisieren sich die jeweils relevanten Versionen heraus, wenn genau

215 Kant, *Kritik der Urteilskraft*, B 28 (§ 9).

216 Siehe dazu unten Sektion *Zusammensehen.*

für diesen Vorgang keine Erkenntnisregel verfügbar ist? Es geht an dieser Stelle noch gar nicht um die Frage, wie die Anordnung dieser multiplen Zentren der oszillierenden Interpretation schließlich aussieht, welcher Art sie sein muss – dieses Problem werde ich später versuchen über den seltsamen Begriff des »Passens« einer Lösung zuzuführen.[217] Zunächst geht es um die Frage des Anordnens selbst.

Betrachten wir die Teilkonstellation von Sachverhalt und Rechtsnorm, nicht weil ihr eine größere Bedeutung zukommen würde (das ist auch nicht ausgeschlossen, aber eine andere Frage), sondern weil sie häufiger als verkürzte Darstellung der Urteilskonstellation beschrieben und diskutiert und dadurch vermutlich leichter der Vorstellung zugänglich ist. Die Frage wäre für diese Konstellation dann: Wie findet man im Urteil die richtige Norm? Kennt ein Urteilender sie bereits, weil er über entsprechendes Wissen verfügt, das er nur noch abrufen muss? Leitet ihn ein Gefühl? Oder verhilft die Intuition zur richtigen Norm?[218] Kant greift genau in dieser Frage für das ästhetische Urteilen auf das freie Spiel der Erkenntniskräfte zurück – Einbildungskraft und Verstand, diese beiden Erkenntniskräfte sind gemeint, geraten also in ein Spiel miteinander. Das philosophische Problem, in welcher Weise der Begriff des Spiels gedacht werden muss,[219] soll hier außer Acht bleiben, weil es

217 Siehe dazu wiederum unten Sektion *Zusammensehen*.

218 Eine eindrückliche und vielleicht exemplarische Beschreibung der Situation der Urteilenden findet sich in dieser Hinsicht etwa bei Hutcheson in seinem berühmten Aufsatz »Judgment Intuitive«: »Wenn der Fall schwierig oder verwickelt ist und sich um eine Haaresbreite des Rechts oder der Tatsachen dreht, das heißt, ›wenn es viele Taschen auf der einen und auf der anderen Seite gibt‹ und Richter Bridlegoose seine ›kleinen Würfelchen‹ benutzt hätte, lasse ich, nachdem ich alles verfügbare Material geprüft und darüber ordentlich nachgedacht habe, meine Einbildungskraft spielen und, während ich über die Sache grüble, warte auf das Gefühl, die Ahnung (*hunch*) – jenen intuitiven Geistesblitz, der die funkenschlagende Verbindung zwischen Frage und Entscheidung herstellt und an dem Punkt, an welchem der Pfad für die juristischen Füße am dunkelsten ist, sein Licht entlang des Weges wirft.« Joseph C. Hutcheson Jr., »Judgment Intuitive. The Function of the Hunch in Judicial Decision«, in: *Cornell Law Review* 14 (1929), S. 274-288, hier S. 278 (Übers. S.MM.). Vgl. dazu auch Gregg Crane, »The Art of Judgment«, in: *American Literary History* 23 (2011), S. 751-766.

219 Vgl. dazu Hannah Ginsborg, »Lawfulness Without Law. Kant on the Free Play of Imagination and Understanding«, in: *The Normativity of Nature. Essays on Kant's Critique of Judgement*, Oxford 2014, S. 53-93, hier S. 56f. Einen Überblick

für die juridische Perspektive jedenfalls zunächst nicht unmittelbar relevant ist. Wichtig für den vorliegenden Zusammenhang ist, wie Kant die Frage beantwortet, was vonnöten ist, um im Reflexionsverfahren zum Urteil zu kommen: Gebraucht werden einerseits der Verstand und andererseits die Einbildungskraft als jene Erkenntniskräfte, die notwendig sind, »damit die Vorstellung eines in der Anschauung gegebenen Objekts Erkenntnis werde«.[220]

> Nun gehören zu einer Vorstellung, wodurch ein Gegenstand gegeben wird, damit überhaupt daraus Erkenntnis werde, Einbildungskraft für die Zusammensetzung des Mannigfaltigen der Anschauung und Verstand für die Einheit des Begriffs, der die Vorstellungen vereinigt.[221]

Während also der Verstand, das ist nicht weiter überraschend, für die Einheit des Begriffs zuständig ist, wird die Einbildungskraft im »freien Spiel« aus der Bindung an den Verstand befreit – sie gerät als jenes Vermögen, das die Anschauung mit dem Mannigfaltigen verbindet, mit dem Verstand in ein »gleichberechtigtes«, »freies« Spiel.[222] Die Engisch-Formel[223] oder die Formulierung Essers, nach der die Verbindlichkeit von Tatbestandskriterien wie die Relevanz der Sachverhaltsmerkmale allein in der Hand der Rechtsanwendenden liegen,[224] beide Beschreibungen des juridischen Problems, Sachverhalt und Norm, ohne den möglichen Rückgriff auf eine Erkenntnisregel miteinander in ein solches Verhältnis zu setzen, das schließlich die Subsumtion zulässt –, beide Beschreibungen knüpfen, das wird nun hoffentlich sichtbar, am selben Problem an wie Kant in Bezug auf das ästhetische Urteil, und sie beschreiben eine ähnliche Situation der Freiheit wie Kant für das Spiel von Ein-

über die Debatten zum »freien Spiel« bietet Paul Guyer, »The Harmony of the Faculties Revisited«, in: Rebecca Kukla (Hg.), *Aesthetics and Cognition in Kant's Critical Philosophy*, Cambridge 2006, S. 162-193.

220 Hannah Ginsborg, »Interesseloses Wohlgefallen und Allgemeinheit ohne Begriffe (§§ 1-9)«, in: Otfried Höffe (Hg.), *Immanuel Kant. Kritik der Urteilskraft*, Berlin 2008, S. 59-77, hier S. 69.

221 Kant, *Kritik der Urteilskraft*, B 28 (§ 9).

222 Vgl. zu dieser »Befreiung« der Einbildungskraft aus der »Gesetzgebung des Verstandes (d. h. des Vermögens der Begriffe)«: Linda M. G. Zerilli, »›We Feel Our Freedom‹. Imagination and Judgment in the Thought of Hannah Arendt«, in: *Political Theory* 33 (2005), S. 158-188, hier S. 163 (Übers. S.MM.).

223 Siehe schon oben Fn. 133.

224 Esser, *Vorverständnis und Methodenwahl in der Rechtsfindung*, S. 51.

bildungskraft und Verstand. Es gelingt ihnen dagegen nicht, und deshalb greifen diese Beschreibungen zu kurz, jenen doppelten und sich miteinander (»in einem freien Spiele«[225]) vollziehenden[226] Gebrauch der unterschiedlichen Vermögen zu fassen, weil sie bei einem einzigen »Blick« bleiben. Dagegen, so möchte ich es formulieren, bedarf es, um Sachverhalt und Rechtsnorm zusammenzudenken, gerade jener doppelten Blickrichtung, die Kant über das Zusammenspiel der Fähigkeiten beschreibt, die Mannigfaltigkeit der (besonderen) Anschauungen vorzustellen und die Einheit des (allgemeinen) Begriffs zu denken, also von Einbildungskraft und Verstand. Denn es genügt weder, einen einzelnen, bestimmten Sachverhalt und eine singuläre, begrifflich-allgemeine Rechtsnorm ins Blickfeld zu rücken und zu sehen, ob sich im Hin- und Herwandern des Blickes vom einen zum anderen so etwas wie Applikabilität herstellt – was wäre das Kriterium für dieselbe? Noch genügt es, im hermeneutischen Verfahren Sachverhalt und/oder Rechtsnorm herauszukristallisieren, obwohl beide Ebenen natürlich notwendig sind, um urteilen zu können. Vielmehr müssen Sachverhalt und Rechtsnorm nicht nur in eine jeweilige Version gebracht, interpretiert werden, die folgend ein Urteil zulässt, sondern sie müssen gleichzeitig in einer Weise zusammengedacht werden, die das Besondere als enthalten unter dem Allgemeinen denken kann, die auf Einbildungskraft und Verstand zurückgreifen muss. Denn nur wenn in jedem Momentum des Interpretationsverfahrens von möglichen Sachverhalten und möglichen Rechtsnormen die jeweilige Anordnung überprüft wird, kann überhaupt herausgefunden, entschieden werden, welche Versionen ein Urteil zulassen (und welche nicht). Dieses zu überprüfen aber heißt gerade, jeweils Einbildungskraft und Verstand ins Spiel zu bringen und zu sehen, ob sich eine Erkenntnis des Sachverhaltes als in der Rechtsnorm enthalten einstellt. Dieses Überprüfungsverfahren nun spielt sich nicht in einem Modus des »als ob« ab, sondern es handelt sich um das eigentliche Verfahren des Urteilens. Das heißt, hermeneutisches Verfahren (hier gefasst als: oszillierende Interpretation von Sachverhalt und Rechtsnorm) und Urteilsverfahren spielen sich in keiner Folge ab, sondern gleichzeitig, wobei diese Simultanität nicht bloß

225 Kant, *Kritik der Urteilskraft*, B 28 (§ 9).

226 Der Vollzug bildet in diesem Zusammenhang einen konstitutiven Aspekt für das Urteil – häufig wird dies übersehen.

temporal zu verstehen ist, sondern als Angewiesenheit, und zwar als Angewiesenheit des hermeneutischen Verfahrens auf das urteilende als das auf ein Urteil gerichtete Verfahren. Diese Angewiesenheit gilt allerdings nur in diese eine Richtung – Einbildungskraft und Verstand können jedenfalls der Möglichkeit nach auch ohne das hermeneutische Verfahren auskommen, wenn sie an gegebenen Objekten ansetzen. Das hermeneutische Verfahren, die Interpretation von Sachverhalt und Rechtsnorm, ist also keineswegs mit dem Urteilen zu identifizieren, was gleichermaßen bedeutet, dass hermeneutische Methoden immer nur Aspekte davon, aber nicht vollständig beschreiben können, was es heißt, juridisch zu urteilen.

ii. Zur subjektiven Allgemeingültigkeit des Geschmacksurteils

Wenn nun allerdings, wie hier für das »freie Spiel« von Einbildungskraft und Verstand angezeigt, dieses urteilende Verfahren als subjektives aufgefasst werden muss – dann wäre genau an dieser Stelle weiter zu untersuchen, welche Folgen dies für die Möglichkeiten, juridisches Urteilen als subjektives respektive als objektives Verfahren zu denken, mit sich bringt. Es geht nun also darum, vom reflektierenden Urteilen in dieser Version zu lernen, wie juridisches Urteilen als jedenfalls auch subjektives Verfahren strukturiert sein könnte, ohne sogleich in den Modus der Verlustabwehr zu geraten; damit meine ich, dass es für die Rekonstruktion des juridischen Urteilens durchaus hinderlich sein könnte, jene Verluste, die der Bezug aufs Recht zweifellos erleidet, wenn er nicht rein objektiv verstanden wird, unmittelbar aufzufangen zu versuchen. Auf diese Weise versuche ich kein fiktives Problem zu lösen, sondern eine Schwierigkeit zu umgehen, die viele rechts- und verfassungstheoretische Debatten kennzeichnet, wenn sie rechtsrealistische oder, allgemeiner gefasst, kritische Positionen in Bezug auf Objektivität, Neutralität, Ableitbarkeit, die Gebundenheit und logische Formen juristischer Entscheidungen betreffen. Solche Positionen, die starke Annahmen positiver Rechtssysteme wie die Möglichkeit, Verstand und Affekt zu trennen, oder die Möglichkeit, richtige Interpretationen regelbasiert fassen zu können, in Frage stellen, werden häufig als Positionen überhaupt angegriffen oder diskreditiert (»dezisionistisch«, »subjektivistisch«, »postmodern« oder »freirechtlich«, je nach Epoche), ohne dass ihre möglicherweise produktiv zu wendenden

Einsichten und Argumentationen jenseits ihrer Positionalität noch fruchtbar werden könnten. Meine Strategie, die Gefahr sofortiger Verlustabwehrreaktionen jedenfalls vorläufig zu verringern, besteht an dieser Stelle also darin, das Problem subjektiven Urteilens vom ästhetischen Urteil her zu denken, um zunächst einmal (ungestört) der Frage nachgehen zu können, wie sich diese spezifische Subjektivität des Urteilens denn für ästhetische Urteile überhaupt denken lässt. In einem weiteren Schritt muss dann natürlich vollziehend überprüft werden, inwiefern sich diese Denkweise auf juridische Urteilsformationen übertragen lässt.

Zunächst könnte man natürlich schon ganz unmittelbar einwenden, dass bereits an dieser Stelle der Versuch, juridisches Urteilen auch (eben wie: ästhetisches Urteilen) als auch (möglicherweise: nicht nur) reflektierendes Urteilen zu denken, an seine Grenzen stößt. Denn, dieser Einwand dürfte naheliegen, während das ästhetische Urteil, das Schönheitsurteil, als nichtbegriffliches, bloß subjektives Urteil aufgefasst werden kann, müsste das juridische Urteil doch immer schon jedenfalls auch begrifflich und damit objektiv gedacht werden.[227] Ich möchte dieser Frage mit einer Antwort von Hannah Ginsborg begegnen, mit der sie auf ähnliche Einwände in der ästhetischen Debatte reagiert und die gleichzeitig mitten hinein in die Frage nach der Subjektivität des ästhetischen Urteils führt. Wenn etwa Ameriks das ästhetische Urteil »Die Rose ist schön« (ein klassisches Beispiel) als ebenso begrifflich und objektiv auffassen möchte wie empirische Urteile (Erfahrungsurteile mit objektiver Gültigkeit), dann stimme es zwar, so schreibt Ginsborg, dass »Objektivität und begrifflicher Charakter von Schönheitsurteilen« nicht dadurch widerlegt seien, dass Kant in § 8 der *Kritik der Urteilskraft* behaupte, »es gebe keine Gründe, mit denen man jemandem ›aufschwatzen‹ könne, dass ein Objekt schön sei«.[228] Aber gleichzeitig hält Ginsborg daran fest und entgegnet, dass wir, anders als bei Urteilen über sekundäre Qualitäten der Rose etwa, »ein Objekt nur dann für schön befinden können, wenn wir es aus

227 Siehe zur Frage der Begrifflichkeit bereits oben Kapitel *Juridizität rechtsförmiger Urteile*, Sektion *Die Angewiesenheit des Rechts auf das Urteil.*

228 Ginsborg, »Interesseloses Wohlgefallen und Allgemeinheit ohne Begriffe«, S. 67. Zu Ameriks' Ansatz vgl. Karl Ameriks, *Interpreting Kant's Critiques*, Oxford 2003.

eigener Anschauung kennen«.[229] Sie verteidigt[230] hier Kants recht deutliche Abgrenzung des Schönheitsurteils von objektiven Urteilen: »Es kann keine objektive Geschmacksregel, welche durch Begriffe bestimmte, was schön sei, geben.«[231] Kants Argument knüpft hier am spezifisch Ästhetischen an: »Denn alles Urteil aus dieser Quelle ist ästhetisch; d. i. das Gefühl des Subjekts und kein Begriff eines Objekts ist sein Bestimmungsgrund.«[232] Dieses Gefühl als Bestimmungsgrund des Urteils nun ist keineswegs eine bloße Privatangelegenheit. Es handelt sich nicht um eine bloße Lust am Angenehmen, die letztlich dem Urteilen vorherginge und jede und jeder für sich alleine erfahren könne – »Denn dergleichen Lust würde keine andere, als die bloße Annehmlichkeit in der Sinnenempfindung sein und daher ihrer Natur nach nur Privatgültigkeit haben können, weil sie von der Vorstellung, wodurch der Gegenstand gegeben wird, unmittelbar abhinge.«[233] Stattdessen verhält es sich genau umgekehrt: Die Lust, das Gefühl, folgt dem Urteil und geht ihm nicht vor, wobei diese Konsequenz nicht zeitlich zu verstehen ist.[234] Das Gefühl als Bestimmungsgrund des ästhetischen Urteils ist also nicht einfach ein Wohlgefallen, das vom Kunstwerk etwa ausgelöst sich bei der Betrachterin zeigte, die daraufhin und dessen gewahr werdend das Werk dann als »schön« beurteilen könnte. Stattdessen beschreibt Kant diese Lust am Gegenstand letztlich als eine »Lust an der Harmonie der Erkenntnisvermögen«, die sich aus dem Urteil, dessen Bestimmungsgrund sie ist, erst ergibt. Wir haben es also mit einer in gewisser Weise rekursiven Bezüglichkeit zu tun, an die nicht nur zufällig jene bereits beschriebene rekursive Beziehung von Fall und Urteil im Juridischen erinnern

229 Ginsborg, »Interesseloses Wohlgefallen und Allgemeinheit ohne Begriffe«, S. 67.

230 Ausführlicher, auch in Auseinandersetzung mit McDowell (John McDowell, »Aesthetic Value, Objectivity and the Fabric of the World«, in: Eva Schaper (Hg.), *Pleasure, Preference and Value. Studies in Philosophical Aesthetics*, Cambridge 1987, S. 1-16) und Wiggins (David Wiggins, *Needs, Values, Truth. Essays in the Philosophy of Value*, Oxford 1998, Kap. 5 [»A Sensible Subjectivism?«]), ebd.

231 Kant, *Kritik der Urteilskraft*, B 53 (§ 17).

232 Ebd.

233 Ebd., B 27 (§ 9).

234 Ebd., B 29 (§ 9): »Diese bloß subjektive (ästhetische) Beurteilung des Gegenstandes, oder der Vorstellung, wodurch er gegeben wird, geht nun vor der Lust an demselben vorher […].«

dürfte.[235] Ginsborg liest die Kantische Entfaltung des ästhetischen Urteils entsprechend als selbstreferentiell (»self-referential«[236]), denn das Urteil bestehe wesentlich in »dem Akt des selbstreferentiellen Urteilens darüber, dass der eigene mentale Zustand in ebendiesem Akt des Urteilens universell kommunizierbar oder universell gültig in Bezug auf ein Objekt ist. Dieser Urteilsakt zeigt sich dem Bewusstsein als ein Lustgefühl.«[237] Für das vorliegende Unterfangen ist es nicht unbedingt notwendig, die philosophische Diskussion, der diese Äußerungen entstammen, zu rekonstruieren – sie entspinnt sich an verschiedenen Lesarten von § 9 der *Kritik der Urteilskraft* und ist entsprechend zentral für die Lektüre der *Kritik der Urteilskraft* überhaupt, schließlich handelt es sich bei der »Auflösung« der Frage, »ob im Geschmacksurteile das Gefühl der Lust vor der Beurteilung des Gegenstandes, oder diese vor jener vorhergehe«, um den »Schlüssel zu Kritik des Geschmacks«, wie Kant schreibt.[238] Zu bemerken ist vorliegend lediglich, dass Ginsborg hier eine wichtige Gegenposition zu Guyers[239] nicht weniger prominenten Lesart anbietet, nach der Kant letztlich zwei Akte des reflektierenden Urteilens und nicht einen selbstreferentiellen Urteilsakt beschreibe.[240] Die Frage nach der Zahl der Urteilsakte, die in einem Urteil dieser Art enthalten oder mitgedacht sind, wird allerdings später in Bezug auf das juridische Urteilen noch einmal aufkommen.[241] Vorläufig und bereits an dieser Stelle entscheidend für die hier zu entwickelnde Perspektive sind nun zwei Aspekte dieser Fassung des ästhetischen Urteilens:

Zum einen ist die Harmonie der Erkenntnisvermögen, die »Übereinstimmung der Erkenntniskräfte unter einander«[242] nicht intellektuell einsehbar, sondern »jene subjektive Einheit des Ver-

235 Siehe dazu bereits oben Sektion *Fällen*, Untersektion *Wie verfahren Gerichte mit Fällen?*.

236 Hannah Ginsborg, »On the Key to Kant's Critique of Taste«, in: *The Normativity of Nature. Essays on Kant's Critique of Judgement*, Oxford 2014, S. 32-52, hier S. 41 f.

237 Ebd., S. 42 (Übers. S.MM.).

238 Kant, *Kritik der Urteilskraft*, B 27 (§ 9).

239 Vgl. nur Paul Guyer, *Kant and the Claims of Taste*, Cambridge 1997, S. 97-105.

240 Ginsborg, »On the Key to Kant's Critique of Taste«, S. 34-39.

241 Siehe dazu unten Sektion *Subsumieren*.

242 Kant, *Kritik der Urteilskraft*, B 30 (§ 9).

hältnisses [kann] sich nur durch Empfindung kenntlich machen«.[243] Wenn im Urteilen also gleichermaßen und aufeinander bezogen die Mannigfaltigkeit der besonderen Anschauungen vorgestellt (Einbildungskraft) und die Einheit des allgemeinen Begriffs gedacht (Verstand) werden muss, dann bedarf es eines jeweils besonderen (subjektiven) Zusammenspiels dieser beiden Fähigkeiten, das seinerseits wiederum eine Übereinstimmung herstellen wird. Diese Übereinstimmung, diese Harmonie des »freien Spiels« nun kann nicht *begriffen* werden, denn sie folgt nicht Begriffen (obwohl begrifflich darüber nachgedacht werden kann), sondern allein Empfindungen. An diese Einsicht werde ich unten an zentraler Stelle noch einmal anknüpfen – sie wird sich als Anknüpfungspunkt für wesentliche neue Aspekte der vorliegend unternommenen theoretischen Rekonstruktion juridischen Urteilens erweisen.[244]

Zum anderen aber zeigt Kant auf, dass das ästhetische Urteil allgemein mitteilbar sein muss beziehungsweise dass das Urteil gerade die allgemeine Mitteilbarkeit dieser Empfindung der subjektiven Einheit des Verhältnisses von Einbildungskraft und Verstand, dieser »Lust an der Harmonie der Erkenntnisvermögen« postuliert.[245] Zwar wolle man »das Objekt seinen eignen Augen unterwerfen«,[246] die Erfahrung dieser subjektiven Einheit selbst machen, das freie Spiel der eigenen Erkenntniskräfte als harmonisch wahrnehmen; aber »dennoch«, wenn man das Objekt »alsdann schön nennt, glaubt man eine allgemeine Stimme für sich zu haben« – und fordert (»macht Anspruch«), dass jedermann diesem Urteil beitrete.[247] Genau an dieser Stelle zeigen sich nun wiederum zwei Aspekte der Kantischen Darstellung ästhetischen Urteilens, die einerseits (nicht gerade zufällig) immer wieder für Übertragungen von Aspekten dieser Darstellung auf politische Urteile herangezogen wurden,[248] die im Verlauf der vorliegenden Untersuchung andererseits aber auch Relevanz für die theoretische Rekonstruktion juridischen Urteilens

243 Ebd., B 31 (§ 9).

244 Siehe dazu unten Sektion *Zusammensehen*.

245 Kant, *Kritik der Urteilskraft*, B 29 (§ 9).

246 Ebd., B 25 (§ 8).

247 Ebd.

248 Vgl. nur Arendt, *Das Urteilen*; Zerilli, *A Democratic Theory of Judgment*; Judith Mohrmann, *Affekt und Revolution. Politisches Handeln nach Arendt und Kant*, Frankfurt/M. 2015.

entfalten werden. Zum einen, von vielleicht weniger zentraler Bedeutung, wird der Begriff der »allgemeinen Stimme« als Anspielung auf die Rousseausche *volonté générale* gelesen, als eine Bezugnahme auf politische Gemeinschaft also. Zum anderen wird das Postulat, welches mit dem ästhetischen Urteil ergeht, der Anspruch, dass jedermann diesem gleichwohl subjektiven Urteil zustimmen könne,[249] seinerseits als normativ[250] begriffen (oder wiederum diese Normativität gerade bestritten).[251] Dabei ist folgende Differenzierung zentral: »Das Geschmacksurteil selber postuliert nicht jedermanns Einstimmung (denn das kann nur ein logisch allgemeines, weil es Gründe anführen kann, tun); es sinnt nur jedermann diese Einstimmung an, als einen Fall der Regel, in Ansehung dessen es die Bestätigung nicht von Begriffen, sondern von anderer Beitritt erwartet.«[252] Es kommt also für das ästhetische Urteil gar nicht darauf an, ob die Urteilende tatsächlich im Rahmen und in den Grenzen einer »allgemeinen Stimme« spricht oder sprechen kann, sondern allein darauf, dass die Urteilende sich auf die Idee einer solchen allgemeinen Stimme bezieht, indem sie ihr eigenes Urteil jedermann »ansinnt«. Auf diese Weise entzieht Kant das ästhetische Urteil jedem naiven Begriff von Subjektivität, der mit »Privatangelegenheit« zu übersetzen wäre. Gleichzeitig wird hier vorgeführt, wie die Unerreichbarkeit eines objektiven Urteils, die Unverfügbarkeit allgemeiner Regeln der Anwendung gerade nicht zwangsläufig zu singulärer, beliebiger Beurteilung, zu bloßer Dezision führen muss, sondern auch nicht-objektive Urteile, deren Bestimmungsgrund ein Gefühl ist, als subjektiv allgemein gedacht werden können. Dieser Begriff subjektiver Allgemeingültigkeit wird ein Schlüssel für die Verknüpfung ästhetischer und juridischer Momente in der vorliegend unternommenen Rekonstruktion des Urteilens sein. Insofern möchte ich seine Entfaltung in der Analytik des Schönen noch etwas näher betrachten, bevor ich die in der Literatur mit ihm verbundenen normativen Potentiale ins Blickfeld rücken werde.

249 Vgl. Kant, *Kritik der Urteilskraft*, B 25/26 (§ 8): »Hier ist nun zu sehen, daß in dem Urteile des Geschmacks nichts postuliert wird, als eine solche allgemeine Stimme in Ansehung des Wohlgefallens ohne Vermittlung der Begriffe [...].«

250 Ginsborg, »Interesseloses Wohlgefallen und Allgemeinheit ohne Begriffe«, S. 66 f.

251 Guyer, *Kant and the Claims of Taste*, S. 146 f.

252 Kant, *Kritik der Urteilskraft*, B 26 (§ 8).

Ein besonders charakteristisches Problem des Urteilens besteht in der Frage, ob und wie Urteile fehlgehen können. Insbesondere gilt dies auch für Rechtsurteile, weil ihnen Legitimität und Autorität regelmäßig nur für den Fall zugesprochen werden, dass sie richtig sind. Aus diesem Zusammenhang lässt sich auch die bereits erwähnte besondere Gefahr durch den Verlust der Möglichkeit, juridische Urteile als objektive Urteile zu denken, ersehen – denn objektive Urteile liefern aufgrund ihrer begrifflichen Bestimmtheit die Möglichkeit des Fehlgehens sowie die Erkennbarkeit der Bedingungen ihrer Korrektheit gleich mit. Bloß subjektive Urteile dagegen wären kaum kritisierbar, ihre Korrektheit oder ihr Fehlgehen ließe sich aufgrund der Abwesenheit eines überprüfbaren Bestimmungsgrundes nicht feststellen, sie könnten Legitimität und Autorität also nur auf anderen Wegen, etwa durch die Verkörperung von Herrschaftsgewalt, gewinnen. Schließlich, für rechtliche Zusammenhänge besonders problematisch, gerieten solche Urteile ganz unmittelbar in Verdacht, nicht nur »bloß« subjektiv, sondern auch »bloß« willkürlich gefällt worden zu sein. Wie verhält es sich nun für ästhetische Urteile, die jedermann Beistimmung ansinnen und doch ihren Bestimmungsgrund in einer Empfindung haben? Können sie fehlgehen? Wie ließe sich ein falsches ästhetisches Urteil erkennen? Es finden sich einige Stellen in der *Kritik der Urteilskraft*, die sich mit dieser Frage auseinandersetzen und die nun in den Blick zu nehmen sind. Für die vorliegende Betrachtung ist zunächst eine spezifische Version dieser Problemstellung relevant, die in ihrer Differenzierung schon andeutet, welche Lösung Kant für das Problem findet: Die Art des Urteils, ein Geschmacksurteil zu sein also, muss aus der Sicht des Urteilenden »richtig« bestimmt sein, damit der subjektiv-allgemeine Anspruch legitim erhoben werden kann. Das heißt, hinsichtlich der Frage nach der Richtigkeit des Geschmacksurteils geht es um die Berechtigung, den Anspruch auf Allgemeinheit dieses Urteils zu erheben, es also jedermann anzusinnen. Darin steckt zum einen eine Verengung der Frage nach der Richtigkeit, denn der Urteilende kann sie nur »[f]ür sich selbst«[253] stellen. Er kann die Antwort auch nicht ableiten, sondern sie ergibt sich gewissermaßen per Ausschlussverfahren – »Für sich selbst aber kann er durch das bloße Bewußtsein der Absonderung alles dessen,

253 Ebd.

was zum Angenehmen und Guten gehört, von dem Wohlgefallen, was ihm noch übrig bleibt, davon gewiß werden.«[254] Zum anderen begrenzt sich dadurch aber auch die Reichweite seines Ansinnens, des mit dem Urteil erhobenen Anspruchs auf denselben – ebendiesen Anspruch. Und dieser Anspruch ist nicht einmal unbedingt: »Das Sollen im ästhetischen Urteil wird [...] doch nur bedingt ausgesprochen«[255] – die Bedingtheit liegt nun darin, dass man sich nicht sicher sein kann, »daß der Fall unter jenem Grunde als Regel des Beifalls richtig subsumiert wäre«,[256] dass also keine Gewissheit darüber entstehen kann, ob es sich jeweils wirklich um einen Fall des ästhetischen Urteils handelt, der berechtigt, jedermann die Beistimmung anzusinnen. Bedeutet diese Bedingtheit nun, dass das Geschmacksurteil zwar fehlgehen kann, aber weil dieses Fehlgehen nicht bestimmbar wird, das Urteil selbst nicht notwendig und damit beliebig ist? Anders gefragt, wie kommen wir dazu, jedermann anzusinnen, dass er das Urteil seinerseits auch fällen würde, ebenfalls dieselbe Lust am harmonischen Spiel der Erkenntniskräfte in der Anschauung eines bestimmten Gegenstands empfinden würde, die das Urteil des Urteilenden bestimmt? Es handelt sich bei dieser Frage in gewisser Weise um die umgekehrte Version des Problems des Fehlgehens – sie wird in dieser Wendung zum Problem der Notwendigkeit des Geschmacksurteils.

Kant begegnet diesem Problem wiederum mit Differenzierung – er unterscheidet drei Formen der Notwendigkeit. Eine »theoretische objektive Notwendigkeit, wo a priori erkannt werden kann, daß jedermann dieses Wohlgefallen an dem von mir schön genannten Gegenstande fühlen werde«[257] – doch eine solche Notwendigkeit kann es für das ästhetische Urteil nicht geben, weil dazu zumindest eine entsprechende Regel aufrufbar sein müsste. Aber auch eine »praktische [objektive Notwendigkeit des Urteils, S. MM.], wo durch Begriffe eines reinen Vernunftwillens, welcher freihandelnden Wesen zur Regel dient, dieses Wohlgefallen die notwendige Folge eines objektiven Gesetzes ist und nichts anders bedeutet, als daß man schlechterdings (ohne weitere Absicht) auf gewisse Art handeln solle«,[258]

254 Ebd.
255 Ebd., B 63 (§ 19).
256 Ebd., B 64 (§ 19).
257 Ebd., B 62 (§ 18).
258 Ebd.

auch eine solche praktische objektive Notwendigkeit kann mangels eines objektiven Gesetzes nicht für das ästhetische Urteil herangezogen werden. Stattdessen beschreibt Kant auch entlang dieser Frage wiederum einen Ausweg aus der schlichten Opposition objektiv/»bloß« subjektiv – diesmal über den Begriff der Exemplarizität: ästhetische Urteile seien von einer Notwendigkeit, die »nur exemplarisch genannt werden«[259] könne. Exemplarische Notwendigkeit sei eben diese nicht aus Begriffen ableitbare Notwendigkeit des ästhetischen Urteils, »d. i. eine Notwendigkeit der Beistimmung aller zu einem Urteil, was als Beispiel einer allgemeinen Regel, die man nicht angeben kann, angesehen wird«.[260] Das ästhetische Urteil ist demnach also ein spezifisches subjektives Urteil, eines, das insofern exemplarisch notwendig ist, als es wie ein Beispiel einer allgemeinen Regel angesehen wird, obwohl diese allgemeine Regel nicht angegeben werden kann. Es ist also nicht ein Beispiel *dieser* allgemeinen Regel, könnte es auch nicht sein, denn wie sollte man ein Beispiel einer allgemeinen Regel als solches erkennen können, wenn die Regel sich nicht angeben lässt? Vielmehr ist das Urteil wie ein Beispiel einer solchen allgemeinen Regel anzusehen, und insofern kann es auch notwendig sein. Diese Bestimmung der Notwendigkeit wäre allerdings ihrerseits in ihrer doppelten Mittelbarkeit (wie ein Beispiel einer Regel, die man nicht angeben kann) ohne jeden Gehalt, sprich auf jeden beliebigen Fall anwendbar, wenn sie nicht ihrerseits wiederum einer Bedingung unterläge. Diese Bedingung dafür, dass jemand ein ästhetisches Urteil als exemplarisch notwendiges fällen kann, muss in Zusammenhang mit der Möglichkeit, dieses Urteil jedermann anzusinnen, stehen. Denn nur dann, wenn man »einen Grund hat, der allen gemein ist«,[261] kann der Anspruch auf Allgemeingültigkeit des ästhetischen Urteils, der Anspruch auf »jedes andern Beistimmung«,[262] legitim erhoben werden. Dieser Grund allerdings kann wiederum auch nicht in einem objektiven Prinzip liegen, weil der Anspruch auf Allgemeingültigkeit sonst »auf unbedingte Notwendigkeit«[263] des Urteils ausgehen müsste.

259 Ebd.
260 Ebd., B 62/63 (§ 18).
261 Ebd., B 63 (§ 19).
262 Ebd.
263 Ebd., B 64 (§ 20).

Es bleibt nur eine Möglichkeit, den Anspruch auf Allgemeingültigkeit, den ästhetische Urteile mit Notwendigkeit erheben müssen, zu rechtfertigen, nämlich die Idee eines Gemeinsinns vorauszusetzen: »Also müssen sie [ästhetische Urteile, S.MM.] ein subjektives Prinzip haben, welches nur durch Gefühl und nicht durch Begriffe, doch aber allgemeingültig bestimme, was gefalle oder mißfalle. Ein solches Prinzip aber könnte nur als ein Gemeinsinn angesehen werden, welcher vom gemeinen Verstande, den man bisweilen auch Gemeinsinn (sensus communis) nennt, wesentlich unterschieden ist.«[264]

Wenn also ein ästhetisches Urteil gefällt wird, dessen Bestimmungsgrund ein Gefühl ist, so handelt es sich dabei nicht um ein Privaturteil, sondern um eines mit Anspruch auf Allgemeingültigkeit, obwohl es subjektiv ist, weil das Gefühl, auf das sich das Urteil gründet, »nicht als Privatgefühl, sondern als ein gemeinschaftliches«[265] verstanden werden muss. Hier wird also die Möglichkeit auseinandergesetzt, subjektive Urteile als nicht »bloß subjektives Spiel der Vorstellungskräfte, gerade so wie es der Skeptizism verlangt«[266] zu verstehen, sondern als solche, die man »für jedermann mit Recht zur Regel machen könnte«[267] – als Urteile also, die zu Recht den Anspruch auf subjektive Allgemeingültigkeit erheben können. Die Voraussetzung dafür liegt gleichwohl in einer Idee, einer »bloße[n] idealische[n] Norm«,[268] dem Gemeinsinn.

iii. Zur subjektiven Allgemeingültigkeit des juridischen Urteils

Die subjektive Allgemeingültigkeit erweist sich in ihren hier dargestellten Bedingungszusammenhängen nicht nur als zentrales Konzept für die Kantische Beschreibung des ästhetischen Urteils, sondern, so die hier zu entfaltende und bereits genannte These, auch als Schlüsselbegriff für die in der vorliegenden Unternehmung zentrale Verknüpfung von ästhetischen und juridischen Momenten des Urteilens. An dieser Stelle gilt es nun, entlang der dargestellten Aspekte der subjektiven Allgemeingültigkeit des ästhetischen Ur-

264 Ebd.
265 Ebd., B 67 (§ 22).
266 Ebd., B 65 (§ 21).
267 Ebd., B 67 (§ 22).
268 Ebd.

teils deren Relevanz für das juridische Urteilen zu skizzieren. Diese Skizze kann hier nur thesenhaft gezeichnet werden, während sie in der dieses Kapitel abschließenden Sektion (*Zusammensehen*) noch einmal unter einem anderen Blickwinkel argumentativ unterfüttert wird.

Auch juridisches Urteilen muss als spezifisch subjektiver Vorgang begriffen werden. Die Analyse der Kantischen Fassung des ästhetischen Urteils dient hier – eine nicht ganz unwesentliche Einordnung – dazu, zunächst aufzuzeigen, dass es widerspruchsfrei möglich ist, Urteile zu denken, die nicht auf ein objektives Prinzip zurückgreifen können, auf ein allgemeines Gesetz, die also subjektive Urteile sein müssen, aber deswegen gleichwohl nicht »bloß« subjektiv im Sinne von Privaturteilen wären, sondern den Anspruch auf Allgemeingültigkeit erheben können. Dies ist für eine rechts- und verfassungstheoretische Rekonstruktion des Urteilens gerade deswegen ein wichtiger Anhaltspunkt, weil Kritik an der These der Objektivität juridischer Urteile typischerweise mit dem Argument zurückgewiesen wird, dass Recht, ohne den Anspruch auf Objektivität zu erheben, ein bloßes Einzelfallrecht wäre, nicht anders als rein dezisionistisch fassbar sein könne und deswegen (jedenfalls normativ) zu ver-urteilen sei. Der vergleichende Blick aufs ästhetische Urteil mag viele eigentlich unergiebige Differenzen ausblenden; an dieser Stelle liefert die Kantische Fassung des ästhetischen Urteils nun allerdings einen triftigen Beweis des Gegenteils, der zugleich offenlegt, dass diese (im allenthalben schnell erhobenen Dezisionismusvorwurf) so verfestigte Ablehnung jeder Möglichkeit, die Objektivität juridischer Urteile in Frage zu stellen, dass diese Ablehnung einem Trugschluss aufsitzt, dessen sie sich vermutlich gar nicht gewahr ist, weil die Opposition objektiv-subjektiv zu einfach gedacht wird. – Der (trügerische) Fehlschluss besteht ebendarin anzunehmen, dass die Subjektivität eines Urteils notwendig allen damit zu erhebenden Ansprüchen auf Allgemeingültigkeit entgegenstünde und gleichzeitig mit einem beliebigen Urteil gleichzusetzen wäre. Nur unter dieser Voraussetzung nämlich kann der Vorwurf, dass allein die bloße Dezision bleibe, sobald das Urteil nicht unmittelbar aus objektiven Prinzipien ableitbar sei, überhaupt erhoben werden. Der Blick auf das Geschmacksurteil, wie es in der *Kritik der Urteilskraft* beschrieben ist, lehrt also die Möglichkeit, eine spezifische Subjektivität des Urteils zu denken, die berechtigte Ansprüche auf Allgemeingültigkeit erheben kann. Grundsätzliche Kritiken des Norm-Anwendungs-Schemas, nach dem sich ein Rechtsurteil letztlich unmittelbar aus der syllogistisch formierten Anwendung einer Rechtsnorm auf eine Tatsachenkonstellation ergibt, können mit dieser Perspektive nun jedenfalls nicht mehr ohne weiteres zurückgewiesen werden. Umgekehrt spricht sogar, das wird sogleich zu sehen sein, einiges dafür, das juridische Urteil in dieser Hinsicht, mit Blick auf seine spezifische Subjektivität, als Reflexionsurteil zu begreifen.

Auch wenn das juridische Urteil begrifflich strukturiert ist, ist sein Bestimmungsgrund eine Empfindung, die der ästhetischen Lust, dem interesselosen Wohlgefallen, ähnelt. Ein Aspekt der Fassung des reflektierenden Urteilens am Beispiel des Geschmacksurteils in der *Kritik der Urteilskraft*, der wohl besonders verdächtig ist, jede Vergleichbarkeit von juridischen und ästhetischen Urteilen in Zweifel zu ziehen, ist ganz gewiss der Begriff der Lust beziehungsweise der Unlust. Was Kant als »Lust am Gegenstand« beschreibt, entfaltet er schließlich als »Lust an der Harmonie der Erkenntnisvermögen«,[269] von Einbildungskraft und Verstand, auf deren Übereinstimmung in Ansehung eines Gegenstands sich das ästhetische Urteil gründet.[270] Diese Übereinstimmung ist also eine Empfindung und nicht begrifflich strukturiert. Auch wenn für das juridische Urteil typischerweise eher nicht von einer »lustvollen Empfindung« gesprochen wird,[271] so lässt sich doch zeigen, dass juridisches Urteilen neben aller begrifflichen Struktur auf einer verblüffend ähnlichen Empfindung gründet, die sich dann schließlich im Begriff der Gerechtigkeit manifestiert.[272] Denn ob Urteilende eine bestimmte Anordnung von Sachverhalt und Beurteilungsmaßstab, von Urteil und Fall schließlich für insofern »passend«[273] halten, als sie diese Anordnung dann zur Grundlage des Urteils machen, kann sich

269 Ebd., B 29 (§ 9).

270 Vgl. ebd., B 29/30 (§ 9).

271 Interessant ist hier aber zu bemerken, dass Hannah Arendt in ihrer Lektüre der *Kritik der Urteilskraft*, die auf das politische Urteilen gerichtet ist, von Lust bzw. kontemplativer Lust spricht, vgl. Arendt, *Das Urteilen*, S. 28 und S. 96.

272 Siehe dazu auch Sektion *Reflektieren*, Untersektion *Reflektierender Modus Juridischen Urteilens*, Abschnitt *Zur subjektiven Allgemeingültigkeit des juridischen Urteils*, Sektion *Zusammensehen*, Untersektion *Ausrichtung des Urteilens auf ein Passen*.

273 Siehe dazu unten Sektion *Zusammensehen*.

nicht aus einem wie auch immer formulierten allgemeinen Prinzip ergeben oder aus einer allgemeinen Regel ableiten. – Umgekehrt kann das zu fällende Urteil aber auch nicht als beliebig angenommen werden, denn es setzt gerade jene Erfahrung des Passens, der Kohärenz, der Übereinstimmung voraus, die nur und erst durch das Urteilen gemacht werden kann (insofern geht das Urteil ihr vor, genau wie die Lust am Gegenstand der Beurteilung folgt)[274]: Es ist keine begriffliche Erfahrung, sondern eine quasi-sinnliche, die sich dann im Begriff der Gerechtigkeit manifestiert. Nur unter der Voraussetzung, dass eine Urteilende diese Erfahrung gemacht hat, kann sie eine jeweilige Anordnung von Sachverhalt und Beurteilungsmaßstab, von Urteil und Fall als gerecht beurteilen, »für Recht erkennen«.[275] Juridische Urteile sind also in derselben Weise selbstreferentiell, wie es Ginsborg für ästhetische beschreibt.[276] Obwohl die Erfahrung hier nicht mit Empfindung gleichgesetzt werden soll, ist es von dieser Warte aus nun nicht mehr so abwegig, den Begriff der Lust ins Spiel zu bringen. Schließlich wird jene Erfahrung, die sich für das juridische Urteilen unter den Begriff der Gerechtigkeit im aufgezeigten Sinne fassen lässt, für juridisch Urteilende gerade dann zu erleben sein, wenn sie das freie Spiel von Einbildungskraft und Verstand als »harmonisches« erfahren. Daran, am »reinen Begriff des Rechts«, können sich Zuschauer:innen, wie Kant an der berühmten Stelle im *Streit der Fakultäten* schreibt, affektiv erfreuen, dass es »nahe an Enthusiasm grenzt«.[277]

274 Vgl. Kant, *Kritik der Urteilskraft*, B 29 (§ 9).

275 Vgl. die typische Formulierung im Rubrum eines Urteilstextes: »… hat für Recht erkannt«.

276 Siehe dazu oben Abschnitt *Zur subjektiven Allgemeingültigkeit des Geschmacksurteils.*

277 Immanuel Kant, *Der Streit der Fakultäten*, in: *Kants gesammelte Schriften*, Bd. 7, hg. v. d. Kgl. Preußischen Akademie der Wissenschaften, Berlin 1968, S. 85. Vgl. auch ebd., S. 86 f.: »Dies also und die Theilnehmung am Guten mit Affect, der Enthusiasm, ob er zwar, weil aller Affect als ein solcher Tadel verdient, nicht ganz zu billigen ist, gibt doch vermittelst dieser Geschichte zu der für die Anthropologie wichtigen Bemerkung Anlaß: daß wahrer Enthusiasm nur immer aufs Idealische und zwar rein Moralische geht, dergleichen der Rechtsbegriff ist, und nicht auf den Eigennutz gepfropft werden kann. Durch Geldbelohnungen konnten die Gegner der Revolutionirenden zu dem Eifer und der Seelengröße nicht gespannt werden, den der bloße Rechtsbegriff in ihnen hervorbrachte, und selbst der Ehrbegriff des alten kriegerischen Adels (ein Analogon des Enthusiasm) verschwand vor den Waffen derer, welche das Recht des Volks, wozu

Die »Lust an der Harmonie der Erkenntnisvermögen«[278] kann sich also durchaus auch im Rechtsurteil einstellen. Nicht nur in einem »Gefühl der Lösung, einem intellektuellen Lustgefühl«,[279] das sich einstellt, wenn ein Urteil gefunden und als »stimmig«, »passend« oder: »richtig« empfunden wird, zeigt sich jenes Gefühl harmonischer Lust für das juridische Urteilen, sondern schon in der Erfahrung des Passens von Urteil und Fall, von Sachverhalt und Norm: »Wie hier [im ästhetischen Urteil, S. MM.] erzeugt auch auf dem Gebiet des Denkens das Zusammenfallen von Begriffen und Urteilen ein Gefühl der Koinzidenz von Subjekt und Prädikat im Urteil, das Zusammenfallen von Urteil und Wahrnehmung, fremder Urteile mit eigenen Urteilen die Gefühle der Evidenz, des intellektuellen Einklangs und der Gewißheit, wie in den analog entgegengesetzten Fällen die Gefühle des Zweifels, Zwiespalts die der Nicht-Evidenz.«[280] Veranschaulichen kann diese Überlegung demnach also auch der umgekehrte Fall: dass sich nämlich beim Urteilen die Lust daran nicht einstellen mag. Richtende erfahren diese Situation als eine, in der sich das Urteilen noch nicht beenden lässt, in der noch nicht zum Urteil zu kommen ist, weil die Anordnung von Sachverhalt und Norm, von Fall und Urteil noch nicht »stimmt«, noch nicht, so könnte man es auch formulieren, »harmonisch« ist.[281] Insofern, als die Erfahrung dieser Version der »juridischen Lust« Bedingung der Möglichkeit des juridischen Urteils als Beendigung des Urteilens ist, wird sie und damit eine Erfahrung auch zum Bestimmungsgrund desselben. Die Erfahrung »juridischer Lust« als Bestimmungsgrund des (subjektiven) Urteils zu sehen bedeutet allerdings gerade nicht, entweder das Gefühl juridischer Lust am harmonischen Zusammenspiel von Einbildungskraft und Verstand oder das Gefühl der Harmonie von Fall und Urteil, von Sachverhalt und Norm, das ich mit dem Begriff des

sie gehörten, ins Auge gefaßt hatten und sich als Beschützer desselben dachten; mit welcher Exaltation das äußere, zuschauende Publicum dann ohne die mindeste Absicht der Mitwirkung sympathisirte«.

278 Kant, *Kritik der Urteilskraft*, B 29 (§ 9).

279 Bohne, *Zur Psychologie der richterlichen Überzeugungsbildung*, S. 59.

280 Ebd., S. 72.

281 Stegmaier schreibt anhand seiner empirischen Untersuchungen etwa von einer »paradoxen Situation, in der etwas, das in einer Hinsicht zu passen scheint, in einer anderen, wichtigeren Hinsicht nicht ›passt‹«. Stegmaier, *Wissen, was Recht ist*, S. 241.

»Passens« näher erschließen werde,[282] als Kriterium der Richtigkeit des Urteils anzunehmen. Denn weder lässt sich überhaupt ein Kriterium der Richtigkeit des Urteils angeben noch könnte ein solches »Privatkriterium« die Anforderungen an Konzepte von Richtigkeit oder Korrektheit erfüllen, weil es dazu ohne weiteres zu einem objektiven Kriterium erhoben werden müsste. Juridisches Urteilen als reflektierendes Urteilen zu fassen bedeutet auch, die Suche nach objektiven Kriterien der Richtigkeit juridischer Urteile, die dann einen ebenfalls objektiv fassbaren Begriff der Gerechtigkeit bildeten, aufzugeben. Stattdessen erlaubt die Kantische Entwicklung der subjektiven Allgemeingültigkeit, die spezifisch normative Natur des juridischen Urteils in den Mittelpunkt der Betrachtung zu rücken.

Der normative Gehalt des juridischen Urteils liegt nicht in irgendeiner Tenorierung, sondern darin, dass es den Anspruch erhebt, dass jedermann diesem Urteil zustimmen könne – dies manifestiert der Begriff der Gerechtigkeit. Der mit dem Urteil zu erhebende Anspruch, dass jedermann diesem Urteil zustimmen könne, bildet die subjektive Allgemeingültigkeit des Urteils. Wie das ästhetische Urteil »postuliert« auch das juridische Urteil nicht die allgemeine Zustimmung, sondern »sinnt« sie »jedermann an«[283] – sonst wäre jeder Versuch, Plausibilität und Nachvollziehbarkeit von juridischen Urteilen herzustellen, vollkommen nutzlos. Dass Urteile Begründungen erfahren und in quasi-logischen Formen[284] dargestellt werden, ist zwar keine allgemeine Notwendigkeit und auch keine für alle Rechtssysteme und alle Zeiten zu beobachtende Gegebenheit, aber umgekehrt auch keine bloße Koinzidenz. Vielmehr markieren aufkommende Urteilsbegründungen im frühen 19. Jahrhundert[285] in Deutschland etwa sich verändernde Vorstellungen davon,

282 Siehe dazu sogleich unten Sektion *Zusammensehen.*

283 Der Einfachheit halber sei hier die entscheidende Stelle aus der *Kritik der Urteilskraft* noch einmal zitiert: »Das Geschmacksurteil selber postuliert nicht jedermanns Einstimmung (denn das kann nur ein logisch allgemeines, weil es Gründe anführen kann, tun); es sinnt nur jedermann diese Einstimmung an, als einen Fall der Regel, in Ansehung dessen es die Bestätigung nicht von Begriffen, sondern von anderer Beitritt erwartet.« Kant, *Kritik der Urteilskraft,* B 26 (§ 8).

284 Zum Syllogismus siehe sogleich Sektion *Subsumieren.*

285 Vgl. dazu ausführlich die Studie von Stephan Hocks, *Gerichtsgeheimnis und Begründungszwang. Zur Publizität der Entscheidungsgründe im Ancien Régime und im frühen 19. Jahrhundert*, Frankfurt/M. 2002.

wie Urteile Allgemeingültigkeit beanspruchen können. Während Rechtsurteile im absolutistischen Staat ihre Allgemeingültigkeit unmittelbar aus der Allmacht des absolutistischen Herrschers ableiten und entsprechend postulieren können, ändert sich dies, wenn Herrschaft und Recht ihre Identitätsbeziehung verlieren. Urteilsbegründungen mögen dann als Plausibilisierungen verstanden werden oder als systembildende Mittel zur Einpassung von Entscheidungen in ein System des Rechts. Vor allem aber lassen sie sich als Aufforderungen an jedermann begreifen, ein Urteil nachzuvollziehen, die Erfahrung seiner Stimmigkeit selbst zu machen. Urteilsbegründungen indizieren also, dass Urteilende mit dem Urteil einen Anspruch auf allgemeine Zustimmung zu diesem Urteil erheben, ohne die Zustimmung als solche zu postulieren. Juridisch zu urteilen bedeutet demnach weder, mit bloßer Herrschaftsgewalt oder unter Heranziehung objektiver Richtigkeitskriterien Allgemeingültigkeit herzustellen, noch bedeutet es, rein subjektive Urteile insofern der Welt zu überlassen, als jede und jeder selbst entscheiden solle, ob sie oder er dem Urteil zustimme oder nicht. Juridisch zu urteilen bedeutet vielmehr, eine subjektiv gefundene Übereinstimmung von Sachverhalt und Norm, von Urteil und Fall mit dem Anspruch zu versehen, dass die zugrundeliegende Erfahrung von Übereinstimmung, Harmonie oder Passen von jedermann auch gemacht werden müsse – in der Erhebung dieses Anspruchs liegt die spezifische Normativität des juridischen Urteils. Sie zeigt sich wiederum im spezifisch juridischen Prädikat dieser Urteile, das typischerweise lautet: »gerecht«. Dass der Begriff der Gerechtigkeit in juridischen Urteilen kaum einmal auftaucht, bedeutet gerade nicht, wie so oft vermutet, dass Gerechtigkeit in juridischen Urteilen keine Rolle spielt. Im Gegenteil, der Begriff der Gerechtigkeit beschreibt für juridische Urteile die spezifisch rechtliche Beurteilung in ihrer Verbindung mit der subjektiven Allgemeingültigkeit dieser Beurteilung im beschriebenen Sinne. Die Formulierung, dass etwas gerecht ist, weist ein Urteil gleichermaßen als juridisch wie als subjektiv-allgemeingültig aus. Die lapidare Beobachtung nun, dass die Prädikatierung als gerecht in juridischen Urteilen positiver Rechtssysteme jedenfalls gegenwärtig selten auftaucht, ist hier kein Gegenbeweis dieser Überlegungen, sondern vielmehr Ausweis jener scharfen Distanzierungsübung, die positive Rechtssysteme gegenüber jedem Verdacht fehlender Objektivität pflegen. Sie kann jedenfalls an dieser Stelle außer Acht bleiben, weil der hier unternommene Versuch gerade von dieser Distanzierungsübung Abstand nimmt.

Dennoch kann dieses subjektiv-allgemeingültige juridische Urteil fehlgehen. Zwei Probleme verbergen sich hinter der Frage nach der Möglichkeit des Fehlgehens juridischer Urteile. Diese Frage, so viel sei zunächst bemerkt, taucht gerade nicht auf, wenn von objektiven Kriterien der Richtigkeit juridischer Urteile ausgegangen wird. Umgekehrt dient sie als typischer Einwand gegen jede andere Beschreibung des Urteilens als diese, die rechtliche Urteile in einem logischen Sinne aus allgemeinen Prinzipien oder Normen ableitet. Denn wie sollten subjektive Urteile oder Urteile, die auf keine objektiv bestimmbaren Kriterien der Richtigkeit verweisen können, fehlgehen können? Richtig an diesem Einwand ist allein die implizite Annahme, dass Urteile fehlgehen können, oder anders gesagt: beurteilbar sein müssen. Ich möchte behaupten, für juridische Urteile ist die Frage, ob sie richtig oder falsch sind, letztlich vor allem in einer spezifischen Version relevant: als Frage der Kritisierbarkeit nämlich. Urteile, die nicht fehlgehen können, sind nicht kritisierbar. Sowohl für den gerichtlichen und den rechtswissenschaftlichen Diskurs als auch, noch wichtiger, für das Verhältnis von Recht und Politik erweist sich die Möglichkeit, juridische Urteile zu kritisieren, allerdings als essentiell, jedenfalls unter demokratischen Bedingungen. Denn sonst würde jede Selbstherrschaft, sobald sie das Mittel des Rechts und rechtlicher Beurteilung einsetzt, in eine Unterwerfung unter dasselbe münden und damit die demokratische Verfasstheit ernsthaft bedrohen.[286] Inwiefern können also juridische Urteile in der hier unternommenen Rekonstruktion fehlgehen?

Ich habe bereits aufgezeigt, dass die Frage des Fehlgehens sich für ästhetische Urteile letztlich in die Frage übersetzen lässt, ob der Anspruch auf subjektive Allgemeingültigkeit des Urteils legitim erhoben werden kann. Diese Frage wiederum lässt sich nur unter Voraussetzung der Annahme einer Idee des Gemeinsinns sinnvoll stellen – denn entscheidend dafür, dass dieser Anspruch zu Recht erhoben werden kann, ist, dass es sich beim Bestimmungsgrund

286 Siehe zu diesem Zusammenhang insbesondere unten Kapitel *Verfassende Urteile als juridische Urteile*.

des Urteils, bei dem Gefühl harmonischer Lust am freien Spiel der Erkenntniskräfte, um ein gemeinschaftliches Gefühl[287] handelt, nicht um ein bloß privates. Allerdings kann es für die Frage der Korrektheit nicht darum gehen, nun empirisch nachzuprüfen, ob etwa eine hinreichende Zahl von anderen Menschen dasselbe Gefühl der Lust an der Harmonie von Einbildungskraft und Verstand empfinden – und zwar nicht nur deswegen, weil die empirische Überprüfung unmöglich wäre. Vor allem kann keine empirische Überprüfung eine Aussage über die Legitimität des Anspruchs auf subjektive Allgemeingültigkeit erlauben, weil der Anspruch selbst normativ ist.[288] Der *sensus communis* wiederum als Voraussetzung des reflektierenden Urteils ist keine Tatsache, sondern eine »bloß[] idealische Norm«,[289] es wäre entsprechend sinnlos, diese Voraussetzung empirisch zu überprüfen. Ob es legitim ist für eine Urteilende, den Anspruch auf subjektive Allgemeingültigkeit zu erheben, kann sich entsprechend nicht an der Frage nach dem Gemeinsinn entscheiden, wenn dieser schon Voraussetzung der Möglichkeit ist, diesen Anspruch überhaupt zu erheben. Vielmehr muss sich das Problem der Korrektheit auf einer ganz anderen Ebene stellen, wie Eva Schaper schreibt: »Fehlerhafte Geschmacksurteile sind also Urteile, die irrtümlich für Geschmacksurteile gehalten werden, wobei der Fehler oder Irrtum darin besteht, fälschlicherweise zu glauben, dass eine Art von Behauptung aufgestellt wurde, während in Wirklichkeit eine ganz andere Art von Behauptung aufgestellt wurde.«[290] Wenn also zum Beispiel nicht interesseloses Wohlgefallen, sondern ein bloßes Gefühl des Angenehmen zur Grundlage eines ästhetischen Urteils gemacht wird, dann handelt es sich um ein falsches

287 »In allen Urteilen, wodurch wir etwas für schön erklären, verstatten wir keinem anderer Meinung zu sein; ohne gleichwohl unser Urteil auf Begriffe, sondern nur auf unser Gefühl zu gründen: welches wir also nicht als Privatgefühl, sondern als ein gemeinschaftliches zum Grunde legen.« Kant, *Kritik der Urteilskraft*, B 66/67 (§ 22).

288 Zur hier nicht weiter zu berücksichtigenden umfassenden philosophischen Diskussion um das Problem der Normativität des Anspruchs auf subjektive Allgemeingültigkeit vgl. etwa jüngst m. w. N. Zerilli, *A Democratic Theory of Judgment*, S. 56-61.

289 Kant, *Kritik der Urteilskraft*, B 67 (§ 22).

290 Eva Schaper, »The Pleasures of Taste«, in: dies. (Hg.), *Pleasure, Preference and Value. Studies in Philosophical Aesthetics*, Cambridge 1987, S. 39-56, hier S. 47 (Übers. S.MM.).

ästhetisches Urteil.[291] Denn dann wird ein privates Gefühl, die Lust am Angenehmen etwa, zum Bestimmungsgrund eines ästhetischen Urteils gemacht, das seinerseits gerade kein privates, sondern ein gemeinschaftliches, in der Norm des Gemeinsinns begründetes Gefühl zur Grundlage haben muss. Diese Argumentation lässt sich für die vorliegende Rekonstruktion auf das juridische Urteilen übertragen, weil wir es in der Hinsicht der subjektiven Allgemeingültigkeit ebenfalls als reflektierendes Urteilen nach dem Vorbild ästhetischer Urteile fassen. Danach, so könnte die Formulierung noch ein wenig drastischer lauten, gibt es kein juridisches Urteil, das als solches falsch oder richtig sein mag, sondern ein Urteil kann nur falsch »als« juridisches Urteil sein. Ein naheliegendes Beispiel wäre die Version des falsch-juridischen Urteils als politisches Urteil: Wenn etwa kein Gefühl des Passens von Sachverhalt und Norm, von Fall und Urteil leitend für die Urteilsbildung wird, sondern ein Gericht sich von politischen Überzeugungen, oder vielleicht noch häufiger, von Befürchtungen politischer Folgen leiten lässt.[292]

6. Subsumieren

Die vorliegende Rekonstruktion juridischen Urteilens beschreibt diese Weise des Urteilens also als eine vorwiegend, aber nicht ausschließlich reflektierende. Vielmehr wird juridisches Urteilen als kooperatives, Reflexion und Subsumtion vermittelndes Urteilen entfaltet. Reflektierendes Urteilen geht zwar zunächst von einer im Vergleich zum bestimmenden (subsumierenden) Urteilen gerade umgekehrten Konstellation aus – zu einem gegebenen Besonderen muss ein Allgemeines gefunden werden. Es handelt sich hierbei allerdings durchaus um eine schematische Darstellung, die einen anderen relevanten Aspekt ebenfalls nicht mitformuliert. Auch das Besondere, sei es ein Kunstobjekt, sei es ein Lebenssachverhalt, der zu einem Urteilstatbestand werden könnte, auch dieses Besondere

291 Zum Ganzen vgl. auch Zerilli, *A Democratic Theory of Judgment*, S. 57 f.

292 Hier würde sich durchaus ein Abzweig anbieten, der eine Parallele zwischen der Anforderung der Interesselosigkeit des ästhetischen und der Unparteilichkeit des juridischen Urteils produktiv wenden könnte. Weil dieser Abzweig aber der vorliegenden Argumentation nicht unmittelbar dient, sei hier lediglich auf die Überlegung verwiesen.

ist vor dem Urteil nicht vollständig bestimmt. Weder das Allgemeine noch das Besondere, das es als unter dem Allgemeinen enthalten zu denken gilt, sind also vor dem Urteil eindeutig bestimmt. Diese doppelte Unbestimmtheit von Allgemeinem und Besonderem wirkt sich gleichermaßen auf beide Anordnungen des Urteilens aus, auf Reflexion wie Subsumtion, denn beide Weisen des Gebrauchs der Urteilskraft nehmen ja gleichermaßen Allgemeines und Besonderes in den Blick. Bevor die Auswirkungen jener doppelten Unbestimmtheit auf das Verhältnis von Reflexion und Subsumtion näher betrachtet werden können, gilt es allerdings noch einmal offenzulegen, inwiefern es sich bei einem Subsumtionsmodell, das neben und in Kooperation mit einem Reflexionsurteil zur Rekonstruktion des Urteilens herangezogen wird, um ein jedenfalls in mancherlei Hinsicht fundamental anderes Modell der Subsumtion handeln muss als beim überkommenen Modell juristischer Subsumtion. Dies unternehme ich in mehreren Schritten: Zunächst gilt es in aller Kürze zu erläutern, was rechtstheoretisch häufig gezeigt wurde – dass nämlich die juristisch beinahe unmittelbar und zwangsläufig etablierte Verbindung von Subsumtion und Syllogismus keineswegs problemlos aufrechtzuerhalten ist (Untersektion *Subsumtion und Syllogismus*). In einem zweiten Schritt werde ich dann allerdings ein weiteres, diesmal kaum bemerktes oder kritisiertes Problem im Zusammenhang mit der in der (jedenfalls deutschsprachigen) Rechtstheorie etablierten Rolle der Subsumtion offenlegen – die unmittelbare und unhinterfragte Identifikation von Subsumtion und juridischem Urteil (Untersektion *Subsumtion und Urteil*). Von dieser Kritik ausgehend lässt sich dann eine etwas andere Rolle der Subsumtion für das juridische Urteil rekonstruieren, die eng mit der Annahme eines kooperativen Verhältnisses von Reflexion und Subsumtion im juridischen Urteil verbunden ist (Untersektion *Wie also kooperieren Reflexion und Subsumtion im Verfahren juridischer Urteilsbildung miteinander?*). Ein Vergleich des hier entwickelten Subsumtion-Reflexions-Modells mit dem konventionellen Subsumtionsmodell der Rechtsanwendung wird schließlich (Untersektion *Kooperierende und Nicht-Kooperierende Urteile*) zu einer folgenreichen These führen: Dass nämlich zwei Arten von Urteilsbildungen im Recht zu unterscheiden sind – juridische Urteile im Wege kooperativer Reflexion-Subsumtion und Rechtsentscheidungen im Wege (bloßer) Subsumtion. Schließlich

(Untersektion *Rückwirkungen des Syllogismus*) gilt es, Rückwirkungen beider Modelle jedenfalls kurz zu betrachten.

a. Subsumtion und Syllogismus

Bei der Einsicht, dass sowohl Allgemeines als auch Besonderes vor dem Urteil nicht gegeben sind, sondern im Verfahren der Urteilsbildung entwickelt oder herausgearbeitet werden müssen,[293] handelt es sich zunächst keineswegs um eine Neuigkeit, sie ist vielmehr in der deutschsprachigen Rechtstheorie kaum mehr umstritten.[294] Allerdings ändert diese Einsicht wenig daran, dass der Vorgang der Subsumtion im Recht typischerweise recht umstandslos als eine Weise der Urteilsbildung aufgefasst wird, die sich über die Form des Syllogismus erfassen lässt. Nun könnte man natürlich unmittelbar in Frage stellen, dass das eine etwas mit dem anderen zu tun habe, denn wieso sollte etwa eine Unbestimmtheit der Prämissen eines Syllogismus etwas an seiner Funktionalität ändern? Schließlich wäre es doch denkbar, den Syllogismus um die Bestimmung der Prämissen zu erweitern. So geht beispielsweise Lege vor, wenn er – der Annahme, Allgemeines und Besonderes seien im juridischen Urteil erst zu bestimmen, folgend – die methodischen Erträge eines »schlanken« Justiz-Syllogismus einschränkt[295] und denselben um zwei Glieder zu einem sogenannten »fünfgliedrigen

293 Abweichend von der hier eingeführten Begriffsverwendung werden beide häufig als »Regel« und »Fall« bezeichnet, vgl. etwa Ulfrid Neumann, »Subsumtion als regelorientierte Fallentscheidung«, in: Gottfried Gabriel, Rolf Gröschner (Hg.), *Subsumtion. Schlüsselbegriff der Juristischen Methodenlehre*, Tübingen 2012, S. 311-334, hier S. 311 und S. 315.

294 Vgl. etwa ebd., S. 312-315; Jochen Bung, »Der juristische Syllogismus in der Methodenlehre von Larenz«, in: Gottfried Gabriel, Rolf Gröschner (Hg.), *Subsumtion. Schlüsselbegriff der Juristischen Methodenlehre*, Tübingen 2012, S. 215-226. Zum Fall und seiner Konstitution vgl. insbesondere Hruschka, *Die Konstitution des Rechtsfalles* und Feldner/Forgó, *Norm und Entscheidung*. Siehe auch oben Sektion *Fällen*.

295 »Bei oberflächlicher Betrachtung unseres Justiz-Syllogismus zeigt sich allerdings sofort: Das eigentlich Entscheidende bei dieser Schlußfolgerung liegt nicht in dieser abschließenden Deduktion, sondern in der Zurichtung der Prämissen.« Joachim Lege, »Subsumtion pragmatisch. Deduktion, Induktion und Abduktion. Eine Kampfansage an die Verächter der Logik«, in: Gottfried Gabriel, Rolf Gröschner (Hg.), *Subsumtion. Schlüsselbegriff der Juristischen Methodenlehre*, Tübingen 2012, S. 259-280, hier S. 260.

Syllogismus als Vollständigen Juristischen Syllogismus« erweitert, der auch die Approbation der Prämissen des dreigliedrigen Syllogismus einbezieht.[296] Eine derartige Erweiterung des Syllogismus ändert allerdings wenig an einem Problem der logischen Form des Syllogismus, das eigentlich trivial sein dürfte, angesichts der überkommenen rechtswissenschaftlichen Methodenausbildung doch einer Erwähnung bedarf: Der Subsumtionsschluss in Form eines Syllogismus kann keinen Erkenntnisgewinn erbringen. Ein Syllogismus im formalen Sinne ist ja zunächst einmal, in den klaren Worten Kelsens formuliert, eine »Abfolge von Aussagen, bei denen die Wahrheit des Sinngehaltes, der sprachlich in einem Satz – der Schlussfolgerung – ausgedrückt wird, aus der Wahrheit der Sinngehalte gefolgert wird, die sprachlich in zwei anderen Sätzen – dem Obersatz und dem Untersatz – ausgedrückt sind«.[297] Es handelt sich also im Hinblick auf den logischen Gehalt um eine sehr einfache Aussage: »die Wahrheit der Schlußfolgerung [ist beim Syllogismus, S.MM.] in der Wahrheit der Prämissen impliziert«.[298] Insofern dürfte schnell deutlich werden, dass die syllogistische »Schlußfolgerung keine Denkbewegung [ist], die zu einer neuen Wahrheit führt, sondern [sie] macht nur eine Wahrheit explizit, die schon in der Wahrheit der Prämissen impliziert ist«,[299] wie Kelsen im Anschluss an Mill erläutert,[300] um daran anknüpfend darzustellen, dass Mill zumindest für den »theoretischen Syllogismus« zu dem Ergebnis komme, dass jeder Versuch, einen Syllogismus als ein Argument für den Beweis einer Schlussfolge heranzuziehen, einer petitio principii unterliege.[301] Wenn nun aber, das dürfte anhand dieser Darstellung deutlich werden, beide Prämissen unbestimmt sind, das heißt keine

296 Ebd., S. 261 f.

297 Kelsen, *Allgemeine Theorie der Normen*, S. 181 f.

298 Ebd., S. 182.

299 Ebd., S. 183.

300 »Es wird allgemein anerkannt, daß ein Syllogismus fehlerhaft ist, wenn in dem Schlußsatz irgend etwas mehr enthalten ist, als in den Vordersätzen mit aufgenommen war. Allein dies heißt in der That, daß nie etwas durch Syllogismen bewiesen ward oder bewiesen werden kann, was man nicht schon vorher wußte oder aber zu wissen glaubte.« Ebd. (Übers. nach John Stuart Mill, *System der deductiven und inductiven Logik. Eine Darlegung der Grundsätze der Beweislehre und der Methoden wissenschaftlicher Forschung*, hg. u. übers. v. Theodor Gomperz, Leipzig [2]1884-1886, 2. Buch, S. 210.)

301 Vgl. ebd.

Aussage über deren Wahrheit gemacht werden kann, dann führt eine Bestimmung der Prämissen selbst anhand von Kriterien, die außerhalb dieser Prämissen liegen, dazu, dass über die Bestimmung der Prämissen auch die Wahrheit der Conclusio bestimmt wird. Anders gesagt, wenn es weitere Glieder braucht, um den Syllogismus einsetzen zu können, dann ist er selbst funktionslos. »Insofern ist es nichts Neues«, schreibt Esser also im Jahr 1970, »sondern heute fast durchweg anerkannt, daß der gesamte Subsumtionsprozeß in seiner Bedeutung und Richtigkeit keineswegs als ein ausschließlich oder überwiegend logisches Verfahren begriffen werden kann.«[302] Schließlich kommt es unter diesen Umständen, wenn »[d]ie Verbindlichkeit der Tatbestandskriterien [...] ebenso wie die Relevanz der Sachverhaltsmerkmale ganz in der Hand des Rechtsanwenders« liegen,[303] allein auf die Wertungen desselben an. Abgesehen davon, dass der Syllogismus, wenn wenigstens eine der Prämissen keine Aussage, sondern eine Norm ist, in logischer Hinsicht schon ganz grundsätzlich deontologisch übersetzt oder jedenfalls hinterfragt werden muss,[304] zeigt sich in dieser (logischen) Funktionslosigkeit des Syllogismus, dass es sich dabei jedenfalls um ein fragwürdiges, wenn nicht gar um ein »unangemessenes« Modell juristischer Entscheidung handelt.[305] Ein Ausweg aus diesem Problem wird rechtstheoretisch häufig dadurch aufgezeigt, dass man Herstellung und Darstellung des Urteilens unterscheidet[306] und den Justiz-Syllogismus schließlich als eine Darstellungsnorm der Subsumtion beschreibt.[307] Dieser Ausweg ist gerade in einer Hinsicht besonders hilfreich: indem er nämlich die Verwobenheit von Herstellung und Darstellung des Urteilens dadurch zulassen und beschreiben kann,

302 Esser, *Vorverständnis und Methodenwahl in der Rechtsfindung*, S. 51.

303 Ebd., unter Verweis auf Theodor Heller, *Logik und Axiologie der analogen Rechtsanwendung*, Berlin 1961, S. 64-69.

304 Auf dieses Problem muss hier aufgrund einer anderen Zielrichtung der Argumentation nicht weiter eingegangen werden. Weitere Nachweise finden sich etwa bei Ulfrid Neumann, *Juristische Argumentationslehre*, Darmstadt 1986; Jochen Bung, *Subsumtion und Interpretation*, Baden-Baden 2004.

305 Vgl. Neumann, »Subsumtion als regelorientierte Fallentscheidung«, S. 315.

306 Siehe dazu eingehend oben Kapitel *Juridizität rechtsförmiger Urteile*, Sektion *Der Verlust der Juridizität*, Untersektion *Herstellung und Darstellung*, insbesondere zu den Problemen dieser Unterscheidung.

307 Vgl. beispielsweise Bung, »Der juristische Syllogismus in der Methodenlehre von Larenz«.

dass die Darstellungsnorm als solche, nämlich als Norm, auf die Herstellung des Urteils Rückwirkungen haben kann. Darauf wird sogleich noch einmal zurückzukommen sein. Vorläufig aber gilt es, jene Seite des Problems noch einmal heranzuziehen, die durch die Konzentration auf die darstellende Funktion des juristischen Syllogismus gerade nicht behandelt wird: die Frage, ob und wenn ja, welche Aspekte der Subsumtion aus dem Blick geraten, wenn sie als Syllogismus dargestellt wird.

Meine hier verfolgte These lautet: Das reflektierende Urteilen, das für das juridische Urteil Voraussetzung und Anknüpfungspunkt der Subsumtion liefert, wird zu Unrecht vernachlässigt, wenn wir uns in der Darstellung des Urteilens auf die formale Version des juristischen Syllogismus verlassen. Ich will dies im Folgenden anhand der in der Rechtstheorie geradezu typischen Identifikation von Urteil und Subsumtion erläutern.

b. Subsumtion und Urteil

Oben habe ich bereits dargelegt, dass es für eine theoretische Rekonstruktion juridischen Urteilens zentral sein muss, Vorgänge juridischer Urteilsbildung als Zusammenwirken des Gebrauchs reflektierender wie subsumierender Urteilskraft zu entfalten, denn ohne Subsumtion käme das Urteilen zu keinem Ende und ohne Reflexion zu keinem Anfang: Ohne das eine wäre keine Rechtsfolge denkbar, ohne das andere könnte die schließlich zum Maßstab werdende Norm nicht aufgefunden werden. Das heißt, meine Kritik an der Formel von der »Subsumtion als juristischer Methode«, dies sei noch einmal mehr betont, leugnet nicht, dass juridische Urteile die subsumierende Urteilskraft gebrauchen. Sondern: Sie kritisiert, dass viele Darstellungen juristischer Methode und viele rechtstheoretische Entwürfe Urteilen und Subsumtion miteinander identifizieren. Dies ist, auch das ist bereits ausführlich dargestellt, eine verlustreiche Verkürzung in der Darstellung sämtlicher Vorgänge, Begriffe und Aspekte, die für juridische Urteilsbildungen relevant sind. Denn das juridische Urteilen mit dem Gebrauch der subsumierenden Urteilskraft zu identifizieren bedeutet vor allem, jene Vorgänge der »Zurichtung«[308] der Prämissen eines Syllogismus

308 Esser, *Vorverständnis und Methodenwahl in der Rechtsfindung*, S. 50.

aus dem Urteil herauszuhalten. Das verkürzte Verständnis von juridischem Urteil als Subsumtion bedeutet, die Entfaltung von Sachverhalt und Rechtsnorm, von Urteil und Fall, von Klagebegehr und Rechtsfolge im Verfahren oszillierender Interpretation als eine bloß wertende Vorarbeit des Urteilens zu bestimmen, deren Ergebnis dann ein (sehr schnell vorzunehmendes, weil ohne weitere Schritte erkennbares) Urteil erlaubt. An dieser Stelle könnte man leicht einwenden, dass darin doch kein Problem liege, es werde ja nicht unterschlagen, dass ein mitunter sehr komplexes Interpretationsgeschehen dem Urteilen vorausgehe – die Schwerpunktsetzung in der Beschreibung der Rechtsanwendung wäre eben eine andere. Es wäre letztlich eine, die dem Begriff des Urteils weniger erklärende als setzende Bedeutung zukommen lässt und das Verfahren der Interpretation als die »eigentliche« Rechtsarbeit versteht. In dieser Weise argumentieren hermeneutische Rechtstheorien. Der vorliegende Versuch besteht nun weniger darin, solche Darstellungen als »falsch« oder »unvollständig« zu entlarven, als schlicht in dem Vorschlag, die Rekonstruktion juridischen Urteilens eleganter vorzunehmen, und zwar indem durch die Verstrickung von Reflexion und Subsumtion beide Aspekte – Interpretation und Entscheidung[309] – als notwendige Elemente eines (umfassenden) Verfahrens, des Urteilens nämlich, gefasst werden. Dadurch gewinnt man eine Perspektive auf das juridische Urteilen, die seine Verstrickung von hermeneutischen Verfahren und Urteilsakten, von Tatsachen und Normen, von subjektiven Ansprüchen auf Allgemeingültigkeit und der Prädikatierung als gerecht in ihrer Bezogenheit verarbeiten kann. Der Subsumtionsschluss als Zuordnung des Besonderen unter das Allgemeine ist Teil dieses verstrickten Verfahrens und kann in dieser Betrachtung selbst gleichzeitig in das reflektierende Verfahren einbezogen werden: Indem nämlich das freie Spiel von Einbildungskraft und Verstand mögliche Versionen einer zum Ergebnis (der Bestimmung der Rechtsfolge) führenden Subsumtion durchspielen, dann entsprechend verwerfen oder weiterentwickeln kann. Die These lautet also: Eine Rekonstruktion juridischen Urteilens als Verfahren, das des reflektierenden wie subsumierenden Gebrauchs der Urteilskraft bedarf, erlaubt ein feineres und genau-

309 Auf diese Begrifflichkeiten läuft es häufig hinaus, und obwohl der Begriff der Entscheidung unten noch einmal etwas anders konturiert auftauchen wird, verwende ich ihn deshalb an dieser Stelle in dieser Weise.

eres, ein komplexeres und differenzierteres Verständnis davon, was es heißt, juridisch zu urteilen, als eine bloße Identifikation des juridischen Urteils mit der Subsumtion. Es geht also vorliegend keineswegs darum, Verfahren bestimmenden Urteilens als solche zu kritisieren oder gar zu leugnen, dies sei aus gutem Grund noch einmal betont. Vielmehr wäre von den Überlegungen und Darstellungen zum reflektierenden Urteilen ausgehend noch einmal auf die Subsumtion zu blicken: Welche Rolle spielt sie für juridisches Urteilen, oder anders formuliert – wie ist die hier im Anschluss an Guyer vertretene Kooperationsthese für die spezifische Situation juridischen Urteilens zu entschlüsseln?

c. Wie also kooperieren Reflexion und Subsumtion im Verfahren juridischer Urteilsbildung miteinander?

Entscheidend für die Kooperation von Reflexion und Subsumtion im juridischen Urteilen sind zwei miteinander verknüpfte Momente. Erstens kann das Zusammenspiel nicht ausschließlich als temporale Folge zweier Verfahren betrachtet werden, obwohl temporale Differenzen den Ablauf von Reflexion und Subsumtion prägen, denn beide Weisen des Gebrauchs der Urteilskraft wirken (zweitens) aufeinander ein, sind also im juridischen Urteil rekursiv miteinander verbunden. Zwar bleibt unbenommen, dass ein Subsumtionsakt nicht nur die Form der Urteilsbegründung bestimmt, sondern auch in zeitlicher Hinsicht den Schlusspunkt des Verfahrens juridischer Urteilsbildung setzt, wenn die Rechtsfolge aus der Zusammenschau von Sachverhalt und Norm gezogen wird. Ebenso unbenommen ist, dass dieser Schlusspunkt nicht möglich ist, ohne dass bereits die allgemeine Norm, unter der dann im Schlussakt ein konkreter Sachverhalt als enthalten gedacht wird, bestimmt wäre. Eine zeitliche Abfolge ist also durchaus und zweifellos eingezogen in das Verhältnis von Reflexion und Subsumtion. Aber diese Abfolge ist weder linear zu verstehen, noch lässt sich das Urteilen über diese temporalen Anhaltspunkte beschreiben. Denn, hier kommt nun die schon ausführlich beschriebene Rekursivität der komplexen Anordnung ins Spiel,[310] Fall und Urteil (als Ergebnis-

310 Zur Rekursivität von Sachverhalt und Norm, von Fall und Urteil siehe schon oben Sektion *Fällen*, Untersektion *Wie verfahren Gerichte mit Fällen?* und Sektion *Deuten*.

se der Urteilsbildung) sind auch Voraussetzungen der Möglichkeit des Schlussaktes. Damit wird nicht nur die temporale Struktur nichtlinear, sondern Reflexion und Subsumtion geraten in eine abhängige Verwobenheit: Wir können (für das juridische Urteil) die Subsumtion genauso wenig ohne die Reflexion denken, wie wir die Reflexion ohne die Subsumtion denken können. Mögliche Subsumtionsurteile werden zum Gegenstand der Anschauung, die die Einbildungskraft im reflektierenden Verfahren hervorbringt. Im Verlauf der Urteilsbildung, das ist damit gesagt, nehmen Urteilende mögliche Subsumtionsanordnungen in den Blick, überprüfen, ob sie etwa zur mit der Klage begehrten Rechtsfolge passen oder nicht, und bereiten damit die Möglichkeit der Beendigung des Urteilens durch ein Urteil vor oder nehmen eine wahrgenommene Schieflage zum Anlass, um das gesamte Verfahren oszillierender Interpretation noch einmal »laufen zu lassen«, um reflektierend zu einer weiteren möglichen Subsumtionsanordnung zu gelangen, und so fort.

d. Kooperierende und Nicht-Kooperierende Urteile

Gleichzeitig weist die rechtstheoretische Unterscheidung von einfachen und schwierigen Fällen, das ist oben bereits herausgearbeitet worden,[311] darauf hin, dass nicht alle Rechtsurteile über diese anspruchsvolle Verbindung von Reflexion und Subsumtion beschrieben werden müssen. Vielmehr gibt es sogenannte »einfache Fälle«, die Urteilende über eine »bloße systeminterne Zuordnung« lösen können – eine Subsumtion, die ohne den Rückgriff auf ein reflektierendes Verfahren auskommt. Diese Zuordnungen sind gewissermaßen *nicht-kooperierende Urteile*, die eine Voraussetzung haben: sie müssen als Urteile bereits gegeben sein. Es ist aufschlussreich, zur Begründung dieser Unterscheidung noch einmal an die oben bereits zitierte Formulierung Guyers zu erinnern, der zwei Ausnahmen von seiner Kooperationsthese zulässt: »Wenn das Urteil entweder gegeben ist oder ein Allgemeines finden muss, das direkt auf ein Besonderes anwendbar ist […], dann muss möglicherweise das Urteil entweder bestimmend oder reflektierend sein, aber nicht beides.«[312] Ein Urteil kann also nur (im Sinne von ausschließlich) dann bestimmend, subsumierend sein, wenn es bereits gegeben ist.

311 Siehe oben Sektion *Fällen*.

312 Guyer, »Reason and Reflective Judgment«, S. 18.

Diese Situation ist vielen Richtenden gerade an erstinstanzlichen Gerichten durchaus bekannt – wenn Urteile und Fälle sich so sehr gleichen, dass jedes Urteil als Wiederholung eines bereits ergangenen, eines bereits gefällten erscheint, wenn die allgemeine Norm in ihrer anwendungsbereiten Interpretation so unmittelbar in den Sinn kommt, dass kein weiterer Gedankenschritt mehr nötig ist, um das Urteil zu erhalten. Die Differenzierung ist vergleichbar mit einer populären Unterscheidung des Denkens, die etwa Kahneman unter der Überschrift »Zwei Systeme« vornimmt – ohne die Details heranzuziehen, die keineswegs unumstritten sind, lässt sich danach eine quasi unbewusste, »schnelle«, intuitive Art des Denkens von einer bewussten, »langsamen« unterscheiden.[313] Es kommt hier nicht auf die Herleitung und die einzelnen Kriterien schnellen und langsamen Denkens an, sondern nur auf die Plausibilisierung von zwei Weisen, zu Urteilen zu kommen, die in der allgemein geteilten Erfahrung stecken dürfte, dass es beispielsweise Rechenoperationen gibt, die wir alle vollziehen, ohne einen einzigen Gedanken zu denken (zum Beispiel zwei plus zwei gleich vier), während wir in anderen mathematischen Fragen erst einmal nachdenken, vielleicht auch diverse Teiloperationen durchführen müssen, um zu einem belastbaren Ergebnis zu kommen (zum Beispiel 2003 mal 74102). Ganz ähnliche Erfahrungen machen Richter:innen, die Rechtsurteile fällen müssen: Es gibt (einfache) Fälle, in denen sofort klar ist, worum es geht, wie die Tatsachen aussehen und zu welchem Urteil eine Sache führen wird. Und es gibt (schwierige) Fälle, in denen jenes Reflexion und Subsumtion verbindende Verfahren herangezogen werden muss und möglicherweise auch erst nach vielen Wegen oszillierender Interpretation zu einem Ergebnis kommt. Diese beiden Weisen, zu Rechtsurteilen zu kommen, müssen unterschieden werden. Nur die zweite Version, jenes Urteilen, in dem sich Reflexion und Subsumtion verbinden müssen, möchte ich im Folgenden *juridisches Urteilen* nennen, während die andere Weise, zu Rechtsurteilen zu kommen, Subsumtionsurteil, Rechtsentscheidung oder auch systeminterne Zuordnung heißen soll. Der Grund für diese auch namentliche Unterscheidung liegt darin, dass jene Eigenschaft, die ich als spezifische Juridizität des Urteils bereits angedeutet habe und unten noch weiter entwickeln werde, nur

313 Vgl. dazu Daniel Kahneman, *Schnelles Denken, langsames Denken*, München 2016, S. 31-44.

für die zweite Version des Urteilens relevant ist. Folgenreich ist die getrennte Betrachtung dann weniger in bloß nomineller Hinsicht als hinsichtlich der Beantwortung der Frage nach der Legitimität beziehungsweise nach Mechanismen der Legitimation juridischer Urteile und ausschließlich subsumierender Rechtsentscheidungen, also in verfassungstheoretischer Hinsicht. Denn, so wird im Folgenden noch zu sehen sein, die Legitimation von juridischen Urteilen hängt mit jener Eigenschaft der Juridizität zusammen. Das wiederum bedeutet nun allerdings, dass sich die Legitimation von bloßen Subsumtionsurteilen auf völlig anderen Wegen herstellen muss, da sie gerade nicht in diesem Sinne juridisch strukturiert sind. Und hier deutet sich ein wesentliches Ergebnis dieser Untersuchung an, das nur auf den ersten Blick theoretischer Art ist: Wir haben es mit zwei Arten von Rechtsurteilen zu tun, die jeweils verschiedenen rechts- und verfassungstheoretischen Anforderungen unterliegen. Diese Einsicht wird, so sie nicht widerlegt werden kann, eine ganze Reihe an Folgen mit sich bringen.[314]

e. Rückwirkungen des Syllogismus

Zum Schluss gilt es noch eine bislang in diesem Abschnitt weitgehend implizit behandelte Beobachtung explizit zu machen: dass nämlich die (quasi-)logische Form des juristischen Syllogismus in beiden Versionen des Rechtsurteils Rückwirkungen auf dieses Urteil hat, die wiederum nicht allein formaler Natur sind. Der Begriff der Darstellungsnorm[315] verweist auf diese Rückwirkungen, ohne sie näher auszuführen. Unmittelbar einleuchtend dürfte die Folgerung sein, dass das Erfordernis, ein rechtliches Urteil dieser Form folgend zu begründen, Ein- und Ausschlüsse möglicher Begründungs-[316] und Argumentationswege[317] mit sich bringt. Insofern bringt der

314 Siehe dazu unten *Ausblick*.

315 Vgl. dazu ausführlich Bung, »Der juristische Syllogismus in der Methodenlehre von Larenz«.

316 Vgl. etwa Carsten Bäcker, »Der Syllogismus als Grundstruktur des juristischen Begründens?«, in: *Rechtstheorie* 40 (2009), S. 404-424, insb. S. 408 f.; ders., *Begründen und Entscheiden. Kritik und Rekonstruktion der Alexyschen Diskurstheorie des Rechts*, Baden-Baden 2008, insb. etwa S. 114-116.

317 Vgl. dazu allgemein, den Syllogismus als juristisches Argumentationsschema kritisierend, Neumann, *Juristische Argumentationslehre*, S. 19-27.

Syllogismus als Darstellungsnorm rechtlicher Urteile erhebliche Rationalitäts- und Rationalisierungsgewinne mit sich. Denn diese Form lässt schlicht keine nichtrationalen Argumentationsschritte zu. Eine strikte Unterscheidung von Herstellung und Darstellung juridischer Urteile müsste hier eigentlich streng genommen Einwände erheben, denn wie sollte die Darstellung die Herstellung beeinflussen, wenn beide strikt zu unterscheiden sind? Allerdings würde – abgesehen davon, dass eine strikte Trennung hier ohnehin nicht durchführbar ist – nur eine außerordentlich naive Lesart der Unterscheidung in dieser Weise argumentieren. Denn jenseits der leicht zu widerlegenden und entsprechend kaum vertretenen Annahme, dass die Darstellung eines Rechtsurteils den Vorgang seiner Herstellung abbilde, ist hier vielmehr von einem Repräsentationsverhältnis auszugehen, das seinerseits normativ strukturiert ist: Die Begründung eines rechtlichen Urteils repräsentiert den Vorgang der entsprechenden Urteilsbildung, ohne sie abzubilden, aber mit dem Anspruch, dass Begründung und Bildung des Urteils zueinander passen. Dieser Anspruch ist nicht überprüfbar, weil es sich eben um kein Abbildverhältnis handelt. Aber die Einlösung des Anspruchs kann für Rezipienten plausibel oder weniger plausibel sein – insofern zieht die syllogistische Begründung eine (positive oder negative) Plausibilisierungswirkung nach sich. Sie vollzieht sich nur in der *Mittel*barkeit der Rezeption[318] eines Urteils, ist damit aber Ausdruck der *Mitteil*barkeit desselben.[319] Plausibel kann ein rechtliches Urteil für eine dasselbe rezipierende Öffentlichkeit gerade dann sein, wenn Ergebnis (Urteil) und Urteilsbegründung passend erscheinen – allerdings nicht allein zueinander (dann käme es allein auf die Darstellung des Urteils an, nicht auf die Erfüllung der Darstellungsnorm, die Darstellung allein wäre beliebig manipulierbar). Vielmehr müssen Ergebnis und Urteilsbegründung zur Urteilsbildung passen. Das heißt, plausibel ist ein Urteil für mich als Außenstehende, als Zuschauerin dann, wenn ich nachvollziehen kann, dass angesichts der im Urteil dargestellten normativen und empirischen Überlegungen und Argumentationen ein Verfahren der Urteilsbildung vorangegangen ist, welches die Urteilenden zu

318 Zum Begriff der Rezeption in Bezug auf rechtliche Urteile vgl. u. a. Sabine Müller-Mall, *Legal Spaces. Towards a Topological Thinking of Law*, Heidelberg, New York u. a. 2013, S. 42 f. und S. 112-117.

319 Zum Erfordernis der Mitteilbarkeit vgl. Kant, *Kritik der Urteilskraft*, B 26 (§ 8).

genau diesem Urteil führen konnte.[320] Sowohl die Rationalisierungswirkung als auch die Plausibilisierungswirkung können allerdings nur für das juridische Urteil in der oben definierten Version, nicht für das bloße Subsumtionsurteil Relevanz entfalten. Denn ein bloßes Subsumtionsurteil stellt zum einen keinen Rationalisierungsgewinn bereit, weil es nicht mehr erkennen lässt, als schon bekannt ist (und zwar in keiner Hinsicht). Und zum anderen kann es das Verhältnis von Urteilsbildung, -ergebnis und -darstellung aus demselben Grund nicht plausibilisieren: weil nämlich dem Urteilsergebnis keine Urteilsbildung vorausgeht – das Urteilsergebnis ist schließlich bereits in den Voraussetzungen (Prämissen) des Urteils enthalten.

7. Zusammensehen

a. Ausrichtung des Urteilens auf ein Passen

Der Vorgang juridischer Urteilsbildung muss – der vorliegenden Rekonstruktion zufolge – auf ein *Passen* ausgerichtet sein. Es gilt nun noch einmal genauer zu untersuchen, was diese Aussage bedeutet. Denn immerhin ist der Begriff des »Passens« weder in der Juristischen Methodenlehre noch in der Rechtstheorie besonders prominent oder als Fachbegriff etabliert. Bemerkenswert ist zudem, das wird sich später noch zeigen, seine Besonderheit, sich nur substantivieren zu lassen, aber kein eigenes Substantiv (etwa die Passung) zuzulassen. Dies könnte, darauf wird ebenfalls noch einzugehen sein, damit zusammenhängen, dass es sich um ein gleichermaßen aktives wie passives Verb handelt beim »Passen« im hier (substantiviert) verwendeten Sinne. Zunächst aber stellt sich die Frage, weshalb dieser Begriff in der vorliegenden Rekonstruktion so zentral gebraucht wird, während er doch gleichzeitig rechts- oder verfassungstheoretisch nicht erschlossen ist. Meine Antwort auf diese Frage knüpft an einer Beobachtung und an einer Überlegung an. Die Beobachtung: dass der Begriff des »Passens« nämlich tat-

320 Diese Überlegungen knüpfen wesentlich an die Rekonstruktionen von Arendt und von Mohrmann im Anschluss an Arendt zur Rolle der Zuschauer:innen für Urteile an. Vgl. dazu Arendt, *Das Urteilen*, S. 72-101, insb. S. 84 f. und in affekttheoretischer Wendung Mohrmann, *Affekt und Revolution*, S. 27-74, S. 100-103.

sächlich eine weit prominentere Rolle in rechtstheoretischen oder rechtsphilosophischen Ansätzen zum juridischen Urteilen spielt, als seine mangelnde (explizite) Erschließung vermuten lässt, oder anders gesagt, als dieselben Ansätze es offenlegen. Beispielsweise findet sich der Begriff in Essers *Vorverständnis und Methodenwahl in der Rechtsfindung* an prominenter Stelle, im Abschnitt »Norm und Sachverhalt«: »Die Rechtsregeln, die mit ihrem Anspruch auf verbindliche Anwendung zur Verfügung stehen, müssen auf die zu beurteilende Lebenswirklichkeit ›passen‹.«[321] – Sogar der Zusammenhang mit dem Interpretationsverfahren wird angedeutet, wenn die Frage betrachtet wird, »welche von mehreren in Betracht kommenden Normen man als zutreffend bevorzugen und gegebenenfalls durch Interpretation für ›passend‹ befinden soll«.[322]

Vielleicht noch interessanter sind in dieser Frage Beobachtungen aus der richterlichen Praxis, wie sie Stegmaier in seiner empirischen Studie *Wissen, was Recht ist* verarbeitet hat – denn hier wird die Frage, ob Sachverhalt und Norm zusammenpassen, zentral: So beschreiben Richter:innen ihr Vorgehen als ein tentatives Verfahren des Abgleichs möglicher Rechtsnormen und Sachverhalte, das stets über die Frage »Passt das zusammen? Passt das zusammen?«[323] zu einer Lösung führt.[324] Stegmaier spricht entsprechend auch von einer »grundsätzlich auf Passung ausgerichteten Handlungsorientierung« der Urteilenden.[325] Die Überlegung: ein vielfältig relevantes Problem im Zusammenhang mit juridischen Urteilen besteht darin, dass solche Urteile zugleich Rechtsnormen aufrufen und sich ihnen entziehen müssen, um gefällt zu werden. Der Bezug auf einen rechtsnormativen Maßstab ist schließlich konstitutiv für ein juridisches Urteil, er kann aber in seiner Jeweiligkeit nicht explizit gemacht werden, weil die Allgemeinheit der Rechtsnorm sich sonst in eine Summe von konkreten Kriterienkonstellationen übersetzen lassen müsste – dann allerdings handelte es sich um keine

321 Esser, *Vorverständnis und Methodenwahl in der Rechtsfindung*, S. 27.

322 Ebd. Etwas lapidar, aber in dieselbe Richtung dringend, beschreibt Strauch diese »Prozesse« als »Vorgänge der Kohärenzbildung«, die dazu dienen, »Wirklichkeitserfassung und Rechtsermittlung in einen *stimmigen* Zusammenhang zu bringen« [Herv. S. MM.]. Strauch, *Methodenlehre des gerichtlichen Erkenntnisverfahrens*, S. 128 f.

323 Vgl. Stegmaier, *Wissen, was Recht ist*, S. 239.

324 Vgl. zum Ganzen ebd., S. 238-249.

325 Ebd., S. 248.

Allgemeinheit mehr, und so hätten wir es mit einem unauflöslichen Widerspruch zu tun. Dieses Problem wird in der rechtsphilosophischen Literatur unter diversen Vorzeichen vielfach behandelt und erfährt diverse Bezeichnungen und Konturierungen – es findet prominente Formulierungen als Paradoxie[326] oder als Aporie[327] und Lösungen wie die Überwindung durch die Annahme eines Willensaktes, der Subjektivität in Objektivität übersetzen kann,[328] oder als Konkretisierungsvorstellung.[329]

Mein hier zu entfaltender Vorschlag, diesem Problem rechtsphilosophisch zu begegnen, knüpft weniger an Norm und Fall, an Begriffen der Normativität und der Faktizität an, sondern am Verfahren des Urteilens. Die Strategie wäre also, nicht nach Wegen zu suchen, das eine ins andere zu übersetzen oder eine Definition für die Beziehung von Normativität und Faktizität zu suchen, sondern der Frage nachzugehen, wie es uns gelingen kann, das Besondere als unter Allgemeinem enthalten zu denken – genau darum handelt es sich bei der Frage nach dem Urteilen. Dies ist im Zusammenhang und an dieser Stelle nun wirklich keine Überraschung, aber wie

326 Zur »Paradoxie des Entscheidens« im Anschluss an Luhmann vgl. nur Fischer-Lescano/Christensen, »Auctoritatis Interpositio«, S. 220-232 und kritisch Jochen Bung, »Das Bett des Karneades. Zur Metakritik der Paradoxologie«, in: Winfried Brugger u. a. (Hg.), *Rechtsphilosophie im 21. Jahrhundert*, Frankfurt/M. 2008, S. 72-89.

327 Vgl. Jacques Derrida, »Force de Loi: le ›fondement mystique de l'autorité‹«, *Cardozo Law Review* 11 (1989) (dt. *Gesetzeskraft. Der »mystische Grund der Autorität«*, Frankfurt/M. 1991), S. 920-1118, insb. S. 960-973.

328 Vgl. Kelsen, *Reine Rechtslehre*, S. 2 f.: »Analysiert man nämlich irgendeinen der als Recht gedeuteten [...] Tatbestände, [...] ein richterliches Urteil, [...] so kann man zwei Elemente unterscheiden: das eine ist ein in Zeit und Raum vor sich gehender, sinnlich wahrnehmbarer Akt [...]; das andere seine rechtliche Bedeutung, das heißt die Bedeutung, die der Akt von Rechts wegen hat.« Dieser Akt wiederum bekommt seinen objektiven Sinn nur durch eine bestimmte Voraussetzung im Moment des Vollzugs – jene einer höherrangigen Norm, die genau diesen objektiven Sinn begründen kann, vgl. etwa für das Beispiel der Gesetzgebung: »Daß der gesetzgebende Akt, der subjektiv den Sinn des Sollens hat, auch objektiv diesen Sinn, das heißt den Sinn einer geltenden Norm hat, ist darum der Fall, weil die Verfassung dem Gesetzgebungsakt diesen objektiven Sinn verleiht.« Ebd., S. 8.

329 Vgl. dazu wiederum nur Kelsen: »[...] die Gerichte wenden die generellen Rechtsnormen in der Weise an, daß sie individuelle, in ihrem Inhalt durch die generellen Normen bestimmte Normen setzen, in denen eine konkrete Sanktion: zivile Zwangsvollstreckung oder Strafe, statuiert ist.« Ebd., S. 242.

zumeist geht es um eine Kleinigkeit, um eine Feinheit, die gerade hier von Relevanz ist: Mein Vorschlag besteht darin, das Problem vom Urteilen her zu denken und gerade nicht – vom Urteil her.[330] Vom Urteilen her zu denken bedeutet an dieser Stelle vor allem, nicht vom Ergebnis auf das Verfahren zu schließen, sondern umgekehrt: vom Verfahren des Urteilens auf sein Ergebnis, das Urteil zu blicken. Genauer bedeutet das für den Fall des Rechts nun, nicht von einem Urteilsergebnis auszugehen, das in der Form »Dies ist gerecht« das Ergebnis – eine gerechte Anordnung von Fall und Urteil – als gerecht prädikatiert und gewissermaßen auf dem Rückweg dann Kriterien zu suchen, die den Weg zur Gerechtigkeit hergestellt haben. Vom Urteilen aus zu denken bedeutet vielmehr, den Weg und seine Ausrichtungen, seine Biegungen und Geraden zu verfolgen, ohne das Ergebnis als Ausrichtung zu setzen. Mein Vorschlag besteht also darin, aus der Rekonstruktion des Verfahrens, wie wir urteilen, darauf zu schließen, was das Ergebnis bedeutet. Gerecht wäre dann nicht das Urteil, das bestimmten Kriterien genügt, sondern gerecht wäre das Urteil, das aus einem gelungenen Verfahren des Urteilens resultiert. Und weil juridisches Urteilen, so hatte ich es bereits herausgearbeitet, gerade dann gelingt, wenn es mit Recht den Anspruch subjektiver Allgemeingültigkeit erheben kann, muss der Begriff der Gerechtigkeit, wie er in der Prädikatierung des juridischen Urteils auftaucht, aus diesem zu Recht erhobenen Anspruch abgeleitet werden und nicht umgekehrt das Verfahren des Urteilens an einem externen Begriff der Gerechtigkeit gemessen werden. Gerecht ist ein juridisches Urteil im Sinne der hier unternommenen Rekonstruktion also gerade dann, wenn es ein gelungenes juridisches Urteil ist, wenn es »eine subjektiv gefundene Übereinstimmung von Sachverhalt und Norm, von Urteil und Fall« zu Recht »mit dem Anspruch [...] versehen [kann], dass die zugrundeliegende Erfahrung von Übereinstimmung, Harmonie oder Passen von jedermann auch gemacht werden müsse« – so lautete die oben gefundene Bestimmung.[331] Die spezifisch juridische, den Bestimmungsgrund des Urteils bildende Erfahrung nun ist oben bereits unter dem Begriff des Passens eingeführt worden. Sie gilt es folgend noch näher zu konturieren. Das Passen, so ist es

330 Siehe dazu bereits oben Sektion *Vorbemerkungen*.

331 Siehe oben Sektion *Reflektieren*, Untersektion *Reflektierender Modus Juridischen Urteilens*, Abschnitt *Zur subjektiven Allgemeingültigkeit des juridischen Urteils*.

in der Sektion *Deuten* herausgearbeitet, richtet den Vorgang der oszillierenden Interpretation, die Sachverhalt und Rechtsnorm, Urteil und Fall, Klagebegehr und Rechtsfolge aneinander entfaltet, aus. Dass Urteilende die Erfahrung machen, Sachverhalt und Rechtsnorm als zueinander passend wahrzunehmen, ist notwendige Voraussetzung, um die oszillierende Interpretation zu beenden und ein Urteil zu bilden. Die Erfahrung des Passens markiert also ein Ende des Vorgangs oszillierender Interpretation – und zwar in temporaler wie in finaler Hinsicht. Auf dieses Passen ist die ganze Interpretation ausgerichtet, wenn es gefunden ist, muss nicht mehr weiter gedeutet, sondern es kann ein Urteil gefällt werden. In dieser Formulierung mag eines noch einmal deutlich werden: ein Urteil zu fällen ist begrifflich vom Urteilen zu unterscheiden, obwohl zu urteilen einschließt, ein Urteil zu fällen in diesem Sinne. Ein Urteil zu fällen bezeichnet allein den Übergang von der oszillierenden Interpretation zum Urteil als Ergebnis, der irreversibel ist, wenn dieses Urteil gefällt wird. Das Urteil zu fällen bedeutet insofern, es zu entscheiden oder sich zum Urteil, zu diesem Urteil zu entscheiden. Die Voraussetzung für diese Entscheidung wäre, die oszillierende Interpretation nicht willkürlich, sondern mit der Erfahrung des Passens zu beenden.

Genau an dieser Stelle wären nun zwei Fragen näher zu untersuchen (siehe dazu sogleich Untersektion *Passen*): Zum einen die Frage nach dem Passen selbst, wie lässt es sich erkennen, ob die Zentren der oszillierenden Interpretation in einer bestimmten Deutungsversion nun zueinander passen oder nicht? Zum anderen schließt sich die Frage an, wie Urteilende dazu kommen, ein Urteil zu fällen, wenn dieses Fällen die Entscheidung des Urteils zum Urteil impliziert, in welchem Verhältnis also stehen Passen und Urteil zueinander (Untersektion *Zusammensehen als*)?

b. Passen[332]

Was bedeutet es also zu sagen, Sachverhalt und Maßstab passen zueinander? Gibt es Kriterien, nach denen sich bestimmen lässt, ob beide zueinander passen oder nicht? Die rechtstechnische Ant-

332 Dieser Abschnitt stimmt teilweise wörtlich und teilweise gedanklich mit einzelnen Passagen aus dem folgendem bereits veröffentlichten Text überein: Müller-Mall, »Zwischen Fall und Urteil«, dort S. 124-126.

wort auf diese Frage lautet: Wenn alle Tatbestandsmerkmale einer Rechtsnorm durch einen Sachverhalt erfüllt sind, dann passen der normative Maßstab und der Sachverhalt zueinander. Man könnte auch formulieren, wenn die Formulierung der Norm und die Formulierung des Sachverhalts ineinander übersetzbar sind, passen sie zueinander. Die durch das Urteil zu stiftende Verbindung von Allgemeinem und Besonderem ließe sich dann in eine Übersetzungsmaßnahme auflösen. Dadurch wäre das Problem juridischen Urteilens schnell entproblematisiert – sofern, und diese Bedingung ist nicht ganz unerheblich, jede an der Urteilsbildung teilnehmende oder diese beobachtende Person die jeweilige Übersetzung nachvollziehen kann. Dass es sich in dieser Version tatsächlich allerdings nur um eine Verschiebung, nicht aber um eine Auflösung des Problems handeln kann, zeigt die folgende, hier bereits eingeführte Überlegung: Fasst man unter den Begriff des Urteilens das Zusammendenken von Allgemeinem und Besonderem, außerdem die Rechtsnorm als das Allgemeine und den Sachverhalt als das Besondere, dann könnte eine Übersetzbarkeit der Formulierung des einen in eine Formulierung des anderen nur bedeuten, entweder die Formulierung der Norm zu konkretisieren oder jene des Sachverhalts zu verallgemeinern. In beiden Fällen würde sich das Problem dann auf die Frage verlagern, ob auf der jeweils einen Seite der Gleichung die Formulierung des Allgemeinen und die Formulierung des Besonderen zueinander passen. Das Erfordernis einer Beurteilung bleibt offenbar ebenso unhintergehbar wie der Ausdruck des Passens, der das Ende dieser Beurteilung markieren kann. Es könnte allerdings hilfreich sein, sich beidem noch einmal von einer rechtspraktischen, hier ebenfalls schon eingeführten Beobachtung aus zu nähern – jener nämlich, dass mit dem juridischen Urteilen Betraute häufig eine Erfahrung teilen: Dass es einerseits Fälle gibt, in denen Norm und Sachverhalt offensichtlich vor Augen liegen und ebenso offensichtlich zueinander passen, und andererseits Fälle, in denen beides gerade in mühsamen Urteilsverfahren gefunden werden muss. Rechtstheoretisch hat sich zur Beschreibung dieser Erfahrung eine Unterscheidung unproblematischer und problematischer Fälle herausgebildet,[333] die sich in der vorliegenden Re-

333 Klassisch dazu: Hart, *The Concept of Law*, S. 124-154 und Dworkin, »Hard Cases«.

konstruktion juridischen Urteilens in einer Unterscheidung zweier Weisen des Urteilens wiederfindet: in der Unterscheidung nämlich von juridischen Urteilen und »bloßen« Subsumtionsurteilen, wie ich sie oben vorgenommen habe.

Die Unterscheidung von einfachen (unproblematischen) und schwierigen (problematischen) Fällen verweist, das wird sogleich zu sehen sein, auf ein weiteres Problem: auf die Frage, wie, sind einmal passender Maßstab und Sachverhalt gefunden, daraus ein Urteil wird. Offenbar ist nämlich die Urteilsbildung in diesem Fall nicht zwangsläufig – denn allein dadurch, dass passender Maßstab und Sachverhalt gefunden sind, ist noch nicht die Eindeutigkeit dieser Beziehung gezeigt.[334] Weil beide nicht abgeleitet, sondern im Wege oszillierender Interpretation konkretisiert oder erst gefunden werden, bleibt niemals ausgeschlossen, dass auch ein anderer Maßstab passen könnte. Die Ausrichtung des Interpretationsvorgangs hin zum Passen von Sachverhalt und Rechtsnorm genügt also noch nicht, um zu einem juridischen Urteil zu kommen. Es bedarf – wie gerade gesehen – noch einer Entscheidung der Urteilenden, das Urteil auch tatsächlich aufgrund des gefundenen Maßstabs und Sachverhalts zu fällen. Die Beobachtung problematischer und unproblematischer Fälle mag dieses Erfordernis veranschaulichen: Wenn nicht nur ein Urteil, sondern auch der zugehörige Fall als rekursive Formulierung des Urteils erst im Rahmen des Urteilens gebildet wird, dann kann auch die Frage, ob ein Fall problematisch oder unproblematisch ist, nicht vor dem Urteil und auch nicht auf allgemeine Weise, sondern nur mit dem Urteil aus Sicht der Urteilenden beantwortet werden. Dies impliziert wiederum die Möglichkeit, dass ein Sachverhalt sowohl einen problematischen als auch einen unproblematischen Fall hervorbringen kann. Es kommt beispielsweise vor, dass einem Gericht Sachverhalt und Maßstab offensichtlich vor Augen liegen, es also die Sache ohne weiteres als einen einfachen Fall behandeln könnte, und es dennoch nach einem anderen Maßstab sucht, einen schwierigen Fall daraus macht. Etwa weil die aus dem ersten Maßstab abgeleitete Rechtsfolge, das Ergeb-

334 Schließlich können unterschiedliche Gerichte in ähnlichen Fällen völlig unterschiedlich entscheiden. Dazu aus empirisch-psychologischer Sicht m. w. N. Birte Englich, Thomas Mussweiler, »Sentencing Under Uncertainty. Anchoring Effects in the Courtroom«, in: *Journal of Applied Social Psychology* 31 (2001), S. 1535-1551, hier S. 1535.

nis also, unangemessen erscheint oder weil höhere Gerichte einen ähnlichen Fall anders entschieden haben. Aus vergleichbaren Gründen könnte ein Gericht auch einen eigentlich problematischen Fall als unproblematischen behandeln – etwa wenn es ernsthafte Bedenken hinsichtlich der verfassungsmäßigen Möglichkeit einer bestimmten Interpretation einer Rechtsnorm hat und eigentlich einen anderen Maßstab zur Beurteilung suchen müsste, schließlich aber davon Abstand nimmt, weil es davon ausgeht, dass die nächste Instanz ein solches Urteil ohnehin aufheben würde, weil sie in ähnlichen Fällen den Maßstab ohne weiteres für anwendbar hält. Dass aus passendem Maßstab und Sachverhalt zwangsläufig ein bestimmtes Urteil folgt, lässt sich also nicht feststellen. Der Vorgang oszillierender Interpretation ist umgekehrt also erst dann beendet, wenn ein Gericht entscheidet, dass es einen passenden Sachverhalt und Maßstab gefunden hat und dass beide dem Urteil zugrunde zu legen sind. Wie aber kommt ein Gericht dazu, diese Entscheidung zu treffen? Welche »juridische Lust«, welche Art von Harmonieerfahrung müssen Urteilende machen, damit sie von einer bestimmten Anordnung der Zentren oszillierender Interpretation zum Urteil kommen? Lässt sich der Begriff des Passens noch weiter differenzieren? Natürlich kommen hier begriffliche Kandidaten ins Spiel, deren Einsatz möglicherweise weiterführen könnte, Begriffe wie »Evidenz, des intellektuellen Einklangs und der Gewißheit«[335] etwa oder auch jener Begriff der Kohärenz, wie er nicht nur, aber zuletzt besonders intensiv in der Metaethik entwickelt und disku-

335 Vgl. nur Bohne, *Zur Psychologie der richterlichen Überzeugungsbildung*, S. 72: »Wie ist dieses Lösungsgefühl oder -bewußtstein, dieses Gewißheits- oder Erfüllungserlebnis des näheren zu klassifizieren? Es handelt sich hierbei um ein Gefühl der Koinzidenz oder Identität, ähnlich wie im Bereich der sinnlichen Empfindung bei den ästhetischen Elementargefühlen der Harmonie beim Zusammenfallen einer Mannigfaltigkeit von Reizen. Wie hier erzeugt auch auf dem Gebiet des Denkens das Zusammenfallen von Begriffen und Urteilen ein Gefühl der Koinzidenz von Subjekt und Prädikat im Urteil, das Zusammenfallen von Urteil und Wahrnehmung, fremder Urteile mit eigenen Urteilen die Gefühle der Evidenz, des intellektuellen Einklangs und der Gewißheit, wie in den analog entgegengesetzten Fällen die Gefühle des Zweifels, Zwiespalts die der Nicht-Evidenz.« Bohne, dies sei ergänzend noch zu bemerken, verweist an dieser Stelle auf ein (wichtiges) psychologisches Lehrbuch von 1924 (5./6. Auflage): Friedrich Jodl, *Lehrbuch der Psychologie*, Stuttgart, Berlin.

tiert wird,[336] aber auch wie er jüngst zum zentralen Konzept einer *Methodenlehre des gerichtlichen Erkenntnisverfahrens* erhoben worden ist.[337] Insbesondere aber gibt es eine nicht mehr ganz aktuelle, aber gleichwohl prominente Diskussion um die Rollen von Kohärenz für *legal reasoning* – der englische Ausdruck sei hier nicht nur verwendet, weil es sich um eine ursprünglich anglo-amerikanische rechtsphilosophische Diskussion handelt, sondern weil der jedenfalls nicht in eleganter Weise (nicht in »passender« Weise) übersetzbare Begriff als solcher schon andeuten kann, weshalb jene Diskussion um den Begriff der Kohärenz letztlich wenig für die vorliegende Fragestellung auszusagen vermag. Sie betrifft – obwohl es sich keineswegs um eine ausschließlich rechtlich orientierte Diskussion handelt[338] – nämlich nahezu ausschließlich die normative Seite (*legal* reasoning) des juristischen Denkens und bezieht sich wesentlich auf Forderungen nach oder Beschreibungen von einer Art Integrität[339] des Rechts, nach der richtigen Interpretation des Rechts[340] oder allgemeiner nach Kohärenz als einem besonderen Wert juristischer Interpretation.[341] Grob zusammengefasst, wird das Konzept der Kohärenz rechtsphilosophisch verwendet, um entweder Strukturen normativer Einheitlichkeit in der Rechtsanwendung zu erklären oder um normative Forderungen nach Rechtseinheit als Kriterium der juristischen Interpretation zu begründen.[342] Letztlich kann diese Diskussion für die vorliegende Fragestellung nach einer Konturierung dessen, was es heißt, dass die multiplen Zentren oszillierender Interpretation zueinander passen müssen, damit ein Urteil möglich wird, wenig Auskunft geben. Denn sie wird in allein rechtsnormativer Perspektive geführt – sie handelt von der Frage nach rechtlicher Kohärenz und nicht nach Kohärenz im mehrfach

336 Siehe dazu bereits oben Fn. 141.

337 Vgl. Strauch, *Methodenlehre des gerichtlichen Erkenntnisverfahrens,* insb. S. 119-154.

338 Raz, »The Relevance of Coherence«, S. 276.

339 Vgl. zu diesem »extreme paradigm« wiederum ebd., S. 290-297.

340 Etwa: Alexy/Peczenik, »The Concept of Coherence and Its Significance for Discursive Rationality«.

341 Insbesondere Dworkin lässt sich als Kohärenz-Rechtstheoretiker lesen, vgl. dazu beispielhaft Kress, »Legal Reasoning and Coherence Theories«.

342 Kritisch zum normativen Einsatz des Kohärenzkonzeptes für das Recht John David Ohlendorf, »Against Coherence in Statutory Interpretation«, in: *Notre Dame Law Review* 90 (2014), S. 735-782.

zusammenzudenkenden Verhältnis von Normativität und Faktizität, von Allgemeinem und Besonderem, von Urteil und Fall, von Sachverhalt und Norm. Selbst wenn Rechtsfälle mittelbar in die Kohärenzerklärung oder -forderung einbezogen werden, weil etwa die Frage nach der richtigen Interpretation mit der Forderung nach Kohärenz oder die Erklärung einer spezifischen Interpretation mit dem Verweis auf Kohärenzaspekte verbunden wird,[343] handelt der jeweils gebrauchte Begriff der Kohärenz immer von jener des Rechts im Sinne eines Rechtssystems. Kohärenz in diesem Sinne dürfte zweifelsohne auch für die hier untersuchte Frage nach dem Passen nicht vollkommen irrelevant sein (welche Deutungen einer Norm überhaupt ins Spiel kommen etwa, hängt mit der normativen Wirksamkeit von Rechtseinheitsprinzipien zusammen). Aber, und deswegen wenden wir den Blick an dieser Stelle von der rechtsphilosophischen Kohärenzdiskussion der 80er und 90er Jahre des vergangenen Jahrhunderts wieder ab, die Frage nach dem Passen ist eine, die sich unabhängig von Kohärenzaspekten des Rechtssystems stellen lassen muss. Wäre dies nicht denkbar, könnten wir es nämlich überhaupt nicht mit Urteilen zu tun haben, sofern Urteile als jene Gebräuche der Urteilskraft zu verstehen sind, die ein jeweiliges Besonderes als unter einem jeweiligen Allgemeinen enthalten denken. Denn dann müsste immer noch ein Vorzeichen hinzutreten, unter dem dieses Zusammendenken vollzogen werden muss – jenes der Rechtseinheit oder, allgemeiner gefasst, der Kohärenz des Rechts. Die hier vorgenommene Rekonstruktion juridischen Urteilens denkt den Einsatz solcher Vorzeichen anders – nicht als der (oszillierenden) Interpretation immanent, sondern als Kriterium, das für einen dem Interpretationsprozess folgenden Schritt, die Entscheidung zum Urteil nämlich, Relevanz entfalten kann. Wenn etwa Norm und Sachverhalt als zueinander passend gefunden sind, das damit verbundene Ergebnis aber eine angesichts der Forderung nach Rechtseinheit aus dem Rechtssystem herausfallende Rechtsfolge impliziert, dann könnte darin ein Grund liegen, das Verfahren oszillierender Interpretation noch einmal in Gang zu bringen, um nach einer anderen Lösung zu suchen, die mit ähnlichen Lösungen in anderen Fällen übereinstimmt und so ein kohärentes Recht er-

343 Vgl. zu einem ähnlichen Gebrauch im Zusammenhang mit einem diskurstheoretischen Ansatz etwa Alexy/Peczenik, »The Concept of Coherence and Its Significance for Discursive Rationality«.

möglicht. Gleichwohl bleibt in dieser Darstellung das Kriterium für die Beendigung eines Verfahrens der oszillierenden Interpretation, ob die Zentren in der jeweiligen Version zueinander passen.

Diese Fassung juridischen Urteilens ermöglicht eine differenziertere Betrachtung, weil sie ebendieses Kriterium des Passens[344] überhaupt sicht- und behandelbar macht. Allerdings ist mit dem Begriff des Passens ein Problem verbunden, das auch dem Begriff der Kohärenz zu eigen ist,[345] nämlich: dass er selbst nicht über Kriterien explizierbar und damit einigermaßen undeutlich ist. Jede Näherung an das Passen für die hier unternommene Rekonstruktion kann sich deshalb *nicht* als eine Suche nach Kriterien gestalten, bei deren Vorliegen davon gesprochen werden könnte, dass Sachverhalt und Norm zueinander passen oder nicht. Dass keine entsprechenden Kriterien angegeben werden können, bedeutet übrigens nicht, das sei nochmal unter Verweis auf die Überlegungen zum reflektierenden Urteilen aufgerufen, dass der Eindruck des Passens sich beliebig einstellen kann und vollkommen der Kontingenz unterliegt, oder umgekehrt formuliert, dass es sich nicht lernen ließe, diese Erfahrung zu machen.[346]

c. Zusammensehen als[347]

Der Frage nach dem Passen lässt sich vielleicht auf die Schliche kommen, wenn man dem Problem nachgeht, wie diese doppelte

344 Es gibt, dies wäre noch zu bemerken, allerdings auch Ansätze, die jenes Passen in ganz ähnlicher Weise beschreiben und für diese Beschreibung den Kohärenzbegriff heranziehen, ohne dass dadurch qualitativ weiter gehende Aussagen verbunden wären, vgl. Amaya, »Legal Justification by Optimal Coherence«.

345 Kritisch zur allgemeinen Klage, dass der Begriff der Kohärenz »hoffnungslos vage« sei, vgl. etwa Igor Douven, Wouter Meijs, »Measuring Coherence«, in: *Synthese* 156 (2007), S. 405-425, hier S. 406 (Übers. S.MM.).

346 Bei Wittgenstein finden sich einige Überlegungen zu diesem Zusammenhang, etwa unter den Begriffen »Geläufigkeit« und »Beherrschen einer Technik« – in Bezug auf den Begriffsgebrauch findet sich im zweiten Band der *Bemerkungen über die Philosophie der Psychologie* die Formulierung: »Man lernt das Wort ›denken‹, d. i. seinen Gebrauch, unter gewissen Umständen, die man aber nicht beschreiben lernt.« Ludwig Wittgenstein, *Bemerkungen über die Philosophie der Psychologie. Bd. 2*, in: *Werkausgabe*, Bd. 7, Frankfurt/M. 1984, Nr. 200.

347 Dieser Abschnitt enthält teilweise wortgleiche, teilweise ideengleiche Abschnitte aus den bereits veröffentlichten Texten Müller-Mall, »Fall und Urteil«; dies., »Zwischen Fall und Urteil«; dies., »Entfaltungen des Rechts im Gefühl«.

Entsprechung, dieses Passen von Sachverhalt und Norm und von Klagebegehr und Rechtsfolge, festgestellt werden kann. Offenbar geraten ja alle Versuche, eine Identität der Formulierungen etwa von Sachverhalt und Maßstab dadurch herzustellen, dass beides immer weiter umformuliert wird, früher oder später in eine Situation, die eine Entscheidung verlangt: Lässt sich eine Einwegspritze nun als ein gefährliches Werkzeug fassen oder nicht? Entspricht ein Aspekt eines Sachverhaltes nun einem Tatbestandsmerkmal oder nicht? – Eine Identität der Formulierungen in Form einer Gleichung, auf deren beiden Seiten nach dem Vorgang der Interpretation A = A steht, lässt sich jedenfalls nicht herstellen. Der Begriff der Entsprechung, des Passens als Voraussetzung für die Entscheidung des Urteils und zum Urteil bleibt unhintergehbar, insofern er nicht in Kriterien auflösbar ist. Er bezeichnet hier, so meine ich, auch keine Identität, sondern, so möchte ich es im Folgenden mithilfe von Wittgensteins Philosophie der Wahrnehmung darstellen, die Möglichkeit, etwas als etwas zu verstehen, etwas als etwas zu sehen. Und dieses Passen, dieses »etwas als etwas sehen«, so meine These, lässt sich nur erfahren, nicht jedoch in jenem Sinne allgemeingültig bestimmen, dass abschließend bestimmbare Kriterien formulierbar wären, bei deren Vorliegen jede und jeder davon sprechen könnte, dass Sachverhalt und Beurteilungsmaßstab einander entsprechen oder zueinander passen. Nicht nur zufällig habe ich gerade von »erfahren« gesprochen. Mein hier zu unternehmender Versuch besteht nämlich darin anzuzeigen, dass es sinnvoll sein könnte, den Vorgang der Interpretation von Sachverhalt und Beurteilungsmaßstab mit dem Sehen und Betrachten von Gegenständen in Verbindung zu bringen. Dabei geht es mir allerdings nicht um den Vorgang physischer Wahrnehmung, den man im Betrachten »sehen« kann, sondern um die zweite Art des Sehens, auf die Wittgenstein verweist, wenn er schreibt:

Zwei Verwendungen von »*sehen*«. Die eine: »Ich sehe *dies*« – wobei ich auf eine Beschreibung anspiele, oder auf ein Bild, eine Kopie zeige. Damit mag ich einem Andern mitteilen: dort, wo seine Blicke nicht hinreichen, befinde sich das und das. Ein Beispiel der andern Verwendung: »Ich sehe eine Ähnlichkeit in diesen beiden Gesichtern.« Der, dem ich die Mitteilung mache, mag die Gesichter so deutlich sehen wie ich.[348]

348 Ludwig Wittgenstein, *Letzte Schriften über die Philosophie der Psychologie*, in: *Werkausgabe*, Bd. 7, Frankfurt/M. 1984, § 431.

Diese zweite Verwendung des Ausdrucks »Sehen« hat, so meine Vermutung, viel mit dem Verfahren der oszillierenden Interpretation zu tun. Sie wird allerdings gerade dadurch für die Rekonstruktion des Vorgangs der Urteilsbildung relevant, dass sie eine Differenz zum Verfahren der Interpretation offenbart: »Etwas als etwas sehen« ist nicht dasselbe wie zu interpretieren, zu deuten, was man sieht. So schreibt Wittgenstein:

Die Fälle, in welchen wir *deuten,* was wir sehen, sind leicht zu erkennen. Deuten wir, so machen wir eine Hypothese, die sich als falsch erweisen mag. »Ich sehe diese Figur als ein …« kann so wenig (oder nur in dem Sinne) verifiziert werden, wie die Aussage »Ich sehe ein leuchtendes Rot.«[349]

Übertragen auf den Vorgang oszillierender Interpretation im juridischen Urteilen möchte ich formulieren: Rechtsnorm und Sachverhalt zu interpretieren lässt sich gerade davon unterscheiden, sie als zueinander passend anzusehen. Ich kann den Ausdruck »gefährliches Werkzeug« deuten, interpretieren, kann solche Deutungen formulieren, wie etwa: »ein Gegenstand, der dazu verwendet werden kann, Menschen gefährlich zu verletzen«. Aber keine Interpretation des Ausdrucks allein wird genügen, um zu sagen: der Maßstab des § 244 I 1 a) StGB (Diebstahl mit Waffen) passt zu einem vorliegenden Sachverhalt, er ist auf diesen anwendbar. Dazu bedarf es der Erfahrung, die Einwegspritze als gefährliches Werkzeug zu sehen. Diese Erfahrung, und hier liegt der entscheidende »Aspekt« dieser Konstellation, diese Erfahrung kann nur die oder der Urteilende selbst machen. Sie lässt sich nicht über Kriterien explizieren und dadurch für andere herstellen. Allerdings kann man versuchen, andere dazu zu bringen, sie auch zu machen, die Einwegspritze ihrerseits als gefährliches Werkzeug zu sehen. Man könnte dazu juristische Argumente heranziehen, systematische oder genetische etwa – sie können allerdings nur versuchen, eine andere Betrachterin dazu zu bringen, eine Perspektive einzunehmen, die ihr schließlich auch die Erfahrung, den Eindruck des Passens erlaubt. Rechtsnorm und Sachverhalt als zueinander passend anzusehen bedeutet also, beide in einer Weise »zusammenzusehen«, die nicht gegenständlich funktioniert und auch kein begriffliches Erkennen darstellt[350] – son-

349 Ebd., § 547.

350 Vgl. dazu instruktiv in Bezug auf Kunstwerke und zum Ganzen: Michael Lüthy, »Das Medium der ästhetischen Erfahrung. Wittgensteins Aspektbegriff, exem-

dern vielleicht wieder so etwas wie eine Anschauung erzeugt. Der Gegenstand dieser Anschauung könnte gewissermaßen eine Momentaufnahme des Interpretationsvorgangs sein. Die sich anschließende Frage wäre nun, in welcher Beziehung dieses Momentum des »Zusammensehens« von Sachverhalt und Norm zur Urteilsbildung steht. Denn der Vorgang der Urteilsbildung kann ja (nach der hier vorgenommenen Rekonstruktion) allein mit der Erfahrung des oder der Urteilenden, einen konkreten Sachverhalt und einen konkreten Maßstab als zueinander passend anzusehen, noch nicht abgeschlossen sein, schließlich hatte ich vier Zentren des Verfahrens der Urteilsbildung beschrieben. Welche Rolle spielen nun Fall und Urteil in dieser Konstellation? Ich habe vorhin schon angedeutet, dass die Entsprechungsrelation von Sachverhalt und Maßstab für eine gelingende Urteilsbildung eine weitere Entsprechungsrelation erlauben muss: jene von aus diesem Maßstab abzuleitender Rechtsfolge und der den Fall auslösenden Rechtsfrage. Es genügt für die Urteilsbildung eben nicht jede Entsprechung irgendeines Maßstabs und irgendeiner Sachverhaltsversion, sondern sie muss wiederum zu Fall und Urteil (die beide erst zu konstituieren sind) passen. Das heißt, es bedarf wiederum einer Interpretation der Entsprechungsrelation von Sachverhalt und Maßstab sowie einer möglichen Rechtsfolge und der Rechtsfrage. Beide Ebenen müssen ihrerseits als zueinander passend angesehen werden, damit ein Urteil gebildet werden kann. Das mögliche Ergebnis (Urteil) wird also bereits in diesen Vorgang einbezogen. Erst wenn eine Kombination gefunden ist, nach der Sachverhalt und Maßstab aus Sicht der Urteilenden einander entsprechen, aber auch ihre Verknüpfung wiederum der Rechtsfrage und der darauf bezogenen Rechtsfolge entspricht, erst dann kann ein Urteil gebildet werden. Und dieses Urteil besteht dann in einer Aussage der Form »Dieses ist gerecht« – wobei diese bestimmte Version von Rechtsnorm und Sachverhalt, die der Urteilende als *passend* wahrgenommen hat, vom Pronomen (»dieses«) erfasst ist. Das eigentliche Prädikat des Urteils – gerecht – beschreibt die spezifisch juridische Wertung. Sie muss sich aus der erfahrenen Entsprechungsrelation von Sachverhalt und Rechtsnorm ergeben, allerdings geht sie nicht in ihr auf: Es ist durchaus

plifiziert an Pollocks Malerei«, in: Gertrud Koch u. a. (Hg.), *Imaginäre Medialität – Immaterielle Medien*, Paderborn 2012, S. 125-142, hier S. 137.

denkbar, dass eine Richterin Sachverhalt und Maßstab in einer bestimmten Konstellation als zueinander passend ansieht und auch die sich ergebende Rechtsfolge zum Klagebegehr passt, sie das entsprechende Urteil aber als unangemessen empfindet. Und dass ich hier von Empfindung spreche, soll durchaus absichtlich darauf verweisen, dass hier ein affektives Momentum im Spiel sein könnte, das vorliegend allerdings nicht weiter untersucht werden soll.[351] Wichtig ist an dieser Stelle jedenfalls, dass das »Zusammensehen von Sachverhalt und Rechtsnorm« Voraussetzung für die Bildung eines juridischen Urteils ist und dieses bestimmt, aber nicht identisch mit ihm ist. Damit ist zum einen, zusammenfassend, auch für das juridische Urteil gesagt, dass es allein subjektiv vollziehbar ist – denn ohne die Erfahrung des Passens lässt sich der Interpretationsvorgang nicht beenden und das Urteil nicht bilden. Zum anderen lässt sich nun festhalten, dass im Vorgang der Urteilsbildung zwar eine ganze Reihe von Verstandesoperationen notwendig sind – die Strukturierung und Interpretation von Rechtsnorm und Sachverhalt, von Rechtsfrage und Rechtsfolge, von Urteil und Fall. Ein zentrales und bestimmendes Momentum jedenfalls lässt sich jedoch als sinnlich beziehungsweise als quasi-sinnlich verstehen: das »Zusammensehen« von Sachverhalt und Rechtsnorm. Es ist damit also schon angedeutet: Ich möchte das »Zusammensehen« von Sachverhalt und Norm im Rahmen des Urteilens als sinnliches, als rezeptives Momentum verstehen. Und zwar als eines, das anders als etwa die Wahrnehmung des Sachverhalts im Rahmen der Interpretation und Strukturierung des Materials, die dem »Zusammensehen« vorgehen, nicht als spontan-rezeptiv begriffen werden kann. Und außerdem als ein Momentum, das das Urteil wesentlich bestimmt.

(1) Zentral für diese Überlegung ist die Unterscheidung des Interpretationsvorgangs vom »Zusammensehen«. Ich habe sie vorgenommen, indem ich sie vom Beenden der Interpretation aus gedacht habe. Die Entscheidung der Urteilenden, die Interpretation

351 Vgl. dazu nur Erwin Riezler, *Das Rechtsgefühl. Rechtspsychologische Betrachtungen*, München 1921; Weimar, »Rechtsgefühl und Ordnungsbedürfnis«; Michael Bihler, *Rechtsgefühl, System und Wertung. Ein Beitrag zur Psychologie der Rechtsgewinnung*, München 1979; Sandra Schnädelbach, *Entscheidende Gefühle. Rechtsgefühl und juristische Emotionalität in der deutschsprachigen Jurisprudenz 1870-1933*, Göttingen 2020; Müller-Mall, »Entfaltungen des Rechts im Gefühl«.

von Sachverhalt und Maßstab zu beenden, hängt davon ab, ob die Strukturierung die Betrachter:innen in die Lage versetzt, Sachverhalt und Norm als *zueinander passend* anzusehen. Dieses »als passend Ansehen« wiederum, so meine These, ist ein fundamental anderes »Betrachten« als jenes Deuten von Sachverhaltserzählungen und Rechtsnormformulierungen. Material und Maßstab in einer bestimmten Anordnung als *zueinander passend* anzusehen ist ein rezeptiver Vorgang, der als solcher nur erfahren werden kann und nicht normativ strukturiert ist. Es gibt kein bewertetes Passen, sondern nur »Passen« oder »Nichtpassen«. Wenn sich in einer bestimmten Anordnung von Material und Maßstab der Eindruck des Passens beim Urteilenden nicht einstellt, gibt es nicht die Möglichkeit, ihn mit Verstandesmitteln doch auf mechanische Weise herzustellen. Sondern: der Urteilende muss versuchen, noch einmal eine andere Perspektive auf Material und Maßstab einzunehmen, also: die Anordnung, die Interpretation noch einmal laufen zu lassen, um dann erneut zu versuchen, die Erfahrung des Passens zu machen. Das »Zusammensehen« von Sachverhalt und Norm lässt sich zusammenfassend für das juridische Urteil also als rezeptive Vermittlungsleistung verstehen. Der Akt des »Zusammensehens« holt ein Momentum der Rezeptivität im Urteilsvorgang wieder ein.

(2) Und dieses Momentum ist für das Urteil auch bestimmend, nicht vollständig zwar, aber wesentlich: Damit meine ich, dass der Eindruck des Passens von einer in bestimmter Weise entfalteten Norm und einem bestimmten Sachverhalt nicht zwangsläufig zum Urteil führen muss; wenn aber ein Urteil gefällt wird, dann muss es zwangsläufig an einem solchen Eindruck des Passens anknüpfen, und zwar insofern, als die Version von Sachverhalt und Norm, die im Urteil dann als »gerecht« prädikatiert wird, jene ist, die vom Urteilenden als *passend* wahrgenommen wurde.

8. Zwischenstand: Zentrale Aspekte der Rekonstruktion

Diese theoretische Rekonstruktion juridischen Urteilens abschließend gilt es, zentrale Aspekte derselben noch einmal in Form von Thesen zusammenzufassen.

Fall

Als Fall wird der Gegenstand des Urteils bezeichnet. Der Fall wird erst im Urteil und mit dem Urteil konstituiert. Ein Urteil zu fällen bedeutet deswegen auch, einen Fall in seiner Jeweiligkeit zu konstituieren, in der er wiederum als Fall im Urteil beurteilt wird. Ein Rechtsfall wird in der Form »Ist dieses gerecht?« gefasst, wobei das Pronomen »dieses« auf eine konkrete (jeweilige) Konstellation von Tatsachen und normativem Beurteilungsmaßstab verweist.

Rekursivität von Fall und Urteil

Ein Rechtsurteil wiederum wird in der Form »Dieses ist gerecht« gefasst. Insofern sind Fall und Urteil nur rekursiv formulierbar, ein Fall lässt sich nicht vor dem Urteil und ein Urteil lässt sich nicht vor dem Fall bilden.

Zwei Arten von Fällen

Zwei Arten von Fällen lassen sich unterscheiden: problematische und unproblematische Fälle. Unproblematische Fälle lassen sich ohne weiteres und offensichtlich beurteilen, problematische Fälle zu beurteilen bedeutet, ein komplexes Verfahren der Urteilsbildung zu unternehmen. Ob ein Fall problematisch oder unproblematisch ist, lässt sich allerdings nicht vor dem Urteil erkennen.

Urteilen setzt Deuten voraus

Zu urteilen bedeutet auch zu deuten, geht aber nicht in Deutungsvorgängen auf. Juristische Interpretation ist ein oszillierender Prozess, der multiple Zentren gleichzeitig in den Blick zu nehmen vermag. Deutungsvorgänge als Voraussetzungen und Elemente der Urteilsbildung beziehen sich also nicht allein auf rechtsnormative Maßstäbe, sondern gleichermaßen auf Tatsachen, Begehr und Rechtsfolgen sowie auf mögliche Ergebnisse des Verfahrens, Urteilsversionen und Fallversionen.

Ausrichtung des Deutens auf ein Passen

Die oszillierende Interpretation ist darauf ausgerichtet, dass ihre multiplen Zentren zueinander passen. Das heißt, das Interpretationsverfahren als Durchlauf möglicher Deutungen lässt sich für die Urteilende dann beenden, wenn ihr eine spezifische Anordnung der Zentren dieser Deutungsvorgänge die Erfahrung, den Eindruck eines Passens erlaubt.

Vom Passen zum Urteil

Wenn sich für Urteilende Sachverhalt und Maßstab, Klageantrag und Rechtsfolge, Urteil und Fall als zueinander passend darstellen, dann lassen sich Urteil und Fall bilden. Die Erfahrung des Passens bildet nicht das Urteil selbst, sondern einen Bestimmungsgrund desselben. Der Eindruck des Passens muss nicht zwangsläufig zum Urteil führen. Wenn aber ein Urteil gefällt wird, dann muss es zwangsläufig an einem solchen Eindruck des Passens anknüpfen – und zwar insofern, als jene Version von Sachverhalt und Rechtsnorm, die im Urteil als »gerecht« prädikatiert wird, auch jene sein muss, die von den Urteilenden als *passend* wahrgenommen wurde.

Reflektierendes Urteilen

Diese Weise rechtlichen Urteilens lässt sich als reflektierendes Urteilen im Kantischen Sinne fassen und denken. Reflektierendes Urteilen bedeutet in dieser Fassung, dass zu einem Besonderen ein (passendes) Allgemeines zu finden ist, indem die Erkenntniskräfte Einbildungskraft und Verstand in ein harmonisches Spiel geraten, dessen Harmonieerfahrung wiederum einen Bestimmungsgrund des Urteils bildet.

Anspruch subjektiver Allgemeingültigkeit

Reflektierende Urteile sind zwar notwendig subjektiv, erheben aber einen Anspruch auf subjektive Allgemeingültigkeit – danach erhebe ich, indem ich ein reflektierendes Urteil fälle, den Anspruch, dass jedermann an meiner Stelle dieses Urteil ebenfalls genau in dieser Weise fällen muss. Die Rechtfertigung eines entsprechend erhobenen Anspruchs setzt die Idee eines Gemeinsinns voraus. Auch juridische Urteile erheben diesen Anspruch subjektiver Allgemeingültigkeit.

Kooperation von Subsumtion und Reflexion

Reflektierende rechtliche Urteile kooperieren allerdings gleichzeitig mit der Form der Subsumtion: An ein reflektierendes Urteilsverfahren, das zu einer spezifischen Konstellation ein Allgemeines findet, schließt sich umgekehrt die »Applikation« dieses Allgemeinen auf die spezifische Konstellation an, um zu einem Urteil zu kommen und eine Rechtsfolge zu schließen.

Zwei Arten von Urteilen

Neben jenen rechtlichen Urteilen, die reflektierendes und subsumierendes Verfahren verbinden, gibt es auch solche Urteile, die mit bloßer Subsumtion auskommen: Es handelt sich dabei um Urteile über unproblematische Fälle. Reflexion und Subsumtion verbindende Urteile nenne ich juridische Urteile, allein im Wege der Subsumtion gefällte Urteile nenne ich Subsumtionsurteile.

Juridizität rechtlichen Urteilens

Letztlich können Urteilende während eines Vorgangs rechtlicher Urteilsbildung jederzeit von einem Subsumtionsverfahren in ein Reflexionsverfahren »wechseln« und umgekehrt. In dieser Potentialität jedes rechtlichen Urteilsvorgangs beziehungsweise jeder rechtlichen Fallkonstellation, zu einem juridischen Urteil zu werden, liegt die spezifische Juridizität rechtlichen Urteilens.

V. Verfassende Urteile als juridische Urteile

Verfassende Urteile als konstitutionalisierende Akte zu betrachten bedeutet, sie als Legitimation vermittelnde Momente zu verstehen. Denn genau dies, so ergeben es die Überlegungen im zweiten Kapitel,[1] setzt die Qualifikation als *verfassend* im hier entfalteten Sinn voraus: dass solche Urteile gleichzeitig neue Verfassungsstrukturen erschließen und, um Legitimation für dieses expansive Verfahren herstellen zu können, ihr Legitimationssubjekt einbeziehen müssen. Wie Urteile als eine Form, Allgemeines und Besonderes zusammenzudenken, die beides gleichzeitig unterscheiden (ur-teilen) und verbinden lässt, die erzeugend (verfassend) wirkt und damit zugleich Legitimation vermittelt, wie solche Urteile gefasst werden können, diese Frage stellt sich als eine grundsätzliche Frage nach dem Urteil. Weil sich diese Form, durch Urteile und mit Urteilen zu verfassen, als eine rechtsförmige zeigt, gerät über die Frage nach dem Verfassen eine weitere Frage zunächst ins Blickfeld und schließlich ins Zentrum der Untersuchung: Was bedeutet es, rechtsförmig zu urteilen?[2] Wenn wir beschreiben können, wie rechtsförmige Urteile gebildet werden, so lautet die grundlegende Überlegung, dann lassen sich daraus Rückschlüsse auf verfassende (rechtsförmige) Urteile ziehen.

Die Untersuchung ist vor diesem Hintergrund in doppelter Weise ausgerichtet – dies sei in diesem abschließenden Kapitel noch einmal in zusammenfassender Weise verdeutlicht. Zum einen entwickelt sie eine verfassungstheoretische Perspektive auf Akte der Konstitutionalisierung. Zum anderen eröffnet die Studie, indem sie die Juridizität verfassender Urteile zum zentralen Betrachtungspunkt erhebt, auch eine rechtstheoretische Perspektive auf das Problem, rechtsförmig zu urteilen. So wird über eine umfassende Rekonstruktion juridischen Urteilens nicht allein angestrebt, verfassende Urteile zu konturieren und zu beschreiben, sondern insbesondere und gleichzeitig auch, herauszukristallisieren, worin die eigentliche Juridizität dieses Urteilens besteht und wie diese be-

1 Siehe oben Kapitel *Verfassung und Verfassen*.

2 Siehe zum Ganzen oben Kapitel *Theoretische Rekonstruktion juridischen Urteilens*.

schrieben werden kann. Damit soll gleichermaßen eine rechtstheoretische Forschungslücke geschlossen oder jedenfalls verkleinert werden. Denn das Urteilen als Form bleibt in den rechtstheoretischen Analysen der Entscheidungsfindung und in hermeneutischen Studien zum Umgang mit Rechtsnormen zumeist außen vor.[3]

Nun gilt es, die Entsprechungen rechtsförmigen und verfassenden Urteilens zu erkunden. Bald wird sich dabei zeigen, dass solche rechtsförmigen Urteile, die verfassend wirken, juridische Urteile sein müssen (und keine subsumierenden).[4] Es geht im Folgenden deshalb insbesondere darum, jene Aspekte, Strukturen und Zusammenhänge der hier vorgenommenen Rekonstruktion juridischen Urteilens auszumachen, die Anknüpfungen für die Konturierung verfassenden Urteilens versprechen, welche wiederum möglicherweise Gleichläufe und konstitutive Momente offenlegen, um auf diese Weise ein Bild nicht nur von verfassenden als rechtsförmigen, sondern auch von juridischen als verfassenden Urteilen zu gewinnen. Dabei wird die doppelte, verfassungs- und rechtstheoretische Perspektive dieser Untersuchung nicht in eine einzige Blickrichtung umzuwandeln sein. Sondern es geht, anders formuliert, nun also darum, Zusammenhänge der verfassungstheoretischen Überlegungen zur Verfassung der Konstitutionalisierungen der ersten Kapitel und der rechtstheoretischen Rekonstruktion juridischen Urteilens im vierten Kapitel freizulegen.

3 Natürlich finden sich Ausnahmen in der Literatur, die durchaus den Zusammenhang zum Urteilsbegriff herstellen, vgl. dazu insbesondere die historischen Studien zur Rechtshermeneutik: Stephan Meder, *Urteilen. Elemente von Kants reflektierender Urteilskraft in Savignys Lehre von der juristischen Entscheidungs- und Regelfindung*, Frankfurt/M. 1999; ders., *Mißverstehen und Verstehen. Savignys Grundlegung der modernen Hermeneutik*, Tübingen 2004; ders., *Juristische Hermeneutik zwischen Vergangenheit und Zukunft*, Baden-Baden 2013; Dieter Nörr, »Das Verhältnis von Fall und Norm als Problem der reflektierenden Urteilskraft«, in: Manfred Fuhrmann u. a. (Hg.), *Text und Applikation. Theologie, Jurisprudenz und Literaturwissenschaft im hermeneutischen Gespräch*, München 1981, S. 395-407; ders., *Savignys Anschauung und Kants Urteilskraft*, München 1982. Vgl. allerdings jüngst mit einem Blick aus der Praxis Hans-Joachim Strauch, *Methodenlehre des gerichtlichen Erkenntnisverfahrens. Prozesse richterlicher Kognition*, Freiburg, München 2017, der sich auf den Urteilsbegriff einlässt, ohne ihn jedoch als konstitutiv für die juristische Entscheidung zu entwickeln.

4 Zur Unterscheidung juridischer und subsumierender Urteile siehe oben Kapitel *Theoretische Rekonstruktion juridischen Urteilens*, Sektion *Subsumieren* und sogleich unten Sektion *Juridische Urteile*.

1. Juridische Urteile

Was heißt es also, rechtsförmig zu urteilen? So lautete die (rechtstheoretische) Ausgangsfrage meiner Überlegungen. Die Rekonstruktion rechtsförmigen Urteilens hat dabei zunächst ein rechtstheoretisch möglicherweise überraschendes, jedenfalls bislang kaum beschriebenes Ergebnis hervorgebracht: Wir müssen zwei Arten rechtsförmigen Urteilens unterscheiden – subsumierendes und juridisches Urteilen. Diese Unterscheidung spiegelt eine immer wieder behandelte, aber auf Probleme der Auslegung verschobene Differenzierung wider: jene von einfachen, unproblematischen und schwierigen, problematischen Rechtsfällen. Subsumtionsurteile reagieren auf solche einfachen Fälle, für die unmittelbar offensichtlich ist, worin Problem und rechtliche Lösung bestehen. Anzuwendende Rechtsnormen müssen für diese Fälle nicht erst gefunden werden, ihre Anwendung selbst erfolgt im Wege der (bloßen) Subsumtion. Schwierige Rechtsfälle bringen dagegen nicht allein ein Interpretationsproblem hervor, sondern erfordern ein wesentlich komplexeres Urteilsverfahren, das einen reflektierenden Vorgang mit einem subsumierenden verbindet. Im Wege der Reflexion muss eine allgemeine Rechtsnorm für eine besondere Fallkonstellation erst gefunden werden – indem Einbildungskraft und Verstand in ein harmonisches Verfahren eintreten, das auf die Erfahrung des Passens gerichtet ist. Urteilende müssen, um ein Urteil fällen zu können, die Erfahrung machen, dass ein Sachverhalt und eine Rechtsnorm, ein Urteil und ein Fall zueinander passen. Diese Harmonieerfahrung bildet erst den Bestimmungsgrund des juridischen Urteils. In von subsumierenden Urteilen auf diese Weise zu unterscheidenden juridischen Urteilen zeigt sich Recht nun auf eine Weise, die vergleichsweise wenig mit konventionellen rechtstheoretischen Beschreibungsbegriffen anfangen kann. Denn weder Regeln noch ein System allein können dem Recht hier zu seiner Hervorbringung verhelfen – es kommt auf die spezifische Erfahrung der Urteilenden an. Zugleich zeichnet ein juridisches Urteil aus, dass es einen Anspruch auf subjektive Allgemeingültigkeit erhebt. Es beobachtet die subjektiv gefundene Übereinstimmung von Sachverhalt und Norm, von Urteil und Fall nicht allein, sondern verbindet sie mit dem Anspruch, dass die Erfahrung der Übereinstimmung, des Passens, von jeder anderen Person auch gemacht werden kann und muss. Genau darin, diesen Anspruch zu erheben, liegt die Normativität des juridischen Urteils, die in der Prädikatierung des Urteils als *gerecht* ihren spezifisch juridischen Ausdruck findet. Anders als ein (bloß) subsumierendes Urteil unterliegt es keinen objektiv überprüfbaren Richtigkeitskriterien. Stattdessen kann es allein entlang der Erhebung dieses Anspruchs auf subjektive Allgemeingültigkeit gelingen oder misslingen. Der Schlüssel zur Beurteilbarkeit juridischer Urteile erweist sich damit als ebenso selbstreferentiell wie ihr Bestimmungsgrund, die Erfahrung des Passens: er liegt in der Frage, *ob* ein juridisches Urteil beurteilbar ist. Ein juridisches Urteil, das misslingt, also seinen Anspruch auf subjektive Allgemeingültigkeit so erhebt, dass er nicht in einem weiteren juridischen Urteil nach-vollziehbar und also beurteilbar ist, misslingt *als* juridisches Urteil, es ist nicht richtig oder falsch, sondern *nicht juridisch* (vielleicht: politisch oder moralisch oder ökonomisch). Damit werden juridische Urteile erst dann möglich, wenn sie ihre eigene Beurteilbarkeit voraussetzen können – sie wird zu einer legitimatorischen Bedingung juridischer Urteile, obgleich die Bedingung sich immer erst *nach dem Urteil* einlösen kann, wenn es tatsächlich zu einer Be-Urteilung kommt. Während subsumierende Urteile ihre Legitimation einerseits aus den Rechtsnormen ableiten, die sie anwenden, und andererseits aus der Legitimation der sie vollziehenden Gerichte, bringen juridische Urteile ihre Legitimation also wesentlich selbst hervor und beziehen sie gleichzeitig auf die Beurteilung durch andere, weitere Urteilende, oder anders gesagt: auf ihre Kritik.[5] Ob der Anspruch eines juridischen Urteils, subjektiv allgemeingültig zu sein, gelingend erhoben werden kann, lässt sich also nicht überprüfen, sondern nur beurteilen – durch rechtliche Institutionen, aber auch durch alle anderen urteilenden Subjekte.[6] Denn anders als Subsumtionsurteile, so lässt sich der Zu-

5 Eine ausführliche Entwicklung dieser Figur findet sich aus einer Makroperspektive auf Verfahren der Rechtserzeugung in Sabine Müller-Mall, *Performative Rechtserzeugung. Eine theoretische Annäherung*, Weilerswist 2012.

6 Die Nähe zu Häberles Figur einer »offene(n) Gesellschaft der Verfassungsinterpreten« ergibt sich nicht zufällig. Indem die Beteiligung divers ausgeprägter Öffentlichkeiten hier allerdings nicht auf der Ebene der Interpretation allein relevant wird, sondern für juridische Urteile als Urteile, ist die hier vorgelegte These gleichzeitig breiter angelegt und schärfer zugespitzt. Vgl. Peter Häberle, »Die offene Gesellschaft der Verfassungsinterpreten. Ein Beitrag zur pluralistischen und ›prozessualen‹ Verfassungsinterpretation«, in: *JuristenZeitung* 30 (1975), S. 297-305.

sammenhang umgekehrt formulieren, sind juridische Urteile nicht allein darauf angewiesen, dass Rechtsnormen oder Institutionen ihnen Legitimation *vermitteln*. (Gelingende) juridische Urteile bringen die Bedingung für ihre eigene Legitimation selbst hervor. Darin liegt einerseits eine welterzeugende Leistung, die sich sogleich für die nähere Beschreibung verfassender Urteile als produktiv erweisen wird. Andererseits bringt dieser Zusammenhang juridische Urteile aber auch in eine prekäre Situation: stehen sie doch dem Anspruch zweifelsfreier Legitimation rechtlicher Entscheidungen entgegen. Ein wesentlicher Einsatz der hier vorgelegten Rekonstruktion juridischen Urteilens liegt nun darin anzunehmen, dass in dieser Prekarität des Verfahrens keine Eigenschaft liegt, die aus dem Begriff des Rechts herauszuhalten ist,[7] sondern ein wesentlicher Aspekt des Rechtsbegriffs. Recht zeigt seine spezifische Unterscheidungsleistung gerade dann, wenn es Allgemeines und Besonderes im reflektierenden Urteilsverfahren zusammendenken und gleichzeitig differenzieren kann. Recht ist auf die Möglichkeit, (juridisch) zu urteilen, schon deshalb angewiesen, weil die Zahl im Wege bloßer Subsumtion lösbarer Fälle für jedes Rechtsnormensystem notwendig begrenzt ist. Darin liegt allerdings nur dann ein Problem, wenn Recht objektiv gefasst werden soll, oder anders gesagt, wenn Recht als ein vom demokratischen politischen Prozess nicht nur ausgelöster, sondern auch entkoppelter Mechanismus der Regelanwendung verstanden wird – und gerade nicht als spezifisches Verfahren des Urteilens, dem immer das Potential innewohnt, aus dem subsumierenden Verfahren in ein reflektierendes zu wechseln (und umgekehrt). In diesem Potential, so möchte ich es fassen, liegt die spezifische Juridizität rechtsförmigen Urteilens. Sie ist an die Subjektivität der Urteilenden und ihre Erfahrung gebunden und legitimatorisch auf Be-Urteilung angewiesen.

2. Verfassende Urteile

Von diesen zusammenfassenden Überlegungen zum rechtsförmigen Urteilen aus gilt es nun auf den Ausgangspunkt und Horizont der vorangegangenen Studien zu blicken: auf verfassende Urteile. Als

7 Zu den umfangreichen Strategien rechtlicher Theoriebildung, genau dies zu tun, siehe jedoch oben Kapitel *Juridizität rechtsförmiger Urteile*.

verfassende Urteile hatte ich solche Urteile bezeichnet, die Erweiterungen, Vertiefungen oder Verdichtungen bereits verfasster Strukturen hervorrufen, oder deutlicher: die ein expansives Momentum im Hinblick auf Verfassung aufweisen. Verfassende Urteile sind rechtsförmige Urteile, die den Rahmen des bereits Konstituierten überschreiten und deswegen originär Legitimationsbedarf auslösen, der sich nicht bereits aus der Legitimation des urteilenden Spruchkörpers oder der Legitimation von dem Urteil zugrunde gelegter Rechtsnormen (hier: Verfassungsrechtsnormen) vermittelt. Die Rechtsförmigkeit verfassender Urteile ist im Ausgang meiner Überlegungen zunächst eine bloße Beobachtung, die sich im Verlauf der Untersuchung zu einer Hypothese verdichtet: Aussagen darüber, was es heißt, rechtsförmig zu urteilen, müssen wiederum Aussagen darüber erlauben, was es heißt, verfassend zu urteilen. Allerdings ergibt die Rekonstruktion juridischen Urteilens nun eine Differenzierung. Während ich im ersten Kapitel noch davon ausgehe, dass *jedes* rechtsförmige Urteil von rechtserzeugender Qualität ist, lässt sich der Zusammenhang jetzt präziser fassen: Jedes *juridische* Urteil weist (anders als bloß subsumierende Urteile) rechtserzeugende Qualität auf, die wiederum legitimationsbedürftig ist – wobei die entsprechende Legitimation vom juridischen Urteil selbst hervorgebracht wird und auf seine eigene Be-urteilbarkeit setzt (also über es hinausweist). Umgekehrt wird klar: Bloß subsumierende Urteile können keine verfassenden Urteile bilden, weil sie den Raum konstitutioneller Normen nicht erweitern können. Rückschlüsse auf verfassende Urteile lassen sich also nur aus der Rekonstruktion *juridischer* Urteile ziehen.

Bevor ich solchen spezifisch verfassenden juridischen Urteilen nun im Einzelnen nachgehen werde, gilt es vorab, mögliche Übertragungsverluste zu identifizieren und einzuordnen, die sich in der Betrachtung des Zusammenhangs von allgemeiner Form (juridische Urteile) und besonderer Form (verfassende Urteile) ergeben können. Zentral ist dabei die im Anschluss an die Einordnung als allgemeine und besondere Form des Urteilens eigentlich triviale, aber in ihren Folgen durchaus wirksame Bemerkung zu markieren, dass nicht jedes juridische Urteil auch ein verfassendes Urteil ist, wenngleich umgekehrt verfassende Urteile als juridische Urteile zu erläutern sind. Es gibt also juridische Urteile, die rechtserzeugend wirken, indem sie etwa eine originäre (nicht schon vorliegende)

Verknüpfung von Allgemeinem und Besonderem herstellen, aber nicht gleichzeitig auch verfassend wirken. Denn nur solche Urteile, die über den Rahmen des Verfassten hinausgehende Verfassungsnormen erschließen, können wir auch verfassende Urteile nennen. Für die Vermehrung[8] von Verfassungsnormen, also etwa für Urteile, die neue Grundrechte (er-)finden, stellt sich dieses Problem der Abgrenzung nicht, weil sie zweifellos Verfassungsrecht erzeugen, wenn sie das Allgemeine, unter dem sie einen besonderen Fall als enthalten denken, erst und neu setzen. Schwieriger wird die Abgrenzung dagegen, wenn es sich um Konstellationen der Verdichtung von verfassungsrechtlichen Räumen handelt. Juridische Urteile etwa, die zwar eine bislang unbekannte Ausprägung einer Rechtsnorm mit einem Sachverhalt verbinden, sich dabei aber innerhalb bestehender verfassungsrechtlicher Maßstäbe bewegen, überschreiten den Rahmen des bislang Verfassten nicht. Sie bewegen sich vielmehr im Feld dessen, was sich als Konkretisierung verfassungsrechtlicher Normen beschreiben lässt, sind zwar juridische, aber keine verfassenden Urteile im hier entfalteten Sinn. Die Frage wäre nun, wie sich die Konkretisierung verfassungsrechtlicher Normen zur Verdichtung der Verfassung verhält – die oben[9] gerade als Expansion von Verfassung qualifiziert wurde. Eine Antwort lässt sich aus dem genaueren Verständnis der Verdichtungsbewegung von Verfassung gewinnen. Wesentlich ist dabei, sich zu vergegenwärtigen, dass sowohl Vermehrung und Verdichtung als auch Konkretisierung und Verdichtung hier keine voneinander vollkommen unabhängigen Begriffe sind. Jede Verdichtung eines Normenraumes geht auch mit einer Vermehrung von Normen einher. Und jede Konkretisierung ist auch eine Verdichtung. Umgekehrt allerdings gilt dieser letztere Zusammenhang nicht: Es sind Verdichtungen von Normenräumen denkbar, die nicht gleichzeitig auch Konkretisierungen eines bestehenden Normensystems sind, sondern Erweiterungen. Entscheidend für die Differenzierung einer Konkretisierung von einer Verdichtung von Verfassung ist vielmehr ein anderes Kriterium: ob die zugefügte sich als zwar neue, aber abgeleitete Ausprägung einer bestehenden Norm verstehen lässt oder ob es keinen derartigen Ableitungszusammenhang zu bestehenden Normen gibt. Wenn also ein Urteil nicht ein neues Grundrecht erfindet, sondern es als

8 Siehe zum Begriff oben Kapitel *Verfassung und Verfassen*, Sektion *Verfassung*.

9 Siehe oben Kapitel *Verfassung und Verfassen*.

(gleichwohl neue) Ausprägung einer bestehenden grundrechtlichen Garantie qualifiziert, diese Ausprägung aber letztlich nicht aus der bestehenden Garantie ableitbar, sondern für sich genommen eine Setzung ist, dann handelt es sich nicht mehr um eine Konkretisierung einer Verfassungsnorm, sondern um eine (erzeugende) Verdichtung von Verfassung. Die Abgrenzung zur Vermehrung von Normen ist allerdings nur schwach, ohne dass dies für den hier angelegten Blick relevant wäre – denn Vermehrung und Verdichtung werden hier lediglich als Begriffe eingeführt, um das Expansionsmoment des Verfassens zu illustrieren.

Schwieriger zu beantworten ist eine weitere am Verhältnis juridischer und verfassender Urteile orientierte Frage: ob nämlich die spezifisch rechtliche Anordnung von Tatsachen und Normen, die rechtliche Fall- und Urteilskonstellationen prägt, mit der Anordnung verfassender Urteile überhaupt vergleichbar ist. Handelt es sich bei verfassenden Urteilen nicht regelmäßig um Normenkontrollverfahren in einem funktionalen Sinne,[10] also um Urteile über das Verhältnis von Normen zu Normen und nicht um Urteile über das Verhältnis von Normen zu Tatsachen? Jenseits der wichtigen Beobachtung, dass auch Normenkontrollverfahren nicht »Rechtsnormen an sich«, sondern Rechtsnormen in ihrem Verhältnis zu einem (tatsächlichen) Problem an höherrangigen Normen überprüfen,[11] zeigt die vorliegende Rekonstruktion juridischen Urteilens zunächst, dass auch die Konstellation konventioneller rechtsförmiger Urteile ohne Verfassungsbezug nicht vollständig abgebildet ist, wenn sie über die Formel »Tatsachen werden entlang normativer Maßstäbe beurteilt« dargestellt wird. Vielmehr werden beim Urteilen nicht nur normative und tatsächliche Ebene, sondern auch Urteil und Fall rekursiv miteinander verbunden. Beurteilt wird ein Fall, der wiederum Tatsachen und Normen nicht hierarchisch anordnet. Unterschiedliche Angriffspunkte von Tatsachenfragen im Normenkontrollverfahren und beim etwa strafrechtlichen Urteilen können sich also in der hier vorgenommenen Modellierung gar nicht auswirken. Dadurch bleiben – das ist gewiss – einzelne Differenzierungsprobleme außer Acht, und Übertragungsverluste müssen für weitere Studien im Blick bleiben. Für die vorliegen-

10 Vgl. dazu wegweisend Johannes Bethge, *Der Sachverhalt der Normenkontrolle*, Tübingen 2020, S. 5 f. und S. 31-34.

11 Vgl. dazu wiederum ebd., insb. S. 5 f. und S. 31 f.

de Untersuchung, die wesentlich an der Form des Urteilens anknüpft, wirken sich beide allerdings nicht aus, weil sie verfassende Urteile weder über Verfahrensarten noch über Gerichtsbarkeiten bestimmt: sondern über ihr verfassungserweiterndes Ergebnis. Verfassende Urteile als juridische Urteile sind auf Rechtsfälle bezogen – ob diese Rechtsfälle allerdings mittelbar oder unmittelbar Tatsachenfragen einbeziehen, kann für die Formperspektive (zunächst) außer Acht bleiben. Mit anderen Worten: verfassende Urteile müssen nicht zwangsläufig verfassungs*gerichtliche* Urteile sein und auch nicht zwangsläufig bestimmten verfassungsgerichtlichen Verfahren folgen. Welche Arten von konkreten Normsetzungen verfassende Urteile vollziehen, welche Fallkonstellationen sie einschließen, von welchen Subjekten sie gefällt werden – solche Fragen bleiben weiteren Untersuchungen vorbehalten.

Die hier verfolgte und weiter zu erschließende These nimmt also an, dass Urteile, die verfassen können, juridisch sein müssen. Juridizität im vorliegend entwickelten Sinne[12] ist, dies ist ein Ergebnis der Untersuchung, nicht mit bloßer Rechtsförmigkeit zu identifizieren – darauf weist die bereits vorgenommene Unterscheidung juridischer (bei denen Reflexion und Subsumtion kooperieren) und anderer rechtlicher, nämlich »bloß« subsumierender Urteile hin. Rechtsförmigkeit bedeutet vielmehr in dieser Hinsicht nur, dass es *möglich* ist, ein Urteil juridisch zu fällen. Das heißt umgekehrt, subsumierende Urteile weisen genau dann eine spezifische Juridizität auf, wenn sie im Verfahren der Urteilsbildung potentiell zu juridischen Urteilen werden können – wenn es also möglich ist, dass eine Richterin eine oszillierende Interpretation von möglichen Sachverhalten und möglichen rechtlichen Beurteilungsmaßstäben in Bewegung setzt, obwohl sie etwa bei einem ersten Blick auf den Klageantrag die anzuwendende Rechtsnorm und den konturierten Sachverhalt bereits offensichtlich vor Augen hatte und in einer unmittelbaren Subsumtion zum Urteil hätte kommen können. In der Permanenz dieser Möglichkeit liegt jene Potentialität des Juridischen, die Recht gerade ausmacht. Denn sie hält die Möglichkeit der Gerechtigkeit offen.[13]

12 Siehe dazu oben Kapitel *Juridizität rechtsförmiger Urteile*.

13 Hier wird ganz beiläufig auch deutlich, weshalb wir automatisierte Verfahren der Beurteilung niemals als rechtsförmige Verfahren begreifen können: Weil ihnen die Möglichkeit fehlt – man könnte auch sagen: die Freiheit des Geistes –, vom

Was es nun genau bedeutet, juridische Urteile in einer spezifischen Version als verfassende Urteile zu denken und gleichsam verfassende Urteile als juridische Urteile zu beschreiben, wird in diesem Abschnitt in doppelter Perspektive zu differenzieren sein. Dabei kann es allerdings nicht darum gehen, die Rekonstruktion juridischen Urteilens umfassend mit der Frage, was es bedeutet, (durch Urteile) zu verfassen, Schritt für Schritt abzugleichen, sondern es gilt, jene Aspekte und Momente beider Perspektiven hervorzuheben, die Anknüpfungen erwarten lassen.

a. Vorrang

Wenn zu verfassen auch bedeutet, einen normativen Vorrang auszuweisen und zu etablieren,[14] dann müssen juridische Urteile als verfassende Urteile genau dieses leisten können. Inwiefern aber kann zu urteilen überhaupt bedeuten, ein normatives Rangverhältnis zu bilden? Es könnte an dieser Stelle zunächst aufschlussreich sein, noch einmal genauer auf die Frage zu blicken, was verfassungstheoretisch damit gemeint ist, einen »normativen Vorrang« oder ein »normatives Rangverhältnis«, eine »Geltungshierarchie« zu etablieren. Dabei ist zum einen zu beachten, dass über diese Begriffe jenes Konzept erfasst werden soll, das auf allgemeine Weise »Vorrang der Verfassung«[15] heißt, hier gleichwohl aber etwas anders umschrieben/benannt wird, um die vorliegend zu konturierenden Aspekte des Verfassungsbegriffs nicht zu präjudizieren und gleichzeitig einer Unschärfe zu entgehen: Wenn nämlich die Konstruktion eines normativen Vorrangs gerade Merkmal von Verfassung ist, dann ist es widersprüchlich, von einem Vorrang der Verfassung selbst zu sprechen (der Widerspruch ist einer juristischen Konzentration auf Verfassungsrecht und dessen normativem Vorrang in

Verfahren der bloßen Subsumtion ins Verfahren juridischen Urteilens zu wechseln, obwohl auch die bloße Subsumtion zu einem Ergebnis kommen würde.

14 Siehe dazu oben Kapitel *Verfassung und Verfassen*.

15 Grundlegend dazu immer noch Rainer Wahl, »Der Vorrang der Verfassung«, in: *Der Staat* 20 (1981), S. 485-516; zu den Anfängen vgl. Gerald Stourzh, »Naturrechtslehre, leges fundamentales und die Anfänge des Vorrangs der Verfassung«, in: Christian Starck (Hg.), *Rangordnung der Gesetze. 7. Symposion der Kommission »Die Funktion des Gesetzes in Geschichte und Gegenwart« am 22. und 23. April 1994*, Göttingen 1995, S. 13-28, hier S. 25-28.

Stufenbauvorstellungen geschuldet). Zum anderen bleibt bemerkenswert, dass Vorstellungen von Rangverhältnissen verfassungshistorisch in Deutschland, aber auch anderswo keineswegs »von Anfang an verfügbar gewesen« sind, obwohl die allgemeinere »Vorstellung, dass der Verfassung die höchste Autorität in einer positiven Rechtsordnung zukommt, [...] so alt wie das Denken über die Verfassungen und das Kämpfen um die ausdrückliche Fixierung solcher Grundordnungen selbst [ist]«.[16] Wie ein hier gegenständlicher normativer Vorrang nun genau zu fassen ist, ergibt sich entsprechend keineswegs zwangsläufig aus verfassungstheoretisch eindeutig bestimmten Vorverständnissen, sondern muss gerade aus der Entfaltung verfassender als juridischer Urteile erschlossen werden.

Es dürfte vor dem Hintergrund der vorliegenden Rekonstruktion juridischen Urteilens jedenfalls naheliegend sein, dass vorliegend gerade dort nach Rangverhältnissen zu suchen ist, wo es um die Verhältnisbildung von Allgemeinem und Besonderem geht. Denn wenn zu urteilen bedeutet, das »Besondere als enthalten unter dem Allgemeinen zu denken«[17], dann haben wir es hier einerseits mit einer Verhältnisbildung von Allgemeinem und Besonderem zu tun, die möglicherweise mit der Vorstellung eines Ranges, einer Hierarchisierung kompatibel sein dürfte, und andererseits bildet das Allgemeine in dieser Verhältnisbildung wiederum gerade den Ort, an dem rechtliche Normativität ins Spiel kommt. Es dürfte also zunächst vielversprechend sein, entlang dieser Verhältnisbildung von Allgemeinem und Besonderem im juridischen Urteil nach einem Zusammenhang mit der Idee normativer Höherrangigkeit zu suchen, wie sie verfassungstheoretisch mit Vorgängen des Verfassens zu verbinden wäre.

i. Der Rang des Besonderen

Wie im Rahmen der Rekonstruktion juridischen Urteilens beschrieben, geht es bei der (juridischen im Unterschied zur subsumierenden) Verhältnisbildung von Allgemeinem und Besonderem

16 Wahl, »Der Vorrang der Verfassung«, S. 486.

17 Immanuel Kant, *Kritik der Urteilskraft*, in: *Kants gesammelte Schriften*, Bd. 5, hg. v. d. Kgl. Preußischen Akademie der Wissenschaften, Berlin 1968, Einleitung IV. Siehe dazu schon oben Kapitel *Theoretische Rekonstruktion juridischen Urteilens*, Sektion *Reflektieren*.

im Urteilen nicht darum, ein feststehendes Allgemeines mit einem ebenfalls feststehenden Besonderen in Verbindung zu bringen. Stattdessen gilt es ganz wesentlich, das Allgemeine und das Besondere jeweils im Verfahren oszillierender Interpretation so herauszukristallisieren, dass die Verhältnisbildung dann ganz unmittelbar möglich oder, anders formuliert, offensichtlich wird. Dies schließt bereits ein, dass, sofern die Vorstellung eines Rangverhältnisses mit einer oszillierenden Annäherung von Allgemeinem und Besonderem zusammenhängt, jenes Rangverhältnis seinerseits nicht bereits vorausgesetzt werden kann, sondern im Vorgang der Urteilsbildung erst herausgebildet wird. Was bedeutet das nun verfassungstheoretisch? Was rechtstheoretisch als zu bildendes Verhältnis von (allgemeiner) Rechtsnorm und (besonderem) Sachverhalt zu fassen wäre, müsste sich verfassungstheoretisch als normativer Vorrang deuten lassen. Damit wäre allerdings noch wenig über die Eigenarten dieses Rangverhältnisses als Verhältnis normativer Höherrangigkeit gesagt. In dieser Hinsicht werden weiterführende Aspekte erst dadurch sichtbar, dass wir den Blick auf die Art und Weise der Verhältnisbildung richten, also auf die Frage, wie dieser Vorgang näher zu beschreiben ist. Die Rekonstruktion juridischen Urteilens hat diesbezüglich ein außerordentlich wichtiges Merkmal herausgearbeitet, welches wiederum auch für die Bildung eines Verhältnisses normativer Höherrangigkeit aufschlussreich sein dürfte – die Subjektivität der juridischen Urteilsbildung.[18] Die Subjektivität des juridischen Urteilens zeigt sich bereits am Grund eines nur auf den ersten Blick trivialen Zusammenhangs: Juridisches Urteilen ist ein Verfahren, das nur die Urteilenden selbst durchführen können. Man kann weder stellvertretend noch verweisend juridisch urteilen, denn um zu einem Urteil zu kommen, muss das Verfahren juridischer Urteilsbildung durchlaufen werden, und zwar von der Urteilenden/dem Urteilenden selbst – Abkürzungen sind nicht möglich. Schließlich ist jener Eindruck des Passens, den ich als »Zusammensehen von Sachverhalt und Norm«, von Fall und Urteil, von Klagebegehr und Rechtsfolge entfaltet habe, nicht nur Voraussetzung des Urteils und der Entscheidung zum Urteil, sondern auch das Ende des Verfahrens oszillierender Interpretation um die genannten Pole, welches damit seinerseits Voraussetzung des Urteils wird. Beides,

18 Siehe dazu oben Kapitel *Theoretische Rekonstruktion juridischen Urteilens.*

die Erfahrung des Passens und der Weg zu ihr, das Interpretationsverfahren, sind damit als Voraussetzungen des Urteils notwendig für dasselbe, und ihr Zusammenhang bedingt wiederum, dass beide Voraussetzungen nur vom urteilenden Subjekt erfüllt werden. Warum ist diese Bedingung des durchgängig Subjektiven nun aber so relevant für den Zusammenhang verfassender und juridischer Urteile in der Frage nach der Herstellung eines normativen Vorrangs? Diese Weise der Rekonstruktion juridischen Urteilens legt nahe, dass auch die Bildung eines Verhältnisses der Höherrangigkeit nur subjektiv geschehen kann, wenn wir dieselbe entlang des Vorgangs fassen, ein Besonderes als enthalten unter einem Allgemeinen zu denken. Wäre ein normatives Vorrangverhältnis gleichwohl objektivierbar, ließe sich eine bestimmte Rechtsnorm im Urteil als eine Norm höheren Rangs im Vergleich zu einer anderen bestimmen, und zwar unabhängig von konkreten Prozessen der Urteilsbildung. Dies wiederum wäre jedoch angesichts der Voraussetzung, dass das Allgemeine eines juridischen Urteils erst im Urteil zu bestimmen ist, und zwar nicht nur inhaltlich, sondern immer auch normativ, widersprüchlich. Denn dann ließe sich vor einem Urteil schon (verfassungstheoretisch) eindeutig bestimmen, welche Norm welche Rangstelle in einer Normenhierarchie einnimmt. Genau das aber würde dann wiederum die juridische Urteilsbildung in einer Weise normativ determinieren, die zwar viele Rechtstheorien voraussetzen, die vorliegend aber wiederum nicht als sinnvoll denkbar angenommen werden kann, weil sich das juridische Urteilen – wie bereits ausgeführt – nur als subjektiver Vorgang fassen lässt. Das heißt wiederum weder, dass das juridische Urteil vollständig *ex nihilo* gebildet wird, noch, verfassungstheoretisch gewendet, dass es keine unterschiedlichen Geltungsmodi oder Vorrangverhältnisse geben kann. Sondern es bedeutet erst einmal allein, dass auch die Bildung eines normativen Vorrangs prozessual und subjektiv zu denken ist, also nicht bereits vorausgesetzt werden und auch keine objektive Wirksamkeit vollständig unabhängig vom zu beurteilenden Rechtsfall entfalten kann, wenn verfassend geurteilt wird. Weil der Rechtsfall als rekursive Version des Urteils aber das Besondere, den Sachverhalt definitorisch mit einbezieht (»Ist dieses gerecht«?), muss im Verhältnis zum Verfassen, in der Frage, wie mit dem Urteilen ein normatives Rangverhältnis hergestellt wird, der Blick auf das Besondere gerichtet werden. Das heißt, meine vorliegend entwickelte, auf den ersten Blick etwas überraschende These lautet: Wenn im Wege juridischen Urteilens verfasst, also unter anderem ein normativer Vorrang gebildet wird, dann ist dieses Verhältnis weder dem Urteil vollständig vorhergehend, noch handelt es sich um eine von der konkreten Konstellation, dem Besonderen des Urteils, vollständig unabhängige Verhältnisbildung. Wenn juridische Urteile das Allgemeine auch normativ, also als Allgemeines eines Urteils, erst im Urteil bestimmen und fassbar machen, dann gilt dies auch für verfassende (juridische) Urteile. Weil für verfassende Urteile qua definitionem das Allgemeine eine normative Rangaussage (»dieses Allgemeine ist höherrangig als ein anderes Allgemeines in einem anderen Urteil«, »dieses Allgemeine ist eine Verfassungsnorm«) enthalten muss, gilt dann auch für die normative Rangaussage, dass sie erst im Urteil bestimmt werden kann. Zugespitzt formuliert: Verfassende Urteile können keine Verfassungsnorm als solche, das heißt normativ wie inhaltlich *vollständig* bestimmt, voraussetzen, sondern müssen diese im Urteil auch in normativer Hinsicht erst zu einer Verfassungsnorm, zu einer im Vergleich mit anderen (»einfachen Normen«) höherrangigen Norm erheben. Das unterscheidet sie wiederum von verfassungsbezogenen subsumierenden Urteilen: Solche Urteile setzen nämlich wiederum jede normative Rangaussage, die mit einer von ihnen herangezogenen Verfassungsnorm verbunden ist, gerade voraus. Insofern bedeutet verfassend zu urteilen, wie oben bereits für das Verfassen überhaupt herausgearbeitet, aus dem bereits konstituierten Raum herauszutreten.[19] Dies geschieht im verfassenden Urteilen in Abhängigkeit vom jeweiligen Besonderen, das auf diese Weise Einfluss auf jeweils erst zu bildende Verhältnisse normativen Vorrangs gewinnt.

ii. Normativität und Rang

Was bedeutet es nun aber genauer, ein »Verhältnis normativer Höherrangigkeit herzustellen«? Ich möchte an dieser Stelle noch einmal in Erinnerung rufen, wie ich die Verhältnisbildung von Allgemeinem und Besonderem für das juridische Urteilen rekonstruiert hatte:[20]

19 Siehe dazu oben Kapitel *Konstitutionalisierung durch Urteile*, Sektion *Problemstellungen*.

20 Siehe dazu schon oben Kapitel *Theoretische Rekonstruktion juridischen Urteilens*, Sektion *Zusammensehen*.

über den Begriff des »Zusammensehens« nämlich. Dieser Begriff deutet bereits an, dass es nicht unkompliziert sein dürfte, im Vorgang des Zusammensehens von Allgemeinem und Besonderem zu erkennen, aus welchen Kriterien, Aspekten oder Verknüpfungen sich ein normativer Vorrang ergeben kann und für welche Aspekte, Beziehungen oder Zusammenhänge dieser normative Vorrang dann eigentlich gelten soll. Schließlich dürfte unmittelbar einsichtig sein, dass die Herstellung eines normativen Rangverhältnisses durch das »Zusammensehen« nicht zwangsläufig bedeutet, zwei normative Ebenen in ein Rangverhältnis zu setzen. Denn, so ließe sich bereits an dieser Stelle einwenden, ein Sachverhalt sei gerade keine normative Ebene, sondern eine Tatsachenebene und insofern könne man es beim juridischen Urteilen von vornherein nicht mit zwei normativen Ebenen zu tun haben. Hier möchte ich entgegnen, dass das zwar für juridische Urteile im Allgemeinen, das heißt zumeist, richtig ist, juridische Urteile aber durchaus auch normative »Sach«verhalte zum Gegenstand haben können – etwa im Verfahren der Normenkontrolle oder auch manchen verwaltungsgerichtlichen Verfahren, die Rechtmäßigkeitsfragen zum Gegenstand haben. Für den Moment genügt es, dass es widerspruchsfrei möglich ist anzunehmen, das Besondere im juridischen Urteilsvorgang könnte auch eine normative Struktur oder Frage sein. Insofern können wir mit Blick auf *verfassende Urteile* durchaus das Zusammensehen von Norm und Sachverhalt, von Allgemeinem und Besonderem als Herstellung eines Verhältnisses normativer Höherrangigkeit begreifen.[21] Allerdings ist der normative Vorrang nicht mit dem Verhältnis von Allgemeinem und Besonderem unmittelbar in Verbindung zu bringen – ein verfassendes (juridisches) Urteil etabliert nämlich nicht schon dadurch ein normatives Vorrangverhältnis, dass es eine rechtliche oder tatsächliche Fragestellung einer bestimmten Norm unterordnet und aus dieser Unterordnung dann ein Rangverhältnis resultiert. Sondern: Die Herstellung eines Vorrangverhältnisses erfolgt selbst normativ. Das Urteil macht eine normative Aussage über die herangezogene Norm, über das im Urteil bestimmte Allgemeine, nämlich dass diese Norm, in diesem im Wege oszillierender Interpretation hergestellten Verständnis, die rechtlich für dieses

21 Siehe zu den Verlusten und Vorbehalten dieser Einschränkung schon oben Sektion *Verfassende Urteile.*

jeweilige Besondere richtige, nämlich die anzuwendende Norm ist. Aus der subjektiven Erfahrung der Urteilenden, dass Allgemeines und Besonderes zueinander passen, aus dem Zusammensehen beider Ebenen ergibt sich also erst jene normative Aussage, die nicht mit dem Verhältnis dieser Ebenen identisch ist. Denn die Aussage, dass genau diese jeweilige Norm auf genau diesen jeweiligen Sachverhalt anwendbar ist, die letztlich (normativ) vom subjektiv erfahrenen Passen zum Urteil führt, diese Aussage bildet das Urteil. Sie schreibt sich jeweilig in einen rechtsnormativ verfassten Zusammenhang ein und schafft ein Verhältnis der Höherrangigkeit: allerdings wiederum nur ein konkretes – jenes, dass diese Norm in dieser Sache allen anderen möglichen Normen vorgeht. Darin, dass das Allgemeine im Urteil bestimmt, explizit gemacht und normativ herangezogen wird, liegt also die Herstellung eines normativen Vorrangs. Hier ist der Überschuss gegenüber bereits verfasster Ordnung zu finden, weil die normative Aussage des Vorrangs der herangezogenen Norm in keiner bloßen Applikation einer Norm aufgehen kann. Ein subsumierendes Urteil setzt den normativen Vorrang der Norm, die es heranzieht, bloß voraus. Ein juridisches Urteil, so ist diese Überlegung zusammenzufassen, erzeugt erst den Vorrang der Norm, die es heranzieht. Nicht jedes juridische Urteil muss ein verfassendes Urteil sein – denn ein normatives Vorrangverhältnis allein zu etablieren genügt noch nicht, um vom *Verfassen* zu sprechen.[22] Aber umgekehrt gilt, dass verfassende Urteile nicht bloß subsumierende Urteile sein können – weil subsumierende Urteile allein kein Vorrangverhältnis erzeugen. Ob die Erzeugung eines normativen Vorrangs in einem juridischen Urteil auch von verfassender Qualität ist, entscheidet sich erst vom Ergebnis her: erweitert es normativ den Rahmen des Verfassten und kann es eine entsprechend notwendige spezifische Legitimation herstellen,[23] dann handelt es sich um ein verfassendes (juridisches) Urteil. Verfassende Urteile in diesem Sinne müssen also nicht notwendig Urteile über Verfassungsgegenstände sein, die typischerweise »normative Sachverhalte« in Form verfassungsrechtlicher Fragestellungen zum Gegenstand nehmen; verfassende Urteile müssen auch nicht notwendig Urteile von Verfassungsgerichten sein, die institutionell

22 Siehe oben Kapitel *Verfassung und Verfassen.*

23 Siehe dazu sogleich unten Untersektion *Legitimation.*

den Bezug zur Verfassung herstellen; und schließlich müssen verfassende Urteile nicht notwendig Urteile sein, die bereits als solche etablierte Verfassungsnormen heranziehen.

Der entscheidende Schritt, um zu einem verfassenden (juridischen) Urteil zu kommen, liegt im Vorgang des »Zusammensehens« – um eine normative Struktur als in einer anderen enthalten zu sehen, müssen beide als zueinander passend wahrgenommen werden. »Zusammensehen« setzt kein Ableitungsverhältnis voraus und keine hierarchische Anordnung. Im Gegenteil, die oszillierende Interpretation betrifft mehrere, multiple Zentren – Antrag und Rechtsfolge, Sachverhalt und Norm, Urteil und Fall; sie dient dazu, eine Entsprechungsrelation herzustellen, die jenes »Zusammensehen« ermöglicht, der Eindruck des Passens kann die Interpretation beenden. Wird von einer spezifischen, als passend wahrgenommenen Konstellation ausgehend dann ein Urteil gefällt, liegt darin eine diese Konstellation selbst betreffende Anordnung von Rangverhältnissen. Dass etwas normativ »höherrangig« ist, kann also vorliegend und für die konkrete Verhältnisbildung im jeweiligen Urteil gerade nicht bedeuten, dass eine bestimmte Hierarchisierung zwischen Allgemeinem und Besonderem oder etwa zwischen Urteil und Fall notwendig oder impliziert wäre, sondern diese normative Aussage über einen Vorrang muss sich aus der konkreten, ein Urteil erlaubenden Anordnung von Allgemeinem und Besonderem ergeben.

Wenn wir nun noch ein bereits herausgearbeitetes Kriterium verfassender Urteile hinzunehmen, zeichnet sich eine gleich zu erläuternde Beobachtung ab: Verfassende Urteile müssen juridisch gebildet werden, um zu gelingen. Denn sie müssen ja, um verfassend nach der vorliegenden Definition genannt werden zu können, nicht nur normative Vorrangverhältnisse herstellen, sondern, damit verbunden, Legitimationsstrukturen erschließen, sie müssen durch das Urteil Legitimation vermitteln. Dies, so wird unten noch auszuführen sein,[24] gelingt gerade dann, wenn Urteile juridisch und nicht etwa subsumierend oder politisch oder einfach nur interessengeleitet gebildet werden. Für den Zusammenhang von Juridizität und verfassender Qualität des Urteilens lässt sich damit ein Kriterium definieren, das erst erlaubt, deren konstitutionalisierende Effekte als legitim oder illegitim zu qualifizieren und entsprechend zu kri-

24 Siehe dazu unten Untersektion *Legitimation*.

tisieren. Verfassende Urteile müssen, um legitim in diesem Sinne zu sein, juridisch gebildet werden, sie müssen sich also als juridische Urteile beschreiben lassen. Letztlich ist der Zusammenhang nur dann relevant, wenn juridischen Urteilen konstitutionalisierende Effekte zugeschrieben werden. Beispielsweise ist dies der Fall, wenn entsprechende Urteile nicht nur ihrer Form nach, sondern gerade auch materiell Verhältnisse der Höherrangigkeit etablieren. Wenn also beispielsweise der Europäische Gerichtshof in seinem Urteil Costa/E.N.E.L.[25] einen »Vorrang des Gemeinschaftsrechts«[26] unter Verweis auf Normen des damaligen EWG-Vertrags etabliert,[27] dann handelt es sich dabei zunächst formal im vorliegend entwickelten Sinne um eine (konkrete) Normierung, nämlich um die Normierung eines normativen Höherrangigkeitsverhältnisses (»Art. 5 Abs. 2, Art. 7 und Art. 189 gebieten/verlangen XXX«, sind hier anzuwenden und gehen hier allen anderen in Frage kommenden Rechtsnormen vor). Besonders anspruchsvoll wird die konkrete Normsetzung nun dadurch, dass sie gleichzeitig auch ihrem Inhalt nach ein normatives Höherrangigkeitsverhältnis postuliert: dass nämlich von einem »Vorrang des Gemeinschaftsrechts«[28] auszugehen sei. Der Unterschied des vorliegenden Ansatzes lässt sich am Beispiel deutlich machen. In einer konventionellen (rechtstheoretischen) Lesart würde man das Ergebnis als Ergebnis der Auslegung der genannten Normen des EWG-Vertrags verstehen. Dieses wäre dann entlang klassischer Auslegungsregeln[29] kritisierbar oder

25 EuGH Slg. 1964, 1251 – Costa/E.N.E.L.

26 EuGH Slg. 1964, 1251 – Costa/E.N.E.L. (1270).

27 »Diese Aufnahme der Bestimmungen des Gemeinschaftsrechts in das Recht der einzelnen Mitgliedstaaten [...] hat zur Folge, dass es den Staaten unmöglich ist, gegen eine von ihnen auf der Grundlage der Gegenseitigkeit angenommene Rechtsordnung nachträgliche einseitige Maßnahmen ins Feld zu führen. [...] Denn es würde eine Gefahr für die Verwirklichung der in Artikel 5 Absatz 2 aufgeführten Ziele des Vertrages bedeuten und dem Verbot des Artikels 7 widersprechende Diskriminierungen zur Folge haben, wenn das Gemeinschaftsrecht je nach der nachträglichen innerstaatlichen Gesetzgebung von einem Staat zum andern verschiedene Geltung haben könnte. [...] Der Vorrang des Gemeinschaftsrechts wird auch durch Artikel 189 bestätigt [...].« EuGH Slg. 1964, 1251 – Costa/E.N.E.L. (1269 f.).

28 EuGH Slg. 1964, 1251 – Costa/E.N.E.L. (1270).

29 Vgl. dazu immer noch Friedrich Carl von Savigny, *Vorlesungen über juristische Methodologie 1802-1842*, hg. v. Aldo Mazzacane, Frankfurt/M. 2004.

eben nicht. Der konstitutionelle Gehalt des Urteils, seine verfassende Wirkung, ist auf diesem Wege dann allerdings nicht anders als jede andere Rechtsauslegung kritisier- oder begründbar. Die verfassungstheoretisch zentrale Frage der Legitimation des verfassenden Gehalts lässt sich also in dieser rechtstheoretischen Lesart überhaupt nicht umfassend stellen; entsprechend kann ein solches verfassendes Urteil durch den Europäischen Gerichtshof dann auch nur institutionell oder in einem »Auslegungskrieg« angegriffen werden. Der vorliegende Ansatz, verfassende Urteile zu beschreiben, ermöglicht hier einen anderen Weg. Danach kann das Urteil in seiner Herstellung von normativer Höherrangigkeit mit dem Argument fehlender Legitimation kritisiert werden, wenn sich nicht plausibel darstellen oder nachvollziehen lässt, dass und inwiefern dieses Urteil juridisch gebildet worden sein muss. Diese Frage nach gelingender Legitimation lässt sich für das juridische Urteilen wiederum, wie bereits gesehen,[30] über das Problem untersuchen, ob ein subjektiver Anspruch auf Allgemeingültigkeit mit dem und für das Urteil gelingend erhoben werden kann. Bevor ich mich diesem Zusammenhang widmen werde, gilt es zunächst noch der Frage nachzugehen, in welchem Verhältnis ein im verfassenden Urteil hergestellter normativer Vorrang nun aber zur Erschließung entsprechender Legitimationsstrukturen stehen kann.

iii. Rangerzeugung und Legitimation

In diesem Zusammenhang sei zunächst noch einmal an die Entwicklung des Verfassungsbegriffs erinnert.[31] Ich hatte bereits herausgearbeitet, dass sich ein normativer Vorrang für die entgrenzte Verfassung nur über eine Rückbindung der Vorrangregelung an interne Momente – also entweder an eine normative Struktur oder an von ihr einbezogene Subjekte – etablieren lasse. Genau an dieser Stelle kommt dann die Erschließung neuer Legitimationsstrukturen ins Spiel. Aus ihr ergibt sich, so die These, die Etablierung eines normativen Vorrangs. Diese wiederum, das wird sogleich noch ein-

30 Siehe dazu oben Kapitel *Theoretische Rekonstruktion juridischen Urteilens*, Sektion *Reflektieren*.

31 Siehe dazu oben Kapitel *Konstitutionalisierung durch Urteile* und *Verfassung und Verfassen*.

mal genauer zu sehen sein, leitet sich für die hier vorgelegte Rekonstruktion juridischen Urteilens aus dem mit dem Urteil erhobenen Anspruch auf subjektive Allgemeingültigkeit ab. Ein Vorrangverhältnis, selbst wenn es einen Geltungsvorrang von Verfassungsnormen betreffen sollte, lässt sich dann aber nicht über die Normen selbst etablieren oder definieren, nicht einmal erkennen, sondern muss sich auch als Rangkonstellation aus den jeweils neu erschlossenen Legitimationsstrukturen ergeben. Es kann damit immer nur ein zu erhebender Anspruch bleiben, der sich nicht prospektiv einmauern, sondern nur retrospektiv erweisen lässt. Wir haben es hier mit einer rekursiv gedachten Vorstellung von Normativität zu tun,[32] die sich auf die Möglichkeit, Rangverhältnisse zu erzeugen, strukturell auswirkt. Wenn Normen nicht als feststehende, verortete Entitäten gedacht werden können, gilt dies auch für zwischen ihnen zu erkennende Rangverhältnisse – auch sie müssen sich aus erzeugenden Akten, hier: aus Urteilen ergeben. Einer normativen Struktur im Wege eines verfassenden Urteils höheren Rang als einer anderen zuzuweisen bedeutet dann, sie in einem konkreten Fall als Urteilende heranzuziehen, während andere normative Strukturen nicht herangezogen werden, und diese Bezugnahme mit einem (seinerseits normativen) Anspruch auf Allgemeingültigkeit zu verbinden, der besagt – jede:r andere müsse dieses Urteil in derselben Weise auch fällen.[33] Die anderen, nicht herangezogenen normativen Strukturen müssen solche sein, die ihrerseits potentiell als zu der jeweiligen Konstellation »passend« wahrnehmbar wären, aber den Anspruch subjektiver Allgemeingültigkeit nicht oder nicht plausibel erheben lassen.[34] Entscheidend ist für den vorliegenden Zusammenhang, dass diese Herstellung eines normativen Höherrangigkeitsverhältnisses zum einen wiederum nur subjektiv zu denken ist, wie der Begriff des »Zusammensehens« illustriert, und zum anderen selbst, als Herstellungsvorgang, nicht notwendig normativ strukturiert sein muss, wie der Begriff des Passens indiziert, auf den

32 Siehe dazu ausführlich Müller-Mall, *Performative Rechtserzeugung*, S. 227-244.

33 Siehe dazu einerseits eben oben Kapitel *Theoretische Rekonstruktion juridischen Urteilens*, Sektion *Reflektieren* und andererseits sogleich unten.

34 Potentiell könnten selbstverständlich sämtliche umgebenden rechtsnormativen Strukturen »heranziehbar« sein – die Qualifikation, dass eine Wahrnehmung als »passend« möglich sein müsste, soll lediglich den Beobachtungsrahmen beschränken.

das Zusammensehen ausgerichtet ist.[35] Wenn wir die Erschließung neuer Legitimationsstrukturen über den subjektiv zu erhebenden Anspruch auf Allgemeingültigkeit des Urteils und die Herstellung eines normativen Höherrangigkeitsverhältnisses nun mit jenem »Zusammensehen« in Verbindung bringen, dann zeigt sich zusammenfassend, dass ein Verständnis verfassender Urteile als juridischer Urteile bedeutet: verfassende Urteile nicht als Ableitungszusammenhänge und nicht als objektiv in jenem Sinne zu denken, dass jedermann sie in derselben Weise und mit demselben Ergebnis herstellen können muss. Zwar müssen und sollen verfassende Urteile einen dahingehenden Anspruch erheben. Dieser führt aber zu einer durchaus anderen Vorstellung ihrer Legitimation als ein Ableitungszusammenhang, wie sogleich noch zu sehen sein wird. Und er führt damit auch zu einer Herstellung von normativen Rangverhältnissen, die wiederum nicht aus Normen, sondern aus diesem Anspruch abzuleiten sind.

b. Legitimation

Weil das Problem der Konstitutionalisierung unter den Bedingungen der Entgrenzung der Verfassung vor allem ein legitimatorisches ist,[36] müsste die Rekonstruktion juridischen Urteilens Hinweise darauf liefern, wie Legitimation für solche Urteile, die verfassend genannt werden können, hergestellt werden kann. Nebenbei bemerkt: Aufgrund der Beobachtung, dass eine Konjunktur und eine Zunahme verfassender Urteile durch Gerichte jedenfalls in quantitativer Hinsicht zu beobachten ist,[37] lässt sich weiterreichend auch annehmen, dass die Form des Urteils Legitimationsgewinne für

35 Siehe zum Ganzen oben Kapitel *Theoretische Rekonstruktion juridischen Urteilens*, Sektion *Zusammensehen*.

36 Siehe oben Kapitel *Verfassung und Verfassen*, Sektion *Verfassung*, Untersektion *Entgrenzungsmomente*. Weder das Legitimationssubjekt, der *pouvoir constituant*, lässt sich in dieser Entgrenzung ohne weiteres fassen, noch kann für die entgrenzte Verfassung ein legitimatorischer Rahmen wie der Nationalstaat oder das Territorium vorausgesetzt werden, der jeweils Legitimation vermitteln könnte.

37 Zumindest für internationale Gerichte ist das hinsichtlich von Konstitutionalisierungsprozessen belegt, vgl. nur m. w. N. Thomas Kleinlein, *Konstitutionalisierung im Völkerrecht. Konstruktion und Elemente einer idealistischen Völkerrechtslehre*, Berlin, Heidelberg 2012, S. 43 f.

Verfassungsprozesse verspricht, ohne dass diese These hier weiter untersucht werden kann.[38]

Wie also können die Überlegungen zum juridischen Urteilen dazu beitragen, das Problem der Legitimation verfassender Urteile einer Lösung zuzuführen oder jedenfalls mit Blickwinkeln anzureichern, die den Weg zu einer Lösung bahnen, also andeuten, wie die Legitimation verfassender Urteile ansatzweise gedacht werden kann?[39] Zunächst gilt es noch einmal in Erinnerung zu rufen, welchen Bedarf das Legitimationsproblem für verfassende Urteile überhaupt beschreibt. Letztlich handelt es sich um das genuine Problem von Verfasstheit überhaupt, nämlich um die Frage, wie eine jeweilige Überbrückung von Herrschen und Beherrschtwerden gerechtfertigt sein kann. Und Rechtfertigung meint in diesem Zusammenhang letztlich immer die Art und Weise, wie dieses Verhältnis, die Legitimationsstruktur, gelingend auf ein Legitimationssubjekt, typischerweise gedacht als die durch die jeweilige Herrschaft Beherrschten, zurückgeführt werden kann. Ein verfassendes Urteil wäre demnach und vor dem Hintergrund der bereits vorgenommenen Überlegungen also ein Urteil, das in einer Weise ein normatives Vorrangverhältnis etabliert, die gelingend das jeweilige Legitimationssubjekt aufrufen und einbeziehen kann. Genau in diesem Zusammenhang, in der Frage des Gelingens, dürfte es nun nicht nur interessant, sondern für die Beschreibung verfassender Urteile eine essentielle Entdeckung sein, dass die Kantische Entfaltung des mit reflektierenden Urteilen erhobenen Anspruchs auf subjektive Allgemeingültigkeit in der hier vorgelegten Rekonstruktion juridischen Urteilens zum Zentralmoment der Legitimation wird. Kann dieser Anspruch auf subjektive Allgemeingültigkeit

38 Dies gilt jedenfalls dann, wenn gleichzeitig vorausgesetzt werden darf, dass der Erfolg eines spezifischen Modus der Konstitutionalisierung im Vergleich mit einem anderen, zum Beispiel jenem durch Verfassungsgesetzgebung, vom Grad der legitimatorischen Wirksamkeit des jeweiligen Modus abhängt und nicht etwa davon, ob ein Modus der Konstitutionalisierung in ökonomischer oder machtpolitischer Hinsicht effizient ist. Insbesondere etwa ein relevanter Strang politikwissenschaftlicher Kritik an Verfassungsgerichten würde aber wohl für machtpolitische Effizienzkriterien argumentieren, vgl. die Diskussionen um politische Gehalte verfassungsgerichtlicher Entscheidungen, etwa bei André Brodocz, *Die Macht der Judikative*, Wiesbaden 2009.

39 Siehe dazu schon oben Kapitel *Verfassung und Verfassen*, Sektion *Verfassung*, Untersektion *Drei Aspekte von Verfassung: Legitimation, Vorrang, Rechtsförmigkeit*.

doch gerade als jener Aspekt des Urteilens aufgefasst werden, der eine Allgemeinheit eröffnet, mitdenkt und einbezieht, ohne diese Allgemeinheit in abzählbarer Weise definieren zu müssen. Jedermann, diesen Anspruch erhebt das juridische Urteil nach der vorliegenden Rekonstruktion, muss diesem Urteil zustimmen können. Auch wenn der Bestimmungsgrund des Urteils, die Erfahrung des Passens, des Zusammensehens von Sachverhalt und Rechtsnorm, von Urteil und Fall, von Klageantrag und Rechtsfolge, für das juridische Urteil nur subjektiv bestimmbar bleibt, kann es (und muss es, um zu gelingen) diesen Anspruch subjektiver Allgemeingültigkeit erheben. Es kann schon deswegen kein beliebiges Urteil sein, sondern muss notwendig plausibilisierbar, nachvollziehbar sein. Das heißt nicht, dass es seine eigene Plausibilität etwa im Wege widerspruchsfreier Begründung unbedingt selbst nachweisen müsste – dies wäre sogar ein unmöglicher Anspruch, weil auch Plausibilität nicht objektiv bestimmbar, sondern nur subjektiv herstellbar ist. Vielmehr muss sich ein juridisches Urteil gerade so darstellen, dass es von jedermann und jederfrau nachvollzogen und für plausibel gehalten werden kann. Dies bedeutet allerdings wiederum, dass jedermann die Sache selbst beurteilen können muss, dass das Urteil, anders gesagt, beurteilbar sein muss. Entscheidend ist in dieser Sache neben der Mitteilbarkeit des Urteils (ein Urteil, das nicht mitteilbar ist, kann weder nachvollzogen noch beurteilt werden) schließlich auch, dass es *als juridisches* Urteil nachvollzogen und beurteilt werden kann – was wiederum angesichts der hier vorgenommenen Rekonstruktion bedeutet, dass dem Urteil kein anderer Bestimmungsgrund zugrunde liegen darf als jenes »Passen« von Allgemeinem und Besonderem, welches wiederum von einem *sensus communis* getriggert wird. Die einzige Möglichkeit, zu rechtfertigen, dass hier eine subjektive Erfahrung des Passens zum Bestimmungsgrund des Urteils gemacht wird, liegt nämlich darin, die Idee eines Gemeinsinns vorauszusetzen: dann kann das gleichwohl subjektive Urteil den Anspruch auf Allgemeingültigkeit gelingend erheben, wenn das, worauf sich das Urteil gründet, »nicht als Privatgefühl, sondern als ein gemeinschaftliches«[40] verstanden werden kann – so hatte ich es in Analogie zur Kantischen

40 Kant, *Kritik der Urteilskraft*, B 67 (§ 22).

Fassung des ästhetischen Urteils hergeleitet.[41] Verfassende Urteile als juridische Urteile zu denken erlaubt vor diesem Hintergrund nun, die Eigenschaft, dass das Urteil jedermann anzusinnen sein muss, um zu gelingen, als Voraussetzung für dessen konstitutionelle Legitimation zu sehen, als Aufruf eines *pouvoir constituant*. – Denn jener Anspruch auf subjektive Allgemeingültigkeit, den das juridische Urteil erheben muss, kann für das verfassende Urteil auf das Legitimationssubjekt bezogen werden. Er ermöglicht auf diese Weise also, die für sein verfassendes Moment notwendige Legitimation zu erzeugen. Ein verfassendes Urteil gelingt genau dann, wenn es subjektiv den Anspruch erhebt, dass jedes Glied der verfassunggebenden Gewalt diesem Urteil zustimmen könnte.

Verfassende Urteile als juridische Urteile rufen, zusammenfassend, also die Allgemeinheit, ein Volk oder, verfassungstheoretisch gewendet, den *pouvoir constituant*, auf eine dreifache Weise auf: zum einen subjektiv, indem mit dem Urteilen jener Anspruch auf Allgemeingültigkeit vom urteilenden Subjekt erhoben wird; zum Zweiten über den Gemeinsinn, den *sensus communis*, der die Erfahrung des Passens als subjektive Erfahrung rechtfertigt, indem er sie zu einer gemeinschaftlichen Erfahrung in jenem Sinne macht, dass sie in jeder anderen Gemeinschaft anders ausfallen könnte; und zum dritten über das Erfordernis der Beurteilbarkeit, die letztlich die Dimension der Kritik durch eine Öffentlichkeit erlaubt (was durchaus auch destituierende Wirkungen hervorrufen kann)[42] und für das Urteil sogar voraussetzt. Der Anspruch auf subjektive Allgemeingültigkeit, dies sei noch bemerkt, kann nun allerdings, deswegen handelt es sich dabei um keine ganz triviale Voraussetzung, auch fehlgehen, er kann zu Unrecht erhoben werden. Dies wäre der Fall, wenn dem Urteil nicht die (juridische) Erfahrung des »Passens« von Allgemeinem und Besonderem zugrunde liegt, sondern beispielsweise Überlegungen strategischer Politik oder wirtschaftlicher Verhältnismäßigkeit oder schlicht: Interessen. In diesem Sinne lässt sich zusammenfassend festhalten, dass der Anspruch subjektiver Allgemeingültigkeit gerade dann zu Recht er-

41 Siehe dazu oben Kapitel *Theoretische Rekonstruktion juridischen Urteilens*, Sektion *Reflektieren*.

42 Vgl. dazu nur Kolja Möller, *Formwandel der Verfassung. Die postdemokratische Verfasstheit des Transnationalen*, Bielefeld 2015, S. 179 ff., insb. S. 193-200.

hoben wird, wenn das Urteil »interesselos« gefällt wird,[43] wie Kant es für das ästhetische Urteil formuliert.[44] Abschließend möchte ich bemerken, um keine Missverständnisse aufkommen zu lassen, dass es natürlich nicht darum gehen kann, nun diese Interesselosigkeit, Plausibilität oder die korrekte Erhebung des Anspruchs subjektiver Allgemeingültigkeit empirisch nachzuweisen, um zu beurteilen, ob in einem konkreten Fall ein verfassendes Urteil vorliegt oder nicht. Vielmehr dienen diese Überlegungen und Zusammenführungen dazu, Perspektiven zu formulieren, die eingenommen werden können, um die Legitimation der Urteile, denen verfassende Qualität zugeschrieben wird, zu überprüfen und zu beurteilen, gegebenenfalls auch in einer Weise zu kritisieren, die mehr sagen kann als: Wortlaut, Genese, Systematik und Telos des Grundgesetzes sagen nichts darüber aus, ob ein »Grundrecht auf Vertraulichkeit und Integrität informationstechnischer Systeme« von einem Gericht zu Recht als Verfassungsnorm herangezogen wurde.

Vor allem aber erlaubt der hier entfaltete und aus der Rekonstruktion juridischen Urteilens abgeleitete dreifache Aufruf eines *pouvoir constituant* im Urteil (über die Voraussetzungen des Anspruchs auf subjektive Allgemeingültigkeit, die Erfahrung des Passens als vom *sensus communis* getriggerte und die Beurteilbarkeit des Urteils) eine vergleichsweise konkrete Fassung, den Legitimationsanspruch für solche Urteile, die zu Recht verfassend genannt werden können, verfassungstheoretisch zu entwickeln und zu beschreiben.

3. Verstrickungen von Verfassung und Recht

Die vorliegende Studie geht davon aus, dass wir Verfassung über Vorgänge des Verfassens verstehen und untersuchen können. Diese Annahme ist insbesondere (aber nicht nur) im Zusammenhang mit

43 Vgl. etwa Kant, *Kritik der Urteilskraft*, B 5 (§ 2): »Interesse wird das Wohlgefallen genannt, was wir mit der Vorstellung der Existenz eines Gegenstandes verbinden. Ein solches hat daher immer zugleich Beziehung auf das Begehrungsvermögen, entweder als Bestimmungsgrund desselben, oder doch als mit dem Bestimmungsgrunde desselben notwendig zusammenhängend.« Wohlgefallen im Geschmacksurteil ist jedoch grundsätzlich anders strukturiert: »Das Wohlgefallen, welches das Geschmacksurteil bestimmt, ist ohne alles Interesse«.

44 Siehe zum Ganzen wiederum oben Kapitel *Theoretische Rekonstruktion juridischen Urteilens*, Sektion *Reflektieren*.

jener Entwicklung von Verfassung zu sehen, die ich anhand eines Begriffs der Entgrenzung der Verfassung in der transnationalen Konstellation illustriert habe.[45] Diese Entwicklung zeichnet sich dadurch aus, dass sie den Begriff der Verfassung von Rahmungen wie dem Nationalstaat und/oder dem Territorium löst und dieselben entsprechend weder als Anknüpfungen für Geltung noch als legitimatorische Fassungen voraussetzen kann. Die Konsequenz dieser Ablösung besteht wesentlich darin, dass Verfassung stärker als zuvor auf Vorgänge der Konstitutionalisierung angewiesen ist – jene Akte, die vermögen, neue Legitimationsstrukturen für eine Verfassung zu erschließen, können nun wiederum einer entgrenzten Verfassung jene Legitimation vermitteln, auf die sie in doppelter Hinsicht angewiesen ist. Denn auf die Vermittlung von Legitimation ist Verfassung nicht nur begrifflich, sondern auch politisch angewiesen, um sich von bloßer Herrschaftsausübung zu unterscheiden.[46]

Hinter der Annahme, Verfassung könne über das Verfassen begriffen werden, steht die Behauptung, dass es einigermaßen unvollständig und verkürzend wäre, Konstitutionalismus allein über Gehalte von Verfassungsgesetzen oder rechtlich strukturierter Prinzipien zu verstehen, zu fassen und normativ einzufordern.[47] Diese Unvollständigkeit ist auch nicht bloß theoretischer oder begrifflicher Natur, sondern trifft Verfassung dort, wo sie zum Problem wird, in der Frage ihrer Legitimation nämlich. Konstitutionalismus schon dann auszumachen und normativ weiterzuverwenden, wenn bestimmte Prinzipien – wie beispielsweise jenes der Rechtsförmigkeit (*rule of law*) der Organisation von Herrschaft – zu beobachten sind (wie es der Globale Konstitutionalismus in manchen Versionen unternimmt), bedeutet, die Frage der Legitimation allein an solchen Prinzipien aufzuhängen und zu beantworten.[48] Eine Verfas-

45 Siehe dazu oben Kapitel *Verfassung und Verfassen*, Sektion *Entgrenzungsmomente*.

46 Grundlegend dazu Ulrich K. Preuß, »Der Begriff der Verfassung und ihre Beziehung zur Politik«, in: ders. (Hg.), *Zum Begriff der Verfassung. Die Ordnung des Politischen*, Frankfurt/M. 1994, S. 7-33; Ernst-Wolfgang Böckenförde, »Die verfassunggebende Gewalt des Volkes. Ein Grenzbegriff des Verfassungsrechts«, in: Ulrich K. Preuß (Hg.), *Zum Begriff der Verfassung*, Frankfurt/M. 1994, S. 58-80.

47 So aber einige Strömungen des *global*, auch des *transformative constitutionalism*, siehe bereits oben Kapitel *Verfassung und Verfassen*, Sektion *Verfassung*.

48 Beispielsweise weist Ley, die entsprechend der Häufigkeit ihrer Verwendung in der Literatur eine Liste von Verfassungselementen anlegt, »demokratische Legitimation« als eines dieser am häufigsten genannten Elemente aus, vgl. Isabelle

sung wäre demnach schon dann zu beobachten, wenn eine konkrete Herrschaftsorganisation nach *rule-of-law*-Prinzipien verläuft, weil (die Begründung der Legitimation kann dann nur monokausal geschehen) diese Prinzipien Legitimation verschaffen. Dies wiederum setzt voraus, dass ein bestimmter Gehalt legitimatorisch überhaupt vollständige Wirkungen erzielen, also eine bestimmte Verfassung hervorbringen und gleichzeitig legitimieren kann. Alle diese Voraussetzungen stehen der (nicht nur) hier unterlegten Annahme, dass der Begriff der Verfassung vom Begriff des Rechts zu unterscheiden ist, entgegen. Daran anknüpfend muss der Begriff der Verfassung immer schon einen Überschuss voraussetzen, der nicht in der rechtlichen Niederlegung, Vermittlung und möglicherweise auch Durchsetzung einzelner Gehalte und Prinzipien aufgehen kann. Verfassung beschreibt nämlich eine politische Überbrückung von Herrschen und Beherrschtwerden.[49] Diese Überbrückung vermittelt sich dann zwar wiederum durchaus rechtlich, sie kann aber nicht in der jeweiligen Ausprägung rechtlicher Vermittlungsleistungen allein bestehen, weil sie sonst mit Recht identisch wäre. Immerhin können wir uns durchaus Formierungen von Herrschaft vorstellen, die etwa die *rule of law* herrschen lassen und auch bestimmte Rechte wie etwa jenes auf Eigentum, auf Handlungsfreiheit oder auf Äußerungsfreiheiten garantieren, gleichwohl aber keine politisch und rechtlich vermittelte Brücke zwischen Herrschenden und Beherrschten bauen.[50] Eine bloß oktroyierte Verfassung, wie sie im Frühkonstitutionalismus im Deutschland des beginnenden 19. Jahrhunderts zu beobachten ist, wäre nach dem hier entwickelten Verständnis also noch keine Verfassung, sondern vielmehr herrschaftlich »zugestandenes« Recht, ohne dass dadurch eine Legitimationsstruktur zwischen Herrschenden und Beherrschten etabliert oder erschlossen wäre. Vorliegend gehe ich also, zusammenfassend, davon aus, dass es verfassungstheoretisch nicht ausreichend sein kann, die Legitimation von Verfassung und daran

Ley, »Kant *versus* Locke. Europarechtlicher und völkerrechtlicher Konstitutionalismus im Vergleich«, in: *Zeitschrift für ausländisches öffentliches Recht und Völkerrecht* 69 (2009), S. 317-345, hier S. 332.

49 Siehe dazu oben Kapitel *Verfassung und Verfassen*.

50 Selbst eine über eine ausgeprägte *rule of law* organisierte Herrschaftsausübung kann dann Herrschende und Beherrschte politisch wie rechtlich unverbunden lassen, wenn das Recht nicht demokratisch gedacht wird.

anschließend den Konstitutionalismus überhaupt aus bestimmten Gehalten abzuleiten. Gleichwohl steht die Verfassungstheorie damit und angesichts der Entgrenzung von Verfassung[51] zusätzlich vor dem Problem, dass die verfassende Qualität nicht über Identitätskonstruktionen,[52] territoriale Zuschreibungen, Nationalstaatlichkeiten oder Rahmenmetaphern erklärt oder begründet werden kann.[53]

Wie können wir also Verfassung und ihre Legitimation unter diesen Voraussetzungen denken? Der vorliegende Versuch besteht wesentlich darin, Verfassung über Momente der Konstitutionalisierung zu untersuchen und auch zu erklären. Schließlich sind es gerade jene Momente, jene Akte des Verfassens, die quasi-empirisch[54] beobachtbar sind. Damit erlauben sie die Anwendung eines den Begriff erschließenden »Tricks«: Wir können versuchen, andere Beschreibungen jener Akte zu unternehmen, also Beschreibungen, die nicht auf den gerade zu erhellenden Begriff der Verfassung zurückgreifen müssen, um von denselben dann wiederum Rückschlüsse auf den Verfassungsbegriff ziehen zu können. Genau dies unternehme ich im Laufe der vorliegenden Untersuchung, wenn ich eine spezifische, gleichwohl außerordentlich relevante Form konstitutionalisierender Akte, nämlich rechtsförmige, verfassende Urteile, in den Blick nehme. Verfassende Urteile wiederum, darin besteht die hier angelegte Strategie, lassen sich nicht allein, aber besonders gut über ihre Juridizität erschließen; diese Juridizität verfassender Urteile herauszuarbeiten bedurfte zunächst einer Rekonstruktion

51 Siehe dazu oben Kapitel *Verfassung und Verfassen*, Sektion *Verfassung*, Untersektion *Entgrenzungsmomente*.

52 Siehe zum (problematischen) Konzept der Verfassungsidentität etwa Monika Polzin, »Irrungen und Wirrungen um den Pouvoir Constituant. Die Entwicklung des Konzepts der Verfassungsidentität im deutschen Verfassungsrecht seit 1871«, in: *Der Staat* 53 (2014), S. 61-94; Thomas Wischmeyer, »Nationale Identität und Verfassungsidentität. Schutzgehalte, Instrumente, Perspektiven«, in: *Archiv des öffentlichen Rechts* 140 (2015), S. 415-460.

53 Siehe zum Ganzen wiederum oben Kapitel *Verfassung und Verfassen*.

54 Dass es sich jeweils um *constituent* (sic!) *moments* handelt, ist wiederum eine Zuschreibung. Auch wenn genau genommen keine »zuschreibungsfreie« Beobachtung in erkenntnistheoretischer Hinsicht möglich ist, möchte ich durch die Bezeichnung »quasi-empirisch« jene Einschränkung betonen. Vgl. eindrücklich zu *constituent moments* in den (postrevolutionären) Vereinigten Staaten: Jason Frank, *Constituent Moments. Enacting the People in Postrevolutionary America*, Durham 2010.

juridischen Urteilens. Über die Form juridischer Urteile ließ sich vorstehend erläutern, wie solche Urteile verfassen, also normative Vorrangverhältnisse einrichten und gleichzeitig legitimieren können. Diese Erläuterung beschreibt wiederum eine Verstrickung von Verfassung und Recht, die sich nicht in der These einer Verrechtlichung oder der Konzentration auf Legalitätsprinzipien im Umgang mit Verfassungsfragen erschöpft. Sie hängt vielmehr am gemeinsamen Einsatz einer spezifisch rechtlichen Form – am juridischen Urteilen. Während der gemeinsame Einsatz dieser Form zunächst eine Beobachtung und Ausgangspunkt der Überlegungen war, zeigt sich diese Form nun, vor dem Hintergrund ihrer theoretischen Rekonstruktion, als konstitutiv für den Begriff des Rechts wie für einen Begriff von Verfassung, der wesentlich von Akten des Verfassens ausgehend gedacht ist. Im Verfahren des Urteilens zeigt sich eine spezifische Juridizität, die Recht und Verfassung (sofern sie von juridischen Urteilen behandelt oder bewegt wird) gleichermaßen zu eigen ist. Für das Recht beschreibt der Begriff der Juridizität insofern seine systematisch ausgeblendete, aber notwendig anzunehmende Angewiesenheit aufs Urteil. Wie steht es aber um den Begriff der Verfassung, in welchem Verhältnis steht er zum Begriff der Juridizität? Erhebt Verfassung ebenfalls jenen juridischen Anspruch, die Kluft zwischen Allgemeinem und Besonderem zu überwinden und gleichzeitig aufrechtzuerhalten? Meine thesenhafte Antwort lautet im Anschluss an die Überlegungen zum Begriff der Verfassung im ersten Teil:[55] nein, die verfassungstheoretische Ausdeutung der Juridizität nimmt hier einen anderen Weg – einen Weg, der am Verhältnis von Politik und Recht entlang führt. Während das Recht die Kluft zwischen Allgemeinem und Besonderem überbrücken und gleichzeitig aufrechterhalten muss, beschreibt der Begriff der Verfassung dasselbe Unterfangen in Bezug auf ein anderes Verhältnis: Die Verfassung überbrückt und trennt gleichzeitig Politik und Recht. Eine Form, diesen doppelten Prozess zu vollziehen, ist das Urteilen, genauer: das verfassende Urteilen. Verfassende Urteile bilden eine Form des Rechts und erzeugen politische Wirkungen, indem sie normative Vorrangverhältnisse herstellen und legitimieren. Es wäre allerdings eine problematische Verkür-

55 Siehe oben Kapitel *Konstitutionalisierung durch Urteile* und *Verfassung und Verfassen.*

zung, Verfassung deswegen mit Verfassungsrecht zu identifizieren, denn damit geraten gerade die politischen Effekte aus dem Blick. Sie werden gelegentlich sogar zu einem Störfaktor, etwa wenn verfassungs*gerichtliche* Urteile als politische Entscheidungen kritisiert werden. Verfassende Urteile sind rechtsförmige Urteile, aber keine Rechtsentscheidungen, weil sie gerade über den Rahmen des (Verfassungs-)Rechts hinausweisen.

Zu verfassen bedeutet, ein gleichzeitig überbrückendes und trennendes Verhältnis von Politik und Recht zu schaffen. Zu urteilen beziehungsweise juridisch zu urteilen kann *eine* Form dieses Vorgangs bilden. Auch wenn verfassende Urteile als juridische zu verstehen sind, bleiben Verfassung und Recht zu unterscheidende normative Räume und auch Diskursformationen, die aber wiederum Handlungsformen teilen.

4. Zusammenfassung

Wie also können wir verfassende Urteile als rechtsförmige Urteile erläutern? Dies war das Ausgangsproblem einer Untersuchung, die zwei Fragen gleichzeitig verfolgen muss: Was heißt es, rechtsförmig zu urteilen? Und wie können (bestimmte) rechtsförmige Urteile als verfassend, also die Verfassung erweiternd und gleichzeitig die dafür notwendige Legitimation vermittelnd verstanden werden? Die Ergebnisse können nun am Ende dieses Kapitels, das beide Stränge der Untersuchung zusammenführt, in Thesen zusammengefasst werden.

Wir müssen zwei Arten rechtsförmiger Urteile unterscheiden: subsumierende und juridische. Während subsumierende Urteile ein (bekanntes) Besonderes einem (bekannten) Allgemeinen lediglich zuordnen, ohne dadurch das Allgemeine zu verändern, verbinden juridische Urteile reflektierende mit subsumierenden Verfahren. Nur juridische, nicht aber subsumierende Urteile haben erzeugende Eigenschaften. Zu verfassen bedeutet auch, eine Norm als gegenüber anderem Recht höherrangig auszuweisen – es bedeutet, diesen normativen Vorrang zu *erzeugen*. Verfassende Urteile können wir deswegen nur als juridische Urteile denken. Einen normativen Vorrang herzustellen bedeutet, im verfassenden Urteil das Allgemeine zu bestimmen und gleichzeitig normativ heranzuziehen. Das im Wege juridischen Urteilens erzeugte Verhältnis eines normativen Vorrangs geht dem Urteil weder vollständig vor, noch handelt es sich um eine von der konkreten Fallkonstellation unabhängige Verhältnisbildung. Verfassende Urteile bestimmen, darin liegt ein Kern ihrer Juridizität und gerade kein außerrechtliches Momentum, ihr Allgemeines erst im Urteil. Sie erheben eine Norm erst mit dem Urteil zu einer höherrangigen, zu einer Verfassungsnorm. Das unterscheidet sie wiederum von verfassungsbezogenen subsumierenden Urteilen, die jede normative Rangaussage, die sie heranziehen, voraussetzen (und nicht erzeugen). Verfassend zu urteilen bedeutet insofern, aus dem Raum des bereits Konstituierten herauszutreten. Ob es sich bei einem juridischen Urteil um ein verfassendes Urteil handelt, zeigt sich erst nach dem Urteil: erweitert es Verfassung und kann es die dafür notwendige spezifische konstitutionelle Legitimation herstellen, dann handelt es sich um ein verfassendes (juridisches) Urteil. Konstitutionelle Legitimation heißt in diesem Sinne und im Unterschied zur Legitimation, die einfache Rechtserzeugung im Wege juridischen Urteilens bedarf, Legitimation durch den gelingenden Aufruf eines *pouvoir constituant*. Entsprechend müssen verfassende Urteile nicht notwendig Urteile von Verfassungsgerichten sein und auch nicht notwendig bereits etablierte Verfassungsnormen heranziehen. Voraussetzung für den gelingenden Aufruf eines *pouvoir constituant*, für die Legitimation eines verfassenden Urteils ist, dass mit dem Urteil ein Anspruch auf subjektive Allgemeingültigkeit des Urteils gelingend erhoben wird. Jedes juridische Urteil muss, wenn es gelingt, diesen Anspruch erheben können. Verfassende Urteile beziehen diesen Anspruch auf das Legitimationssubjekt der Verfassung. Ein verfassendes Urteil gelingt also genau dann, wenn es subjektiv den Anspruch erhebt, dass jedes potentiell das Legitimationssubjekt bildende Glied diesem Urteil zustimmen kann. Die *Möglichkeit*, den Anspruch auf subjektive Allgemeingültigkeit zu erheben, setzt ihrerseits voraus, dass das Urteil beurteilbar ist – mit anderen Worten: kritisierbar durch Dritte ist. Die *Rechtfertigung* dieses Anspruchs subjektiver Allgemeingültigkeit setzt wiederum die Idee eines Gemeinsinns voraus, der die Erfahrung des Passens von Allgemeinem und Besonderem, die das Urteil bestimmt und ermöglicht, trotz ihrer Subjektivität als gemeinschaftliche denken lässt. Dass ein verfassendes Urteil einen Anspruch auf subjektive Allgemeingültigkeit erheben muss, um legitim zu sein, ergibt sich allein aus seiner Rekonstruktion als juridisches Urteil – genauso wie die beiden Voraussetzungen beziehungsweise Kriterien für eine gelingende Erhebung des Anspruchs (ihre Möglichkeit als Beurteilbarkeit und ihre Rechtfertigung über die Voraussetzung eines Gemeinsinns). Die Expansion von Verfassung im Wege rechtsförmiger verfassender Urteile gewinnt ihre Legitimation entsprechend aus dem Aufruf eines *pouvoir constituant*. Die Konturen dieses (gelingenden) Aufrufs ergeben sich erst aus der Rekonstruktion juridischen Urteilens.

Ausblick

Es ist also, dies lässt sich nach den voranstehenden Untersuchungen mindestens festhalten, kein Zufall, dass Gerichte gegenwärtig so großen Einfluss auf Verfassungsentwicklungen nehmen und zu zentralen Akteuren im Spannungsfeld von Recht und Politik aufgestiegen sind. Denn juridische Urteile als (Handlungs-)Form von Gerichten entfalten weitreichende Rückwirkungen sowohl für das Recht selbst (sie sind rechtserzeugend) als auch für die Verfassung und das Verfassen als Orte der Kulmination von Recht und Politik (sie können konstitutionalisieren). Gerade im Zusammenhang einer entgrenzten Verfassung können juridische Urteile legitimatorisch und bestimmend Leerstellen füllen, die zuvor Rahmungen wie Nationalstaatlichkeit oder Territorium besetzt hielten. Vor allem aber rufen juridische Urteile eine Allgemeinheit auf, die in anderen Zusammenhängen auch als Volk oder gar *pouvoir constituant* gefasst wird: indem mit ihnen als Urteilen Ansprüche auf subjektive Allgemeingültigkeit erhoben werden.

Die vorliegenden Überlegungen sollten nicht allein als rechts- und verfassungstheoretischer Versuch aufgefasst werden, verfassende Urteile als Form zu beschreiben und fassbar zu machen, sondern auch als ein Plädoyer, die Begriffe des Rechts und der Verfassung verstärkt aus der Urteilsperspektive zu untersuchen. Nachdem hier nur erste Verbindungen zu den Begriffen des Rechts und der Verfassung aufgezeigt werden konnten, sollte jedenfalls deutlich geworden sein, dass weitere Untersuchungen entlang dieser Fährte vielversprechend sein dürften – und zwar, um so unterschiedliche Problemlagen wie das Verhältnis von Verfassungsgerichten und Öffentlichkeit oder die Frage, wie das Legitimationssubjekt einer Verfassung sich bestimmt, insbesondere unter transnationalen Bedingungen, zu betrachten, aber auch etwa, um nach Anknüpfungspunkten für eine rechtsinterne (und nicht von vornherein politisierte) Rechtskritik zu suchen. Das juridische Urteilen als Urteilsverfahren in seinem Zusammenhang mit dem Urteil als Ergebnis in den Mittelpunkt rechtstheoretischer Betrachtungen zu rücken dürfte schließlich eine Reihe scheinbar festgefahrener rechtstheoretischer Diskussionen noch einmal aus neuen Blickwinkeln zu betrachten erlauben. Immerhin haben die Überlegungen beinahe beiläufig die Grundlegung einer Theorie des Rechts hervorgebracht: Wenn Recht vom Urteilen aus zu denken bedeutet, zwei Weisen des Urteilens zu unterscheiden, steckt darin mehr als eine bloße Differenzierung rechtsförmiger Urteilsverfahren. Subsumierendes und juridisches Urteilen im hier entfalteten Sinne zu unterscheiden und zu beschreiben heißt, den theorieleitenden »Normalfall« rechtlicher Praxis von der Regelanwendung innerhalb eines stabilen, stetig auszudifferenzierenden Rechtssystems ins Urteilen hinein zu verlegen. In der Möglichkeit, von einem subsumierenden in ein juridisches Urteilsverfahren zu wechseln und umgekehrt, liegt die spezifische Juridizität rechtsförmigen Urteilens, das spezifisch Rechtliche, das sich von allen anderen Verfahren, regelbasierte Entscheidungen zu treffen, unterscheidet. Damit ist ein Proprium des Rechts freigelegt, das sich weder durch automatisierte Entscheidungsverfahren ersetzen lässt noch das Versprechen des Rechts[56] aus dem Blick verliert: die Möglichkeit der Gerechtigkeit offenzuhalten. Auf diese Weise aber rückt die Urteilsperspektive eine übermächtige Konzentration auf Legalitätsfragen sowohl für das Recht als auch für die Verfassung insofern wieder an ihren Platz, als aus der Urteilsperspektive jede Frage nach der Legalität zugleich eine Frage nach der Legitimation nach sich ziehen muss: Wenn die Allgemeingültigkeit eines Rechtsurteils nur subjektiv beansprucht, nicht aber objektiv erhoben werden kann, dann wird auch die Legalitätsfrage eine, die nur in Abhängigkeit vom jeweiligen Standpunkt aus beurteilt werden kann. Eine Pointe der hier vorgelegten Überlegungen besteht in dieser Hinsicht nun wesentlich darin, dass die Konzentration auf das Urteilsmoment bei aller Subjektivität des Urteilens eine Überprüfbarkeit desselben gerade nicht einschränkt, sondern erst umfassend ermöglicht und sogar in die legitimatorische Funktion mit einbezieht. Subjektives Urteilen bedeutet eben nicht, dass die bloße Dezision herrscht, sondern im Gegenteil, dass es Dritter bedarf, die das Urteilen be-urteilen, die ein aktives Publikum bilden und wiederum jenen Gemeinsinn mit ausbilden, der den subjektiv Urteilenden ein Urteil erst ermöglicht. Umgekehrt wird die Kritisierbarkeit von (verfassenden) Urteilen

56 Vgl. Benedict Vischer, *Die Fremdheit des Rechts. Aufzeichnungen eines fragilen Versprechens*, Weilerswist 2021.

damit auch zum konstitutionellen Zentralmoment, wenn Konstitutionalisierung durch Urteile kein dynamischer Nebeneffekt im Rahmen gesicherter Verfasstheit bleibt, sondern die stetige Neuverfassung, das Verfassen, gerade ausmacht.

Dank

Wesentliche Ideen zu diesem Buch gehen auf Diskussionen, Lektüren und Gespräche im von der DFG geförderten Sonderforschungsbereich 626 »Ästhetische Erfahrung im Zeichen der Entgrenzung der Künste« in den Jahren 2011 bis 2014 zurück. Allen, die diesen einzigartigen Zusammenhang ermöglicht und getragen haben, danke ich von ganzem Herzen, stellvertretend möchte ich Gertrud Koch und Michael Lüthy nennen.

Ganz besonders danke ich Christoph Möllers und Tim Wihl, die den Text nicht nur mit einer Fülle von Anregungen bereichert, sondern auch in ganz unterschiedlichen Zuständen genauer und zugeneigt kritischer Lektüre unterzogen haben. Viele Kolleg:innen haben die Entstehung des Textes in verschiedenen Phasen begleitet, einzelne Abschnitte diskutiert, kritisch befragt oder zum Gegenstand von Werkstattgesprächen gemacht. Diese Impulse haben den Text jeweils entscheidend vorangebracht. Mein Dank gilt Jelena von Achenbach, Carolin Behrmann, Georg Bertram, Johannes Bethge, Hannah Birkenkötter, Anja Breljak, Daniel Martin Feige, Dieter Grimm, Klaus Günther, Johannes Haaf, Thomas Hilgers, Matthias Jestaedt, Sigrid Köhler, Jan-Philipp Kruse, Michael von Landenberg-Roberg, Bertram Lomfeld, Christoph Menke, Francesca Raimondi, Jörn Reinhardt, Sandra Schnädelbach, Franziska Schulte Ostermann, Dirk Setton, Florian Schmidt, Fabian Steinhauer, Christian Volk, Benjamin Wihstutz, Benno Zabel. Daniel Legrum, Philine Michl, Nelly Saibel und David Seeliger haben schließlich dafür gesorgt, dass das Manuskript eine lesbare Form erhalten hat. Philipp Hölzing danke ich für sein umsichtiges Lektorat.

Sachregister

Ausführliches Inhaltsverzeichnis

50 Jahre suhrkamp taschenbuch wissenschaft 1973-2023 Das Jubiläumsprogramm

Aleida Assmann. Im Dickicht der Zeichen. stw 2429. 360 Seiten

Judith Butler. Die Macht der Geschlechternormen und die Grenzen des Menschlichen. Übersetzt von Karin Wördemann und Martin Stempfhuber. stw 2422. 414 Seiten

Esther Duflo. Kampf gegen die Armut. Übersetzt von Andrea Hemminger. stw 2428. 182 Seiten

Philippa Foot. Die Natur des Guten. Übersetzt von Michael Reuter. stw 2421. 162 Seiten

Eva Illouz. Gefühle in Zeiten des Kapitalismus. Übersetzt von Martin Hartmann. stw 2423. 170 Seiten

Rahel Jaeggi. Kritik von Lebensformen. stw 2424. 451 Seiten

Karin Knorr Cetina. Die Fabrikation von Erkenntnis. Zur Anthropologie der Wissenschaft. Mit einem Vorwort von Rom Harré. stw 2427. 372 Seiten

Martina Löw. Raumsoziologie. stw 2425. 320 Seiten

Beate Rössler. Autonomie. Ein Versuch über das gelungene Leben. stw 2426. 443 Seiten

Lucie Varga. Zeitenwende. Mentalitätshistorische Studien 1936-1939. Herausgegeben, übersetzt und eingeleitet von Peter Schöttler. stw 2430. 247 Seiten

NF 185/1/1.23